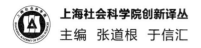

上海社会科学院创新译丛

主编 张道根 于信汇

Thomas F. Cargill

The Financial System,
Financial Regulation and Central Bank Policy

金融部门、金融监管和中央银行政策

[美] 托马斯·F. 卡吉尔 著

韩汉君 徐美芳 等译

上海社会科学院出版社
SHANGHAI ACADEMY OF SOCIAL SCIENCES PRESS

本丛书的出版得到
上海社会科学院创新工程办公室的大力支持

丛书编委会

前　言

从涉及的范围和教学工具来说,已有多位有成就的货币经济学家写了不少出色的货币经济学教材,为什么还需要另外一本教科书呢？这本书与其他传统的货币银行学教材的不同体现在三个重要方面：首先,它提供了一个统一的框架；第二,它从与其他教科书不同的视角分析了许多问题；第三,它提供了一种不完全是百科全书式的分析路径。

本书的统一框架

本书意从金融货币体系的角度提出一个统一框架。这个统一框架包括三个部分：（1）金融部门（the financial system）；（2）政府监管（government regulation and supervision）；（3）中央银行和中央银行政策（central bank and central bank policy）。这一体系的每一组成部分都按照一种合乎逻辑的顺序提出,使学生在一个统一的框架下理解货币经济学课程中最重要的问题。

本书的立足点

在一国金融货币体系—框架的语境下,本书基于教学演示、讨论提供了不同的视角。

第一,为了帮助学生理解中央银行的角色和中央银行政策,对中央银行政策的讨论分五步展开:(1)中央银行;(2)货币政策工具(the tools of monetary policy);(3)政策手段(policy instruments);(4)模型;(5)最终政策目标。这个五步序列给学生提供了一个统一的框架,学生可以根据这个框架组织中央银行和央行政策的很多元素。

第二,本书的目标是融合历史和政策,以及理解一个国家金融货币体系所必要的分析概念;也就是说,与大部分传统的教科书从分析的、复杂的模型角度不同,这本书更多的是从政治经济学的角度来看待问题。分析性的问题并非本书的核心内容,只在对理解一国的金融货币体系是必要时才进行分析。本书不包括 IS - LM 模型,而是使用"新"和"旧"菲利普斯曲线,以及简单的 AD - AS 模型来分析中央银行政策和经济的关系。本书不花费更多的篇幅在复杂的宏观经济模型上,而是将更多的注意力放在了美国三个经济困境时期:(1)大萧条时期;(2)恶性通货膨胀时期;(3)大衰退时期;以及两个稳定的宏观经济环境的时期,(4)大稳健时期(the great moderation);(5)金融自由化时期。

第三,本书强调政府金融政策和中央银行政策之间的相互作用是很多经济和金融危机的源头,并且更加关注美联储政策存在的问题,这与传统教科书不同。在本书作者看来,大部分教科书并没有足够关注美联储过去制定政策的错误。一些人可能认为这样是规范的,但是现在可查阅的大部分研究表明,美联储与经济和金融危机非常相关,其关联度远远超过大部分常用的教科书所讨论的。本书尝试从一个更加平衡的角度分析政府失灵和市场失灵。的确,金融领域存在很多市场失灵现象,为更好地推动经济增长,需要政府参与金融货币体系,但是,必须看到,货币政策和金融管制也存在错误,这些错误已经导致经济和金融危机,这一点需要提及。

第四,本书从更接近现实的角度分析中央银行独立性。在传统的教科书中,对中央银行独立性的分析处理往往是肤浅的,甚至有误导性的。例如,传统教科书忽视了法理独立性的和事实独立性的差别;忽视了 1965—1979 年高通货膨胀期间美联储和政府有文件证明的密切关系;也没有指出,在预测货币政策结果方面,中央银行形式上的独立性一直是一个相当差的指标,正如在高通胀期间,美联储和日本央行的经验所显示的那样。传统教科书忽视货币政策的政治经济学意义和中央银行政策的公共选择视角,与此相对应地,本书强调形式上独立的美联储的政策已经受到政府的很大影响这一压倒性的事实。中央银行的独立性更像是神话而不是事实。

第五,本书强调金融部门结构和货币政策之间是如何相互作用以及如何经常导致经济和金融危机。20 世纪 70 年代的金融危机,不仅源于"Q 条例"(Regulation Q)和其他资产组合限制背景下的通货膨胀,而且还因为美联储确实没有考虑到 Q 条例对资源配置的影响。21 世纪的前几年,同样的错误再次出现。当时,美联储没有考虑到一项空前简易的货币政策,与分配信用贷款给不谨慎的由政府资助企业支持的抵押贷款的金融结构结合在一起,会扭曲资源配置、产生泡沫，情形如同 15 年前在日本发生的危机。美国投入大量资源补贴住房部门，产生两个次优的结果：第一，就住房所有权而言，美国的排名远低于没有补贴住房的其他国家；第二，住房补贴极大提升了经济增长的资源成本，并助推了大膨胀和大衰退的出现。

第六，经济学发展过程中，缺少关于长期货币政策中性的严肃辩论，较多的是关于短期内货币政策非中性的讨论。目前的教科书很好地解释了长期和短期货币政策效果的不同，但是，由于没有强调货币政策的局限性，大部分传统的货币银行学教科书中展示的复杂模型使学生混淆了，这隐含着货币政策能够取得短期稳定，然而近四十年来制度、历史和理论的发展又表明这是不现实的。与传统的货币银行学教科书相比，本书更强调中央银行政策的局限性。

本书的缘起

典型的货币银行学教科书的结构有几个共同的特征。它们的内容是百科全书式的，它们的篇幅很长，因为篇幅长、生产特性以及其他产品异质性等因素，他们的书价很贵。在覆盖所有知识范围的百科全书式的努力中，它们缺少一种组织各种各样主题的统一框架。本书作者及其在 1979 年经由 Prentice Hall 出版社出版的货币银行学教科书也属于这一类。这本书曾经很成功；然而，到 1991 年出版第四版，它变成百科全书式的、很长、很贵的教科书。因此，我不再使用这本教科书作为我上课的教材，转而使用"黄皮书"。这种"黄皮书"包括几章教科书中的内容、特别准备的笔记、数据和图表，以及在同一框架内组织的文章。我的目标是在一学期的课程中覆盖所有相关的问题,的确,这一目标是传统教科书不可能完成的。"黄皮书"名称来自正面和背面封面的颜色。"黄皮书"与讲课相结合,在统一的结构中提出一个不同的看待问题的角度,使学生更容易理解各种问题是一个框架中的一部分,而不是一系列没有联系的章节。学生估计过成本(比其他教科书更加便宜),由于有统一的框架,看起来更好理解材料。我大部分货币银行学的学生都是商科专业,他们需要一个关于货币银行学的概述作为他们商务课程计划的一部分。在内华达大学雷诺分校(the University of Nevada, Reno)、夏威夷大学火奴鲁鲁分校(the University of Hawaii, Honolulu)和夏威夷大学越南西贡分校(the University of Hawaii, Saigon, Vietnam),在本科生和MBA水平的各种货币经济学课程中,我曾经连续几年使用本书里提出的方法。

当我在进行一个关于日本金融和货币政策的项目时,黄皮书方法吸引了另一个出版社的注意,但是随着项目的进行,他们逐渐要求我使这本书更加传统,例如包含IS-LM宏观模型,在这一点上我失去了兴趣,也退回了出版社的预付费。十年之后,在我与剑桥大学出版社(Cambridge University Press)合作另一个日本项目时,他们鼓励我准备一个手稿,与现在在市场中占主导地位的传统的货币银行学的教科书相比,这份手稿会以另一种形式呈现货币银行学,也没有那么昂贵。这本书就是成果。

本书的组织架构

本书被分为五个部分,总共十七章。

第一部分　金融货币体系导论:第1章和第2章介绍国家金

融货币体系的基本要素。第 1 章内容主要有：这一体系的三个组成部分；这一体系和经济活动的关系；部分典型案例，这些案例说明失灵的体系是如何导致经济和金融危机的。第 2 章内容主要有：货币的定义、度量与价值；以及短期和长期货币和经济活动之间的基本关系。

第二部分　金融货币体系中的金融部门：第 3 章到第 7 章讨论金融货币体系的第一个组成成分——金融部门：呈现了流动资金视角下的金融部门结构（第 3 章）；利率基础知识（第 4 章）；利率水平（第 5 章）；利率结构（第 6 章）；汇率及金融部门的其他国际维度（第 7 章）。

第三部分　政府在金融货币体系中的作用：第 8 章到第 10 章讨论了金融货币体系的第二个组成成分——政府：在货币体系历史演进的背景下关于政府阻止经济假货的角色（第 8 章）；不对称信息、逆向选择与各种水平的政府金融监管（第 9 章）；关于政府金融管制以及美联储的简短历史（第 10 章）。

第四部分　理解中央银行与中央银行政策的五个步骤：第 11 章到 16 章讨论了金融货币体系的第三个组成部分——中央银行与中央银行政策，以及关于理解中央银行政策的五步。这些章节讨论了中央银行的制度设计（第 11 章——第一步）；在现代货币体系下的货币供给过程（第 12 章）；货币政策工具与货币政策手段（第 13 章——第二步、第三步）；中央银行的宏观模型（第 14 章——第四步）；以及最终政策目标（第 15 章——第五步）；单独讨论关于这五步的货币政策的战术和战略（第 16 章），同时讨论美联储战术和战略框架的演变、泰勒规则、基于自由裁量权和基于规则制定货币政策的争论，并且介绍卢卡斯批判和时间不一致性的概念。

第五部分　美国金融货币体系的表现：第 17 章以回顾美国金融部门的运行结束这本书，按时间顺序聚焦于五个时期：（1）大萧条时期；（2）大通胀时期；（3）金融自由化时期；（4）大缓和时期（the great moderation）；（5）大衰退时期。三个经济和金融危机时期，两个稳定时期。在这一章，提出了关于大衰退时期的不同观点，同时，在 21 世纪的第二个十年结束之际，总结性地讨论了美联储将要面临的挑战。

在货币银行学中，这些章节是为一个学期的课程设计的，所以篇幅仍有点长。使用本书的教员可以删除任何他们想删除的章节；尽管本书是在统一的框架下编写的。第 10 章和第 17 章是本书中最具有历史性的部分，删掉这两部分，无损于在金融货币体系的统一框架下探讨各种问题。

致谢

在结束之际，我想感谢苏珊娜·帕沃斯（Susanna Powers），她是内华达大学雷诺分校的研究生，感谢她对两次手稿的细心检查以及为这本书准备多重选择/真伪问题，这些问题已经由作者检查和扩展了；感谢 T. 史蒂芬·杰克森（T. Steven Jackson），他也是内华达大学雷诺分校的研究生，感谢他阅读了原稿，并在 MBA 的货币金融经济学课程上将其作为教材；感谢杰弗瑞·L. 斯特鲁普（Jeffrey L. Stroup），他是内华达大学雷诺分校的本科毕业生，感谢他阅读了原稿。书中存在的任何错误由作者承担责任。我也要感谢内华达大学雷诺分校、夏威夷大学火奴鲁鲁分校、夏威夷大学越南西贡分校的很多 MBA 本科生和毕业生，他们使用了很多年这份原稿的黄皮书版本。2016 年 6 月,笔者在越南使用了这本书的原稿,2016 年秋天,笔者在内华达大学雷诺分校使用了这本书的原稿。我特别想要感谢内华达大学雷诺分校货币银行学课程上的学生汉娜·巴斯(Hannah Bass)、梅根·博伊登(Megan Boyden)、奈瑞儿·沃兹沃斯(Narae Wadsworth),他们为本书很多章节提供了大量的评论。

正是这些学生和他们对一种直接的货币经济学方法的需要成为这本书的催化剂。我很感谢剑桥大学出版社对我的信任,以及出版一种与传统教科书不同的货币银行学教材。最后,我要感谢玛丽·卡吉尔,我 53 岁的妻子,是她的支持和鼓励促使我完成了本书的编写。

目　录

第一部分　金融货币体系导论

第三部分 政府在金融货币体系中的作用

第四部分　理解中央银行和中央银行政策的五个步骤

第五部分　美国金融货币体系的表现

第一部分

金融货币体系导论

第 1 章
金融货币体系

1.1　引言

　　这本书是关于一个国家的金融货币体系以及这一体系与经济之间的相互作用。在我们生活和工作的经济和政治环境中，金融货币体系是一个重要部分。如果一个人想进一步接受教育，了解一些金融货币体系的基本知识是必要的。作为一个独立个体或作为社会的一员，任何不熟悉金融货币体系基本要素及它与经济活动关系的人是不够见多识广的。缺少关于金融货币体系基本要素的知识，不仅不利于你的经济健康，而且会削弱你参加政治活动的能力。

　　金融货币体系的知识不能保证你在经济上获得成功，但它会帮助你避免错误，这些错误会限制你毕生的财富积累。进一步来讲，缺乏金融货币体系基本知识，可能使你成为一个无知的投票者，或者是"有用的笨蛋"，很容易被政客操纵。"有用的笨蛋"这个词语在 2014 年后期获得新生、广为流传，当时一位 2010 年《平价医疗法案》的重要顾问在一次会议上对一群经济学家声称,公众缺乏对经济学的理解和"愚昧"的经济学基础,对扩大政府在美国医疗体系中的角色发挥重要作用(Bierman,2014)。

对经济学家在公共政策中发挥作用来说,这是黑暗的一天,但也给了我们一个重要的经验。不顾人们对《法案》的意见,接受政府的大力扩张的托词,这种心态应该让每个人对政府激进主义保持警惕。政府,无论是右倾还是左倾,最感兴趣的始终不是个人利益。他们常常依赖于无知的投票者,制定一些复杂的法律或政策,这些可能不是国家的最大利益。掌握金融货币体系的基本知识至少可以帮助你管理你的财产,使你成为一个更加了解重要公共政策的观察者,这会对你的生活产生很大的影响并且减少你对"评论员"的依赖,这些"评论员"主导了新闻媒体,但不幸的是,他们并没有为本书的重要内容提供有用的建议。

1.2　一国的金融货币体系

每个国家都有金融货币体系,这个体系包含着各种各样的私人金融机构、公共金融机构与金融市场,在大部分情况下包含金融货币体系的基本的组成部分,它们的责任是国家不变量(country-invariant)。也就是说,国与国之间的制度细节不同,这是由每个国家的政治结构、产业政策、文化和历史决定的,但是与它们各自的金融货币体系具有相似性一样,这些差异正在逐步缩小。

在通常情况下,一个国家的金融货币体系包括三个组成部分:金融部门、政府金融监管以及中央银行和中央银行政策。

金融部门包含金融机构和金融市场。比如,银行和保险公司是金融机构,它们通过向公众提供储蓄、保险政策、退休计划获得资金,然后借出这些资金。金融市场处理金融和资本市场工具,例如商业票据、政府债券、公司债券和股票。在经济中,金融部门有五个基本功能:第一,实现储蓄和投资;第二,提高资金使用效率;第三,更加灵活地应对经济增长不同阶段的融资需求;第四,为借贷双方间资金转移提供稳定性效率;第五,为中央银行实施政策提供平台,保证中央银行政策最有效地实施并达到预期目的。

政府金融监管旨在确保金融部门安全与健康,确保金融部门的透明性,并确保金融部门向公众提供大范围的金融服务。然而,政府监管经常采用保守的目标,把金融部门当作支持特定经济部门工业政策的工具,或者作为社会政策的工具,例如通过金融部门落实消除种族和性别等歧视的政策,为经济中的特定部门提供贷款补贴以减少收入不平等,为中低收入家庭提供住房补贴等。

中央银行是一个特别的政府机构,它实施影响货币、贷款、利率和经济活动整体水平的中央银行政策。中央银行还通过建立支票清算设施、电汇设施和通货提供国家支付系统。在任何国家,它都是最有权力的经济机构之一。中央银行也扮演着金融管制当局的角色;当然,这一点因国家而异。美国中央银行是联邦储备系统,它在金融监管中发挥重要作用,然而其他国家的中央银行比如日本银行,发挥的作用要小很多。

在此,对金融货币体系的讨论是一般性的,这意味着只是向读者介绍一国金融货币体系的概念。详细介绍在后面。在这一导论部分,要掌握的重点是:每个国家都有金融货币体系;金融货币体系在经济中扮演着重要角色;尽管不同国家间的制度细节不同,但是基本框架及责任比有人期待的差异更加重要。

在导论部分,有四个重要观点可以帮助大家理解金融货币体系和经济活动之间的关系。第一,金融货币体系在整体经济活动中的定位;第二,经济活动度量是一国经济福利的重要指标;第三,金融货币体系影响经济活动的途径;第四,金融货币体系在美国历史上的经济和金融危机的重要时期的作用,同时也提供两个世界历史上的案例。

1.3　经济的实体部门和金融部门

金融货币体系如何与经济学家的经济概念在总体上保持一致呢?经济学家们将经济概念化为两个部门:实体部门和金融部门。实体部门聚焦在经济活动的"实"的方面,以商品和服务的国内产出、商品和服务的外国产出、消费、储蓄、投资、政府支出和税收、就业、生产率等形式表现。在一般意义上,实体经济部门关注一个国家的商品和服务产出、生产商品和提供服务的资源以及市场上商品和服务的销售价格。销售和购买的商品和服务的价格水平不是实际的变量,而是能让我们区分实体经济部门中很多变量的名义值和实际值的一个变量;例如,我们使用价格水平区分名义工资(货币工资)和实际工资,区分名义产出和实际产出等。

相反,金融部门关注金融资产和债务、借贷、信用、货币和利率。金融部门的"实"不少于实体部门,但在最一般意义上,金融部门关注实体活动的金融方面;也就是,金融部门关注的不是储蓄和投资,而是借贷;不是支出与就业,而是用于支持支出和就业的金融资源,例如信用和货币。在金融部门,价格水平的作用与实体经济部门相同,用于区分金融变量的名义值和实际值;例如,名义和实际的信贷流量、名义和实际货币供给量、名义和实际利率等。

　　一个国家不能只有其中一个部门而没有另一个部门。这两个部门有密切的联系，一个部门的变化影响另一个部门。首先考虑实体经济部门如何影响金融部门：

$$实体部门 > 金融部门 \qquad (1.1)$$

　　假设存在一个给定的由金融部门决定的利率。在这个利率水平上，实体部门决定产出水平、消费水平、就业水平等。作为这个进程中的一部分，实体部门决定着储蓄，这反过来影响着金融部门可贷资金的供给，消费影响金融部门可贷资金的需求。因此，实体部门影响金融部门（表达式 1.1）。但是，反过来，金融部门也反作用于实体部门：

$$金融部门 > 实体部门 \qquad (1.2)$$

　　可贷资金的供给与需求影响开始时实体部门的利率，同时改变这一利率。变化的利率通过影响实体部门的产出、消费、就业、价格等，变化的利率反过来影响实体经济部门（表达式 1.2）。随后，对实体经济部门的影响反过来对金融部门的可贷资金产生影响（表达式 1.1），再反过来影响实体经济部门（表达式 1.2），循环往复。

　　因此，广义上讲，国家的金融货币体系是金融部门的一部分，进而影响实体经济部门，循环往复。因此，金融货币体系是构成整体经济不可缺少的一部分。

1.4　衡量经济运行情况

　　本书中的一个重要假设是国家金融货币体系的重大失灵会给

经济活动带来不利影响，正因如此，熟悉如何衡量经济活动非常重要。一个国家的经济活动可以用各种各样的方式测量；但是，大部分来自实体经济部门的五个变量就能够对经济在短期和长期的整体运行情况做出判断。

这些变量是：真实 GDP、潜在真实 GDP、失业率、自然失业率和价格水平。价格水平本身不是一个实际变量，但是它是一个重要的经济活动的指标，它让我们能够区分经济变量的名义值和实际值。衡量金融部门的变量也非常重要，例如利率、货币、贷款等，但正是代表经济运行整体水平的五个变量决定着国家的财富和经济增长。

实际和潜在的真实国内生产总值：真实 GDP 是在保持价格不变的情况下，一个国家在一个时期产品和服务最终产出。真实 GDP 通过在最终产品上的支出来衡量，包括消费支出（C）、投资支出（I）、政府支出（G）以及净国外支出［产品和服务的出口（X）减去产品和服务的进口（M）］：

$$真实 GDP = C + I + G + (X - M) \qquad (1.3)$$

名义或市场 GDP 是按照当前或者市场价格测算的产品和服务的最终产出，与之对应的真实 GDP 的关系如下：

$$实际 GDP = 名义 GDP / 价格指数 \qquad (1.4)$$

这里的价格指数除以 100，将其从百分数转化为实数。

真实 GDP 是一个经济体在一个给定的时期内的实际产出，经济体的潜在 GDP 是一个经济体在一段时间内，在给定的结构和技术条件下，利用它的资源能够生产的实际产出水平。潜在 GDP 也指经济体在"充分就业"的情况下的产出水平；然而，充分就业并不意味着零失业，因为即使在"充分就业"条件下，也存在非零的失业水平，这是经济结构决定的，我们称之为自然失业率。

　　潜在 GDP 没有什么特别的或者可取的，潜在 GDP 可能高或者低，这取决于一国的经济结构、资源禀赋和技术。潜在 GDP 仅仅是衡量经济活动的一个基础，就潜在产出而言，没什么是最优的。一个低效的经济体制限制一个国家的潜在产出。典型的案例是 20世纪后半期崩溃的中国和苏联的计划经济。尽管拥有资源和技术，但是与西方相比，计划经济固有的低效率限制了潜在水平；也就是，在给定的资源和技术水平下，政府控制的结构限制着国家潜在的产出。这是这些经济体崩溃或者有如此多的"额外损失"的一个主要原因，最终他们转向更开放的市场和更少的政府计划。

　　实际 GDP 和潜在 GDP 之间的差距显示着经济体是在它潜在或自然的产出路径之上或之下运行。GDP 缺口（GDP Gap）是实际GDP（actual real GDP）和潜在 GDP 之间的差距，以相对于潜在 GDP的比率的形式表达：

$$\text{GDP 缺口} = （实际 GDP - 潜在 GDP）/ 潜在 GDP \quad （1.5）$$

　　GDP 缺口的表示方法，通常是上述表达式 1.5 结果再乘以 100。

　　图 1.1 表示美国在 1960 年第一季度（1960：1）到 2016 年第一季度（2016：1）间，以季度为单位计算的实际 GDP 和潜在 GDP 的变化情况。尽管美国经济随着时间增长，但是实际 GDP 在潜在GDP 上下移动。在经济活动中，这些波动用 GDP 缺口的形式表达会更加明显，正如图 1.2 所示。GDP 缺口展现出明显的周期运动，这些周期运动被称为商业波动或者商业周期。为了显示商业周期

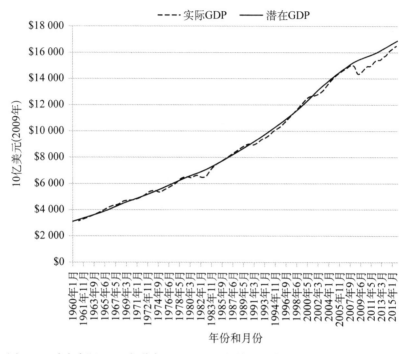

图 1.1   季度实际 GDP 和潜在 GDP：1961 年第一季度至 2016 年第一季度（以 2009 年美元计）

资料来源：FRED，Federal Reserve Bank of St. Louis.（https://fred. stlouisfed. org）

运动，图 1.2 突出了由美国国家经济研究局（NBER）明确的衰退和扩张的时期。按照定义，图 1.2 中的阴影区域表示美国经济的衰退期，无阴影区域是美国经济的几个扩张时期。注意在衰退时期GDP 缺口是负的，在扩张时期是正的。

实际失业率和自然的失业率：有几种失业率的测量方式，最常用的是城市失业率，定义为：

$$UR = [(LF - E)/LF] * 100 = (NE/LF) * 100 \qquad (1.6)$$

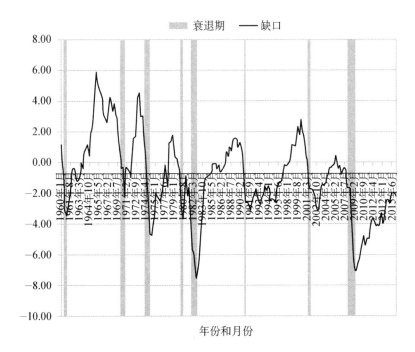

图 1.2　实际 GDP 缺口：1961 年第一季度至 2016 年第一季度

资料来源：FRED，Federal Reserve Bank of St. Louis.

　　其中，UR 表示失业率，LF 表示劳动力，是指就业人数（E）和未就业人数（NE）的总和。NE 是劳动力人口中没有工作但正在积极找工作的人。这种失业率是在新闻媒体中被引用的最频繁的失业率；然而，它不能准确测算任何时期的失业率。当一个经济体的衰退时，在劳动力市场萧条期间，有些人会变得沮丧并且停止寻找工作，因此，他们并不被包括在 LF 中；也就是，劳动力（LF）和未就业人数（NE）同等的减少会降低测量出的失业率，提供的是不准确的失业情况。考虑一种情况，劳动力市场中有 100 人（LF＝100），正在工作的有 90 人（E＝90），没有工作但正在积极地寻找工作的有 10 人（NE＝10）。失业率，UR，是 10％；然而，如果 10 个找工作的人中 5 个人变得沮丧并不再积极寻找工作，NE＝5，E＝90，LF＝95。现在计算出的失业率是 5.3％！在经济扩张的早期，同样的现象会在相反的方向出现，当曾经的旁观者开始寻找工作，增大了劳动力规模，因此，在给定就业人数的情况下，失业率增加。

　　除了失去信心的工人之外，边际工人和渴望获得一份全职工作的兼职工人的存在，也使得失业率不能准确地测量失业。边际工人不包括在劳动力中，但不像失去信心的工人，他们在过去的 12 个月里曾找过工作。做兼职工作的工人被认为是就业者，因为他们工作时间超过了每星期 30 小时，但是他们想要一份全职工作。在经济紧缩时期，边缘工人和想要更多工作的兼职工人的数量增加，在经济扩张时期，这一数量下降。

　　1994 年，出现一种更加广泛的、更加准确的失业率测量方法，这种方法被称为是 U6 失业率（标准的城市失业率被称为 U3）。U6 失业率包含着失去信心的工人、边缘工人和想要更多工作的兼职工人。图 1.3 表示的是从 1994 年 1 月到 2016 年 5 月的标准失业率 UR 和 U6 失业率。平均来说，U6 超过 UR4.7 个百分点。

　　关于失业率，与潜在 GDP 概念相似的是自然失业率。自然失业率是当经济在 GDP 缺口为零或者相当于这种情况下运行时的失业率，这时的经济体随着潜在或自然增长路径增长。与潜在产出类似，自然失业率由技术和经济结构决定；同样地，与潜在产出类似，自然失业率是决定相关就业的基础。经济体越有效率、技术进步越多，自然失业率越低；相反，经济体的效率越低、技术进步越

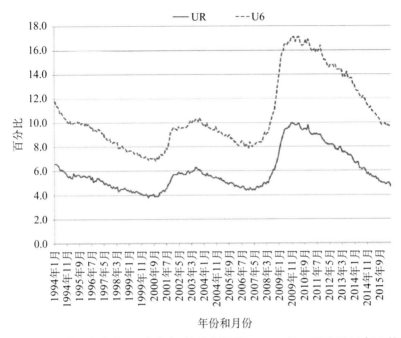

图 1.3　标准失业率和 U6 失业率(经季度调整)：1994 年 1 月至 2016 年 5 月

资料来源：FRED，Federal Reserve Bank of St. Louis.

少，自然失业率越高。

　　考虑自然失业率的另一种方式是分析三种类型的失业：周期性、摩擦性和结构性失业。周期性失业是由于经济波动导致的，由被测量的失业率围绕自然失业率的运动来表示。摩擦性失业与从一个职位换到另一个职位所花费的时间有关。找工作需要花费时间的长短受经济结构的影响。结构性失业由经济结构、经济体的资源禀赋和技术决定。自然失业率被认为是摩擦性和结构性失业的总和。也有其他方法定义自然失业率；然而，这里使用的定义是合理的。

　　图 1.4 表示的是，以季度为单位，1960 年至 2016 年初的实际

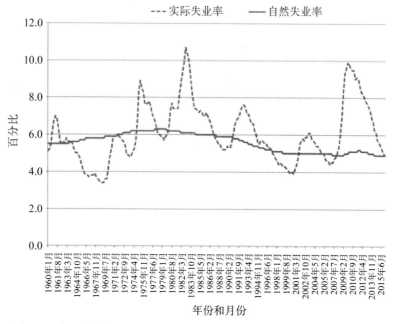

图 1.4　实际失业率和自然失业率：1961 年第一季度至 2016 年第一季度

资料来源：FRED，Federal Reserve Bank of St. Louis.

失业率 UR 和自然失业率之间的关系。

奥肯定律：实际/潜在 GDP 与实际/自然失业率之间具有重要的关系，因为每对数据的差值都代表着经济偏离长期或潜在的活动水平的情况。奥肯定律是以一位在 20 世纪 60 年代担任肯尼迪总统经济顾问的名字命名的，它有效地表达了这种关系：

$$GDP 缺口 = -\beta(实际失业率 - 自然失业率) \qquad (1.7)$$

β 是一个相关系数，将它定义为度量表达式 1.7 左右两边关系的量值。表达式 1.7 的左边是实际 GDP 与潜在 GDP 的差值，右边是实际失业率与自然失业率的差值。

经济学家们曾试图估计这个相关系数。关于是否可以估计表达式1.7中的简单的关系，存在一些争论。然而，就这个讨论的目的而言，这些都是不重要的。奥肯定律有助于根据人力成本来理解一个国家的经济运行，这个人力成本是由GDP的实际值与潜在值的偏离导致的失业来衡量的；有助于理解经济体结构和技术的重要性；有助于理解金融货币体系结构的重要性；也有助于理解中央银行政策。

假设相关系数β为常数，根据奥肯定律，这四个变量有三种可能的关系：

（1）若实际GDP＞潜在GDP（正缺口），则实际失业率＜自然失业率。

（2）若实际GDP＜潜在GDP（负缺口），则实际失业率＞自然失业率。

（3）若实际GDP＝潜在的GDP（零缺口），则实际失业率＝自然失业率。

价格水平：价格水平有四种重要的衡量标准。居民消费价格指数（CPI），代表城市家庭购买商品和服务的价格。生产价格指数（PPI），代表被投入生产的商品的价格。GDP平减指数，是用于将名义GDP转换到实际GDP的价格指数（表达式1.4）。个人消费支出价格指数（PCE）与CPI相似，但是对消费价格相对更广泛的衡量，被美联储使用。在这四种衡量价格水平方法中，个人消费支出价格指数使用得最少。然而，由于它被美联储使用，所以需要考虑个人消费支出价格指数作为一种测量价格水平的方法。

价格指数是这样一种方法：以重要性为权数、与基期相比较的一段时间内一组商品价格的平均值。也就是说，将基期年份价格

水平设定为100,基于基期计算价格指数。如果指数高于(低于)
100,那么平均价格水平就高于(低于)基期价格水平。图1.5表示
的是,在四种衡量价格水平的方法下,在1960年至2013年间,价
格水平年度百分比变化情况。从整体上看,这四种衡量标准下得
到的价格水平变动趋势是相似的,但是与其他三种价格指数相比,
PPI更加不稳定。1960年到2013年间,CPI、PPI、PCE和GDP平
减指数年平均百分比变化分别为3.9%、3.6%、3.5%和3.5%。
也就是,平均水平上它们是相似的。然而,它们各自的标准差是
2.8(CPI)、4.7(PPI)、2.4(PCE)和2.3(GDP平减指数),这表明
PPI的变化比CPI、PCE、GDP平减指数大得多。

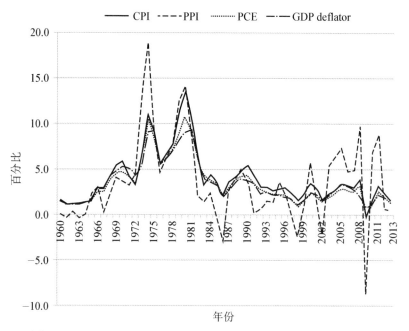

图1.5　CPI、PPI、PCE和GDP平减指数的变化：1960年至2013年

资料来源：FRED, Federal Reserve Bank of St. Louis.

1.5　数据来源与时间序列的组成部分

哪里找经济活动的数据：联邦政府搜集了国内层面和国际层面的实体部门和金融部门的巨量的经济信息，使这些信息很容易被民众使用。关于上面讨论的经济绩效的五个指标，美国商务部公布季度的实际 GDP 和名义 GDP 估计值以及月度的 PCE 指数估计值。劳工部公布月度的 CPI、PPI 估计和失业率。国会预算办公室公布潜在 GDP 估计值和自然失业率估计值。

其他关于实体指标和金融指标的数据可以从联邦储备经济数据库（FRED）中得到，联邦储备经济数据库由圣路易联邦储备银行维护。每个人都可以"自由"进入网站，但是这里"没有免费的午餐"。美联储依靠其资产获得收入来维持美国联邦储备经济数据库，这一资产主要是政府债券。与大多数中央银行一样，美联储每年将其 80%—90% 的收入作为一项政府内部资金转移转入财政部。由于将收入花费在联邦储备经济数据库上，转回美国财政部的收入变少，因而扩大了赤字规模，缩小了盈余规模。尽管在联邦储备经济数据库上花费不大，但是读者需要意识到，联邦储备经济数据库是一个强大的数据资源，它对使用这个网站的人是开放的，但不是对每个人都免费，没有"免费的午餐"这一说。

分解经济时间序列：经济变量，如 GDP、失业率等，随时间的变化被称为时间序列，因为变量的观测值在时间上是分散的点，与横截面的测量不随时间变化截然相反。例如，消费支出的横截面数据代表着美国不同家庭在 2016 年 1 月 1 日的消费。每个季度或每年的所有家庭的消费支出是消费的时间序列。宏观经济学和货币经济学主要依赖时间序列数据,因此,知道一个经济学家是如何描述一组时间序列的行为特征的是很有用的。

任何经济变量的一组时间序列都包含四个组成成分:

$$TS = T + BC + S + R \qquad (1.8)$$

其中,TS 是经济变量的时间序列;T 是趋势因素;BC 是商业周期因素;S 是季节性因素;R 是随机因素。

趋势因素是变量潜在的长期运动趋势,随着时间的推移,它可以是向上的、向下的或者不变,也可以改变方向。并不是所有的经济时间序列都显示随时间推移的明显趋势。有时,趋势是如此强以至于观察经济变量的水平并不能让我们对变量如何随时间改变有深刻的见解;例如,图 1.6 显示的,季度实际 GDP 的水平和实际 GDP 每年百分比的改变,是 1960 年 1 月到 2016 年 1 月间每年百分比的变化,每年百分比的变化是从现在的季度到前一年的同一季度测量出来的。实际 GDP 水平,由于它具有很强的向上的趋势,掩盖了 GDP 中年到年的活动。实际上,将经济变量的水平转换成变化量是一种统计方法,能够消除随时间推移测算的大量的经济变量的趋势,以确定时间序列的其他因素,特别是商业周期因素。

经济很少沿着稳定的趋势随时间增长;事实上,经济增长往往会起伏不定,这是任何市场导向的经济体系的显著特征,但是它被数据中的趋势所掩盖。商业波动或者周期因素吸引经济学家的注意力已有 200 多年。商业周期显示出非常容易定义的四个阶段:扩张、顶峰、衰退和谷底。"商业波动"是对这些经济波动更加准确的描述,因为这些波动没有显示出像正弦波或余弦波那样完整定义的周期;然而,它们往往被当作周期而不是波动。商业周期或波

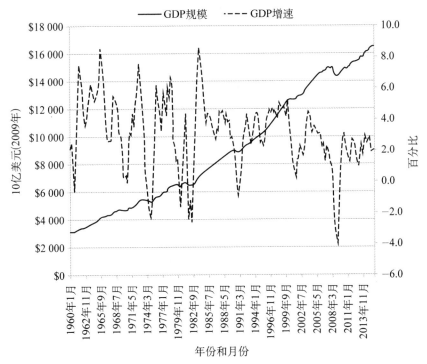

图1.6 季度实际GDP规模和年增长率：1961年第一季度至2016年第一季度

资料来源：FRED, Federal Reserve Bank of St. Louis.

动是经济活动在某个方向上的累积性移动，扩散到整个经济体并达到一个转折点，然后经济活动在另一个方向上累积性移动，再扩散到整个经济体并达到一个转折点，周而复始。

　　美国国家经济研究局是一个非盈利的经济研究机构，成立于1925年。美国国家经济研究局已经成为商业周期的计时员（time keeper）。美国国家经济研究局早在1854年就已经估计出了美国经济的转折点（如表1.1），是基于实际GDP、就业、实际收入、就业、工业产出和批发零售价格的变动估计的。美国国家经济研究局没有将一个衰退期定义为两个实际 GDP 连续下降的季度,这是常出现在新闻媒体中的描述,而是使用一个更广的视角。

　　联邦储备经济数据库一个有用的特点是美国数据可以以表格的形式呈现,阴影部分是衰退期,没有阴影的是扩张期。图 1.2 呈现的是 1960 年以来的 GDP 差距,它清晰地表现出经济体正如美国国家经济研究局测量的那样起起落落,正如表 1.6 显示的实际 GDP 的百分比变化。

表 1.1　美国国家经济研究局经济周期拐点:1854 年至 2014 年

峰顶月份	谷底月份	相邻峰谷间隔月数	相邻谷峰相隔月数	相邻峰值间隔月数	相邻谷值间隔月数
	1854.12				
1857.06	1858.12	18	30		48
1860.10	1861.06	8	22	40	30
1865.04	1867.12	32	46	54	78
1869.06	1870.12	18	18	50	36
1873.10	1879.03	65	34	52	99
1882.03	1885.05	38	36	101	74
1887.03	1888.04	13	22	60	35
1890.07	1891.05	10	27	40	37
1893.01	1894.06	17	20	30	37
1895.12	1897.06	18	18	35	36
1899.06	1900.12	18	24	42	42
1902.09	1904.08	23	21	39	44
1907.05	1908.06	13	33	56	46

（续表）

峰顶月份	谷底月份	相邻峰谷间隔月数	相邻谷峰相隔月数	相邻峰值间隔月数	相邻谷值间隔月数
1910.01	1912.01	24	19	32	43
1913.01	1914.12	23	12	36	35
1918.08	1919.03	7	44	67	51
1920.01	1921.07	18	10	17	28
1923.05	1924.07	14	22	40	36
1926.10	1927.11	13	27	41	40
1929.08	1933.03	43	21	34	64
1937.05	1938.06	13	50	93	63
1945.02	1945.10	8	80	93	88
1948.11	1949.10	11	37	45	48
1953.07	1954.05	10	45	56	55
1957.08	1958.04	8	39	49	47
1960.04	1961.02	10	24	32	34
1969.12	1970.11	11	106	116	117
1973.11	1975.03	16	36	47	52
1980.01	1980.07	6	58	74	64
1981.07	1982.11	16	12	18	28
1990.07	1991.03	8	92	108	100
2001.03	2001.11	8	120	128	128
2007.12	2009.06	18	73	81	91
1854—2009（33 个周期）		17.5	38.7	56.4	56.2

（续表）

峰顶月份	谷底月份	相邻峰谷间隔月数	相邻谷峰相隔月数	相邻峰值间隔月数	相邻谷值间隔月数
1854—1919 （16 个周期）		21.6	26.6	48.9	48.2
1919—1945 （6 个周期）		18.2	35.0	53.0	53.2
1945—2009 （11 个周期）		11.1	58.4	68.5	69.5

资料来源：National Bureau of Economic Research（www. nber. org/cycles. html）.

以月度或者季度为基础测量的很多经济变量包含季节性因素。季节性因素代表变量中的变化，并且每年都会或多或少地重复这一变动，这一变动大都与气候变化或者节假日变化有关。例如，某些行业的就业情况会受到季节性影响——工业、旅游业、某些与体育活动相关的就业。一场年度的体育赛事，例如超级碗（Super bowl），在一些经济数据中产生了季节性的变动。从经济角度看，季节性因素不是那么的有趣，因为它大体上是由于非经济因素引起的，年复一年的重复自身，每年都是可预测的。经济时间序列的季节性因素可以通过各种各样的步骤消除，从简单到复杂。因此，大量的时间序列是经过季节性调整（SA）的，既公布经过季节性调整（SA）的数据也公布没有经过季节性调整（NSA）的数据。整体来说，SA 的形式更适合那些季节性因素对其影响很大的数据。

时间序列的第四个因素是随机因素，它在趋势、商业周期和季节性因素已经被识别后存在。随机因素是一个不能解释的、相对小的影响因素,因为经济的时间序列由前两个因素决定——趋势和商业周期因素。受季节性因素影响相对较小。

1.6　金融货币体系与经济运行

一个合理运行的金融货币体系对于经济在潜在水平上保持稳定、持续和无通货膨胀的增长是必要的,它为今后增加潜在产出提供必要的基础。作为一个必要条件,一个国家如果没有一个正常运行的金融货币体系是无法达到稳定、增加财富以及提高生活标准。与此同时,一个运转良好的金融货币体系并不足以实现财富增加和生活水平的提高。

经济表现的总体水平实质是基于以下三个方面合力的结果:需求和供给冲击、经济结构和金融货币体系的结构和运作。

需求和供给冲击:需求冲击是支出的自主或外生变化,与之相对应的是支出的诱导或内生变化。为了说明自主性支出与诱导性支出之间的差异,考虑以下的消费函数:

$$C = \beta_0 + \beta_1 Y \qquad (1.9)$$

其中,C 表示实际消费支出;Y 表示实际收入;β_0 表示与收入无关的消费水平;β_1 表示消费和收入的关系。β_1 的系数表明当 Y 变化时,C 也会以一个可预测的方式变化;换言之,这部分 C 受收入水平诱导或内生决定。常数项 β_0 表示与 Y 无关的消费水平。β_0 系数的改变代表了与 Y 无关的 C 发生自主或外生的变化。任何支出的组成部分都可以在任意方向自主发生改变,从而在任意方向影响经济活动。

供给冲击是生产过程中的价格和商品供给发生自主或者外生的变化，例如石油或任何与能源相关的商品。20 世纪 70 年代初最主要的供给冲击来自能源部门，特别是石油的供应和价格。供给冲击也可能发生在技术进步或劳动生产率变化的情况下。就像需求冲击一样，供给冲击会发生在任意方向，要么发生在经济活动水平增长的情况下，要么是经济活动水平下降的情况下；例如在过去的 40 年中，不管实际石油价格是不断上升，还是下降，都对经济活动产生了显著的影响。

需求和供给冲击在商业周期中扮演重要角色，这既是商业周期产生的原因，也是需求冲击的反映，反映了政府的稳定政策，旨在改变需求，以减少经济活动的波动来稳定经济。政府稳定性政策被认为是一种"逆向干预"，政府试图通过改变需求来抵消其他因素导致的经济扩张速度过快或过慢；因此，"反周期"稳定政策被用于描述政府稳定性政策。

政府稳定性政策由财政政策（政府支出和税收）以及中央银行货币政策（信贷、利率和货币供给）组成，用于降低商业周期波动幅度，增加（经济）扩张的时间，减少紧缩或衰退的时间。

经济结构：经济结构通过两种渠道来影响经济活动。第一，经济结构影响着由潜在 GDP 和自然失业率衡量的经济潜在自然增长路径。第二，经济结构影响商业周期的振幅以及经济扩张和紧缩时期的相对长度。换言之，经济结构不仅影响长期经济增长路径，还影响着在增长路径中的经济波动。以下列举了一些更为重要的经济结构，尽管这并不是一个详尽的清单：自由市场、工会和政府政策所允许的竞争程度；政府与企业（裙带资本主义）、工人联盟（裙带工会主义）之间的关系；政府对私人部门的监管方式和力度，包括金融监管政策；对外开放程度；人口规模和分布等。

金融货币体系：金融货币体系是经济活动的一个重要决定因素。一个运转良好的金融货币体系虽不是促成经济增长和减少经济活动波动的充分条件，但它是一个必要条件。需求冲击、供应冲击，特别是经济结构，都在金融货币体系履行其在经济中的基本作用方面起着关键作用。也就是说，根据需求冲击、供应冲击和经济结构特征的性质，一个运转良好的金融货币体系可以很容易地转变为一个运转不那么好的金融货币体系。这点似乎很明显，但仍需要强调。当然，一个运行不良的金融货币体系，就其本身而言，可以成为与其他因素无关的许多经济和金融危机的根源。

金融货币体系是如何影响经济运行的呢？ 就金融货币体系对经济活动的积极影响而言，这个问题的答案简单明了。如果金融货币体系运转良好，那么它会为经济增长提供稳定的金融和货币环境，这有助于减少商业周期的振幅，增加扩张的时间，减少紧缩的时间，为之后经济潜力的增长提供了基础。特别地，一个完善的金融货币体系支持储蓄/投资过程；提供了一个有效的渠道，把资金从贷款人转移到借款人；维持金融稳定；提供对经济变化需求的适应能力；通过达到低而稳定的通货膨胀率来稳定一个国家的货币价值。同样，一个运转良好的金融货币体系只是经济稳定的必要条件，而不是充分条件。需求和供给冲击以及经济的结构方面会抵消一个完善的金融货币体系在经济中的积极影响。

相比之下，如果金融货币体系没有实现它的基本角色，将会出现经济上的"河城之乱"（Trouble in River City），就像百老汇歌剧和电影《音乐人》（*Music Man*）（可以查看 YouTube 里面的文化教育频道：www. youtube. com/watch？ v = LI_Oe-jtgdI）里的歌曲一样。

在美国历史和世界历史上,有许多运行并不是非常良好,却对经济产生积极影响的金融货币体系。但本书更关注被认为是发生严重经济金融危机的五个时期,这几个时期的金融货币体系对经济产生了不利的影响。

1.7　主要的经济金融危机时期和金融货币体系

五次强烈的经济金融危机,有时甚至是政治危机,表明金融货币体系失灵会导致经济的不稳定。危机没有发生的时期,政权运转良好,支持持续和无通货膨胀的增长,但一旦发生经济金融危机,金融货币体系失灵的后果就会突现。其中,三次危机来自美国,一次危机来自一战后的德国,还有一次危机来自第二次世界大战后日本。在每一场危机下,每个国家的金融货币体系的问题与其他因素相结合产生了巨大的灾难,在德国的案例中,金融货币体系的问题与纳粹的兴起和第二次世界大战的爆发有重要关系。这五起金融危机,我们将依次讨论。

我们先讨论美国的三次金融危机然后把注意力转向德国和日本。

1.8　美国

美国历史上有三段严重的经济不稳定时期:20 世纪 30 年代的经济大萧条;1965 年到 1985 年的大通货膨胀;从 2006 年初房地产价格暴跌开始的经济衰退,一直到 2016 年依旧没有完全恢复。这三个时期的任一时期,金融系统中设计糟糕的金融监管和结构问题,加之美联储的政策失误,给美国经济带来了严重的经济和金融灾难。

1929 年至 1941 年的大萧条:这曾一度被归因于不同程度的市场失灵,使得需要一个庞大而活跃的政府来恢复经济稳定和经济增长。大萧条使罗斯福政府新政下的政府开支和政策空前膨胀。事实上,政府稳定、规范和监督的大厦,作为美国经济的特征,是在20 世纪 30 年代开始出现的,尽管有相反的证据,但当时人们普遍接受了对大萧条的成因的解释。政府将金融部门和经济的崩溃归咎于私营部门和私人利益,整个 20 世纪 30 年代的高失业率以及远低于其潜力的经济皆是如此。也就是说,大萧条被归咎于市场失灵,而只有庞大和活跃的政府才能应对市场失灵,使经济恢复到充分就业状态。大萧条的亲政府、反市场的观点可以概括为:新政增加了政府支出,加强了监管,并对资本主义的"动物精神"加以控制,经济开始复苏;从 1939 年的《租借法案》开始,伴随着第二次世界大战的爆发,美国的经济开始强劲复苏;1941 年 12 月 7 日日本偷袭珍珠港,以及之后 1941 年 12 月 11 日德国向美国宣战,美国在参与战争后完全恢复了经济。

这是一个众所周知的故事,仍在高中历史课本以及大学课程中被传授,并且经常被现代政治家所使用,他们强调市场失灵是不稳定的根源,以使一个积极政府的需要合理化。然而,有证据表明,这种对大萧条亲政府、反市场的解释更多的强调了市场失灵,而忽视了政府政策的失误,这正是导致大萧条产生更深度和广度的原因。大萧条一个理智的平衡的观念需要认识到政府政策失误的重要性,特别是美联储的政策。米尔顿·弗里德曼(Milton Friedman)和安娜·雅各布森·施瓦茨(Anna Jacobson Schwartz)是第一批改变当时被广泛接受的大萧条观念的人。他们在《美国货币史》(1963)一书中提出：自 1867 年到 1960 年间一系列美联储的政策失误，使得始于 1929 年一个正常衰退演变成一个持续十年的重大经济灾难。他们认同其他因素，但把造成大萧条的主要原因归咎于美联储的政策失误。弗里德曼和施瓦茨认为，这不是市场失灵，而是政府失灵，这才是导致 20 世纪 30 年代的经济和金融危机的罪魁祸首。货币政策并不是唯一的原因，但作为金融货币体系的一部分，金融部门无法履行其基础职能。关于货币政策失误如何影响经济的争论仍在继续，但每一个严谨的经济学家都会意识到美联储的政策错误是解释大萧条原因的重要部分。

没有比美联储前主席本·伯克南(Ben Bernanke，2006—2014 在任)更权威的观点了。在芝加哥大学举办的庆祝弗里德曼 90 岁生日会上，伯克南以高度赞扬弗里德曼和施瓦茨对货币经济学的贡献结束他的演讲：

弗里德曼和施瓦茨在对大萧条的研究中的出色表现，不仅仅在于其讨论的实质或者观点的连贯性。他们的工作是第一次用历史来严格地阐明复杂经济系统中的因果问题和认识问题。对于注重实际的中央银行管理者，作为其中之一，我认为，弗里德曼和施瓦茨的分析留下来许多经验教训。其中一个观点是货币力量会极其强大，尤其是从一个不稳定方向上释放出来。央行能为世界做的最好的事情，就是为经济提供用米尔顿·弗里德曼的话来说的"稳定的货币背景"，来避免这样的危机，比如说一个低而稳定的通货膨胀状态。

让我稍微滥用一下我作为美联储官方代表的身份来结束

我的演讲。我想对米尔顿和安娜说：关于大萧条，你们说得对，我们做了不应该做的。我们非常抱歉。但是多亏了你们，我们不会再这样做了。

如今，大萧条很大程度被归因于金融货币体系的失灵，尤其是美联储的一系列政策失误。金融部门存在结构性问题，需要政府改革和一定程度的市场失灵，但金融部门的崩溃及其在 20 世纪 30 年代的整个十年里对美国经济的影响，主要是由于美联储的政策失误。此外，经济研究表明，在 1933 年之后，包括政府支出在内的许多新政政策对改善经济几乎没有起作用。在第二次世界大战前夕，美国经济仍处于高失业率（1938 年的 19.1%），这可能低估了由于丧志工人与工人的边际效应导致的失业率和巨大的负 GDP 缺口（-24.1%）。

1965 年至 1985 年的大通胀：其特点是高通货膨胀和高失业率（滞胀），造成这次大通胀的原因主要有以下几方面：金融部门的结构性问题与政府补贴住房的政策；对央行政策的运作的错误理解；美联储过度宽松的货币政策。在大通胀时期，资金流动的中断是一个严重的问题。当时的金融部门结构和政府监管鼓励储户将资金从储蓄机构（商业银行、储蓄和贷款协会、储蓄银行和信用社）转移到直接货币市场上，因为市场利率可以大幅高于储蓄和定期存款的利率上限（Q 条例）。

Q 条例从 1933 年起对金融部门的利率规定了上限，1980 年到 1986 年间这一上限被逐步取消。资金从利率控制的存款向货币市场工具［国库券、商业票据、大额存单（CDs）等，不受利率上限的影响］转移的过程被称为"脱媒"。20 世纪 70 年代，金融脱媒导致多次"信贷紧缩"，当时任何存款机构不管利率多少都不提供抵押贷款和消费信贷。金融脱媒极大地威胁了所有存款机构的生存能力，但是储蓄贷款行业是个例外。实际上，储蓄贷款行业在20世纪80年代的崩溃部分是因为金融脱媒、利率上限和政府保护，政府的保护使得那些专门从事抵押贷款的贷款者可以借短贷长。从1989年到1999年，由纳税人出资对储蓄贷款行业的救助以2014年美元计花费了2 140亿美元。

美联储过度宽松的货币政策导致的通货膨胀造成了市场利率高企。正如后面一章所讨论的那样，宽松的货币政策往往与高而不是低的利率联系在一起。宽松的货币政策是由于货币政策对经济影响的有缺陷的模型导致：美联储政策失灵是在于错误理解货币政策和金融结构之间关系，以及货币政策政治化。就像大萧条时期，国家金融货币体系的失效，尤其是美联储政策的错误，再加上一个旨在支持房屋所有权的有缺陷的金融部门，这些都与这场持续了近20年的经济和金融危机有重大关系，危机也对纳税人造成极大的损失。这并不意味着其中没有市场失灵的作用。市场上出现了一些失灵，比如在储贷机构中存在轻率放贷和欺诈行为，但与美联储的政策失误相比，这些因素的重要性显得微不足道，再加上有缺陷的金融监管，使得储贷行业成为专门的抵押贷款机构。

从2006年初开始的大衰退：随着房价的暴跌，大衰退直到2016年仍没有完全恢复。2016年初，经济持续低于其潜力（图1.1），在失业率已经下降到自然失业率水平的同时，U6失业率居高不下，劳动力参与率大幅下降。事实上，如果用大衰退前存在的劳动力参与率来衡量标准失业率，那么标准失业率将会高出好几个百分点。因此，虽然经济已经恢复到一个合理的水平，但在撰写本书时,人们普遍认为按照历史标准来说经济恢复还是较弱。

　　大衰退与 2002 年左右开始的房价泡沫有着密切联系,在 2006 年初达到顶峰,并在接下来的 7 年里暴跌(图 1.7)。根据美国国家经济研究局的数据,由于房价暴跌需要一段时间才能渗透到经济的其他部分,经济衰退直到 2007 年 12 月才正式开始,到 2008 年 9 月 15 日雷曼兄弟破产之后才开始出现国际蔓延和恐慌情绪。

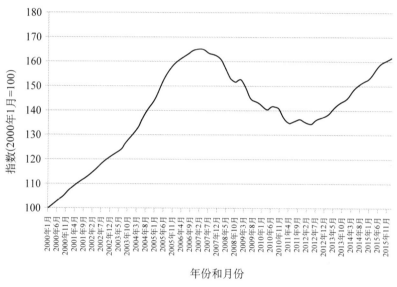

图 1.7　全部交易房价指数:2000 年第一季度至 2016 年

资料来源:FDER,Federal Reserve Bank of St. Louis.

　　雷曼兄弟公司破产是美国历史上所有私营企业中规模最大的破产案,资产规模约为 7 500 亿美元。雷曼兄弟公司的倒闭对美国和世界大部分地区的资金流动产生了重大影响。破产的后果之一是对投资公司发行的货币市场基金稳定性产生了威胁。因为公众持有的货币市场基金是国家货币供应的一部分,并且代表了投资公司管理的货币市场基金或者短期融资工具的份额。当时,许多货币市场基金都持有雷曼兄弟发行的商业票据。

商业票据的价值急剧下降,使得投资公司很难兑现他们几十年来的承诺,即不"跌破1美元"。这意味着,1美元份额的货币市场基金持有者总能以1美元的价格收回。不到1美元被称之为"跌破1美元",一些货币市场基金在2008年和2009年确实跌破了1美元。人们担心,雷曼兄弟公司商业票据的崩溃将会引发货币市场基金的挤兑,因为基金持有者试图将基金变现,并导致金融部门的崩溃,就像20世纪30年代初那样。美国财政部采取了前所未有的举措,向所有货币市场基金提供每个账户25万美元的政府存款担保,期限为一年,其中不包括持有的联邦、州或地方政府债券。

导致大衰退的根本原因在于2002年至2005年末的房价泡沫,以及2006年初房地产泡沫破裂。理解泡沫及其破裂就能理解大衰退。但是,与大萧条和大通胀不同的是,人们对政府政策的作用存在相当大的争议。许多人声称,是贪婪和欺诈以及其他市场失灵的表现导致了房地产泡沫,而另一些人——包括本人——将泡沫归结于有缺陷的金融结构和货币政策错误的综合影响。在2002年至2006年初的房地产价格上涨期间,购房时的借贷成本和条件并没有反映抵押贷款中的风险-收益比较。其中很大一部分原因是政府支持房屋所有权政策。政府通过两家政府资助机构房地美和房利美,降低贷款标准、减少首付比例、积极推销次级抵押贷款,来鼓励房地产贷款的扩张。

次级贷款的违约风险比普通和优先级贷款要高得多,只要房价以每年10%至20%的速度上涨,次级抵押贷款在经济上就是合理的,但是这个泡沫破裂了。美联储在 2001 年到 2005 年间实施了一次积极的货币宽松政策,降低了利率,特别是抵押贷款利率,达到了近半个世纪以来从未见过的低水平。低利率低估了抵押贷款/借款的风险,在 2002 至 2005 年底,抵押贷款的规模明显扩大,支撑了房价泡沫。当美联储在 2004 年中期调整政策时,危害冲击已经产生,因为货币政策对经济的影响有很明显的滞后效应。当时的房价是由"更大傻瓜理论"(bigger fool theory)所决定的,这是基于一种无条件预期,即下一时期房价将高于当前房价。大体就是:"我知道我是一个傻瓜,花了 50 万美元在市区某个地方买了一套房,但在一年里,一个更大的傻瓜会支付 100 万美元来买我这套房。"所以,这种房产泡沫是基于更大傻瓜理论而存在的,当市场意识到房价上升的无条件预期缺乏经济现实性时,所有的泡沫都会破灭。

因此,正是美联储政策和支持拥有房屋的金融部门结构共同成为这次大衰退的重要原因。这并不是要否认市场失灵的影响。实际上,基于低质抵押贷款的复杂金融衍生品很不透明,存在市场失灵。然而,笔者和许多其他观点都认为,与政府政策错误相比,这些市场失灵微不足道。具有讽刺意味的是,伯南克愿意承认美联储作为大萧条的起因的责任,但他否认美联储在大衰退(Bernanke,2013)中有任何这样的因果关系。这是有争议的。本书的最后一章回顾了大萧条,在两个方面会提供更多细节。

总而言之,这三个时期代表了一个失调的金融货币体系导致的经济和金融困境。政府政策失误在其中扮演了重要的角色,而关于政府失灵与市场失灵的争论仍在继续,但许多研究认为,对这三次危机,政府因其政策失效而至少要承担与市场同样多的责任。

1.9　德国和日本

德国和日本是重要的国际案例研究的对象，因为就德国而言，失灵的金融货币体系改变了世界历史，而日本也是如此。这预示着美国也将会持续十年，直到 2016 年。

德国：德国案例的意义在于金融货币体系失灵如何导致一个国家的经济、金融和政治混乱，并最终给世界带来灾难。1918 年 11 月 11 日，德国人签署了投降协议，结束了第一次世界大战。1919 年 6 月 28 日，同盟国（主要有英国、法国、意大利和美国）强迫德国签署凡尔赛条约。该条约向德国施加苛刻的赔偿条款，要求德国向各国支付大笔款项。法国和比利时军队实际上在 1923 年占领了德国的一部分，以确保德国会遵守条约的各项条款。德国无法满足赔款要求和其他条件，除非给民众带来苦难，就像许多政府在经济和政治动荡时期求助于印刷货币一样。

从 1921 年起，德国央行（Bundesbank）开始以不断增长的速度印钞，这导致了世界历史上一个著名的恶性通货膨胀时期。恶性通货膨胀是指价格水平上升如此之大和如此之快，以致没有人愿意持有货币的过程；相反，人们会尽可能快地花钱，尽可能拥有商品，因为他们预计这些商品的价格会加速上涨。这次恶性通货膨胀始于 1922 年 8 月，结束于 1923 年 11 月，在此期间，物价每月上涨了百分之几百。

通过缩减所有债务合同的名义价值并引入一种新的货币，才最终结束恶性通货膨胀。在 20 世纪 20 年代的剩余时间里，德国经济迅速稳定并取得了令人瞩目的经济增长，但恶性通货膨胀已经造成了巨大的损失。恶性通货膨胀及其后果产生两个大的影响和一个较小的影响，这些影响都改变了世界历史：第一，它摧毁了中产阶级的大部分财富；第二，它摧毁了魏玛共和国（Weimar Republic）在一战之后建立的新的民主体制的信念；第三，经济动荡给纳粹党提供了一个平台，使其 1923 年在德国议会中获得了一小块立足之地，并为纳粹在未来几年提供了一个基础，使其能够在1933 年完全控制德国政府。

有人宣称，德国的恶性通货膨胀为纳粹德国的崛起提供了基础。这是不正确的，因为直到 20 世纪 20 年代末，纳粹党才成为控制德国的有力竞争者。然而，恶性通货膨胀确实为纳粹的崛起提供了一个有利的环境，并使一群革命者有了一个平台，如果德国金融货币体系没有出现重大失灵，他们不会有这样的机会。

20 世纪 30 年代早期的大萧条导致了德国经济和金融危机，并为阿道夫·希特勒（Adolf Hitler）1933 年实施完全控制奠定基础。在 1924 年恢复稳定之后，德国工业和经济复苏在很大程度上依赖于美国的信贷，但是当美国经济和金融部门在 1930 年开始崩溃时，信贷和资金流就中断了。在差不多十年前的恶性通货膨胀之后，20 世纪 30 年代初，德国的通货紧缩和失业为希特勒和纳粹在1933 年接管政府提供了完美的契机。其余的事情众所周知了。

然而，重要的一点是，德国金融货币体系的失灵——20 世纪 20年代早期的恶性通胀和 20 世纪 30 年代初的通缩和银行破产，为历史上的一场大灾难提供了舞台。

日本：由于三个原因，研究日本这段金融货币体系失灵过程就显得极其重要。首先，这次失灵与美国大衰退时期的情况很相似；也就是说，日本的金融货币问题与十年后美国的货币政策错误和金融结构存在缺陷是一样的。其次,此次危机导致了全球最大的资产泡沫之一,和全球最大资产泡沫破裂事件之一。第三,政府应对泡沫破裂的措施是,推出非同寻常的宽松货币政策和政府赤字支出,这与十年后美国经济大衰退时的情况非常类似。可以毫不夸张地说,在过去的十年里,美联储政策一直在日本央行政策的阴影之下。

随着房地产价格(图1.8)和股票价格(图1.9)开始迅速上升,日本在战后时期出现的举世瞩目的经济成就,到20世纪80年代后半段开始崩溃。一开始,较高的资产价格有着经济基本面因素的支撑,如实际GDP的高增长、低利率、出口部门高利润以及因允

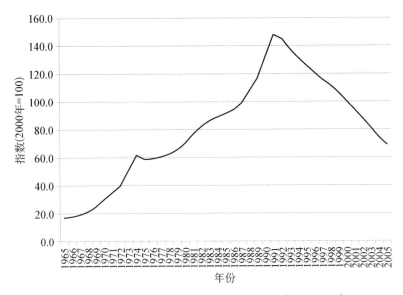

图1.8 日本全部城市土地价格指数:1965年至2005年

资料来源:Ministry of Internal Affairs and Communications, Statistics Bureau (www. stat. go. jp/english).

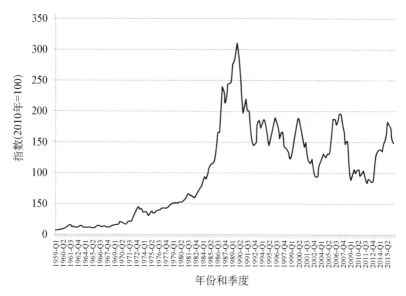

图 1.9　日本股票价格指数：1959 年 1 月至 2016 年 2 月

资料来源：Organisation for Economic Co-operation and Development（http：//data. oecd. org/price/share-prices. htm）.

许更多的外资参与日本金融部门而使东京的办公空间需求增加。然而，到 1987 年，资产价格正以经济基本面无法支撑的速度上升，而价格上涨则被每一时期的价格都会高于前一时期这样的无条件预期所主导。1990 年初，股市泡沫破裂，一年后房地产泡沫破裂。

　　日本的资产泡沫是由宽松的货币政策和有缺陷的金融结构和政策以及不同程度的市场失灵的综合结果所导致的，但是，再次强调，与市场失灵的后果相比，政府的一系列政策错误所致的后果更为严重（Cargill and Sakamoto，2008）。尽管在 20 世纪 80 年代的后半段，日本实际国内生产总值（GDP）快速增长，但日本央行在 1989 年初将贴现率降至历史最低水平。日本央行宽松的货币政策很大程度上被阻止日元升值等其他考虑所支配,另外因为通胀率低,银行认为它可以追求其他目标。然而,日本央行和美联储一样,没有考虑到宽松货币政策会对一个有缺陷的金融结构产生影响。1976年的不完全金融自由化进程导致了有缺陷的金融部门和政策的产生。尽管日本对国内外资金流动重新进行重大的制度性设计,但是旧金融体制的基本特征依然存在,使得日本的金融货币体系必然会有意外发生。在撰写本书的时候,日本正处于经济和金融发展的第三个失去的十年之中。

参考文献

Bemanke, Ben S. (2002). "On Milton Friedman's Ninetieth Birthday". Remarks at Chicago University, Chicago, November 8, www. federalreserve. gov/ boarddocs/Speeches/2002/200211 08/default. htm.

Bemanke, Ben S. (2013). *The Federal Reserve and the Financial Crisis*. Princeton: Princeton University Press.

Bierman, Noah (2014). "MIT Professor Apologizes for Remark on Voters". Boston Globe, December 9, www. bostonglobe. com/news/nation/20 14/12/ 09/rnit-professorjonathan-gruber-apologizes-congress-for-remarks-about-stupidit y-american-voter/AlrfLb2yWKWNTL90vSaPFJ/story. html.

Cargill, Thomas F. , and Takayuki Sakamoto (2008). *Japan since 1980*. New York: Cambridge University Press.

Friedman, Milton, and Anna Jacobson Schwartz (1963). *A Monetary History of the United States: 1867 to 1960*. Princeton: Princeton University Press.

第2章
关于货币的基本概念

2.1　引言

在第一章中，我们已经说明金融货币体系是由三个部分组成的：

（1）金融部门，包括金融机构和金融市场；

（2）金融监管，由政府设立并由政府监管机构实施；

（3）中央银行以及中央银行政策。

第一章概述了这三个部分的基本结构与职责；讨论了受国家金融货币体系影响的各项经济活动指标；并指出在美国和世界历史上几次值得注意的金融经济危机中，金融货币体系并没有充分履行其职责。这些金融危机，不仅导致经济与财政危机出现，还使得许多人的生活标准降低，生活质量下降。在某些情况下，金融危机会引发地缘政治危机，这会对世界历史带来严重后果，比如20世纪20年代到30年代初发生在德国的事件。

在接下来的章节中，我们将会对这三个部分展开更详细的讨论。但是在展开讨论之前，对于金融货币体系有四个基本定义和概念需要我们去理解：第一，货币的概念和度量；第二，货币价值的概念和度量；第三，货币标准的演变；第四，货币与经济活动之间的关系。

2.2　货币的概念和衡量

以下思考提供理解美国和其他任何国家货币供给的基础：货币概念、货币供给度量；M1 和 M2 货币度量；以及"最佳"货币度量和什么不是货币。

货币的一般性概念：货币的概念可以从两个角度理解。第一个角度，考虑最普遍意义上的货币；第二个角度，考虑货币在经济中所发挥的重要功能。

货币的一般性概念是将货币视为社会决定用来支付债务、商品或服务的一般等价物。历史记录了许多不同的东西已经被人类所接受充当货币的角色。如贝壳、宝石、珍珠、鲨鱼牙齿、黄金、白银甚至过去战争中战俘营中的香烟都曾成为过货币。注意货币的一般概念聚焦于社会决定使用什么作为货币而不是政府决定什么成为货币。这是一个重要的观点，那就是货币是一个市场创造而不是政府创造；也就是说，货币出现在私人部门，是为了克服商品交换障碍，提升交换效率。在货币经济体中，商品被用来换取货币，货币反过来，被用来换取其他商品。政府一度想在货币供给中提升自己的角色，但直到 20 世纪政府才开始在一个国家的货币供给中扮演主要角色。

货币的功能性概念：货币的一般性概念是正确和重要的，但是货币的功能性概念和衡量标准是更详细的,它提供了货币在经济中扮演的一组特定功能的集合,这些功能更好地帮助我们了解如何衡量一个国家的货币供给以及货币在任何经济体中扮演的三种特定角色。

第一个,货币充当一种价值尺度,允许我们用一种简单便捷的方式去比较不同商品的价值。在美国美元是价值尺度,在日本日元是价值尺度,在许多欧洲国家,欧元是价值尺度等。为了理解价值尺度功能的重要性,想象你走进没有以美元计价的梅西百货公司。你需要记住成千上万的比率,以比较任何一种商品与商店中另一种商品的价值。一件给定质量和风格的衬衣值三双给定质量和风格的袜子,值两条给定质量和风格的皮带,值一条半给定风格和质量的裤子等。实际上,如果在梅西百货公司有 n 件商品,我们需要 n(n-1)/2 个比率来代表所有的相对价值。如果梅西百货公司有 5 000 件商品,你将需要 12 497 500 个比率! 现在,如果其中一件商品,比如说衬衫,被选择来充当价值尺度,我们将可以极其简化相对价值的计算。在这个例子中,只需要 4 999 个价格比率,因为每一个商品的价值都可以用衬衫来表示,这将会有一个统一的价格。货币就是衬衫。它就是一个公共的分母被用来衡量不同商品和服务的价值。继续用梅西百货公司的例子,这 5 000 件商品被用美元来计价,因此,我们可以很容易地比较任何一个商品同所有其他商品的相对价值。货币作为一种价值尺度,实际上使在市场上比较苹果和橘子成为可能。

第二,货币充当一个交换媒介。作为一种交换媒介或者一般购买力,货币相对于物物交换是一种巨大的进步。在一个物物交换的经济体中,商品交换商品,为了交易的发生,在交易的双方必须有一个巧合的需求。于是，每一个交易者必须想要另一个交易者的商品，否则交易就不会发生。在一个货币经济中，商品交换货币，货币反过来可以交换别的商品。这样我们可以消除偶然需求。如果你想要别人手里的一种商品，你只需要提供货币去购买这种商品，那个被别人收到的货币又可以用来去购买别人要想的任何东西。另一种将货币概念化为在交易发生之前就消除偶然需求的方式是将货币视为一种交换媒介，将购买决定和出售决定分离开。

第三，货币作为一种价值储存。财富包括资产负债表上的资产，所有者权益等于资产负债表上的资产减去负债。财富或者资产可以以实物或金融资产的形式持有。当实物资产表示你持有的有形资产时，比如说汽车、房子等，那么金融资产表示对其他人的财富或收入的认领。金融和实物资产表示你拥有的资产减去你负债，即等于你的所有者权益。

所有在资产负债表上的资产都有流动性。任何资产的流动性就是在市场中资产可以被立刻用来支付商品、服务或债务的能力。这也可以表示为任何资产可以被转化为一种100%流动性资产，即货币的能力。货币是一种特殊形式的金融资产，由于它能在市场中立刻掌控资源，货币有100%的流动性。有钱能使鬼推磨！两美元所产生的声音是一美元的两倍，当货币进入市场时，货币的参与者会站起来聆听。其他在资产负债表上的金融资产和实物资产在转为货币的能力方面会有不同的流动性，但是它们大多需要考虑出售的交易成本，如果售价少于初始购买价格，会产生一个资本损失。

通常来说，金融资产比实物资产有更多的流动性，但是却有很多金融资产流动性低于货币。考虑 IBM 公司的股票，如果你想充分利用它的流动性,然后利用流动性去购买商品或服务或者支付债务,你需要在市场上把它卖出,这会产生交易成本,有可能还会产生资本损失。或者考虑在银行持有的一年期定期存款,如果你希望在存款到期前,利用它的流动性,你将需要到银行提出资金,这将可能会招致利息罚款,因为你之前同意将资金存款一年。实际上,实物资产比金融资产流动性更低。考虑你的汽车,从它可以转换成货币的意义上说,它拥有一定的流动性。然而,你在售卖汽车时将会招致交易成本,你将可能不得不以一定的折扣售卖汽车。或者你会花费一定时间去售卖汽车,因此,汽车并不是一个流动性很高的资产。

在不同类型的金融资产中持有多元化的金融资产是有益的。也就是说,最好不要把所有的鸡蛋放在一个篮子里。与非多元化投资组合相比,多元化的金融投资组合提供了更多的服务,更低的风险和更大的流动性。货币在管理财富方面提供了灵活性,因为它使我们能够以 100％流动的形式持有我们的部分资产,这反过来又使我们能够及时掌握资源。

由于货币流动性达到 100％,货币可以作为价值贮藏的事实并不意味着货币是持有财富的最佳途径,也不意味着大部分财富应该以货币形式存在。天下没有免费的"午餐",即流动性存在价格。金融资产流动性越高,赚取的利息收入就越少。金融资产流动性越差,赚取的利息收入就越多。任何金融资产的利息部分取决于该资产的流动性。某些形式的货币不支付利息,而其他形式的货币支付的利息非常小。

资产负债表上资产的最佳分配将涉及一些以货币形式(100％流动资产)持有,但它也包括各种各样的金融资产和不动产。货币提供了一个缓冲,并有助于稳定你财富的价值以应对市场变化。从某种意义上说,作为价值储藏的货币与汽车上的减震器起着同样的作用。想象一下驾驶一辆没有减震器的汽车。即使在良好的道路上也会感觉到每一个颠簸,但是对于减震器来说,即使在恶劣的道路上,该旅程也是相对平稳的。就像汽车上的减震器一样,货币作为资产负债表上最具流动性的资产,在经济上下起伏的旅途中提供了灵活性。

上述关于货币价值储藏功能的讨论关注的是流动性作为这一功能的基础。还有另外一个观点,即为什么即使支付零利率或低利率,在你的投资组合中持有货币仍然是需要的。因为货币比其他金融资产的风险要小。对于金融资产来说,持有风险和其他东西不变,金融资产的较高利率可以激励人们持有较少的货币,而较低的利率可以激励人们在资产负债表中持有更多的货币。

货币的测量:运用货币的一般或功能性的概念,人们可能会认为衡量国家的货币供应量很容易。人们只需要将那些满足货币的一般和功能性概念的金融资产加起来即可。不幸的是,衡量金钱很复杂,原因有两个。

首先,从静态的角度来看,抛开金融部门和金融资产随时间发展变化的事实,有很多金融资产的流动性不足100%,但与100%的流动性距离不远,因此,他们可能被认为是货币。问题是:在哪里划定这条界限?也就是说,我们是否将任何具有95%或更高流动性的金融资产作为衡量货币供应的一部分?如何扩大这个核心圈,将任何流动性达到90%或更高的金融资产包括在内?因此,我们缺乏具体的流动性程度,将仅限于100%流动性的资产与流动性高但不足100%的其他金融资产分开。

　　其次,即使我们能够决定哪些金融资产可以合理地被视为货币,金融部门的变化性质也会引起衡量货币的另一个问题。也就是说,从动态角度来看,金融部门是一个不断发展的实体,引入了可能被视为货币的金融资产。过去 40 年来,金融部门和在金融系统中交易的金融资产发生了重大变化。这是一个被称为放松管制或金融自由化的过程的一部分,它允许市场力量在资金流动中发挥比以前更重要的作用。金融自由化加上计算机技术的进步已经改变了金融部门,并有可能在可预见的将来继续改变金融部门。也就是说,当今可被视为货币的一套金融资产很可能随着新形式金融资产和服务的提供而发生变化。例如,1980 年,由于 20 世纪 70 年代出现了新的货币形式,货币供应的官方指标发生了显著变化。虽然金融自由化的速度在过去 20 年里有所放缓,但随着计算机技术的进步,金融部门的不断演变表明,今天使用的某些形式的货币将变得不那么重要,新形式的货币将会出现在未来。

　　因此,衡量货币供应并非易事。很难确定哪些金融资产具有足够的流动性被称为货币,也很难确定,随着时间的流逝,用作货币的一组金融资产会发生什么样的变化。

　　M1 和 M2 的货币供应量衡量: 中央银行负责衡量国家的货币供应量。美联储发布了两种官方的货币供应量: M1 和 M2。货币供应量统称为货币总量。美联储每周四公布的货币供应量估计数字为统计发布 H.6。

　　表 2.1 列出了 2014 年 9 月 M1 和 M2 的货币供应量衡量及其各自的组成部分。这两个货币供应量的衡量满足了价值尺度的功能。然而,这两个衡量在交换媒介和价值贮藏功能的相对权重方面有所不同。M1 货币量重点关注明显满足 100% 流动性交换媒介

功能的金融资产。与此同时,由于 M1 的组成部分与其他金融资产相比没有利息或只有低利率,所以 M1 并不是很好的财富储备;另一方面,M2 包括更多地关注价值贮藏功能,更少关注交换媒介功能的金融资产。也就是说,虽然 M1 的 M2 的附加组成部分不是100%的流动性,但与 M1 相比,它们是持有金融财富的更好形式,因为它们支付更高的利息。但是,因为它们接近 100%的流动性,它们也可以作为交换媒介,尽管不如 M1 的组成部分那么容易。

表 2.1   货币供应量 M1 和 M2(季节调整),2014 年 9 月

	数量(十亿美元)	百分比
M1		
公众持有的现金	$1 227	42.3
支票账户或活期存款	$1 673	57.7
商业银行中的活期存款	$1 148	
商业银行其他活期存款(可转让支付命令账户和自动转账服务账户)	$262	
储蓄机构(储蓄与贷款协会、储蓄银行和信用社)	$217	
合计	$2 900	100.0
M2		
M1 货币供应量	$2 900	25.2
储蓄存款	$7 463	64.8
商业银行	$6 388	
储蓄机构	$1 075	
小面额定期存款	$529	4.6

（续表）

	数量（十亿美元）	百分比
商业银行	$394	
储蓄机构	$135	
零售货币市场基金		$627	5.4
合计		$11 519	100.0

资料来源：Federal Reserve Statistical Release，Money Stock Measures，November 6，2014.

　　M1 货币量是货币供应量的基本指标,按照任何合理的标准, M1 货币量均为 100％流动性。M1 包括公众持有的货币(包括硬币),存款机构发行的旅行支票和存款机构持有的支票账户或支票存款。硬币和现金分别由美国财政部和美联储发行,不计利息。硬币和现金主要用于小额交易。旅行支票被用作货币的替代品,特别是在旅行时。因为如果丢失了,它们可以被替换。旅行支票占 M1 货币量的不到 1％,并作为表 2.1 中活期存款的一部分。

　　支票账户在整个经济中广泛用于日常交易并由存款机构发行。存款机构分为两类：商业银行和储蓄机构。储蓄机构由储蓄和贷款协会、存款银行和信用社组成。支票存款可以经存款持有人书面订单或电子方式被访问,以便向另一个人或实体组织机构支付款项。

　　有四种类型的支票账户或支票存款：活期存款、可转让支付命令(NOW)账户、自动转账服务(ATS)账户和信用社股份汇票。活期存款可通过支票或电子方式按需转移,并且出于所有实际目的,商业银行在发放活期存款方面享有垄断权力,部分原因在于传统,但主要是因为政府监管限制了盈利企业持有其他形式存款的能力。一般而言,可转让支付命令账户只能由个人、政府机构和非营利实体持有。自动转账服务账户只能由个人持有。只有个人可以成为信用社的成员,因此只有个人可以持有股份汇票存款。

可转让支付命令账户是储蓄存款,可通过支票或电子方式转账,并且自从 20 世纪 70 年代早期开始,它们被视为按需付款时,存款机构在技术上可以要求存款人在资金被转移前等待七天。可转让支付命令账户由商业银行、储蓄和贷款协会和储蓄银行发行,并且可以支付利息。

自动转账服务账户不是独立账户,而是与活期存款,可转让支付命令或信用合作社股份汇票账户相关联。自动转账服务账户的设立是为了允许将储蓄存款转入可检查存款账户。自动转账服务账户可以支付利息。

信用合作社股份汇票基本上是可转让支付命令账户,但由于信用合作社组织为合作社并免除所得税,与商业银行、储蓄和贷款协会和储蓄银行不同,信用合作社的支票账户被正式标记为信用合作社股份账户。

存款机构:主要有四类存款机构,他们都可以发行支票存款。他们之所以被称为存款机构,因为他们主要通过发行存款来获得资金。这些存款反过来支持存款机构的贷款和投资业务。过去,四类存款机构在他们提供的贷款类型和存款类型上存在的差异非常显著。然而,由于放松管制和金融自由化,四个类型之间的相似性比差异更显著。事实上,你可以走进这些机构中的任何一个机构,在很多方面无法弄清楚你正在访问哪种类型的存款机构时,最好将所有四类机构都考虑为同一类型机构的不同变体。但是,有一些差异还是应该注意。

商业银行是存款机构中规模最大、种类最多的。银行发行活期存款、可转让支付命令账户和自动转账服务账户。储蓄和贷款协会和储蓄银行也发行可转让支付命令和自动转账服务账户，在有限的基础上他们也发行活期存款，但银行在所有实际用途的活期存款市场上占支配地位。储蓄和贷款协会和存款银行不同于商业银行，因为它们倾向于专门从事消费和房地产贷款，并且更少地向企业提供贷款。信用社发行信用社股份汇票（生活可转让支付命令账户）和自动转账服务账户，是专门免税的金融机构，围绕共同的成员资格（通常是职业）组织起来。例如，可以围绕政府雇员，为大型私营公司工作的雇员等组织信用社。信用社关注消费者贷款，尽管一些较大的信用社拥有更多元化的贷款组合，包括房地产贷款。

有关货币量 M1 最后还有一点值得强调，货币量 M1 的所有组成部分都由政府担保。政府发行的现金和硬币由政府的充分信用保证。由存款机构发行的所有支票存款以及其他存款由联邦存款保险公司担保，每个账户最多 250 000 美元。信用社则由全国信用社管理局担保。

M2 通过包括具有比 M1 更少的交换媒介特征但具有比 M1 更好的价值贮藏特征的项目来扩大 M1 衡量，因为它们仍然具有高的流动性且提供更高的利率。M2 定义为 M1 加储蓄存款，小面额定期存款和零售货币市场基金。储蓄存款和小额定期存款由所有四家存款机构发行。然而货币市场基金是由证券公司发行的。由存款机构发行的所有存款均由联邦政府承保，每个账户最高为250 000 美元。然而，货币市场基金并不由政府担保。

储蓄存款不会通过支票转账。然而，有一类储蓄存款被称为货币市场存款账户,其具有有限交易的特征,比如每个月可以开具三张支票。ATM(自动柜员机)的广泛布置提高了储蓄存款的流动性,因为它们可以更容易地以现金形式提取,但存款机构通常限制储蓄存款提款数量或对取款收费。

小额定期存款是低于 10 万美元的定期存款,并且不具有法律上的协商价值。即小额定期存款在成熟之前不能出售给其他实体。定期存款本质上是一种到期日的储蓄存款,虽然资金可以在到期之前提取,但存款机构可以对提前提款进行处罚。相比之下,大额定期存款或存款证明主要由大型存款机构发行,面额为 10 万美元或更多,并且在法律上是可以接受的。也就是说,它们可以在二级市场成熟之前出售。大型银行发行大部分大额存单互换,约占存款机构发行的所有大额存单的 80%。

货币市场基金代表一个证券公司管理的、一年期内的货币市场工具(国库券、商业票据、大额存单等)的基金份额。货币市场基金有两种类型:零售和机构。零售货币市场基金由个人持有,机构基金由机构投资者持有,如银行、保险公司、证券公司、养老基金甚至货币市场共同基金公司。大约 30% 的优秀市场资金由个人持有,这些都包含在 M2 货币供应量中,而机构持有的资金不包含在 M2 中。

零售基金可以在某种程度上像支票账户一样使用,尽管证券公司试图说服公众,它们与存款机构中的受保存款一样安全,但货币市场基金仍存在违约风险和流动性风险。货币市场基金在 20 世纪 70 年代初出现,并成为货币供应和金融部门的重要组成部分,虽然它们不如存款机构的存款安全,因为它们没有被投保,但是在过去 40 年来,除 2008 年的金融危机外,它们几乎没有出现过问题。从那时起,人们越来越担心证券业夸大了货币市场基金的安全性,特别由个人持有的零售基金。这种做法使 1.00 美元的货币市场基金份额始终可以达到 1.00 美元,事实上,相关证券的价值可能会显著波动,并且与 2008/2009 年一样,它们的价值可能会下降,因此 1 美元的货币市场基金的价格不到 1 美元。当这种情况发生时,基金"跌穿面值"(breaking the buck)。

相比之下,储蓄和定期存款(包括大额存单)由联邦存款保险公司或国家信用社管理局担保,最高达 25 万美元,并且这种担保得到了政府充分信用的支持。证券行业没有资源提供相同的担保。事实上,三起事件对货币市场基金中公众的信心产生了不利影响:股市泡沫始于 1995 年左右,并于 2000 年崩溃;21 世纪头几年的一系列金融丑闻;最后是 2008/2009 年的经济崩溃和经济大衰退。图 2.1 显示,从 1980 年到 20 世纪 90 年代末,零售货币市场基金在 M2 中的作用有所增加,但自 20 世纪 90 年代后期以来,M2 中零售货币市场基金的比例有所下降。

货币供应量的其他衡量指标——M3:几十年来,美联储发布了一个更广泛的货币度量标准,称为 M3,定义为 M2 加机构货币市场基金、大额存单和其他短期货币市场工具。但是截至 2006 年 3 月 9 日,美联储不再公布 M3 的估计数字,原因有三:首先,M3 似乎没有包含任何 M2 尚未披露的额外信息;其次,M3 在美联储政策中没有发挥任何有意义的作用;第三,大银行拒绝支出成本去收集数据并将其提供给美联储。与此同时,并非所有央行都停止发布 M3 货币供应量的估计值。一些中央银行继续使用并公布对 M3 型货币供应量的估计。

存在货币供应量的最佳衡量标准吗?为了监督国家的财政和

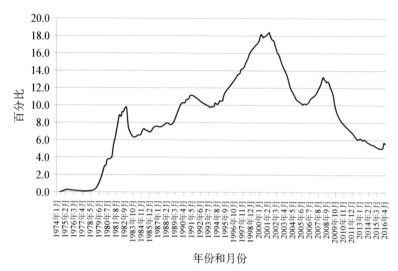

图 2.1 零售货币市场基金占货币量 M2 比例(季节调整):1974 年 1 月至 2016 年 4 月

资料来源:FRED,Federal Reserve Bank of St. Louis.

货币体系,特别是在实施中央银行政策时,需要合理的货币供应量。什么是最好的衡量标准? 图 2.2 显示了 1960 年 1 月至 2016 年 4 月每月 M1 和 M2 的年增长率,虽然两者呈现出相似的模式,但随着时间的推移,它们的行为存在显著差异。M1 和 M2 的平均年变化百分比变动不大(M1 = 5.7%,M2 = 6.9%)。然而,M1 的标准偏差是 4.6,而 M2 的标准偏差是 2.9。不仅 M1 更具波动性,而且经验证据表明与 M2 相比,M1 与经济活动具有更不相关的关系。

经济学家知道货币是经济活动的重要决定因素,并且通常根据给定的货币度量预测经济活动的程度来决定哪种衡量方法是最合适的。M2 已被证明是比 M1 更可靠的经济活动预测指标,也是

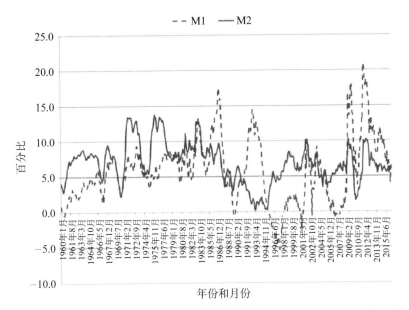

图 2.2　每月 M1 和 M2 的年增长率(季节调整)：1960 年 1 月至 2016 年 4 月

资料来源：FRED, Federal Reserve Bank of St. Louis.

美联储政策走向更可靠的指标,但即使在这里,每年的相关性也不高。M1 较为不稳定的行为是由于其狭义的货币视角仅仅包括流动性为 100% 的金融资产,但储蓄存款,小面额定期存款和货币市场基金在影响支出和经济表现方面的作用越来越大,这表明 M2 是一种更适当的货币度量。M2 是美国和其他大多数国家的基本货币计量指标,尽管欧洲中央银行也继续使用 M3 类指标。没有央行正式地将 M1 作为衡量货币供应的一个很好的衡量标准。然而,为了理解 M2,需要了解 M1。因此,M2 是衡量国家货币供应量和官方衡量美国货币供应量的合理指标。

什么不是货币？ 我们需要消除公众误认为货币的一些项目，因为它们被用来购买商品和服务。特别是，有些人认为借记卡以及在互联网上购买商品和服务的新形式，如电子钱包和电子现金，就是货币。在一个层面上，他们似乎是货币，因为他们被用于购买。但是，这些项目都不能被视为货币，尽管它们最终涉及某个时间点的货币转移。但重要的一点是，当使用这些物品时，它们本身不是货币，而是代表立即或在未来某个时间的货币转移。

有些人把信用卡当作货币，但信用卡与货币根本不同。当你使用信用卡时，你正在使用预先安排的一部分信用额度，因此，你正在增加你的负债。货币是你投资组合中的金融资产，而不是负债。在某些情况下，当你支付信用卡账单时，货币会出现在屏幕上，因为你会使用支票账户中的资金来支付账单。信用卡代表信用而不是货币，而信用和货币密切相关，但它们并不相同，它们出现在资产负债表的两边。

2.3　货币的价值

任何形式的货币的价值都是由其在市场中控制资源的能力决定，这种能力又由该资源的价格水平衡量。100 美元纸币、100 美元支票、100 美元储蓄或者定期存款以及 100 美元货币市场基金的价值都是由价格水平决定的。如果汉堡王的华堡价格是 1 美元，100 美元可以买 100 个华堡，如果华堡的价格上升或下降，则 100 美元能买到的数量会相应下降或增加。

货币存量和物价水平存在反向关系，物价水平提升使得货币价值降低，物价水平下降使得货币价值升高，实际上，这不过是经济变量的名义值和实际值之间的关系。名义工资的实际价值是由物价水平决定的，物价水平上升实际工资下降。经济变量的名义值和实际值的关系表达如下：

$$实际值 = 名义值 / 价格水平 \qquad (2.1)$$

这里的价格水平由一个指数除以 100 来衡量。

价格水平的变动以价格水平的百分比变动来表示。在第一章，图 1.5 展示了自 1960 年以来的四个重要的衡量价格水平百分比变动的指标。通常 CPI、PCE 和 GDP 平减指数随时间有相同的趋势和变动。PPI 的变动很不稳定，也不是衡量最终商品和服务产出价格的指标，因为 PPI 衡量的都是被用于生产过程中的商品的价格。在这三种衡量指标中，作为最终商品被购买的商品和服务的价格水平 CPI 是最经常被应用的，并成为在工资合同、政府津贴方面进行生活成本调整的惯例。

价格水平的衡量特别是 CPI 有多好？ 像任何经济变量的测量一样，每个都受测量误差的影响。有两种类型的测量误差：随时间变化不相关的随机误差和随时间变化相关的非随机误差。两者都很重要，但非随机误差会偏向一个方向的测量，并且在给定任何现有随机测量误差的情况下使用该变量会出现更严重的问题。任何价格指数都存在重要的非随机误差，导致价格测度存在偏差，并将价格水平的可靠性降低为价格水平的合理度量，从而降低表达式2.1 中的可靠性。

这不是一个微不足道的统计问题，因为衡量价格水平，特别是CPI，在衡量经济表现方面有重要作用，影响到工资如何设置，政府支出和税收，以及货币政策的制定、执行和目标。在这方面，在估计任何价格水平时,存在重要的非随机误差,这种误差会产生需要被考虑的偏差。为了理解衡量价格水平的内在偏离,我们关注CPI,因为它在经济中扮演着如此重要的角色。然而,任何价格水平的测量都会受到CPI所识别的非随机误差的影响。像CPI这样的价格指数倾向于向上偏离。

2.4　CPI 和博斯金"1.1%偏差"的上行偏差

在20世纪50年代,经济学家开始意识到CPI和其他价格水平度量的向上的偏差,但由于20世纪50年代通货膨胀稳定且低,进入60年代早期这个问题就不被认为是重要的。即使在从1965年到1985年的大通货膨胀期间,向上的偏差也不被认为是重要的,因为通货膨胀率如此之高并持续这么多年,人们很难决定应该对通货膨胀率是10%还是8%感到兴奋。然而,在20世纪90年代,人们开始注意到CPI的偏差,这并不是因为它导致了通货膨胀率的高估,而是因为上升的偏差增加了政府支出并减少了政府的税收收入。修正偏差被认为是一种减少政府津贴和雇员报酬以及增加税收收入增长的方法。

1995年,克林顿总统成立了消费者价格指数研究咨询委员会。在斯坦福大学的迈克尔·博斯金(Michael Boskin)担任主席之后,该委员会被称为博斯金委员会。1996年,博斯金委员会的报告发表并得出结论,截至1996年,CPI夸大了通货膨胀率1.1个百分点。也就是说,如果衡量的通货膨胀率为3.0%,那么"实际"通货膨胀率为1.9%,这是由于存在向上的偏差而进行修正。"博斯金1.1%"被广泛讨论,影响了劳工统计局衡量消费者价格的方式,并且由于委员会调查结果的政治影响而继续成为经济学家、特别是政治家的争论对象。但是,在转向公共政策问题之前,我们需要回顾偏差的来源。计算 CPI 时有四个偏差来源造成通货膨胀率的高估。

替代偏差: CPI 基于商品和服务市场篮子中每个商品的价格,每个商品和服务的加权代表其在消费者预算中的重要性。对于那些占预算很大一部分的项目,与其他不太重要的项目相比,对于将其在 CPI 中的权重分配得更重是必要的。例如,铅笔价格上涨 10%对于计算 CPI 而言远不如食品价格上涨 10%那么重要。改变权重是耗时和昂贵的,因此权重在很长一段时间内保持不变。当相对价格改变时,这会产生替代偏差,导致 CPI 偏高。

考虑当鱼类价格相对于肉类价格上涨时会发生什么,或者是因为一项新的医学研究声称吃鱼而不是肉类会增加预期寿命,或者因为某些限制鱼类供应的事件。随着消费者用较便宜的肉类代替价格较高的鱼类,鱼类价格上涨引发鱼类向肉类消费的转变。也就是说,相对价格的变化改变了家庭预算中鱼和肉的实际权重。然而,如果鱼和肉的 CPI 统计权重保持不变,CPI 将夸大平均价格的上涨,因为较高价格的商品(鱼)被赋予过多的权重,而较低价格的商品(肉)被赋予太少权重。

质量偏差: 只有在衡量价格的时间内商品或服务的特征保持不变时,商品或服务价格的增加才可解释为价格上涨。然而,随着时间的推移,技术进步已经提高了许多服务和商品的质量。1960 年访问医生的费用是 10 美元,而今天的典型医学博士访问是 100 美元。乍一看,这似乎代表医学博士访问价格上涨了 1 000%。然而,只有访问质量保持不变,这才是正确的。它并没有保持不变。

今天的医学博士访问,即使时间大致相同,质量也要比 1960 年高出许多。今天的医学博士访问包括了一个更有知识的医疗服务提供者,他们可以获得药物和诊断设备,这些服务在 1960 年只能是梦想。因此,医学博士访问价格上涨的很大一部分是医学博士访问质量的改善,而不是相同服务的价格上涨。再比如考虑汽车轮胎。1960 年轮胎质量比今天要差得多。今天的轮胎更安全,寿命更长。因此,如果 1960 年的轮胎价格为 25 美元,而今天的轮胎价格为 200 美元,则价格上涨 800% 的重要原因在于为更好的产品支付更高的价格。

新产品偏差:许多新产品,尤其是电子产品以高价进入市场,但在成为典型家庭预算的一部分之前,并未立即纳入市场篮子。它们只有在它们变得普遍时才包括在内,但结果是,CPI 没有考虑通常在推出新产品之后的价格下跌。再比如平板电视,在 20 世纪 90 年代首次推出时,索尼平板电视的价格可能会达到 10 000 美元,但如今索尼平板电视可以以 1 000 美元或更低的价格购买。随着计算机和电信技术的进步,新产品偏差对于在过去几十年中变得越来越重要的新技术产品和服务尤其重要。

零售偏差:消费物价指数难以跟上在新式地方购买商品和服务的增长,这些地方以较低价格提供这些商品和服务。例如,与购买消费品和服务的传统零售商店相比,大型商店和互联网变得越来越重要。从大型商店和互联网购买的商品和服务的价格通常低于从传统商店购买的商品和服务的价格。就 CPI 而言,它较少地代表了从大卖场和互联网的购买,而过度代表了与低价商店相比的高价格零售店,从而使 CPI 偏高。但应该记住,与大型商店和互联网相关的一些较高价格包括服务部分,而非传统零售店通常不提供服务部分。但是,即使考虑到这一点,零售偏差也是真实且重要的。

对博斯金委员会的回应:博斯金委员会引发了许多技术和政治讨论,并持续至今。

首先,在技术层面上,关于偏差的来源几乎没有争论,但对偏见的大小有很多争议。即使偏差小于博斯金 1.1 个百分点的偏差估计值,偏差的程度也不是微不足道的问题。举例来说,2016 年 CPI 为 100。如果通货膨胀率为 3%,五年内 CPI 将上升至 116,即价格将上涨 16%。如果衡量的通货膨胀率有 0.5 个百分点的偏差,那么"实际"通货膨胀率为 2.5%,五年内的 CPI 只会增加到 113 个百分点。这意味着,如果你的工资、残疾津贴、社会保障津贴和医疗保险补偿等,都需要进行生活费调整(COLA),第五年你的补偿金额将超过 2.7%。如果偏差为 1.0 个百分点,则过度补偿增加到 5%。因此,即使有小的偏差,随着时间的推移,对 CPI 的影响也不是微不足道的。

其次,在政治层面,争论变得非常激烈,因为 CPI 对调整政府支出,特别是权利,工会工资合同和收集税收收入的重要性。如果 CPI 有 1.0 个百分点的向上的偏差,那么由于标准的 COLA 变更导致权利接受者和工会合同所涵盖的工人因通货膨胀而被过度补偿。如果社会保障支出通过衡量的 CPI 通胀率向上调整,比如说 3%,则由于"真实"通货膨胀率为 2%,社会保障接受者正在过度补偿。如果公共雇员获得基于测量的 CPI 的 COLA,那么他们对通货膨胀过度补偿。因此,使用一个较小偏差的 CPI 的衡量可以大幅度减少政府支出,从而降低政府赤字和未偿还的债务。

CPI 也在税收方面发挥作用。自 1986 年以来,所得税税率已经根据去年的 CPI 变化进行了调整。即如果衡量的消费者价格指数上涨 3%，纳税等级上调 3%，因此为了弥补 3% 的通货膨胀而增加的收入不会增加真正的税收负担。但是，如果"实际"通货膨胀率为 2%，则税率上调得太多，结果有偏差的 CPI 导致政府具有较少的税收。

使用在一定程度修正向上的偏差的 CPI 指标会降低政府支出并增加税收，但从权利获得者到企业等特殊利益集团反对这种调整。近年来有几个建议来修正偏差。例如，一个建议是简单地从测量的通货膨胀中减去 0.5 个百分点来计算社会保障支付的 COLA 变更。显然，这对那些社会保障组织和支持社会保障组织团体来说并不好。尽管如此，这个问题不可能消失，尽管政治方面存在明显的偏见，但没有一个国家可以很好地使用一个有偏差的价格水平衡量。

2.5　货币本位制的演进

在最初的经济中，物物交换是交换商品的原始方法，但物物交换是没有效率的，因为它要求有一个一致的需求才能发生交换。货币作为一种交换媒介的引入是在商品和服务交换的交易中对物物交换的一个主要改进，代表着一个市场的金融创新，这会增加一个国家的潜在产出。金融创新是一种新的金融资产或服务的引入，可以规避经济活动和利润的限制。货币作为一种市场创新，是由市场参与者为了规避物物交换体系对经济活动的限制而建立的。

我们应该熟悉三个影响货币本位制的发展进程的因素：第一，

为了强调市场金融创新的重要性，与政府创新相反；第二，为了理解现代货币体系的基本运转，现代货币体系形成了世界上全部现代金融和货币体系的基础；第三，为了理解关于为何政府在货币以及金融货币体系中已经开始发挥重要的作用的基本原理。第三个原因会在第 8 章进行讨论。

实际上，在每个国家，货币以及货币本位制的发展都经历了三个阶段：商品货币、代表性商品货币（representative commodity money）、现代货币体系（modern money system），特征有法定（fiat）、信托（fiduciary）、部分准备金制度（fractional reserve）和基于信用的体系。不管在美国还是其他国家，每种货币本位制都有很长的历史。

商品货币： 在商品货币体系中，一种商品被广泛地当作钱使用。这种商品需要具有稀缺性，容易辨认和分割。这就是为什么在整个历史中金银会成为货币商品的选择。商品货币满足货币的三个功能，是物物交换体系上很大的进步。然而，商品本位制有三个基本的问题。

第一，被选择充当货币的商品存在机会成本，因为它在经济中有非货币的用途，它被用作货币，使用这种商品的生产则在一定程度上会受到不利影响。金或者银，例如，有非货币的用途，比如珠宝、艺术品和宗教手工艺品，也有工业用途。将商品从一般用途提取到货币使用会降低经济体的潜力。第二，被选择当作货币的商品一定是稀缺的，而其他商品货币因为非常普通而没有价值。结果大量的人力和非人力资源被用于寻找可用作货币的商品。这些资源存在机会成本，因此会减少经济中的潜在产出，因为它们用于获得商品货币。现在人们只需要考虑过去花费在确定金子或银子的位置时付出的巨大的人类努力(human efforts)。第三,商品货币的供给不是对贸易需求的反应,因为商品的供给是不确定的。金银的发现不是随着时间平滑的出现,而是出现在离散的时间点上,通常间隔多年。当一个经济体随着时间增长,为了支撑贸易,它需要越来越多以持续增长为基础的货币。商品货币很难满足经济增长需要的商品的供应。

代表性商品货币:接下来,货币体系演变为代表性商品制,在这种情况下,人们发现将他们的商品货币保存在特定的仓库机构是有优势的。这些机构签发的收据或者支付承诺有100%的商品货币的支持。当公众开始将支付承诺当作可以在任何时间兑换成商品货币时,公众发现使用支付承诺而不是真实的商品货币作为货币更具有优势。支付承诺比真实的货币商品更容易使用,而且不受商品货币再交换中的磨损的约束。让我们思考一下正被当作商品货币使用的金子,例证黄金商品本位制是如何转换成了代表性黄金本位制。

希根鲁帕尔(Hickenlupper)是一位企业家,他意识到了商品本位制中的低效率,并且认为可以通过建立希根鲁帕尔黄金仓库(Hickenlupper's Gold Warehouse)来解决这一低效率,并赚取利润。问题是使用黄金很麻烦,特别是对大笔购买而言,而且黄金不容易收藏。由黄金百分之百支持的"纸黄金"或纸币更加容易使用和收藏。希根鲁帕尔黄金仓库的资产负债平衡表可表示如下:

希根鲁帕尔黄金仓库

资产	负债
黄金 100 万美元	支付承诺(黄金券)100 万美元

希根鲁帕尔接受黄金的储存，发行支付承诺，即以收据的形式发行黄金券。支付承诺可以以任何面额发行。希根鲁帕尔主要通过提供安全的黄金贮藏服务赚取收入。希根鲁帕尔的支付承诺作为货币流通得越广泛，希根鲁帕尔越有可能收到更多的出于安全贮藏目的的商品货币的存放。希根鲁帕尔毫无困难用黄金兑换任何支付承诺越多，公众对希根鲁帕尔黄金仓库越有信心，更愿意使用希根鲁帕尔的支付承诺作为钱来使用。

代表性商品本位制比商品本位制有更多的优势。然而，它本质上也是一种商品本位制，也具有商品本位制的三个问题。也就是，这个代表性体系没有有效地利用黄金，它与黄金的数量是相同的。黄金具有非货币的用途；黄金需要获得资源；黄金的供应量不总是对贸易需求的反应。

现代货币体系： 在货币演变的这个时点上，基础性创新出现了。在商业中，黄金仓库存在更长时间后，对希根鲁帕尔而言，一个重要的事实逐渐清晰。如果公众认为希根鲁帕尔黄金仓库可以一直无困难兑换支付承诺，公众就是持续把希根鲁帕尔的支付承诺当作货币使用，只有一小部分的支付承诺被要求兑换成黄金。在这个时候，希根鲁帕尔黄金仓库进行了一项创新，这项创新对世界的货币体系产生了深刻影响。

基于经验和公众将希根鲁帕尔的支付承诺当作货币使用的意愿，希根鲁帕尔意识到一部分的黄金储备足够满足未来未偿付的支付承诺的黄金兑换。然后，希根鲁帕尔可以发行额外的支付承诺并分发这些支付承诺，形成对公众的借款。用这种方式，希根鲁帕尔可以通过向公众提供金融服务获取利润，因为始终有其他企业家有好的主意却没有资金。借款者可以使用这些新的被称为银行券的支付承诺。也许公众接受这种新的支付承诺是一种货币需要一段时间,但是,只要希根鲁帕尔黄金仓库一直兑换这种支付承诺,这两种支付承诺——黄金券和银行券会像货币一样流通。现在,希根鲁帕尔黄金仓库变成了希根鲁帕尔银行,有下面的平衡表:

希根鲁帕尔银行

资产		负债	
商品货币	100 万美元	支付承诺	1 000 万美元
贷款	900 万美元	黄金券	100 万美元
		银行券	900 万美元

这个平衡表假设通过使用 10% 的黄金储备偿付所有的支付承诺,希根鲁帕尔可以安全运转。也就是,100 万美元代表所有未偿付支付承诺的 10%。

在这种情况下,100 万美元的商品货币(准备金)可以支撑最初的 100 万美元的支付承诺(黄金券)以及额外 900 万美元以银行券形式发行的支付承诺。为了使这种现代货币体系运转,希根鲁帕尔必须无条件实现兑换任何形式的支付承诺,从而获得并维持公众对支付承诺一直可兑换的信心必须以一种透明的方式运作银行从而获得并维持公众对支付承诺一直可兑换的信心;必须进行低违约风险贷款以保证新的支付承诺支撑的贷款资产的偿还。如果希根鲁帕尔没能满足这三个条件,整个体系会崩溃,希根鲁帕尔的支付承诺也不会再被当作货币接受。

新的现代体系有四个基本特征。第一,部分准备金制度,在这种情况下只有一部分的支付承诺被当作准备金持有。也就是说，希根鲁帕尔银行只有支付承诺 10% 的存款准备金率；第二，法定货币体系，作为贷款的收益发行的支付承诺是简单地被机构定义为有价值的。也就是说，当希根鲁帕尔发放一个 1 万美元贷款并且给借款者 1 万美元的支付承诺时，希根鲁帕尔是通过许可定义这 1 万美元银行券在市场中具有 1 万美元的价值。在所有支付承诺的背后只有 10% 的准备金，剩余的部分依赖于希根鲁帕尔的支付承诺。第三，它是一个基于信用的体系，因为大部分的支付承诺直接与信用联系。第四，它是一个信托为基础（fiduciary-based system）的体系，因为它将信托责任置于希根鲁帕尔以一种透明诚信的方式经营公司，仅在每个贷款合约有很大的可能性被遵守时发放贷款之上。

部分准备金制度、法定货币、信用、信托体系比两个基于商品的体系中的任何一个更加有效率。这个新的体系解决了很多基于商品的体系的问题。它使用更少的资源，因为一个给定数量的商品货币，现在可以支撑更大数量支付承诺形式的货币。它更能反映贸易需要，因为经济增长会与增长的贷款需求对应，这会变成由于银行扩大信贷，支付承诺供给的增加。在经济增长更慢的时期，贷款需求也会下降，支付承诺的供给也会下降。因此，支付承诺比严格的商品本位制能更好地满足贸易需求。

大约在 17 世纪，现代体系开始在世界的很多地方出现。它与一种商品比如黄金挂钩很多年，但在 20 世纪初期，它不再与黄金或者任何一种在一个国家货币供给中具有重要作用的商品挂钩。相反，准备金本身便成了一种由中央银行供给的法定货币，银行和其他存款机构发行支票账户（checking account）而不是银行券。如

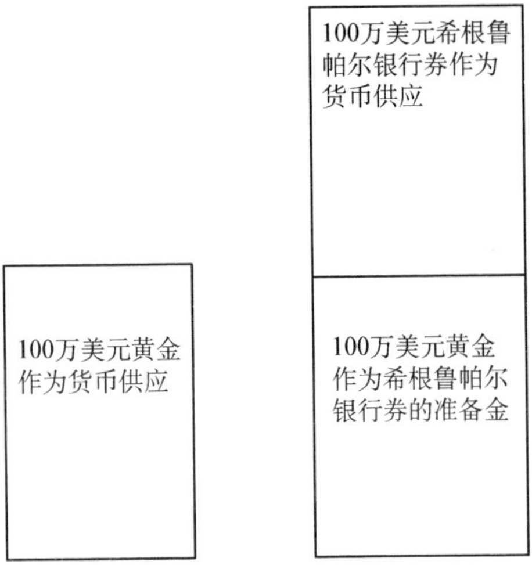

图 2.3　商品本位和代表性商品本位示意图

今希根鲁帕尔银行是现在的希根鲁帕尔存款机构（Hickenlupper's Depository Institution），有下面的平衡表：

希根鲁帕尔存款机构

资产		负债	
准备金	100 万美元	支付承诺－支票账户	1 000 万美元
贷款	900 万美元		

现代体系是一个倒金字塔：比较希根鲁帕尔企业的前两个阶段与最后一个阶段，可以发现一个研究现代金融货币体系的重要特征。如图 2.4，垂直的箱子代表商品本位和代表性商品本位制。如向上竖立的箱子所示，商品本位制表示货币供给包含 100 万黄

金。代表是商品本位制被表示成是一个箱子两倍高的箱子却被二
等分：底部或者基础部分代表商品的数量（100 万美元），这部分并
不作为货币进行流通，上面的部分代表支付承诺（100 万美元），作
为货币进行流通。在这两种情况下，100 万美元的商品基础产生了
100 万美元的货币供应。代表性商品本位制仅仅是比使用相同数
量的黄金更加有效率的一种方式。

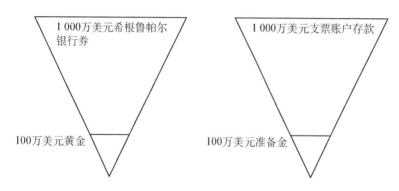

图 2.4　希根鲁帕尔的现代体系和现行的现代体系示意

图 2.4 说明现代体系是一个倒置的金字塔，代表希根鲁帕尔
的现代体系和现行的现代体系。在希根鲁帕尔情况中，倒置的金
字塔底部是基础，由 100 万美元的黄金组成，因为部分准备金，支
撑着总体的 1 000 万美元支付承诺形式的货币供给。倒置的金字
塔上面的部分和底部的比率是由准备金率决定的。准备金率越低
（越高），导致金字塔的上面的部分就越大（越小）。如今，在金融货
币体系中，黄金不再具有重要意义。不再是黄金或者其他商品作
为基础（the base），而是由中央银行提供的准备金代表着基础，现在
被称为"基础货币"或者"高能货币"。基础货币支撑着所有 M2 货

币的组成部分,其中一些没有准备金要求,例如储蓄存款、定期存款和货币市场基金,支票账户受制于部分准备金。现代货币体系如图 2.4 右边所示。然而,基础货币和货币量随时间变化的实际关系远比图 2.4 所示的复杂。倒置的金字塔在后面一章会有更加详细的讨论,但是要根据图 2.5 理解这是如何起作用,图 2.5 显示了 M2 与倒置金字塔中的基础货币的比率。注意,虽然 M2 数量一直比另一个大,但是这一比率近年来已经下降。

图 2.5　圣·路易斯联邦储备银行估计的倒置金字塔上面部分的 M2 货币量与倒置金字塔下面部分基础货币的比例(季节调整):1960 年 1 月至 2015 年 4 月

资料来源:FRED, Federal Reserve Bank of St. Louis.

货币本位制的演变具有一定的讽刺意义。先是引入商品货币,紧接着是创新性的代表商品货币,最后是作为重大市场创新的现代货币。政府没有提出这些创新,尽管政府在铸造金银硬币方面扮演了一个较小的角色。随着货币体系演变到现代体系,体系中的某些脆弱性开始出现,要求政府发挥更大的作用。很讽刺的是,现在需要政府保证体系的稳定性、供给货币以支持经济增长。当我们在第 8 章讨论政府在金融货币体系中的具体的作用时,我们会回到这个话题。

2.6　货币和经济活动之间的关系

之前的章节介绍了一个国家的金融货币体系对经济发展的重要性。一个完善的金融货币体系是维持无通货膨胀的经济增长和提高生活水平的必要的基础。这一章节的结论部分更加聚焦在一个国家的货币供给是如何影响经济活动的,这里,现代货币体系下的货币供给也就是中央银行控制下的货币供给。在入门阶段理解货币和经济活动关系的有用的框架是货币数量论(QTM),货币数量论在经济思想发展中已经有很长的历史。

货币数量论:QTM 可以追溯到 1517 年的尼古拉·哥白尼(Nicolaus Copernicus)。从 1776 年到 1936 年,它一直是经济学古典学派的一个重要部分,后来受到约翰·梅纳德·凯恩斯的批判和反对。在 1960 年,这个理论作为货币主义与凯恩斯主义辩论的一部分重新出现,可以被用来解释货币和经济表现之间的关系。

根据货币数量论,价格水平(和名义工资率)取决于货币供应水平,其他因素保持不变。就变量的水平而言,货币数量论可以表示为:

$$MV = PY \qquad (2.2)$$

其中,M 是一个国家的货币供给;V 是货币流通速度,表示货币与商品和服务交换有多快；Y是实际GDP；P是价格水平；PY是名义GDP，代表所有以现在或者市场价格销售和购买的所有最终产品；MV是货币供给量乘以购买GDP的交易次数。因此，PY是总支出，MV是货币周转以支撑总支出的速度，根据定义，MV = PY，V = PY/M。

表达式2.2可以转变成随时间的变化的形式，首先将变量表达为自然对数的形式

$$\ln M + \ln V = \ln Y + \ln P \qquad (2.3)$$

然后，对2.3式进行对时间的全微分，用变化率来表示每一个变量：

$$m + v = y + p \qquad (2.4)$$

这里小写字母表示大写字母变量的增长率。

对货币数量论的表达式2.2和2.4有两种观点。第一，这只是一个定义式，变量之间没有任何的因果关系，就像资产负债表（资产 = 负债 + 净资产）只是一个定义。资产负债表一直是平衡的，因为他们被定义为平衡，对于M、V、P、Y也是一样的。例如，2000年，Y = 98 170亿美元；P = 1.00，设定2000年的价格指数为基准价格；M2 = 47 890亿美元。如果我们定义V = 98 170/47 890 = 2.05，那么，根据定义，MV = PY（47 890 × 2.05 = 98 170 × 1.00）。从这个角度看，表达式2.2和表达式2.4是由定义而来的同义重复。然而，第二个观点是经济学家们所谓的货币数量论，表达式2.2和表达式2.4是均衡条件，而且只有在基本宏观经济模型关系均衡时才能保持平衡。均衡表达式2.2和2.4中包含着一个重要

的宏观经济模型。在接下来的讨论中，将主要关注货币数量论。

　　根据长期的货币数量论，货币供给的增长不会影响实际产出的增加。实际产出增长将会与经济的潜在产出增长保持一致，因为实际产出的任何显著偏离潜在产出都会导致工资、价格和利率的自我修正调整，从而在长期中，经济增长会回归自然增长轨迹。在长期中，自然失业率和实际失业率也相等。在长期前提下的货币数量论中，货币流通速度是常数，因此，在长期中，货币和价格之间有直接的关系。

　　在长期的货币数量论中，y 由资源禀赋和经济结构决定，y 等于潜在产出的增长，这也就是说，GDP 缺口为零。在长期中，v 是常数。因此，货币增长和经济增长之间存在成比例的关系。在长期中，货币增长率翻倍，价格水平的增长率也会翻倍。在长期前提下的货币数量论中，货币是中性的，在这个意义上，它不会影响真实变量，只会影响名义变量。垄断游戏可以相对形象地说明这一点。在垄断游戏中，如果不动产数量或者房屋和公寓的数量（真实变量）没有变化，人们也没有改变他们花钱的速度，由于只有当某一个人有骰子时才能花钱，因此，如果货币数量翻倍，价格也会翻倍。

　　因此，货币和价格水平有长期关系，在长期中货币不会改变经济的实际运行。通货膨胀和通货紧缩基本上是货币现象。大家普遍接受长期中的货币数量论。然而，对于短期中货币如何影响经济运行，其中存在争论。在短期中，货币供给的变动既可以影响实际产出也可以影响价格水平，货币对产出和价格的影响是不容易预测的，因为货币流通速度不稳定。

　　货币数量论提出的货币和名义 GDP 的关系有多么的紧密？图

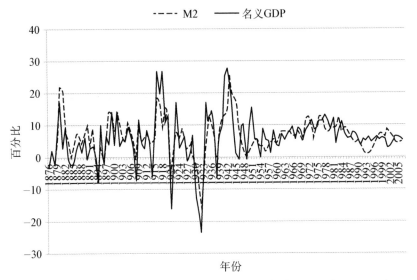

图 2.6 名义 GDP(YP)和 M2 货币量(M)的年增长率：1876 年至 2007 年

资料来源：Based on data provided by Robert J. Gordon.

2.6 显示的是，在 1876 年到 2007 年间，美国名义 GDP(YP)和 M2 货币供给的年度百分比变化率。在这两个时间序列之间存在合理的、密切的关系，但是存在着某几个时期这一关系弱于其他时期的情况。这两个时间序列之间简单的相关系数是 0.69，显示存在长期关系。

之后，出现大量对货币数量论总结的货币和经济活动之间关系的研究和争论。然而，现代宏观经济模型往往赞同两个结论。第一，短期中，货币(M)的变动对实际产出(Y)和价格水平(P)都有影响。第二，长期中，货币(M)的变动对实际产出(Y)没有影响，只影响价格水平(P)。在长期中，实际产出由资源禀赋和经济体的结构与技术决定。在技术方面来说，短期中，货币供给的变动是非中性的，也就是说，在短期中，货币影响经济增长以及价格。然而，在长期中，货币是中性的，也就是说，货币对经济体的实际运行没有影响，而只影响价格。

第二部分
金融货币体系中的金融部门

第 3 章
金融部门和国家的资金流

3.1 引言

  金融部门是国家金融货币体系的一个组成部分。金融部门由市场和机构两部分组成,这两部分通过两个渠道:直接金融和间接金融,把资金从贷款方转移到借款方。

  通过市场转移的资金构成直接金融并占据美国资金流中大概30％的份额。金融市场有两种:货币市场,交易期限在一年期以内的金融工具;资本市场,交易期限大于一年的金融工具。尽管金融市场仅占据资金流中的 30％,但它是整个金融部门的基石。利率直接在金融市场的贷款方和借款方之间决定。金融市场为金融部门的其余部分和整个经济提供流动性。有些金融市场还是任何经济体中都最接近完全竞争市场的部分,因为这一金融市场由大量买卖定义明确的金融产品的消息灵通参与者组成。

  然而在美国和大多数国家中,占据主体的资金都是通过金融机构转移的,这种方式被称为间接金融,有时候也叫作媒介金融。金融机构包括银行、储贷机构、信用社、保险公司、退休基金及金融公司。金融机构不仅为那些不能在直接金融中容身的许多的小借贷方提供金融需求，还为其提供金融服务。直接金融市场支持大型企业和政府的借款需求，而间接金融则支持大小企业的借款需求以及实际上所有消费者的需求和抵押信用需求。

金融市场和金融机构都有转移资金的功能但常常将两者区分看待，因为尽管两者之间存在重要的互动，但代表了两种截然不同的融资渠道。自从 20 世纪 70 年代金融部门放松监管和自由化以来，这种互动显著增加。

金融市场实质上是借贷双方电子化交流的场所，而不是被大部分人当作金融部门的通常的"实体"（bricks and mortar）金融机构。金融市场没有连续不断的资产负债表。尽管代理人或经纪人协助贷款方和借款方进行接触并收取一定的服务费用，但借贷交易并不呈现在代理人或经纪人的资产负债表上。这个代理人或经纪人仅仅是个中介，并不参与借贷双方的交易。相比之下，金融机构是正在运营中的金融企业，并经常被认为是实体企业，并具有反映借贷交易的连续的资产负债表。

由市场和机构共同组成的金融部门十分复杂，并且会因为市场和监管创新、世界经济和金融的一体化以及计算机和通信科技的进步而随着时间持续演变。如今，美国及世界上大多数国家的金融部门与几十年前相比都大不相同。此外，政府和金融部门之间的关系也发生了显著的改变。这些变化将会在接下来的章节中讨论。

本章聚焦于提供一个可以理解任何国家金融部门的整体框架。理解了这个框架之后，我们便可以更容易理解金融监管、过去几十年来金融部门发生的变化和任何国家的金融部门。关于最后一点,尽管有其复杂性,但金融部门的基本属性是明确的并且可以在资金流的框架下进行理解。一旦建立整体框架,具体的制度细节便可以补充添加上去。

3.2 国家资金流视角下的金融部门

资金流分析方法基于任何一个经济实体(个人、企业、政府、金融机构)或经济实体的总和(家庭、企业、政府、金融机构)可以从支持经济活动的资金的来源和使用这一方面来考虑。

从资金流的视角来理解金融部门有四个步骤。

首先,经济体分为不同的部门。每个部门的实体和金融决策可以归纳为基本的资金流方程,就像损益表和资产负债表反映的那样。根据金融系统特征,这每个部门必是盈余、赤字或收支平衡三种情况之一。

其次,设定三个视角,分别代表某一部门盈余、赤字或收支平衡,每一个视角都使我们把金融部门定义为转移资金的三个部门的集合体。

盈余部门、赤字部门和收支平衡部门之间的资金转移有两个渠道:直接金融和间接金融。

可以构建整个经济体的资金流矩阵来把金融部门的所有元素组合到一起。

3.3 部门预算、损益表和资产负债表以及基本资金流方程

经济分为 5 个部分：家庭部门、非金融企业部门、政府部门、金融机构部门以及国际部门。分类中并没有金融市场部门，这是因为金融市场本身没有用资产代表贷款和用债务代表借款的资产负债表。如前所述，金融市场只是由不在交易中承担责任的代理人或经纪人促成的借贷双方的碰面地点。一旦交易完成之后，资产和债务的变化只体现在借贷双方各自的资产负债表上。

部门及其预算：下述讨论代表一个由美联储记录的正式资金流流水的简化版本，以强调金融部门的本质属性。五个部门中的任意一个都可以用表示资金来源的收入预算和资金用途的支出预算来描述。

家庭部门通过提供劳动服务交换薪水以获得收入，并把收入用于商品和服务。用于商品的支出分为非耐用品类和耐用品类。对耐用期不超过一年的商品的支出构成了非耐用品支出，例如食品和各种服务。对耐用期超过一年的商品的支出构成了耐用品支出，例如汽车和住房。然而，每一年都会有部分的耐用品因折旧而变为非耐用品。

非金融企业部门由公司、非公司企业和小企业组成，他们通过销售商品和服务获得收入，并把收入用于运营支出、投资厂房和设备以及获得利润。和家庭部门一样，非金融企业部门的支出也可就商品采购持续时间的长短，分为非耐用品和耐用品支出。

政府部门通过税收和各项费用获取收入并用于政府采购，主

要包括政府工作人员的薪水和对经济中特定群体的资金转移。

国际部门也是美国资金流系统中的一部分,这是因为全世界都在借钱给美国——从美国的视角来看是资金流入,或向美国借钱——从美国的视角来看是资金流出。国际部门对美国金融部门而言是净借出者,这是近几十年来美国与全球贸易或经常账户的不平衡导致的。

金融机构部门通过存款和其他资金来源的形式来获取收入,并把收入用于放贷和其他金融投资。

任何一个部门的预算只存在三种情况:

(1) 预算平衡(收入等于支出);

(2) 预算盈余(收入大于支出);

(3) 预算赤字(支出大于收入)。

从历史经验来看,家庭部门预算盈余,这是因为在一个给定的时间段内,大多数家庭不会花大支出在汽车、住房等远超他们收入的耐用品上。然而近些年情况却恰恰相反,家庭部门变成了一个赤字部门。企业部门历来是一个赤字部门,因为其大部分资金都用在厂房、设备和发展等投资上,这是收入所不能覆盖的。政府部门理应是一个预算平衡的部门,但政府有许多动机支出比其从税收中获得的收入更多的钱,因而常常成为一个赤字部门。国际部门即可为盈余部门也可为赤字部门,具体情况视美国和世界其他地区的实物和金融关系而定。在过去的几十年中,国际部门都是一个预算盈余的部门。最后,金融机构部门是一个预算平衡的部门,因为其资金的使用(放贷)数量等于资金的来源(借款)数量:即相对于预算而言,收入和支出是相同的。

为了理解各个部门是如何在资金流框架下展现的,我们考虑一般的非金融部门的损益表和资产负债表从而得到基本的资金流方程。一般的非金融部门用家庭部门中单独一个家庭表示。将每一个家庭的基础资金流方程加总便可得到家庭部门总的资金流方程。之后把这个框架应用到任何其他部门,包括金融机构部门,就会变得简单直接。

部门的损益表和资产负债表:表 3.1 描述了一个个人家庭的损益表。资金的来源(收入)在 T 型账户的右边,资金的使用则放在左边。资金的使用分为现金支出和储蓄两部分。现金支出是指用于使用期不超过一年的商品和服务的支出。储蓄是平衡 T 型账户两边的差漏项目。储蓄是现金支出和收入之间的差额,可以为零(收入等于现金支出),为正(收入超过现金支出)或为负(现金支出超过收入)。换句话说,储蓄是保证资金使用和来源平衡的差漏项目。

表 3.1   希根鲁帕尔家庭的损益表

资金运用		资金来源	
本期支出	30 000 美元	收入	50 000 美元
储蓄	20 000 美元		
合计	50 000 美元		50 000 美元

在表 3.1 中,储蓄为正的 20 000 美元,因为 50 000 美元的收入比 30 000 美元的现金支出多出了 20 000 美元。储蓄没有理由一定为正。例如,如果现金支出等于收入,则储蓄为零,如果现金支出超过收入,则储蓄为负。

储蓄体现在家庭活动中的哪些方面呢?储蓄体现在资产负债表中。然而,资金流中的资产负债表应该作为流量而不是存量来考虑。资产负债表通常作为某一时刻资产、债务和资本净值的测度来呈现，因为它记录了某一特定时刻资产、债务和资本净值的存量，因此其自身也是个存量。相反，损益表记录了一定时期内的收入、现金支出和储蓄，因此是个流量。当损益表表示从一个时期到另一个时期资产、债务、资本净值的变化时，可以从流量转换为存量。换句话说，与其检验到 2015 年 12 月 31 日为止的资产负债表，我们不如检验从 2014 年 12 月 31 日到 2015 年 12 月 31 日资产负债表各项数据的变化。

表 3.2 描述了假设家庭如何使用其储蓄情况下的家庭资产负债表。资产被分为实物资产和金融资产。实物资产是指使用期不超过一年的物品，金融资产则是对他人收入或财富的所有权。表 3.2 中资本净值的变化是 $20 000，等于表 3.1 中的储蓄。损益表中的储蓄和资产负债表中的资本净值将这两种表格联系起来。这并不是巧合。实际上，无论损益表中储蓄的数量是多少，都等于资产负债表中资本净值的变化。资产和债务的交易导致资本净值产生变化，资本净值的变化又必须等于损益表中的储蓄。

表 3.2 资金流表示的希根鲁帕尔家庭资产负债表

资金运用		资金来源	
Δ资产			
Δ实物资产	+5 000 美元	Δ负债	−5 000 美元
Δ金融资产	+10 000 美元	Δ净资产	+20 000 美元

现考虑表 3.1 中 20 000 美元的储蓄。家庭该怎么处置这 20 000 美元的储蓄呢？花掉这 20 000 美元储蓄的方法有很多，但无论什么方法都会改变资产、债务或使得两者同时发生改变，这使

得资本净值数量上的变化就等于储蓄。在表3.2中,这个家庭购买了5 000美元的实物资产,例如一套家庭影院系统。实物资产便增加5 000美元。同时,这个家庭增持了2000美元的M2货币,购买了2000美元的人寿保险,以及6 000美元的企业和政府债券。因此金融资产总计增加了10 000美元。该家庭用剩下的储蓄偿还5 000美元的拖欠债务。实物资产,金融资产和债务变化量的总和就是资本净值增加的20 000美元,恰好等于损益表中的储蓄。实际上,无论资产负债表中的项目怎么变化,资本净值都等于损益表中的储蓄。

同样,从表3.1和3.2中很容易看出一个家庭是如何处置负的储蓄的。换句话说,现金支出超过收入的部分就等于基本净值的减少。资本净值的减少可能是因为出售实物资产,例如一辆轿车,这种情况会减少实物资产量。可能是因为出售企业和政府债券,这种情况会减少金融资产量。可能是因为增加借款,这种情况会增加债务。

简单地将收入、现金支出、储蓄、金融和实物资产的变化,债务的变化和资本净值的变化加总,便可构建整个家庭部门的损益表和资产负债表。对其他部门而言,我们仅需要改变收入和现金支出的描述即可。

基础资金流等式:损益表和资产负债表可以用于决定每个部门的基础资金流等式,具体有如下两个步骤。

首先,扩展基本资产负债表来区分实物和金融资产:

$$\Delta A = \Delta LIAB + \Delta NW$$
$$\Delta A = \Delta RA + \Delta FA \tag{3.1}$$
$$\Delta RA + \Delta FA = \Delta LIAB + \Delta NW$$

其中 A，LIAB 和 NW 分别代表资产、债务和资本净值；RA 和 FA 分别代表实物和金融资产；Δ 代表了从一个时期到另一个时期的变化量。

其次，按如下方式改写扩展的资产负债表中的术语。用投资 I，来代替 RA 的变化量；用贷款 L，来代替 FA 的变化量；用借款 B，来代替 LIAB 的变化量；用储蓄 S，来代替资本净值的变化量。用新术语把基本资产负债表改写为

$$I + L = B + S \tag{3.2}$$

将 3.2 式移项可得基础资金流等式：

$$I = S + (B - L) \tag{3.3}$$

表达式 3.3 是从一个部门的损益表和资产负债表得到的，它反映了实际经济活动（投资和储蓄）和金融活动（借款和贷款）。这个基础资金流等式提供了理解国家金融部门的基础。

3.4　盈余、赤字和平衡三部分组成的金融部门

金融部门可以视作资金从预算盈余实体转移到预算赤字实体的机构和市场的总和。盈余的部门有多余的流动性，并且愿意通过持有金融资产或取决于利率的承付向金融部门提供资金。利率越高，相对于现金和实物资产，盈余单位持有可获得利息的金融资产的意愿更强。赤字单位需要流动性，并且愿意通过发行承付的方式支付利息获得需求的流动性，承付也就成为盈余单位持有的金融资产。

换句话说，金融部门是用一端的盈余部门和另一端的赤字部门来描述的，但正如我们将在下文中看到的，预算平衡部门尽管既不是资金的净需求方也不是净供给方，但它仍在金融部门扮演一定的角色。定义盈余、赤字（和平衡）部门有三种不同的方法。

第一，可以通过总收入 TR，和总支出 TE，之间的关系来定义，记作 TE = CE + I：

盈余单位

TR>TE；

赤字单位

TR<TE；以及

平衡单位

TR = TE

第二，可以用储蓄和投资按下列方式来定义，记作 S = TR - CE：

表3.3   盈余、赤字和平衡单位的定义

盈余单位	赤字单位	平衡单位
TR>TE	TR<TE	TR = TE
TR>CE + I	TR<CE + I	TR = CE + I
TR - CE>I	TR - CE<I	TR - CE = I
S>I	S<I	S = I
L>B	L<B	L = B

第三，结合每个单位储蓄和投资之间的关系以及基础资金流等式，我们可以用借贷关系定义盈余、赤字和平衡部门，如表 3.3

描述的那样。基于表达式 3.3,如果 S>I,那么贷款>借款,如果
S<I,那么贷款<借款。如果 S=I 同时 L=B,那么预算平衡部门
既向金融部门提供资金,也向其获取资金。第三种视角的优势在
于它强调了即使预算平衡部门不是净贷款者或借款者,其也在金
融部门中扮演一定的角色。

　　表 3.3 表明了定义预算盈余、赤字和平衡部门的三种不同方
法。金融部门可以看作将盈余、赤字和平衡单位聚集在一起的市
场和机构的总和,尽管按照净额来看,金融部门将盈余单位置于供
给侧,而将赤字部门置于需求侧。判断盈余、赤字和平衡单位的三
种视角中,基于借贷的第三种是最有用的。

　　盈余单位对金融部门而言是净贷款者,赤字单位对金融部门
而言是净借款者,平衡部门借贷的数量相同,但也享受金融部门提
供的服务。净贷款者/净借款者的视角对于构建整个经济的资金
流矩阵十分重要。然而,金融部门也可以通过贷款者在一端供应
资金和借款者在另一端需求资金来描述。

　　表 3.4 描述贷款者在一端供应资金和借款者在另一端需求
资金这一视角下的金融部门。注意每一个部门都会在金融部门
的两端出现。基于式 3.3 中的基础资金流等式,一个贷款者可
以为盈余单位(S>L 及 L>B),赤字单位(S<L 及 L<B)或平衡
单位(S=I 及 L=B)。在这三种情况下,都会出现贷款行为。同
样地,一个借款者可以为盈余单位(S>L 及 L>B),赤字单位(S
<L 及 L<B)或平衡单位(S=I 及 L=B)。在这三种情况下,都
会出现借款行为。表 3.4 也描述了将在下一节讨论的两种金融
渠道。

表 3.4　贷款方和借款方视角下的金融部门

非金融贷款者	非金融借款者
家庭	家庭
企业	企业
联邦政府	联邦政府
地方或州政府	地方或州政府
外国	外国

直接金融

贷款者通过货币和资本市场直接提供资金给借款者。贷款者购买了借款者发行的承付票据。承付票据变成了贷款者持有的资产和借款者对贷款者的债务。

间接金融

贷款者通过购买金融机构发行的承付(保证金、保险单、退休保单)向金融机构提供资金,承付成为贷款者持有的资产和金融机构的债务。然后金融机构通过购买借款者签发的票据支付承诺书,贷放从贷款者那里收到的资金。借款者的承付变成了金融机构持有的资产,以及借款者对金融机构的债务。

3.5　两种金融渠道:直接金融和间接金融

不管我们怎么描述金融部门,任何金融交易都涉及资金供给行为和资金需求行为。资金可以通过金融市场或金融机构进行供给和需求。我们可以把资金的供给视为购买金融资产或承付,把资金的需求视为出售金融资产或承付。

直接金融:直接金融发生在贷款者通过代理人或经纪人当面与借款者交易时。直接金融的核心元素是贷款者接受了借款者签发的承付并假设任何风险和其他条件都包含在承付中。直接金融通过金融市场产生,在金融市场中贷款者购买、借款者出售承付或其他金融工具。购买的金融工具就变成了贷款者的资产,出售的金融工具就变成了借款者的债务。例如,当美国政府在债券市场上出售债券时,政府就成为借款者,债券就成为政府资产负债表中的债务,而债券的购买者就成为贷款者,债券就成为贷款者资产负债表中的金融资产。美国的金融市场是世界上范围最广、程度最深和最多样化的金融市场。

表 3.5 列出了按交易期限划分的美国直接金融市场中最重要的金融工具。交易期限不超过一年的金融工具为货币市场工具,交易期限超过一年的为资本市场工具。同时表 3.5 也说明了这些工具是否有违约风险和二级市场。违约风险是指金融工具的发行者不支付利息、贷款或两者都不支付,从而不履行债务的可能性。联邦政府的债务被认为是无风险的,因为中央政府有能力发行更多的债务来履行或偿付到期的债务,通过增加税收收入或通过中央银行增加货币供给。然而,历史经验却并不总是如此。

表 3.5　直接融资中使用的货币和资本市场工具

金融工具	描述	违约风险程度	二级市场
货币市场工具			
短期国库券	联邦政府发行,到期年限不超过一年;不支付息票,因此打折出售——以低于短期国库券票面价值的价格出售。	无	活跃

（续表）

金融工具	描述	违约风险程度	二级市场
大额存单	大型银行发行，面额为100 000美元或更高，可以依法转让；换句话说，可以在到期之前出售给另一个实体并按不同的交易期限发行。	超过250 000美元才具有风险	适度
商业票据	银行和非金融企业实体发行的短期债务，交易期限不超过9个月	有	适度
回购协议	银行、非金融实体或任何持有为回购协议作担保的债券的实体。发行方使用短期国库券之类的债券作为担保物。发行方出售回购协议并承诺在短期内回购，通常为"隔夜"或少于两周。	由债券的违约风险决定	无
联邦基金	美联储中一个银行的准备金额"隔夜"贷款到另一个在美联储有存款账户的银行。联邦基金并不是联邦政府或美联储的贷款。基金通过美联储的电汇设备在贷款银行和借款银行之间转移，其名称由此而来。联邦基金的利率，叫作联邦基金利率，是货币政策实施中的关键变量。	根据银行的违约风险而定	无

（续表）

金融工具	描述	违约风险程度	二级市场
资本市场工具			
股票	金融和非金融公司发行，没有交易期限。	有	活跃
公司债券	金融和非金融公司发行，交易期限不一，最长可达20到30年。	有	活跃
中期国库券	联邦政府发行，交易期限最长可达10年。	无	活跃
长期国库券	联邦政府发行，交易期限长于10年但不超过30年。	无	活跃
市政债券	地方、区域和州政府发行的债券，交易期限不超过30年	有	适度
美国政府机构证券或美国政府资助企业发行的证券	政府支持的机构发行，但不受政府担保。主要的机构有：学生贷款市场协会（萨利美）；联邦国民抵押贷款协会（房利美）；美国联邦住房抵押贷款公司（房地美）；美国政府国民抵押贷款协会（吉利美）；11家联邦家庭贷款银行；联邦农业信用银行。美国政府资助企业发行的交易期限不超过30年的债券，用于获取资金并贷放给经济中特定的部门。	技术上来说有；但内含政府担保	活跃

（续表）

金融工具	描述	违约风险程度	二级市场
抵押和抵押支持债券	抵押是银行、储蓄和贷款协会、储蓄银行、信用社和抵押经纪商发行的长期贷款。在许多情况下抵押会出售给与抵押有关的政府资助企业，这些企业会持有抵押或将其捆绑成抵押支持的债券在资本市场上出售。	有	活跃

2011年8月，标准普尔把美国政府债务的信用评级从 AAA 略微下调到 AA＋。然而，其他评级公司穆迪投资服务公司和惠誉评级并没有跟进。尽管评级发生了变化，但美国政府的债务包括纸币和硬币并没有违约风险。同时，有些国家的政府并没有履行其债务，因此对美国债务的微小降级只是对这个事实的一个提醒。与联邦债务相比，地方、区域或州政府发行的债务工具存在一定程度的违约风险，因为这些工具的发行者并没有联邦政府那样发行新债务偿还旧债务的能力，他们也没有同等程度的提高税收的能力。除了银行发行的不超过 250 000 美元的大型存单之外，表 3.5 中所有的私营金融部门都具有一定程度的违约风险。

直接金融市场的局限：在任何时刻，美国的金融市场都占资金流中大约 30％，其范围包括国内和国际。然而，直接金融对小额借贷者而言存在局限。

首先，金融工具发行时有固定的面值，因此，需要与面额保持一致；第二，除了股票外，金融工具发行时有固定的交易期限，因此,需要与交易期限保持一致;第三,买卖金融工具需要一定程度的技术知识,小额借贷者并不具备这一特征;第四,小额贷款者缺少评估和监控借款者信誉的能力;第五,因为资金不充足,小贷款者不能实现放贷多样化;第六,小额借贷者缺少获取和提供信息进行信用风险评估和信用监控的来源和能力。

这些限制为直接市场中的小额借贷者带来了一个基本问题。即使面额最小的金融工具对小额借款者而言数量都很大,而且小额借款者无法向直接市场中的潜在贷款者披露财务以便贷款者能评估风险,所以小额借款者在直接市场中借款存在难度。小额贷款者则有一个不同的难题,因为小额贷款者的风险-收益权衡可能无法与任何借款者,无论大额或小额,进行匹配。这可以用图 3.1 中刻画的风险-收益权衡曲线来描述。

给定不同预期收益和风险组合的效用等级,风险收益权衡是条向上倾斜的曲线。贷款者的效用是不同组合中预期收益的正函数,也是不同组合中风险的反函数。更靠近纵轴的风险-收益曲线代表更规避风险的贷款者,对给定的任意一条曲线,曲线越陡,贷款者越倾向于规避风险。在图 3.1 中,风险-收益曲线 RR1 是大额贷款者的基本案例,表明贷款者对收益与风险的权衡。RR1 表明贷款者只有在存在高预期收益的情况下才愿意承担风险。RR1 所描述的权衡也存在例外情况,但这对于金融部门的正常运营来说并不重要。

曲线 RR2 离远点更近、更陡峭,代表了相对于基本贷款者而言更小额的贷款者的风险-收益权衡。由于 RR2 离纵轴更近,对于相同程度的风险,其所代表的贷款人与 RR1 描述的相比,会要求更高的预期收益。RR2 不仅比 RR1 离纵轴更近,还比 RR1 更陡峭,因为对这个贷款者而言,风险的增长必须得到与基本贷款者相比更

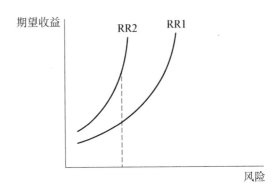

**图 3.1　小额贷款者与基本贷款者的风险-收益权
　　　　衡表明在风险一定的情况下小额贷款人
　　　　要求更高的期望收益**

多的预期收益。

　　什么导致了这个差异呢？小额贷款者无法多样化放贷，因而
与基本贷款者相比，只能把更多的鸡蛋放进一个篮子里。小额贷
款者无法投入与基本贷款者相同的资源去评估和监控信用。与基
本贷款者相比，小额贷款者还缺少详细的、关于直接金融的专门知
识。因此，小额贷款者的权衡曲线会比基准放贷者的权衡曲线更
靠近纵轴、更陡峭。

　　为了说明小额贷款者是如何在直接金融中处于劣势的，我们
假设某个贷款者正在考虑贷款 50 000 美元给借款者，期限为五年。
因此，就面额和交易期限的一致性而言没有问题。但是，鉴于贷款
者的风险规避程度，他要求 20％的预期收益率。假设这个借款者
是个企业，并想利用这 50 000 美元在未来五年内扩展工厂和设备
来增加收入。这个借款者分析了扩展工程的成本和收入流，接着
计算出等于收入和成本流现值的内部收益率，来决定他能承担多

少的利率使得扩张有利可图。假设内部收益率为 10%，换句话说，如果借款者能够以小于 10% 的利率借到 50 000 美元的话，那么这项投资有利可图。然而，这个贷款者不愿以少于 10% 的利率贷出 50 000 美元。结果便是贷款者的风险-收益权衡和借款者的违约风险不相容，没有借贷行为发生。

小额贷款者的风险-收益权衡与借款者的要求不匹配，所以没有金融交易会发生。小额借款者也因为无法提供信息给贷款者供其评估风险，而在直接市场中受限。相比之下，由于借贷资金数量庞大，大额贷款者有足够的资源和知识来评估和监控信用，大额借款者有足够的资源和知识来披露财务信息。最重要的是，大额贷款者可以多样化其贷款组合从而减少系统性风险。因此，小额借贷者在直接金融市场中并不受欢迎。

间接或媒介金融为金融部门提供了另一个渠道：小额借贷者在直接金融中存在的问题可以在间接或媒介金融中得到解决。在间接金融中，金融机构处于贷款者和借款者之间，并从根本上解决了两者之间的矛盾。在直接金融中，贷款者假设所有的风险和承付所有的特性都来自借款者，这把许多小额借贷者排除在了市场之外。间接金融解决了这个问题以及其他的限制，例如需要保持交易期限和面额的一致性。

金融机构在金融部门中的角色可以用金融机构部门的基础资金流等式（表达式 3.3）来描述。金融机构部门和经济中其他部门的表达式 3.3 存在两个主要的不同。首先，从定义上讲，金融机构是指主要聚焦于收集资金并用贷款和投资的形式分配这些资金的公司，因此，其表达式 3.3 中的 I 和 S 与 B 和 L 相比数量较小。其次，从定义上讲，金融机构会把大部分收集到的资金分发出去，因为他们要付利息或提供其他服务来获得资金进行放贷,因此,金融机构本质上是一个预算平衡的实体。不仅其 I 和 S 与 B 和 L 相比数量较小,并且有 I=S 和 B=L。

以存款类金融机构为例。这类机构以提供储蓄的形式借得资金,保险上限达 250 000 美元。储蓄的面额大小不一,到期年限长短不一。在大多数情况下,贷款给金融机构的贷款者没有任何违约风险,同时就面额和交易年限而言,贷给金融机构的资金还有一定的流动性并依然能获得利息。此外,承付可当作货币来使用。存款类机构用积累起来的资金放贷。因为存款类机构精通信用评估和信用监控,所以可以比任何小额贷款者更好地评估违约风险。由于存款类机构可以贷款给许多借款者从而把鸡蛋放进许多篮子里,因此其贷款组合的总体风险比任何小额贷款者都小得多。最终,与小额贷款者相比,存款机构可以放贷给风险更高的借款者。

金融机构主要依据其借款行为或资金来源分为两类:存款类金融机构和非存款类金融机构。非存款类金融机构又进一步分为契约型储蓄机构和投资机构。其中最重要的一些金融机构已在表3.6 中给出。

存款类金融机构由商业银行、储蓄和贷款协会、储蓄银行和信用社组成。储蓄和贷款协会、储蓄银行和信用社又统称为节俭机构。“节俭”这个术语在几十年前就开始演进,当时这些非银行储蓄机构不提供支票账户,只提供活期储蓄和定期储蓄账户。然而,如今它们在许多方面的运营就像银行一样,但“节俭”这个术语一直沿用至今,尽管其含义已经不再准确。

存款类机构以支票存款、储蓄存款和定期存款的形式提供承付承诺。在这三类存款机构中,商业银行数量最多、规模最大。在美国大概有 6 500 家商业银行,相比之下储蓄和贷款协会和储蓄银行约有 800 家,信用社约有 7 500 家。商业银行是所有金融机构中最多样化的,与数量最多的借贷者打交道,并处于国家金融货币体系的中心。虽然储蓄和贷款协会、储蓄银行和信用社在金融部门中扮演的角色更小,但它们在过去的几十年中变得越来越像银行,并依然致力于在更大程度上比银行更专业。

非存款类金融机构就其在资金流中的角色而言,与存款类机构是基本一样的。然而其承付(表达式 3.3 中的借款)流动性更小,因此,除了零售货币市场基金之外并不是货币供给的一部分。但非存款类金融机构的承付同样提供了重要的金融服务,因为其资金来源流动性更小,所以与存款类机构相比,可以发放贷款的形式更多,期限更长。人寿保险公司说明了这一点。人寿保险公司以提供人寿保险单的形式获取资金(表达式 3.3 中的 B),尽管保单不具有很强的流动性,但其为被保险人提供了十分重要的服务。同样地,由于人寿保险公司的资金来源实际上是长期的,其可以发放长期的贷款。

非存款类金融机构通常分为两类:契约型储蓄机构(人寿保险公司灾害保险公司以及私人和政府退休基金)和投资机构(金融公司、投资货币市场工具的货币市场基金以及投资资本市场工具的共同基金)。

直接金融和间接金融之间的互动:根据上述的分析两种金融渠道是不同的,但由于过去几十年中金融部门的广泛创新,两者变得紧密相关。许多贷款,特别是抵押贷款,是在间接金融中产生的,但却被捆绑成证券在直接市场中销售。正如商业票据、企业债券、甚至股票,在不同程度上是由金融机构持有的那样,国库证券和市政证券也是由金融机构持有的。因此,两种渠道之间的区别是实际存在的,但在很多方面又有重合。

表3.6 组成间接金融的重要金融机构

	借款(资金来源)	贷款(资金使用)
存款类金融机构		
商业银行	支票存款,储蓄存款和定期存款,以及信用违约互换	消费和商业贷款;抵押;国库证券;以及市政证券
储蓄和贷款协会	支票存款,储蓄存款和定期存款	主要为抵押贷款,但也包括消费贷款
储蓄银行	支票存款,储蓄存款和定期存款	主要为抵押贷款,但也包括消费贷款
信用社	支票存款,储蓄存款和定期存款	主要为消费贷款,但也包括抵押贷款
非存款类金融机构		
契约性储蓄机构		
人寿保险公司	人寿保险单	企业债券,所有者权益和抵押
灾害保险公司	灾害保险单	企业债券,所有者权益和抵押
退休基金	退休保单-雇员和雇主缴纳	企业债券,所有者权益和抵押
投资机构		
金融公司	金融票据,债券和所有者权益	消费和商业贷款
货币市场基金	股份	货币市场工具
共同基金	股份	债券和所有者权益

3.6　小结：经济体的资金流矩阵

现在，金融部门可以概括为经济体的一个简单的资金流矩阵，这个矩阵建立在美联储发布的实际矩阵基础之上。实际上，世界上大多数中央银行都会计算和发布详细的资金流数据，这些数据突出了金融部门在经济体中的作用，并表明谁在贷款谁在借款，谁是资金的净提供者和净需求者，以及通过直接和间接渠道的资金数量。

表 3.7　金融部门的资金流矩阵

基础资金流方程式	家庭	企业	政府	金融机构	总计
投资	$20 000	$100 000		$5 000	$125 000
储蓄	$130 000	$50 000	− $60 000	$5 000	$125 000
盈余（＋）、赤字（−）或平衡(0)	$110 000	− $50 000	− $60 000	$0	$0
借款（债务的净变化）	− $10 000	$60 000	$60 000	$60 000	$170 000
支票存款				$40 000	$40 000
储蓄和定期存款				$20 000	$20 000
贷款	− $10 000	$20 000			$10 000
国库证券			$60 000		$60 000
企业证券		$40 000			$40 000
贷款（金融资产的净变化）	$100 000	$10 000	$0	$60 000	$170 000

基础资金流方程式	家庭	企业	政府	金融机构	总计
支票存款	$30 000	$10 000			$40 000
储蓄和定期存款	$20 000				$20 000
贷款	$0			$10 000	$10 000
国库证券	$30 000			$30 000	$60 000
企业证券	$20 000			$20 000	$40 000
净贷款	$110 000				
净借款		$50 000	$60 000		
平衡实体				$0	$0

表 3.7 中的数据把经济分成了 3 个实体经济部门和 1 个金融机构部门。同样地，这里并没有直接金融部门，因为直接金融仅在把资金转换为承付票据的这段时期内才存在。对每个部门都构建一个基础资金流等式。表 3.7 的头两行表明了每个部门的储蓄和投资。家庭部门的储蓄比投资多 110 000 美元，是个盈余部门。换句话说，家庭部门对金融部门而言是净贷款者。家庭部门是怎么支配盈余或成为一个净贷款者的呢？家庭部门通过偿还对金融机构系统的债务减少 10 000 美元贷款。同时，家庭部门通过以下四个方式增持承付，从而增加放贷：增加支票存款（30 000 美元）；增加储蓄和定期存款（20 000 美元）；增加国库证券（30 000 美元）；增加企业证券（20 000 美元）。

非金融企业部门是个赤字单位，其投资超过储蓄 50 000 美元，因此存在对金融部门的净资金需求。企业部门是如何筹资来弥补其 50 000 美元的赤字的呢？企业部门通过出售 40 000 美元的企业债券和向金融机构部门贷款 20 000 美元筹集到 60 000 美元。企业部门分别出售了 20 000 美元的证券给家庭部门和金融机构部门。同时,企业部门也是个贷款者,因为其增加了 10 000 美元的支票存款。因此,企业部门是 50 000 美元资金的净需求者。

　　所有的政府支出都被视为现金支出,所以任何预算赤字、盈余和平衡都表现为储蓄的为负、为正或为零。在表 3.7 中,政府的运营赤字为 60 000 美元,这是通过出售 60 000 美元的国库证券筹得的。家庭和金融机构部门各购买了 30 000 美元。

　　由于储蓄等于投资,因此金融机构部门是一个预算平衡的实体,并且由于其实物交易用储蓄和投资表示——与其借贷相比数量较小,因此也是一个金融实体。金融机构部门的资金或借款来自向家庭部门(30 000 美元)和企业部门(10 000 美元)发行支票存款,以及向家庭部门发行储蓄和定期存款(20 000 美元)。此外,金融部门还收到来自家庭部门支付的 10 000 美元未偿还贷款,这与借给企业部门的 20 000 美元相抵消。金融部门贷了 10 000 美元的净额,即 20 000 美元的总额给企业部分,并向家庭部门借了 10 000美元。

　　表 3.7 显示了金融部门五个重要的层面。

　　金融部门是预算赤字、盈余和平衡单位的集合体,这些单位参与到借贷活动中以支持实物交易,实物交易又通过投资和储蓄表示。

　　借贷行为通过直接和间接金融发生。当家庭和金融机构部门在公开市场中购买政府证券以及当家庭部门在公开市场中购买企业证券时,直接金融便发生了。这些证券在代理人或经纪人的协助下在市场中出售。换句话说,只有在经纪人协助交易完成并收取费用之后,证券才会出现在家庭、企业、政府和金融机构的资产负债表中。然而,间接金融只有在金融机构的资产负债中才会出现。

尽管直接金融和间接金融在本质上是不同的,但它们两者又是相关的。例如,金融机构部门不仅向家庭和企业提供贷款,同时也是直接金融市场的参与者。在表3.7中,金融机构部门吸收家庭和企业部门持有的存款,并直接用获得的资金向企业和政府部门购买承付票据。

对每一个部门来说贷款和借款并不一定是相等的,但当所有部门合在一起时贷款就等于借款,这是因为贷款行为从另一个角度来看就是借款行为。同样地,对于整个经济体来说贷款等于借款,储蓄等于投资,尽管对单个部门来说这并不一定相等。

金融机构部门从本质上来说与三个实体部门不相同,因为金融机构的实物交易与其借贷业务相比微不足道,同时,总的来说金融机构的借款与贷款是相等的,因为这是它们的本质特性——金融机构是把资金从一个团体转移到另一个团体的机构通道。

第 4 章
金融系统中的利率

4.1 引言

  利率是一国经济中十分关键的变量,由金融系统中的供需双方的相互作用决定。利率及其变化从实质上影响着各种个人及公共支出,私企及公共企业的金融健康程度,个人及国家的财富以及一国与世界上其他国家之间的经济金融关系。利率不仅仅是供求双方交易中的关键变量,它也是一国货币政策的关注点。从本质上来说,一国中央银行通过设定目标利率来执行其政策,之后使用货币政策工具来达到目标利率。利率目标反映了货币政策的方向。缺少利率基本知识,除了会导致对货币政策及金融系统的一般问题一无所知外,也必然会危害到经济健康。

  本章及后两章将从三个方面来对利率进行探讨。在本章中,我们需要用以下基本概念来对利率进行讨论:利率的本质、利率在直接融资与间接融资中的区别、政府在利率管制中的作用和利率的基本知识层面。在下一章中,对资金流构架下利率水平的决定因素进行概述。该构架解释了利率的不断变化。在探讨中,我们将所有利率综合为一种利率,以此来关注利率水平的决定因素,其适用于金融系统中的多种利率。在第六章,我们不再假设只有一种利率而是关注到利率的结构。利率结构解释了不同利率之间的相互作用以及如何利用利率之间的关系来衡量金融系统的风险,同时利率结构也反映了社会中预期通货膨胀的变化及经济在未来扩张或收缩的可能性。

4.2 利率联系现在与未来

无论借款者是直接融资(金融机构)或是间接融资(货币市场及资本市场),利率是在所有金融交易中资金由供给方流向需求方时的关键因素。利率是借款者提供资金的回报,是贷款者的融资成本。利率将现在与未来联系在一起,即利率使未来影响现在,也使现在影响未来。这体现在现值与终值的概念中。现在贷的 A 美元在利率水平 r 下的终值为:

$$A_m = A_1(1 + r)^m \qquad (4.1)$$

其中,A_1 为初始时刻所贷的美元数额,r 为利率水平——通过除以 100 来表现百分比形式(5% 以 0.05 的形式出现);A_m 为初始时刻 A_1 美元的终值。表达式 4.1 表明在任意时段内 A 美元升值百分比为 r。假设 $A_1 = \$100$,$r = 0.1$,则 $m = 1$ 时 A_m 为 \$110 [\$100(1 + 0.10)^1];$m = 5$ 时 A_m 为 \$161.05 [\$100(1 + 0.10)^5];则 $m = 10$ 时 A_m 为 \$259.37 [100(1 + 0.10)^{10}]。由于利率为正,A 美元终值总是大于初始时刻的现值。

期限为 m 时,终值为 A 美元在利率 r 水平下的现值即为初始时刻投资的美元数额。表达式 4.1 同样可以显示任一终值的现值:

$$A_1 = Am/(1 + r)^m \tag{4.2}$$

其中,A_1 表示期限为 m 时终值为 A_m 美元的现值。根据上述例子,如果利率为 0.10,在 1 时刻(m = 1)的 \$110 现值为 \$100;期限为 5(m = 5)时,在 5 时刻的 \$161.05 的现值为 \$100;期限为 10 时(m = 10),在 10 时刻的 \$259.37 的现值也为 \$100。由此可见,利率将现在与未来联系在了一起。

在供求关系中,资金供给方愿意为了获得一定的风险回报而放弃一定的流动性,即资金出借方不愿意放弃今天可以使用的资金,除非他们获得了放弃流动性的补偿。而资金需求方需要流动性且愿意为此付出一定报酬。利率是市场中供求双方的平衡,也就是说,如果利率水平为 r,资金出借方愿意在现在时刻借出 A_1 美元且在 m 时刻获得 A_m 美元,资金借入方愿意在未来付出 A_m 美元来获得现在的 A_1 美元。

利率对于现在与未来的连接适用于所有市场,而不论我们考虑的是直接融资或间接融资,市场合力在利率决定中扮演了不同的角色。

4.3 间接融资与直接融资中的利率

在间接金融市场中的利率是对市场敏感的法定利率。这就是说,存款与借款利率经由一些行政程序设定,它们根据市场情况不时地对利率进行调整或将利率通过公式使其与另一个利率联系到一起,通常来说是市场利率。支票账户、储蓄与定期存款的利率在一段时间内,比如一周或更长时间内通常保持不变,直到存款机构根据市场环境的变化设定了一个新的利率。这些对贷款利率同样适用。

商业银行的优惠利率以及可调利率抵押贷款(ARM)是两种贷款的法定利率。

优惠利率是银行对信用最好的客户收取的利率,由主要的银行在一个连续的过程中设定。当市场环境改变引起基准利率的改变,一家或多家的银行将会对其基准利率进行调整,且在其他银行的同意下迎合市场的变化,其他银行也会将基准利率设置到新的水平。如果其他银行不同意,则发起银行将会将其利率水平调整回之前的基准利率水平。基准利率可能在更长的时间内保持一致,例如,基准利率自从2008/2009年经济危机至2015年始终保持不变(图4.1)。ARM是又一种管理利率。但不同于由行政程序设定,ARM是通过公式与基准利率联系在一起,例如与五年期国债收益率联系起来,但在一段时间,例如六个月内其保持不变,之后根据公式调整到目前的五年期国债收益率。

图4.1展示了管理利率与市场利率的不同表现,展示了从2000年1月至2016年5月每周的基准利率与五年期国债收益率。我们看到基准利率在一段时间内保持不变,特别是从2009年后期开始,而国债收益率在不断波动。国债收益率是由市场决定的。法定利率根据市场利率调整,但市场利率不断变化而基准利率却在一段时间内保持不变。无论是否根据一些公式设定的法定利率对于市场的敏感性滞后于金融系统中供给与需求环境的变化。法

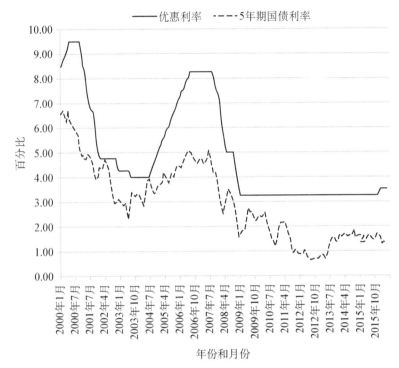

图 4.1 银行优惠利率与五年期国债收益率：2000 年 1 月至 2015 年 5 月

资料来源：FRED，Federal Reserve Bank of St. Louis.

定利率不能反映每日的市场变动，但对它们的调整滞后地反映了市场环境的变化。

　　与此相反，在直接金融市场中，例如图 4.1 中的国债利率，利率由市场决定，它们每天甚至每分钟都受到直接融资市场中大量供给者与需求者的决定影响而发生改变。在直接金融市场中的利率包含了所有影响利率的因素且没有明显的滞后。

　　在这章剩余的部分中我们将讨论两个话题：首先，政府规制利率的举措,其次,读者在进一步了解利率如何决定以及在货币政策中如何使用利率工具之前需要知道的利率知识。

4.4　政府的利率管制

利率有一段悠久且具有争议的历史。利率早前经常被认为是高利贷,对贷款收取利息是"不公平"的,但更多时候是认为收取"过高"或"过分"的利息是"不公平"的。高利贷的概念非常容易混淆。

首先,对贷款资金收取利息并不是不合适的。如果有人愿意放弃流动性并承担违约的风险,利息就是对其很好的补偿。利率则是借款者为获得流动性而付出的适当代价。一个关于时间价值的简单经济事实是:未来现金流折现到现在,也就是说只有在未来时刻能收到一笔更多的资金时,资金贷出方才会愿意在现在贷出 $100,而资金借入者同意现在借到 $100 且在未来支付一笔更多的资金。资金的时间价值或利率反映了资金供需双方的时间偏好。

其次,认为利率是一个不适当的价格在经济学上是不成立的,然而人们对于利率的担忧在于它们是在一个非均衡的环境中设定的,特别是考虑到贷款给微小及无知的借款者是尤为明显。非竞争的市场会导致价格偏高,金融市场也不例外,因此,当小的资金借入者并没有太多选择,只能与一个或少数资金贷出者交易时,利息通常会偏高。但此时利率偏高并不代表利率是一个非适宜的价格,只是表明在非竞争市场中设定的利率是高于竞争市场决定的利率的。

由于这段漫长的反对利率的历史,政府一度禁止过收取利息,更普遍的情况是他们会对利率进行管制以免出现"过高"的利率。而利率管制通常也会用作其他目的,例如支持一些政府偏好的活动以及企业。在美国,从 20 世纪 30 年代到金融市场开始放松管制的 20 世纪 70 年代之间,政府尝试在间接金融市场中对利率进行限制。类似于苏联与中国的计划经济,在这一段时间中,所有的利率都是由政府设定的,而即使是在一些偏市场化的经济体中,类似日韩,也对大部分的利率进行了管制。日本几乎所有的利率都是由日本银行、财政部以及其他部门制定的,而这种情况持续到 20 世纪 70 年代,日本开始放开国内与国际金融市场。

关于政府对利率的管制,我们需要记住两个问题。

第一,任何利率管制基的观点是:利率是非适当价格在经济学上是不成立的。利率在资源分配上起着重要的作用。利率是连接现在与未来的一个变量且是在资源有效分配中不可或缺的一个变量。类似于中国和苏联这样的计划经济体在 20 世纪末没有成功发展的原因之一在于它们忽视了市场的力量,例如利率。也就是说,利率是有助于平衡组成市场各方的时间偏好的重要变量。

第二,利率管制在制定利率的市场中代替了政府的作用,且通常最终会发生资源错配,对经济产生意想不到的影响。尽管政府总是声称利率管制能比市场起到更好的作用,而从历史来看恰恰相反。事实上在每个政府试图进行利率管制的案例中,不论何种原因,管制利率均为与市场力量相反的、无效的且非公平的。

4.5　利率管制的短暂历史

在大约 400 年前的西方社会利率开始合法化,但直到 20 世纪政府才开始对利率进行不同程度以及各种目的的干预。在苏联与中国的计划经济体中,利率仅是由中央计划部门制定的价格的另一种形式。在像日本及美国这类更市场化的经济体中,政府由于不同的目的对利率进行多种程度的调整。

在 20 世纪 70 年代全世界大部分地区发生的金融自由化中,作为金融自由化的过程之一,政府逐渐解除了对利率的控制。美国对利率的管制分为三个阶段。在大萧条之前利率并不受到政府管制,而从 20 世纪 30 年代开始,无论在联邦层面还是州的层面,政府对利率大范围进行管制,且实施了高利贷法,对收取贷款利息或支付存款利息进行了限制。这一时期的利率管制的基础在于:第一,从贷款层面看,限制了对贷款收取过高的利息,特别是对消费者以及小企业;第二,存款利率上限的设定用于限制存款的竞争,由此限制了采用有风险的贷款组合的动机。存款利息的上限也降低了贷款的利率,使得贷款利率低于高利贷限制。

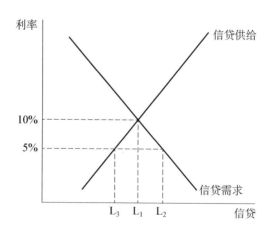

图 4.2 消费贷款市场与设置利率上限的效果

　　然而在 20 世纪 60 年代及 20 世纪 70 年代,利率上限带来了许多经济与金融困境,经常损害到本应保护的群体,且人们常通过金融创新对其进行规避。条例 Q 导致了金融脱媒现象且造成了储蓄和贷款机构在 20 世纪 80 年代倒闭。金融创新可以规避利率管制,例如货币市场基金用来给公众提供一个高于存款利率的收益。储蓄机构在 20 世纪 70 年代介绍了(可转让支付命令的)活期存款账户用于对支票进行转换,使银行能够对公众提供支付利息的支票账户,来与银行的非付息账户竞争(零利率上限)。银行不得不通过对大额存款提供特别账户的创新来应对存款的零利率上限,这也让银行的活期存款和定期存款账户能获得市场利率的收益。

　　对贷款的利率上限则是造成非预期结果的一项事例,这一非预期结果最终会伤害到本意想保护而免于受到"过高"利息伤害的群体。图 4.2 展示的是消费贷款市场。消费贷款的需求曲线与利率负相关,而消费贷款的供给曲线与利率正相关。两条曲线的交点处利率为 10%。假设提倡利率上限的群体认为 10% 的利率是"不公平"的且歧视了低收入家庭等,政府因此设置了 5% 的上限确保每个人为借入的资金付出了"公平"的成本。而 5% 的上限低于市场水平。这样,利率限制会导致对消费贷款的超额需求。在 5% 的利率水平之下,资金供给方愿意提供的资金为 L_3,少于利率水平为 10% 的情况下提供的资金 L_1,但资金需求方所需的资金为 L_2,大于利率水平为 10% 的需求资金 L_1。

　　市场将如何应对超额的需求呢? 资金贷出方会采取两种措施的其中之一:第一,他们会更加理智,仅将贷款借给低风险的资金借入者,他们通常拥有高收入及稳定的工作,也就是说,那些高利贷天花板本意想保护的低收入以及工作不稳定的人群被排除在了获得贷款的人群之外。第二,资金贷出者可以通过收取申请费来规避利率限制或在银行在低效且对借贷双方都收取交易费用时要求一个补偿金。

20世纪70年代是高通胀的时期,部分金融系统中未受监管的利率上升,例如货币与资本市场利率,而其他利率,例如存贷款利率,都受到不同程度的管控。而管制利率与非管制利率之间的利差越大,经济与金融越萧条。到20世纪80年代及20世纪90年代,通过在联邦和州政府层面上的一系列立法行动和行政命令,存贷款利率限制逐渐取消或利率限制提高到较高水平。只有一项例外:活期存款的零利率上限持续到了2010年,直到2010年的《多德-弗兰克法案》(*Dodd-Frank Act*)才废除活期存款的零利率上限。今天的存贷款利率直接由市场决定,或者对市场变化非常敏感。

4.6   利率的基本知识

之后的两章关注的是利率水平与利率结构。而在此我们需要复习一些将利率运用在金融市场的基本知识。它们是:

(1)持有到期收益率;

(2)普通贷款,存款账户与固定支付贷款账户收益率;

(3)无付息债务的收益率;

(4)付息债务的收益率

(5)权益收益率;

(6)利率风险;

(7)收益及总回报。

持有到期收益率:可以从多种角度来看。任意一种金融资产的持有至到期收益率为持有一种金融资产至到期时的利息收益率。持有至到期收益率也可视同于定价为购买时价格的金融资产产生的现金流现值。在这个角度下,持有至到期收益率也可以被看作是投资设备或股权的内部收益率。利率通常来说是以持有至到期收益率来确定的,然而,也存在许多的例外,其中之一我们会在之后讨论。通常来看,持有至到期收益率是计算利率的根本。这一概念可以运用到金融系统中大多数的普通金融资产。

普通贷款,存款账户与固定支付贷款账户收益率:普通贷款是指在到期时一次性付款的贷款,也就是在贷款期限中不存在多次付款。普通贷款的交易包含着未来还款的承诺。还款承诺是资金借入者的负债,是资金贷出者的金融资产,显示了贷款的特征:期限、利息和到期时的付款总额。为了了解普通贷款,可以考虑一下事例:一年期的美元利率为 10％ 的贷款在年末收回 $110(本金 $100,利息 $10)。同样条件下两年期的贷款在第二年末会收回 $121($100 本金,第一年利息 $10,第二年账户余额 $110 获得利息 $11)。

在这些情况下,10％为持有至到期收益率。在一年期 $100 的贷款中,贷款的现值即为金融资产的成本,也就是贷款的数额或是购买资金借入者未来付款承诺的成本($100)。金融资产($110)收入在利率为 10％ 下的现值为 $100[$100 = $110/(1.10)^1]。在两年期贷款情况下,付款承诺的现值为 $100,金融资产($121)产生的收入的现值为 $100[$100 = $121/(1.10)^2]。

这个计算同样适用于持有至到期的存款的利率。如果你在存款机构以每年 10％ 的收益率存入 $100,在第一年年末可以取出 $110,在第二年末取出 $121 等。这些未来金额的现值均为原始存

款 $100。

而在间接融资中最普遍的贷款形式为固定支付贷款,即在贷款期限中支付固定的数额。固定的每笔数额中包含着贷款的一部分以及相应的利息。在这一过程中属于贷款的部分增加而利息逐渐减少,也就是第一笔金额中包含最少的本金及最高的利息而最后一笔金额中包含了大部分的本金及少部分的利息。

M 期的固定支付贷款的现值公式为:

$$L = P_1/(1+r)^1 + P_2/(1+r)^2 + P_3/(1+r)^3 +$$
$$P_4/(1+r)^4 + \cdots + P_m/(1+r)^m \qquad (4.3)$$

其中,L 为贷款数额,P 是每年付款额,m 是贷款期限,r 为持有至到期收益率或利率。

这一方程式为非线性的且只有在一个未知变量的情况下可解。在给定贷款数额 L,期限 m 的情况下,只有在设定利率为 r 的情况下我们才能求出每年固定付款额 P。为了阐述这一点,我们假设你为了在今天购买汽车而借入了期限 5 年、每年付款额 4% 的 $20 000 贷款。为了简化,贷款每年偿付而非每月偿付。什么是每年偿付? 在这一案例中,L = $20 000,m = 5 以及 r = 0.04。通过这些变量不能直接解出等式而需要借助金融计算器或含有金融公式的试算表。使用 XLS 和 PMT 年金函数公式,输入 PMT 因子 (0.04,5,$20 000),可算出每年的付款额,即 $4 495.54。这笔金额将在每年年末支付,且账户余额在最后一笔付款后为零。

零息债券,付息债券及股权工具: 在直接金融市场中使用的贷款可以使货币市场中一年期以内的债务工具或是资本市场中一年以上的债务工具或是无限期的股权。在货币市场、资本市场中的债务工具不具备所有权但资金借入者有义务偿还利息与本金。与此相反,股权工具不具备支付股利或本金的义务,但能分享发行者的收益。

直接金融市场工具的收益可以看成是获得利息收益的制度方式。

货币与资本市场工具的收益-零息债券与付息债券:零息债券在到期前不支付票息,在到期时支付的数额为债券面值。货币市场债券工具期限在一年以内且不支付票息,而资本市场工具期限大于一年且可选择是否支付票息。

债券的息票,可以表示为该工具面值的一定百分比,且在到期前是固定的。"息票"这一词的基础来自长时间的打孔息票债券发行实践。这种息票可以被拆下,将其还给债券发行方来获得利息收入或将其归还给债券托管银行以获得一笔金额。今天债务工具不再包含实体的息票,而是运用一些条款。

在这之后,我们将阐述美国政府发行的零息债券与付息债券。政府证券有三种形式——短期国债、中期国债及长期国债,它们的期限分别为一年以内、一年到十年和十年以上。

短期国债为零息债券,折价销售,也就是由于短期国债期间不支付票息,购买国债所获得的收益由其折价(面值减去市场价格)与期限调整的市场价格之间的关系决定。一年以内短期国债的持有至到期收益率的表达式为:

$$R = [(FV - MP)/MP](365/m) \qquad (4.4)$$

表达式中 r 为收益,FV 为短期国债面值,MP 为市场价格,m 为到期天数。持有短期国债的现金流为到期日支付的面值。表达式 4.4 为,面值 \$1 000 的短期国债到期期限为一年(m = 365),购买价格 \$950,持有至到期收益率为 5.26％。债券的折价越大,持有至到期收益率越大。

表达式 4.4 是基于持有至到期的角度来看,而短期国债同样可以通过贴现率来表示:

$$dr = \left[(FV - MP)/FV\right](360/m) \qquad (4.5)$$

表达式中 dr 为折现率。折现率基于一年 360 天而非 365 天,且折现率表示为面值的一定百分比而不是该工具的市场价值。因此,折现率通常低于持有至到期收益率,因为折现率是在数值较大的基础(面值而非市场价值)以及更低的期限下(360 天而非 365 天)的百分比数值。具体是,\$1 000 短期国债的折现率为 5％,而只有至到期收益率为 5.26％。尽管持有至到期收益率是利率更合适的测度,但由《华尔街周刊》或是《纽约时报》提供的收益率均包含了持有至到期收益率与折现率。

与短期国债不同,中长期国债以零息及付息债券为基础。中长期国债的付息债券持有至到期收益率的表达式如下:

$$MP = CP^1/(1+r)^1 + CP^2/(1+r)^2 + CP^3/(1+r)^3 + \cdots +$$
$$CP^m/(1+r)^m + FV_m/(1+r)^m$$

$$(4.6)$$

其中,MP 为债券市场价格,CP 是每年的息票,m 为到期期限,FV 是到期时支付的面值,r 为持有至到期收益率。r 为该债务工具成本的现值与包含每年支付的息票以及到期偿还的面值的现金流现值相等时的利率。此时的价格即为获得收入现金流所支付的市场价格。这一表达式适用于任何一个付息债券。

表达式 4.6 包含五个参数,有三个是已知的(CP、FV 以及 m),两个是未知的(MP 和 r)。在此,保持 MP 不变,可以计算出 r;保持 r 不变,可以计算出 P。表 4.1 中包含了不同的 MP 与 r 的组合,债券初始时刻为 \$100,到期期限为 5 年、10 年、15 年以及 20 年,每年年末支付 \$10 息票。表 4.1 中有三个方面值得一提:首先,如果市场利率与票面利率相同(10%),债券的市场价格即为面值(没有折价或溢价);第二,如果市场利率大于票面利率,债券的市场价格低于面值(折价发售);第三,如果市场利率低于票面利率,债券的市场价格则高于面值(溢价发售)。

表 4.1　100 美元债券的收益和债券价格:每年支付 10 美元息票或者 10%息票率

收益率(%)	Bond price			
	m＝5 年	m＝10 年	m＝15 年	m＝20 年
5.0	\$121.65	\$138.61	\$151.90	\$162.31
6.0	\$116.85	\$129.44	\$138.85	\$145.88
7.0	\$112.30	\$121.07	\$127.32	\$131.78
8.0	\$107.99	\$113.42	\$117.12	\$119.64
9.0	\$103.89	\$106.42	\$108.06	\$109.13
10.0	\$100.00	\$100.00	\$100.00	\$100.00
11.0	\$96.30	\$94.11	\$92.81	\$92.04
12.0	\$92.79	\$88.70	\$86.38	\$85.06
13.0	\$89.45	\$83.72	\$80.61	\$78.93
14.0	\$86.27	\$79.14	\$75.43	\$73.51

(续表)

收益率（%）	Bond price			
	m = 5 年	m = 10 年	m = 15 年	m = 20 年
15.0	$83.24	$74.91	$70.76	$68.70
16.0	$80.35	$71.00	$66.55	$64.43
17.0	$77.60	$67.39	$62.73	$60.61
18.0	$74.98	$64.05	$59.27	$57.18
19.0	$72.48	$60.95	$56.12	$54.09
20.0	$70.09	$58.08	$53.25	$51.30

中长期国债也可以是零息债券，或本息分离债券（separate trading of registered interest and principal of securities，STRIPS）。最早在 20 世纪 80 年代以可剥离债券的形式出现，票息的支付与债券相分离，每一笔支付额都看作一个零息债券。这使得可剥离债券成为零息债券。例如，一个面值为 $100 000 的 20 年期国债，每年支付 $10 000 的票息，可以剥离成 21 个零息债券——20 个每年支付 $10 000 的票息和 1 个到期支付的本金。

权益收益率： 权益与货币市场工具与资本市场的债务工具的不同在于三个方面：首先，它们没有到期期限（m = ∞）；其次，它们代表的是股票发行方所获得收益的剩余求偿权；最后，分配给持有股票的投资者的收益率被称为股利而不是利息或是票息。尽管如此，股票的收益与定价与债务工具相似。

我们可以通过一种不在美国市场中交易的特殊资本市场工具来看。有一种永续债券，没有到期期限但承诺支付票息，类似政府发放的年金。自 1751 年在英国为人们所知后，永续债券主要在英国流通。尽管永续债不是一种被广泛使用的债务工具,但因它们相较于之前所提到的公式,能更轻易地体现出价格和收益之间的关系,在金融与货币经济中常被使用。

永续债的市场价格可以由表达式 4.6 中票息支付延展至无限期且去除最后一项面值的折现所解释:

$$MP = CP_1/(1+r)^1 + CP_2/(1+r)^2 + CP_3/(1+r)^3 +$$
$$\cdots + CP_\infty/(1+r)^\infty$$

$$(4.7)$$

表达式 4.7 可以由以下几个步骤化简:

第一,每年票息支付相逢,因此我们可以去除票息的时间下标。定义一个变量 $d = 1/(1+r)$,代入表达式 4.7 中:

$$MP = CP/d^1 + CP/d^2 + CP/d^3 + \cdots + CP/d^\infty \quad (4.8)$$
$$= CPd(1 + d^2 + d^3 + \cdots + d^\infty)$$

第二,由于 $d < 1$,表达式 4.8 中 $1 + d^2 + d^3 + \cdots + d^\infty$ 为无限的递减等比级数,大约为 $1/(1-d)$。以 $1/(1-d)$ 替代无限项后以 $1/(1+r)$ 代替 d。

$$MP = CDd/(1+d)$$
$$= [CD/(1-r)]/[1+r-1/(1+r)] \quad (4.9)$$
$$= CP/r$$

至此,永续债的市场价格为支付的票息除以折现率。市场价格为 \$100,每年支付 \$5 票息的永续债的市场价格由当时的利率决定。如果市场利率为 5%,永续债的价格则为 \$100,也就是以面值交易。如果市场利率为 6%,永续债的价格为 \$83.33,也就是折价交易,而如果市场利率为 4％,永续债的价格为 \$125,也就是溢价交易。

表达式 4.9 比用于表示付息债券市场价格的表达式更加简单,且能用于表示股票的收益率。不同于支付票息,股票支付股利。如此,在假设永久支付股利的情况下,股票的市场价格:

$$MP = D/r \tag{4.10}$$

$$r = D/MP \tag{4.11}$$

在这里 MP 是股票的市场价格,而 D 是每年支付的股利,假设股利支付无限期。每一个股票的股利与价格的比就是其估计的当前收益率。我们也可以设计一个考虑到股利时刻变化的复杂模型,但表达式 4.10 与 4.11 足以展示股票的收益与债务工具的收益计算基本上是相同的。

这些表达式是否只是数学公式而与市场无关呢? 在市场中这些表达式依然有效吗? 是的,实际上如果购买了任何一种金融工具的资金贷出方忽视了表达式中价格和收益率的基本关系,就像是忽略了风和潮汐一样。如果你忽视风和潮汐,则是把自己置于危险之中;如果你忽视了价格和收益率的基本关系,则会失去财富。

一个简单的例子可以阐述这个观点。在表 4.1 中,在市场利率水平为 8％的情况下十年期债券的价格为 \$113.42,也就是说,债券的票息为 \$10,而市场利率低于票面利率(10％),债券将溢价交易。假设借款者试图以 \$121.07 卖出十年期债券,也就是收益率为 7％,他则会失望地发现没有人会购买收益率低于市场利率 8％的十年期债券。债券出售者不得不降低价格。假设价格降至 \$106.42,而这隐含的市场利率为 9％,人们会排队购买该债券且债券价格会上升。债券的价格会迅速地设在 \$113.42, 这一价格的收益率为 8%, 也就是市场利率。

利率风险： 在货币市场和资本市场中交易的工具有着各种各样的风险。而以美元计价的工具主要面临的两种风险为违约风险和利率风险。无论是私人，地方或州政府发行的工具均包含违约风险与利率风险，但美国政府债务只面临着利率风险。中央政府比地方政府或私人企业更有能力发行更多的债务，或增加税收，或增加货币供给，而这一措施不适用于地方政府或私人企业。

利率风险是需要金融体系中所有参与者考虑到的重要风险。利率风险是指在购买债券后由于剩余期限内利率的变化所引起的债券价格的变化。以下四点对于理解利率风险的概念至关重要：

第一，当以一个已知的收益和价格购买金融工具，而在购买之后对于市场利率的变化是未知的，则对于该金融工具未来的价格也是不确定的。这是由于债券的价格与市场利率相关。每当市场利率发生变化，即使面值与票息保持不变，债券价格也会发生改变。而债券的到期期限随着一天天过去也在下降。

第二，收益率与价格对于任一金融工具来说都是相反变化的。为什么？可以回顾前文关于货币市场与资本市场中交易的债务与股票的表达式。在每个案例中，表达式都表明当收益率上升，价格下降。如果这还不够充分，可以看一个更直观的理由。如果你以 \$950 购买了面值 \$1 000 的一年期短期国债，收益率为 5.26%。每当利率发生改变都会导致价格发生改变。如果在购买债券后价格立刻上升 \$25, 也就是现在以 \$975 的价格出售同一种债券，则收益率由 5.26% 下降至 2.56%。也就是说，你为收入付出了更多成本（年末的 \$1 000），你购买的债券收益由于高价而变得更低。

第三,给定的市场利率的变化引起债券价格的变化直接影响到了债券到期期限。债券期限越长,利率风险越大,也就是说,对于给定的利率变化带来的价格变化的风险越大。表 4.1 给出的信息也能显示这一点。设想在利率为 10% 的情况下的两个债券:5 年期与 20 年期债券。两个债券均以面值 \$100 出售,票息与市场利率相同。假设市场利率从 10% 上升至 15%。5 年期债券价格从 \$100 下降至 \$83.24,价格下降了 31.3%。当利率从 10% 下降至 5% 时也是同样的情况,也就是说,20 年期债券的价格相较于 5 年期债券价格上升的百分比更多。

因此,债券到期期限越长,面临利率风险的程度越高,因为到期期限越长,价格对于债券利率变动的反应越大。

第四,持有期是指一个人期望持有债券的时间。如果持有期与到期期限一致,则不存在利率风险。为获取收入而购买付息债券且持有至到期的曾一度被认为是"孤儿寡母",因为他们考虑到的仅仅是收入并打算持有至到期。

收益及总回报:任何金融资产,实际上是任何资产的总回报可以定义为:

$$总回报 = 收益 + 资本利得 \qquad (4.12)$$

在前文关于债务与权益工具部分,表达式 4.12 可以运用于长期债券上。债券的收益率在购买债券的时刻已经决定了。资本利得——未来债券价格与购买债券支付的价格之差由于利率不断地变化,是未知的。资本利得可以在到期时点前的任意时刻通过比较当前市场价格和购买价格来计算,确定其为正(当前价格超过购买债券的价格),为负(当前价格小于购买债券的价格)还是为零

（当前价格等于购买债券的价格）。如果债券并没有在二级市场出售，则产生了"纸上资本利得"，资本利得将会在债券出售时实现。如果债券被出售，"账面资本利得"转化为"实现的资本利得"。

在任意例子中，"账面总回报"或"实现的总回报"等于在债券出售时已经被确定的收益，加上"账面资本利得"或"实现的资本利得。"有一个适用于想建立投资组合的人的真实教训。当利率上升，资产价格下降，投资者的账面总回报会下降，但只有当资产出售时，总回报才会实际下降。所以，在衰退的市场中建立投资组合需谨慎。保持账面的损失比获得实现的损失更加简单，且最终可能会获得负的实际总回报。

总回报与收益之差在表 4.1 的例子中可以看到。假设今天购买了一个 20 年期债券，在五年之后售出。债券则变成 15 年期。假设市场利率在购买时为 10％，购买价格为 $100。如果利率在第五年末从 10％上升至 15％，15 年期的债券价格则为 $70.76。"账面"或"真实"总回报为 - 19.24％（10％ - 29.24％）。如果利率在第五年末利率从 10％下降为 5％，15 年期债券价格则为 $151.9，"账面"或"真实"总回报为 61.9％（10％ + 51.9％）。如果利率在第五年末为 10％，"账面"或"真实"总回报为 10％（10％ + 0％）。

总回报与收益只在两种情况下是相同的。第一，如果债券在二级市场的售出价与购买价格一致，总回报即收益率。第二，如果债券为持有至到期日，不存在资本利得。这就是上文提到的"孤儿寡母"的例子。

第 5 章
利率水平

5.1　引言

在之前的章节中展示了确定利率水平需要了解的基本原理。本章节将关注：是什么决定了在任意时点的利率水平；为什么利率水平会随着时间的变动而上下变动；利率水平是如何受到货币政策的影响的，以及利率是不是一个能够反应中央银行意图的确切指标。在下一章节中，我们将关注利率的结构。

在这一章节中，我们将重点关注利率在直接金融市场，如国债、商业票据、企业债券和市政债券市场的决定因素，该类市场的利率将不同于间接金融市场。有如下三个原因让我们集中关注直接金融市场的利率水平。

首先，在货币和资本市场的利率是市场化的，这意味着：利率将受到市场合力的决定，对市场合力反应非常敏感，且不会受到政策因素的影响；其次，在货币和资本市场的利率是间接金融市场利率的基础，因为在直接金融市场的利率反映了所有能够决定利率水平的市场合力,这意味着:当存款和贷款利率被政策影响而调整时,该调整是受到货币和资本市场利率变化所影响的结果;最后,在货币和资本市场的利率水平反映了在没有中间成本的情况下,实际的借贷成本及收益,这意味着:一个债券的买盘价和卖盘价之间价差较小。相对的,在有中间商的情况下,存在着巨大的买卖价差,如:中间商放出贷款的利率将远高于支付存款的利率。另一个方面:在货币和资本市场的利率是由大量掌握所有市场信息的借贷双方共同决定的,该市场更接近于微观经济学导论中研究的完全竞争市场。唯一的中间商是经纪人或代理人,他们将有借贷需求的双方撮合,不承担交易的风险,仅仅收取交易佣金。

　　为了让下述分析更加直接明了,我们做了如下假设:

　　(1)所有直接金融市场的利率将仅由利率 r 来表示;

　　(2)利率 r 是一个中期债券的收益率,包含了一定的违约风险;

　　(3)债券的市场价格 MP 和利率 r 在数学和经济学上的关系,是相反变动的;

　　(4)借款者通过卖出债券获得资金,贷款者通过买入债券出借资金;

　　(5)借贷双方假设债券的价格水平将在债券持有至到期期间保持稳定。

　　最后一项假设是不切合实际的,尤其是长期债券,将在后续进行讨论。但在目前,我们做出了该不切合实际的假设,市场的参与者将预期债券持有至到期期间价格保持一致。这一假设是为了在根本上决定利率 r 和市场价格 MP。一旦利率和市场价格被决定后,我们将放弃这一假设。

5.2　利率水平：可贷资金和流动性偏好

目前有两个理论去理解利率水平和债券价格是如何确定的：可贷资金理论和流动性偏好理论。可贷资金理论相对更加古老，是在 18 世纪以前所提出的理论，而流动性偏好理论则是由凯恩斯在他 1936 年的著作《就业、利息和货币通论》（*The General Theory of Employment，Interest and Money*）中提出。

可贷资金理论关注资金的供给和决定利率的因素，而流动性偏好理论关注资金的需求是决定利率的因素。两种理论在学术层面是不同的，可贷资金理论关注于借贷双方的资金流量，而流动性偏好理论关注于借贷双方供需的资金存量。关于这两种理论哪一种是正确的曾经一度引起了广泛的争论。而后，随着两种理论都通过经济学模型展示了相同的利率水平和债券价格，争论也不再发生。

下述讨论将运用可贷资金理论，有三个原因。首先，可贷资金是金融系统（本书重点强调的）中资金流的一种延伸，该理论考虑通过广泛运用多种金融资产将资金从供给方转移给需求方。在这一层面，该理论更直观地帮助我们了解利率的决定因素，尽管利率作为资金供求双方共同形成的结果这一点没有那么直观。其次，可贷资金理论在学术研究中更为直接明了，这表现在资金的供给本身更为明确，我们将在后续章节中对此进行讨论。然而对资金需求的度量是更为复杂的，且并不值得我们花费更多的精力进行研究。最后，资金的供给，尤其是资金的需求自 19 世纪 70 年代后变得更加不稳定且难以估计，这是由于放松管制和金融自由化所造成的。因此,这进一步降低了流动性偏好理论在实际中的应用。

5.3　通过可贷资金理论去了解利率

可贷资金理论认为利率是由资金的供给和需求(资金借贷行为)或债券的供给和需求(债券买卖行为)决定的。让我们首先关注利率方面:

图 5.1 面板 A 表明利率的均衡点 r_1,和可贷资金的借贷均衡点 LF_1,是可贷资金供给曲线和需求曲线的交点。可贷资金的供给(SLF)在其他因素保持不变的情况下,与利率正相关;可贷资金的需求(DLF)在其他因素保持不变的情况下,与利率负相关。另一个不同于 r_1 的利率将在资金的供给过量或需求过量的情况下产生。(资金需求过量将导致利率高于均衡利率 r_1,资金供给过量将导致利率低于均衡利率 r_1)。在这一情况下,市场合力将促使利率

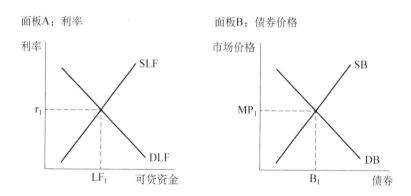

图 5.1　均衡利率和债券价格

降低或升高至均衡利率 r_1。

图 5.1 面板 B 描述了基于债券买卖情况下相同的借贷交易行为。资金的需求可以被认为是债券供给（SB），债券的供给曲线斜率为正，这意味着：债券的市场价格越高，对于债券的供给就越大。资金的供给可以被认为是债券需求（DB），债券的需求曲线斜率为负，这意味着：债券的市场价格越高，对于债券的需求就越小。债券的均衡市场价格 MP_1 是债券的供给和需求达到均衡的点（B_1）。在计价上，B_1 和 LF_1 是等同的。利率和债券的市场价格在数学上和经济学含义中息息相关。

在之前的章节中，利率与债券价格的负相关被重点强调。尽管我们尚未讨论图 5.1 的曲线是如何移动的，我们需要认识到可贷资金的供给和需求同债券的供给和需求是相关的。可贷资金的供给曲线向右移动将降低面板 A 中的利率，也将同时反映在面板 B 的债券需求曲线向右移动，从而提高债券的市场价格。这意味着：利率和债权市场价格是反向运动的。类似的，可贷资金的需求曲线向右移动将导致债券供给曲线的向右移动，面板 A 中利率也将提高，同时面板 B 中的债券价格也将下降。

在下述讨论中，我们将关注利率，然而，需要牢记的是：债券市场价格是利率的一个镜像。不论是利率影响债券市场价格还是债券市场价格影响利率。也不论利率的改变是因为可贷资金的供需还是因为债券的供需。

在图 5.1 的面板 A 中，曲线的公式需要从两个方面去理解。首先，为什么供给曲线是向上倾斜的，需求曲线是向下倾斜的？其次，是什么决定了供给和需求曲线的位置以及是什么因素导致了曲线的左右移动？

5.4　可贷资金供给曲线(资金借出)

供给曲线为什么是向上倾斜的? 供给曲线在图 5.1 面板 A 中向上倾斜的原因是:"在保持其他因素不变"的情况下,贷款人更愿意在利率较高时借出更多资金,在利率较低时借出更少资金。贷款人需要一个激励因素去降低自身的流动性,而这个激励因素就是利率,利率将当期和未来联系在一起。当期借出的资金在未来的价值越高,贷款人借出资金的激励程度就越大。这些都体现了供给的本质,那就是如果任何货物或服务的价格上涨,那么在保持其他因素不变的情况下,市场上的个人都会有这样的动机去增加该货物或服务的供给,反之亦然。

供给曲线的位置和移动:在图 5.1 面板 A 中描绘的供给曲线的形态,体现的是可贷资金的供给数量在"其他因素保持不变"的情况下,是与利率正相关的。该供给曲线有许多变量"保持不变"。在当任意变量发生变化的时候,供给曲线将向左或向右移动。如果曲线向右(左)移动时,可贷资金在任意利率下的供给数量将变多(少)。

如下的四个基本因素是主要影响到可贷资金供给曲线的移动的。

(1) 收入、财富或经济周期的变化;

(2) 技术或制度的变化;

(3) 风险和不确定性的变化;

(4) 货币政策的变化。

收入、财富或经济周期的变化:如果收入、财富增加,或处于一个扩张的经济周期将提供动机和能力去获得更多的货物、服务或金融资产。在该环境下,一些经济实体购买更多的金融资产,如债券,他们在各个利率下提高了出借资金的意愿,因此资金的供给曲线将向右移动。这意味着,在各个利率下,金融系统中资金的供给量提升了。如果收入、财富减少或处于一个收缩的经济周期,在该环境下,将减少对于货物、服务或金融资产的花费,资金的供给曲线也会因此向左移动。这意味着,在各个利率下,金融系统中资金的供给量下降了。

技术或制度的变化：互联网的存在使得购买金融资产或借贷资金变得更加容易。另一个重要的发展是"点对点"借贷的金融创新。这种借贷模式下：个人经常向企业借出小额贷款(微贷款)。另一个是制度的变化：如税收法规的变化会影响购买金融资产的意愿。举个例子：如果人们在医疗基金,教育基金或退休金账户上取得的投资收益可以享受更多税收的优惠,将提高人们对金融资产的需求,因此,也更愿意借出资金。如果政府提高对于医疗、教育或养老金账户的出资额度,对于金融资产和借出资金的需求将提高,并且反映在资金供给曲线的右移。如果政府降低对这些账户的出资额度或施加其他限制,资金供给曲线也将因此左移。

风险和不确定性的变化：任何影响到经济的风险和不确定性的经济或政治上的重大因素,将使可贷资金供给曲线发生移动。如"9·11"恐怖袭击,财政丑闻或政治危机都将使得资金供给曲线左移。当一个更加稳定和可预测的风险水平将使得可贷资金的供给曲线在任意利率下向右移动。

货币政策的变化：中央银行的政策将影响到可贷资金的供给。

宽松的货币政策增加金融系统的流动性,将使得可贷资金的供给曲线向右移动;紧缩的货币政策减少金融系统的流动性,将使得可贷资金的供给曲线向左移动。

总结来看:四个重要的影响到可贷资金曲线位置的基本因素,和这些基本因素的变化都将改变贷款人在任意利率水平下向金融系统提供资金的意愿。在这一点上,我们仅考虑上述基本因素的主要影响,并忽略了复杂的次要影响。上述基本因素的次要影响也将影响供给曲线和对于可贷资金的需求。

5.5 可贷资金的需求曲线(资金借入)

需求曲线为什么是向下倾斜的? 需求曲线在图 5.1 面板 A 中向下倾斜的原因是:"在保持其他因素不变"的情况下,借款人更愿意在利率较低时借入更多资金,在利率较高时借入更少资金。借款人有意愿在当期借入资金获得流动性并在未来归还更多的资金。当需要在未来归还的资金越少时,借款人就越有意愿去借入资金。这些都体现了需求的本质,那就是如果任何货物或服务的价格下跌,那么在保持其他因素不变的情况下,市场上的个人都会有这样的动机去增加该货物或服务的需求,反之亦然。

需求曲线的位置和移动: 在图 5.1 面板 A 中描绘的需求曲线的形态,体现的是可贷资金的需求数量在"其他因素保持不变"的情况下,与利率负相关。该需求曲线有许多变量"保持不变"。在当任意变量发生变化的时候,需求曲线将向左或向右移动。如果曲线向右(左)移动时,可贷资金在任意利率下的需求数量将变多(少)。

如下的四个基本因素主要影响到可贷资金需求曲线的移动。

（1）收入、财富或经济周期的变化；

（2）技术或制度的变化；

（3）借入资金的期望回报和风险的变化；

（4）政府财政赤字的变化。

收入、财富或经济周期的变化：如果收入、财富增加，或处于一个扩张的经济周期将使得可贷资金的需求曲线向右移动。一个增长的经济环境是由更多的消费和商业需求带来的，这些需求的增加也意味着对于资金需求的增加。如之前讨论的；收入、财富的增加或处于经济扩张时期也将使得资金供给曲线向右移动。这可能会让人得出结论：财富、收入的增加或处于经济扩张时期对于利率没有影响，因为需求曲线的向右移动（对于资金的需求）将被供给曲线的向右移动（对于资金的供给）互相抵消。这是看似可能的，但并不正确。

在这些因素的变化影响下，资金需求的变化将大于资金供给的变化，总的来说，收入、财富的增加或处于扩张的经济周期将带来更高的利率水平。这是数十年利率跟随经济周期移动的观测结果。随着时间的变化，在扩张的经济周期中，利率上升；在收缩的经济周期中，利率下降。

收入、财富的下降或处于收缩的经济周期使得资金需求曲线向左移动，因为更少的消费使得公众借入资金的意愿更低。再次，供给曲线也将向左移动，但是，因为这些因素对于需求曲线的影响大于对于供给曲线的影响，总的来说，利率是下降的。

技术或制度的变化：互联网在金融系统中的广泛使用使得房屋所有者和商人借款变得更加容易，从而造成需求曲线的向右移动。允许房屋所有者以房屋作为资产抵押去借款将增加借款的意愿,并使需求曲线右移。政府对于房屋所有者的补贴:如抵押贷款利息对于个人收入的税前减免,或关于抵押贷款标准降低的相关政策将使可贷资金需求曲线右移。政府激励商人扩张,如扩大厂房或购买设备的相关政策也将使得需求曲线右移,包括:税务抵免、更低的资本利得税和更高的折旧率等,将使得需求曲线右移。新的产品或新的市场将改变房屋所有者和商人所处的制度环境。这些基本因素中的任何一个反向变化都将使得需求曲线左移,并在任意利率下减少资金的借入。

借入资金的期望回报和风险的变化:任何关于借入资金投资回报的上升或风险的下降都将使得需求曲线右移。例如:更低的石油价格和预期扩张的经济将使得资金需求曲线右移。一个更加"亲企业"的政府作为一种制度上的变化,征收更低的资本利得税或更低的营业税引起需求曲线右移。更高的石油价格和预期收缩的经济,更高的资本利得税或更高的营业税,在一个"反企业"的政策环境下将使得需求曲线左移。任何经济或政治事件,降低(提高)商业风险,将在任意利率下使资金需求曲线向右(左)移动。

政府财政赤字的变化:在第三节中用于描述金融系统中资金流的矩阵(表3.7),政府预算状况是由当前的政府花费下,财政留存是正数(预算盈余),是负数(预算赤字),或是零(预算平衡)体现的。政府的财政计划对于利率的影响将同时从可贷资金的供给端和需求端两方面发生。在这一讨论中,财政计划对于利率的影响也将体现在供给和需求曲线的移动中。因此,如果一个政府有财政盈余(现实中并不常见),这将导致资金的需求曲线向左移动,更多情况下的财政赤字,将导致资金的需求曲线向右移动。财政盈余将会降低利率,而财政赤字将导致利率升高。

总结来看:四个重要的影响到可贷资金需求曲线位置的基本因素,和这些基本因素的变化都将改变借款人在任意利率水平下向金融系统借入资金的意愿。在这一点上,我们仅考虑上述基本因素的主要影响,并忽略了复杂的次要影响。上述基本因素的次要影响也将影响需求曲线和对于可贷资金的供给。

5.6　综合供给和需求:举例

利率是由可贷资金的需求和供给两条曲线的交点决定的。上述 8 个因素中(4 个是供给方面的因素,4 个是需求方面的因素)任意一个因素的变化都将导致供给和需求曲线的移动,从而使得均衡利率改变。需要记住:这仅仅是去理解利率决定因素的第一步,因为我们已经假设了贷款人和借款人预计贷款的价格水平在持有的时间段内保持不变。在这一阶段,让我们继续保持这个价格水平恒定的假设不变。

为了阐述可贷资金框架是如何帮我们去理解利率水平和利率水平变动的,我们可以考虑如下的变化去理解这些变化是如何影响利率的:

(1) 增加对房屋所有者的财政补贴;

(2) 扩张的经济周期;

(3) 更低的资本利得税;

(4) 更高的石油价格;

(5) 增长的货币供给;

（6）增长的财政赤字。

图 5.1 面板 A 中的点$(r_1，LF_1)$是利率和可贷资金的均衡点，同样表示资金的供给和需求达到均衡。

增加对房屋所有者的财政补贴： 在 19 世纪 90 年代，政府制定的政策使得房屋的所有者数量大幅度增长。政策鼓励金融机构去扩张房屋抵押贷款，尤其是鼓励向低收入的人群发放抵押贷款。巨量的抵押贷款由直接金融市场供给资金，尽管这些抵押贷款最初是从间接金融市场产生的。个人的抵押贷款被捆绑成为一个债券，称为抵押贷款债券，这类债券在直接金融市场出售。因此，自从 19 世纪 90 年代起，对于房屋扩张的资金支持，使得资金需求曲线向右移动（从 DLF_1 到 DLF_2），使得利率上升（从 r_1 到 r_2），同时如图 5.2 所示：使得借贷的金额上升（LF_1 到 LF_2）。减少房屋的资金支持将使得资金需求曲线向左移动，利率下降，以及借贷的金额下降。

扩张的经济周期： 扩张的经济将使得资金的供给和需求曲线同时向右移动，然而，对于需求曲线的影响将大于供给曲线。因此，综合来看，扩张的经济在其他因素保持不变的情况下将使得利率上升，并提高借贷资金的金额。在图 5.3 中，供给曲线从 SLF_1 移动到 SLF_2，而需求曲线从 DF_1 移动更多的距离到 DF_2。结果使得利率从 r_1 上升到 r_2，而借贷的金额从 LF_1 上升到 LF_2。经济的衰退将起到相反的作用，降低利率并降低借贷金额。

更低的资本利得税： 资本利得税率往往比其他所得的税率要更低，一个更低的资本利得税率将提高对于资产的投资回报率。结果使得资金需求曲线向右移动（从 DLF_1 到 DLF_2），使得利率上升（从 r_1 到 r_2），同时如图 5.4 所示：使得借贷的金额上升（LF_1 到

LF$_2$）。资本利得税率的上升将起到相反的作用,降低利率并降低借贷金额。

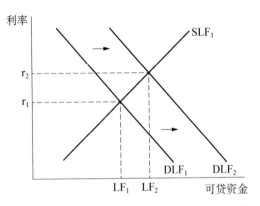

图 5.2　对房屋所有者的支持使可贷资金需求曲线右移并提高利率

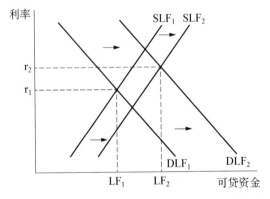

图 5.3　经济周期的扩张使得可贷资金的需求曲线和供给曲线均向右移动并提高均衡利率

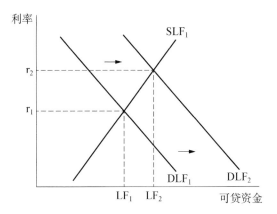

图5.4　更低的资本利得税率使得可贷资金的需求曲线向右移动并提高利率

更高的石油价格：更高的石油价格增加了能源的使用成本。能源是许多企业重要的成本因素，所以更高的能源使用成本将降低现有的或未来的对于工厂和设备的投资回报率。资金的需求曲线将从 DLF_1 向左移动到 DLF_2，使得利率从 r_1 下降到 r_2，并如图5.5所示，使借贷金额从 LF_1 降低到 LF_2。更低的石油价格将起到相反的作用。

　　增长的货币供给：货币供给的增加将使得资金供给曲线从 SLF_1 向右移动到 SLF_2，使得利率从 r_1 下降到 r_2，并如图 5.6 所示，使借贷的金额从 LF_1 上升到 LF_2。货币供给的下降将起到相反的作用。

　　增长的财政赤字：增长的财政赤字使得可贷资金的需求曲线向右移动（从 DLF_1 到 DLF_2），使得利率上升（从 r_1 到 r_2），同时如图 5.7 所示：使得借贷的金额上升（LF_1 到 LF_2）。财政赤字的下降将起到相反的作用。

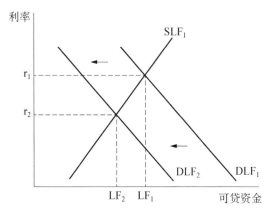

**图5.5   更高的石油价格使得可贷资金的需求曲线
向左移动并降低了利率**

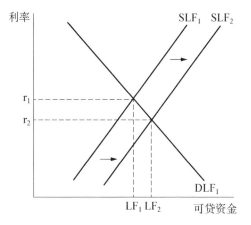

**图5.6   增长的货币供给使得可贷资金的供给
曲线向右移动并降低了利率**

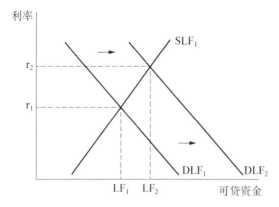

**图 5.7　增长的财政赤字使得可贷资金的需求曲线
向右移动并提高了利率**

5.7　政策实施：政府与中央银行

　　后两个例子将着重讨论政府财政计划和中央银行政策的潜在冲突。政府花费是一个内生的增长因素，是因为执政者需要通过政府消费去回应特殊的利益集团或保持自身的执政权力。政府财政支出只能从三方面去获得资金支持：（1）增加税收；（2）发行债券借钱；（3）增加货币供给。

　　执政者明白依赖于通过增加税收去支持财政支出是有政治风险的，尽管左派的执政党相比于右派更倾向于增加税负。但即使是左派的执政党依然对提高税负非常的谨慎。因此，依赖税收去支持财政是比较困难的，而借债被认为在政治上更加可行。但政府借债有一个消极影响：因为这个行为将使得资金需求曲线向右移动，并提高利率（图 5.7）。更高的利率将引起人们对于政府财政支出的经济影响的关注,而且更高的利率将会降低非政府的消费。这意味着:提高政府消费将"挤出"个人消费。尽管,增加借债相比提高税负在政治上更加可行,但会带来财政赤字的增加并引起利率的提高。

执政者而后意识到直接或间接地鼓励中央银行发行货币,去增加货币供给,并降低财政赤字,对于利率的影响是非常便利的。这意味着:中央银行将新发行的政府债货币化了(图5.8),这将使得全部或部分因财政赤字造成的利率上升效应被发行货币所抵消。

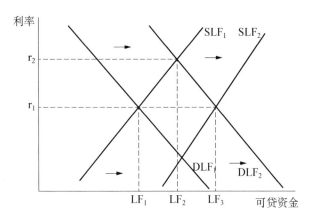

图5.8   政府财政赤字支出增加和货币供给增加,均衡点上利率没有变化

通过这个方法,财政赤字使得需求曲线向右移动(图5.8:从DLF1到DLF2)并将利率从r_1上升到r_2。增加货币供应,使得资金的供给曲线从SLF_1向右移动到SLF_2,并使得利率从r_2回落到r_1。借款和贷款的金额显著上升了。财政赤字增加了借贷的金额

（LF₁到 LF₂），而后货币供给的增加不仅仅让利率回到先前的水平，更增加了总体的借贷金额（LF₂到 LF₃）。这个手段并非长久之计，也将在后续的章节中进行阐述，但如图 5.8 所示，在短期是可行的。这也论证了为什么控制中央银行是执政党和政府的一个目标。

所以，政府和中央银行存在着这一基本的冲突，这也导致人们对于建立一个更加独立的中央银行的关注。中央银行需要拒绝接受政府直接或间接施压带来的货币化政府债务的要求。在过去数十年里，中央银行的管理结构被重新调整，变得更加独立于政府。其中的很多调整都是基于一个观点：一个独立的中央银行将不易受到政府利益冲突带来的影响。我们将在讨论国家财政和货币政策的第三个因素：中央银行的政策时，回归这个话题。

5.8　名义利率和实际利率

现在我们放弃这个假设：借款人和贷款人对于债券持有至到期期间，债券价格预期不变。区别在于我们引入了名义利率和实际利率。名义利率或市场利率是由市场来决定的，而实际利率是由贷款期限内通货膨胀率进行调整的。名义利率是可观测的，而实际利率不可观测。在上述讨论中，债券的持有期间，物价保持不变，因此预期的波动为零。在这个情况下，名义利率和实际利率相等。所以，在上述图表中，可贷资金的供给和需求曲线因预期波动率为零，决定了实际利率（等于名义利率）。

关于名义利率和实际利率的区别是非常重要的，尽管远在 100 年前的 18 世纪，欧文·费雪（Irving Fisher）已经通过下述公式描述了这两个利率之间的关系：

$$nr = rr + Pe \qquad (5.1)$$

其中,nr 是名义利率或市场利率,rr 是实际利率,而 Pe 是预期通货膨胀率。预期通货膨胀率波动的持续期间同利率的期间相互匹配,这意味着:如果我们考虑一个一年期的债券利率,那么预期的利率波动也是这一整年的。表达式 5.1 表明,在实际利率保持不变的情况下,名义利率和预期通货膨胀率存在一个对应的关系。如果假设实际利率是 5%,在假设不存在通货膨胀的情况下,名义利率也是 5%。如果预期的通货膨胀率上升了 5 个百分点,从 0%到 5%,那么名义利率也将同样上升 5 个百分点,从 5%上升到10%。表达式 5.1 被称为费雪公式,而预期通货膨胀率对于名义利率的影响被称为费雪效应。

有些人认为,基于可贷资金利率的框架下认为持有期间的通货膨胀率保持不变这一假设,实际利率是贷款人的实际收益,也是借款人的实际支出。实际利率是由上述八个基本因素决定的均衡利率。普遍情况下,当市场预期在债券的持有期间内通货膨胀率会发生波动时,名义利率将不等同于实际利率。正因如此,名义利率等同于实际利率加上预期的通货膨胀率。

为了全面理解费雪公式,我们需要解决如下四个问题。首先,为什么名义利率等于实际利率加上通货膨胀率？其次,名义利率和实际利率的量级关系是否如表达式 5.1 所示为 1.0？第三,预期的利率波动是如何计量的？最后,表达式 5.1 是否存在范围的上下限？（名义利率会不会包含所有预期的波动）

为什么费雪公式是有效的：我们假设一个简单的借款和贷款

交易,借款方和贷款方都预期未来通货膨胀率保持不变,即 Pe = 0。
贷款方愿意以 10% 的利率借给借款方 1 000 美金,为期一年。贷
款方期望在一年后收到本金利息合计 1 100 美金。这意味着:贷
款方不仅仅是需要本金的归还,还需要更多的金额去补偿当期的
购买力降低。而借款方为了在年初收到 1 000 美金,需要在年末承
担一个 10%,也就是 100 美金的费用。

现在假设双方同时预期在一年后将有一个 5% 的价格水平的
上升。如果贷款方接受 10% 的贷款利息,那么在年末,贷款方的实
际收益率其实只有 5%,并不等同于均衡的利率 10%。这意味着,
任何贷款方想要购买的东西都在年末上涨了 5%,那么贷款方将要
求一个 5% 通货膨胀溢价,因此会要求一个 15% 的名义利率去保
证一个 10% 的实际利率。借款方总是不喜欢为获得资金支付额外
的利息,但现实是,借款方必须为通货膨胀的溢价支付 5%,并承担
15% 的名义利率。但实际上,借款方仍然实际支付了 10% 的利率,
因为借款方也预期自己的名义收益也将上升 5%。

预期的通货膨胀率现在成为第五个决定利率水平的基本因
素。图 5.9 中阐述了在可贷资金理论中预期的通货膨胀率是如何
影响利率的。我们从 10% 的均衡利率和借贷金额 1 000 美金开
始,这是 SLF_1 和 DLF_1 的交点。该交点是基于借贷双方预期在债券
持有期间物价水平保持不变,即 Pe = 0%。在这个情况下,名义利
率等同于实际利率 10%。10% 均衡利率旁边的框注明了费雪效应
中的三个因素。

现在假设借贷双方同时预期 5% 的通货膨胀率,即 Pe = 5%。
且其他 SLF_1 和 DLF_1 决定利率的基本因素均没有任何改变。这导
致实际利率仍然等于 10%。那接下来会发生什么?

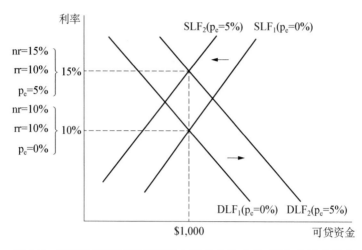

图 5.9 预期的通货膨胀率使资金需求曲线右移、资金供给曲线左移。在借贷金额相同时,名义利率会基于通货膨胀率——调整

可贷资金的需求曲线将从 DLF$_1$ 向右移动到 DLF$_2$,预期的通货膨胀率从 0% 上升到 5%。这是因为,在任何给定的名义利率下,借款的实际支出因为通货膨胀率的关系下降了 5%。借款人总是希望在高通胀的情况下借入资金,因为在更高的通胀下,借款人将会归还贬值的货币。资金的需求曲线将一直向右移动直到新的需求曲线同旧的曲线的垂直距离为 5%。如果借款方愿意在 Pe = 0% 的情况下以 10% 的利率借款 1 000 美金,那么他同样愿意在 Pe = 5% 的情况下以 15% 的利率借款 1 000 美金。在 Pe = 5% 的情况下,名义利率 15% 对借款者意味着 10% 的实际利率,在 Pe = 0% 的情况下,名义利率 10% 对借款者意味着实际利率 10%。

可贷资金的供给曲线将从 SLF$_1$ 向左移动到 SLF$_2$,因为预期的通货膨胀率从 0% 上升到 5%。这是因为,在任何给定的名义利率下,贷款的实际收益因为通货膨胀率的关系下降了 5%。贷款人不希望在高通胀的情况下借出资金,因为在更高的通胀下,贷款人将会收到贬值的货币。资金的供给曲线将一直向左移动直到新的供给曲线同旧的曲线的垂直距离为 5%。如果贷款方愿意在 Pe = 0% 的情况下以 10% 的利率贷款 1 000 美金,那么他同样愿意在 Pe = 5% 的情况下以 15% 的利率贷款 1 000 美金。在 Pe = 5% 的情况下,名义利率 15% 对贷款者意味着 10% 的实际利率,在 Pe = 0% 的情况下,名义利率 10% 对贷款者意味着实际利率 10%。

因此,通货膨胀率的改变,在借贷金额相同时,使得资金的需求曲线向右移动,使得资金的供给曲线向左移动。这使得名义利率随着通货膨胀率的改变而改变。在其他基本因素保持不变的前提下,名义利率进行调整,实际利率保持不变。经济研究证实,名义利率不仅仅受到预期的通货膨胀率的影响,甚至于相比于实际利率,预期的通货膨胀率影响更大。

费雪效应的量级: 表达式 5.1 和图 5.9 表明名义利率和预期通胀率的变化有一一对应的关系,这意味着:如果实际利率是 10%,预期的通货膨胀率从 0% 上升到 5%,那么名义利率将从 10% 上升到 15%。类似的,如果预期的通货膨胀率从 5% 下降到 0%,那么,名义利率也将从 15% 下降到 10%。但是实际情况中,可能存在不一一对应的时候。例如:对于利息收入征收所得税将改变这一对应关系。在上述情况下,贷款者将要求比 15% 更高的名义利率,更高的名义利率将使得贷款者被征收更多的所得税。借款者也将愿意支付高于 15% 的利率,因为利息支出的税前扣除也更高。对于利息所得征税将导致费雪效应的变化高于 1,其他因素导致费雪效应的变化低于 1。长期来看,费雪效应的变化在 0.8

到 1.2 之间。

预期通货膨胀率的测量：预期的通货膨胀率是一个在宏观经济和货币经济领域非常重要的经济变量，对于通货膨胀率的测量是唯一可以决定名义利率的因素。用三个基本的方法去测量通货膨胀率：第一是：去调研特定团体中预期的通货膨胀率；第二是：根据经济模型去测算通货膨胀率；第三是：通过 1997 年开始发行的通货膨胀保值债券去测量通货膨胀率。

最著名的度量通货膨胀率的调研是基于约瑟夫·利文斯顿 (Joseph Livingston) 的关于经济变量的研究。约瑟夫·利文斯顿是《费城询问报》(*The Philadelphia Inquirer*) 的一个金融专栏作家，他从 1946 年开始发表每年 6 月和 12 月的调查结果，调查 40 到 60 个不同个体对于几个重要经济指标的预期。指标包括各个调查个体预期的下一年度 CPI 指数的变化。通过比较某一年调查人员中预期的价格指数和当年实际的价格指数，来生成一个预期的下一年的通货膨胀率。利文斯顿对于预期的通货膨胀率的调查是最为知名的，且被广泛运用在经济学的论文中去决定一些经济变量的关系，尤其是利率和预期通货膨胀率。

图 5.10 表现了利文斯顿关于预期通货膨胀率的调查，调查期间从 1953 年 6 月到 2015 年 12 月，基于 1 年两次的调查结果以虚线绘制。而实线表示的是一年期的国债利率，体现了名义利率和预期波动率是息息相关的（相关性系数为 0.8）。而名义利率和预期通货膨胀率的差值，是对于实际利率的近似估计。利文斯顿的调查数据和方法自 1990 年起就被费城的联邦储蓄银行所保存，用以描述一个长期的连续的期间内，美国的通货膨胀水平。另一个广泛被采用的关于预期通货膨胀率的调查是基于不同的调查样本

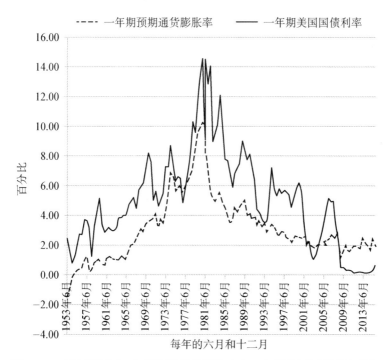

图 5.10　利文斯顿对 1 年期预期通货膨胀率和一年期美国国债利率的调查，1953 年 6 月到 2015 年 12 月

资料来源：Federal Reserve Bank of Philadelphia（Livingston Survey expected inflation）and FRED, Federal Reserve Bank of St. Louis（constant maturity Treasury rate）.

的。该样本是由密歇根大学社会研究院对于房屋所有者预期通货膨胀的调查。然而，所有的调查模型，都是存在样本误差的。

　　经济学模型是基于预期通货膨胀的形成中对于重要经济学因子的整合，经济学模型也可以被用来预测通货膨胀。例如：克利夫兰联邦储蓄银行根据一个复杂的时间序列模型，发布了不同期限内对于通货膨胀率的预期。经济学模型的问题在于：去决定正确的影响通货膨胀的因素是比较有挑战性的，并且，模型还需要考虑这些因素是如何随时间变化的。

在 1997 年 1 月，美国联邦储蓄银行开始发行一类国债，国债的本金和利息的支付是以通货膨胀率作为基准的。通过在同一持有期限中，对于普通政府债券利率和通货膨胀保值债券利率的比较，可以得出这一持有期限中预期的通货膨胀率。而这一方法的问题是：通货膨胀保值债券市场的流动性远远不如普通政府债券的交易市场，这将导致普通的没有基准的普通债券和通货膨胀保值债券的收益率差异是由更多其他因素造成的，不仅仅有通货膨胀这一因素。此外，通货膨胀保值债券的利率数据从 1997 年开始才可获取。

总之，上述三个预测通货膨胀率的方法都存在各自的缺陷，然而，基于调查数据的方法，尽管存在样本选择的问题，依然可能是最好的预测通货膨胀率的方法。因为这一方法直接度量了特定样本个体在特定时间点对于未来通货膨胀的预期。利文斯顿调查数据持续被一些学术研究所引用，同样这些数据也被费城联邦储蓄银行所记录并发布。

费雪效应是不是有范围限制的？实际上，费雪效应并没有范围上限的，这意味着任何预期的通货膨胀率都将引起名义利率的变化，无论预期的通货膨胀率有多高。名义利率可以包含一个高的通货膨胀率，甚至一个极高的通货膨胀率，一旦极高的通货膨胀率触及一个临界点，一个国家的金融和财政都将崩溃。例如第一次世界大战后，德国社会上极高的通货膨胀导致货币每时每秒都在失去价值。

然而，费雪效应是有范围下限的，这是因为普遍情况下，名义利率不会低于零。一个负的名义利率意味着贷款人愿意向借款人提供贷款,且借款人仅需要在到期归还更少的资金。这在经济上是没有意义的。但在过去存在几次因为极高的风险和不确定性因素导致名义利率为负的情况。这些都是极端特殊的情况,并不能用以反驳费雪公式和费雪效应本身。我们认为费雪效应是有下限的,贷款者往往拥有借贷的选择权,所以名义利率不能低于零。

5.9 对负利率的一个解释

关于负利率的一个问题需要加以关注,在 2015 和 2016 年,几个中央银行和存款机构发布了负利率,几个国家经历了政府债券的负利率,一些私有银行存款利率为负。

在 2016 年中,欧洲央行、日本、瑞士和瑞典的央行对于储蓄存款支付了负利率,从欧洲央行的 −0.4% 到日本央行的 −0.1%。这些不同寻常的利率是为了让银行更少地持有储蓄存款,并释放更多的贷款去刺激经济。然而,期望的意图却没有实现,这些国家依然面临了经济的衰退。

私有银行在一些情况下,对于活期存款的客户支付负利率,是因为他们从贷款或政府债券上收到普遍非常低的利息收益。为了保持一个盈利的存贷款利差,一些银行认为对活期存款客户支付负利率是非常必要的,从而出现了银行负利率的现象。

德国、日本和瑞士的政府对国债支付了负利率,这是一种最不寻常的情况。这意味着:债券的持有者愿意向政府出借资金且到期获得一个负的总回报。收益率为负,那资本利得率也将为负,因为如果在未来利率上升到正数的区间,债券价格也将下降,卖出债券将无法获得原本买入的价格。这种情况的发生有很多原因去解释,可贷资金的模型可以使得政府债券产生一个负的利率。如果对于债券的需求曲线充分向右移动,对于资金的供给曲线因此充分地向左移动,债券的价格将上升,利息下降至零,并在一定情况下,下降到低于零。

负利率的问题在现在这个时点还不能得到解决,但仍有两个值得关注的点。首先,这个问题体现了一个更加广泛的现象是货币政策对于经济的影响是会受到限制的;其次,这些负利率的出现体现了费雪公式中存在更低的范围下限,负数区间,但是负利率是不可持续的。负利率对于整个金融和经济体造成了广泛的扭曲。

5.10　利率和货币政策

货币政策对于利率的改变带来的影响是非常重要的,因为许多人认为利率是货币政策导向的一个指标:宽松的货币政策体现在更低的利率而紧缩的货币政策体现在更高的利率上。这似乎与一个实际情况相匹配:大多数中央银行的货币政策是以一个非常短期的利率水平为目标的,如联邦储蓄利率是一个联邦货币基金市场的隔夜利率。与此同时,大多数利率是长期的,不仅仅受到货币政策,还受到其他因素的影响,普遍不能成为货币政策的指标。

这一点可以由这个章节中名义利率和实际利率是如何随货币政策改变而改变,这一框架进行解释。在图 5.11 中,起始点是时间 t_1,当名义利率为 10%,在预期通货膨胀率为零时,实际利率为 10%。在时间点 t_2,假设联邦储备银行增加了货币的供给从 0% 到

5%。在给定的资金需求下,因资金的供给向右移动导致实际利率下降,同时,预期的通货膨胀率保持不变,在 t_2 时点名义利率的下降完全是因为实际利率的下降。更低的利率水平刺激了消费和收入的增长,使得资金的需求曲线向右移动。首先,名义利率和实际利率下降,随后从 t_3 时点开始实际利率上升。在 t_3 时点,预期通货膨胀率开始上升,源于市场参与者开始改变他们的预期,认为通货膨胀率将从 0% 上升。通货膨胀率的上升是由更高的消费和收入带来更高的价格水平所造成的。名义利率也将随着通货膨胀率的上升而进一步上升。通货膨胀率会调整到何种程度? 基于货币数量论,如果联邦储蓄银行增加货币的增长率从 0% 到 5%,长期的影响是:在不改变收入水平、增速和其他变量的情况下,在 t_2 时点前,通货膨胀率从 0% 增长到 5%。如果我们假设货币的供给发生在 t_4,在这个时点,实际利率回到了最初的 10%,源于名义利率从 10% 上升到 15%,包含了预期的 5% 的通货膨胀率。

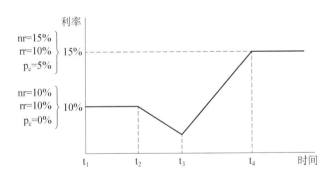

图 5.11　利率对货币增长的反应

在图 5.11 中,关于利率是如何受到货币供给增加的影响可以分成两个部分去阐述。首先，在 t_2 到 t_3 时点货币供给的增加降低了实际利率和名义利率，并开始消费和收入水平，体现了这段时间的流动性效应。其次，在 t_3 到 t_4 时点，消费、收入水平、价格和通货膨胀率的上升，导致实际利率和名义利率同时上升，体现了这段时间的收入效应和价格期望效应。最终，经济层面上以一个相同的实际利率和更高的名义利率（包含更高的通货膨胀率）作为结果。

　　图 5.11 中所阐述的，在一段时间内利率如何受到货币供给增加的影响同数年来实证研究所论证的结果相差不大，并且体现了三个考量点。首先，在保持通货膨胀预期不变的情况下，货币是如何影响利率的简单分析（图 5.6）往往是简单且有误导的。部分对于货币供给增加的反应是降低实际利率和名义利率，并最终导致收入、消费、价格和预期通货膨胀的上升。其次，政府向中央银行施加的压力去发行货币减轻财政赤字的效果是短期的，并且最终名义利率更可能变得更高。因此，政府债务的货币化从长期来看并非一个值得依靠的政策。中央银行是无法永远保证利率一直维持在低水平。第三，利率是一个货币政策实施的弱指标。从流动性角度来看，更低的利率是货币供给增加造成的。然而，在流动性效应之后，增长的货币供给将导致增长的更高的利率。因此，你将获得关于货币政策的不同观点是依赖于你观测的利率受到货币供给增加影响的不同反应时点。

第 6 章
利率结构

6.1　引言

　　利率的结构定义为不同利率在某一时点的关系以及不同利率之间的关系是如何随时间而变化的。图 6.1 通过描绘一年期的国债持有至到期利率，五年期的国债持有至到期利率，穆迪 Baa 级企业债券收益率以及自 1998 年 1 月到 2016 年 5 月的市政债券买家指数来阐述这个理论。可以明确的是，不同债券的利率在某一时点是大不相同的，而利率之间的关系随着时间的改变而改变。

　　这一章确定了四个利率结构的基本决定因素：违约风险、流动性、税务处理和持有期。前三个因素是比较直接明显的，但利率结构的持有期因素是复杂的，持有期因素体现了市场对于未来的洞察和对于未来通货膨胀以及经济活动的预期。为了强调持有期的重要性，持有期和利率的关系被称为利率的期限结构，不同于更为一般的利率结构理论。

　　用最基本的研究方法去了解四个利率结构的基本决定因素是

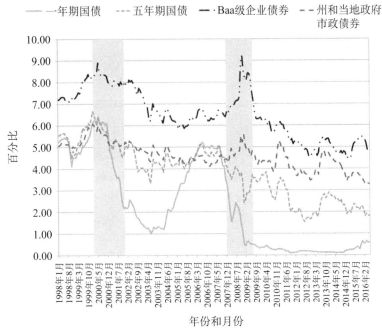

**图6.1   一年期国债利率、五年期国债利率、Baa级企业债券利率、州和当地
政府市政债券利率：1998年1月到2016年5月**

资料来源：FRED，Federal Reserve Bank of St. Louis.

如何影响利率的，一个方法是比较两个债券的利率、持有期和其他
三个因素。这意味着，为了确定违约风险在某一时点和一段时间
内是如何影响利率结构的，我们可以在保持债券流动性、税务处理
和持有期不变的情况下，比较具有不同违约风险的债券和不具有
违约风险的债券之间的利率结构。为了确定流动性在某一时点和
一段时间内是如何影响利率结构的，我们可以在保持债券违约风
险、税务处理和持有期不变的情况下，比较不同流动性的债券和具

有最高流动性债券之间的利率结构。为了确定持有期在某一时点和一段时间内是如何影响利率结构的,我们可以在保持违约风险,流动性和税务处理不变,比较不同持有期债券之间的利率结构。

国债(如短期国库券、中长期国库票据和长期政府债券)通常是决定其他利率的基础,决定了违约风险、流动性、税务处理和持有期是如何影响其他利率的。国债实际上被认为是没有违约风险的;国债具有极高的流动性水平;国债除极少数情况下,拥有相同的税务处理;以及国债相较于其他债权具有更宽泛的持有期范围。在某一持有期下如一年期、五年期、十年期等,国债拥有非常多的利率水平数据,然而,这些利率不是一年期、五年期、十年期等新发行的国债利率,而是当时已经发行并具有不同剩余期的国债利率,也即当时那些剩余一年期、五年期、十年期国债的利率。这意味着:一个十年期的国债利率可能包含了二十年和三十年长期债券的利率,该债券当前还剩余十年的持有期。

6.2　违约风险

违约风险是债券的发行方在债券到期时刻无法支付利率或/和本金的风险。由联邦储蓄银行发行的国债和存款机构中的储蓄存款(最高 250 000 美元)在实际层面,任何时刻都是没有违约风险的。因为美国的政府信用为其做担保并愿意为其进行偿付。联邦政府比其他任何一个发行方都更有能力去对偿付做出承诺。联邦政府相比于当地政府或州政府,更有能力去发行新的债券去偿还旧的债券,并且更有能力对利息收入征收更多的税金,并且有能力开启印钞机。因此,联邦政府发行的债券是没有违约风险的,并且也将承诺对于存款机构一定范围内的储蓄存款进行兑付。任何其他组织承诺的偿付，如果不受联邦政府的担保，都一定程度上存在违约风险。同时，政府债务的无风险的状态也不是完全绝对的。

一个债券拥有更高的违约风险，在其他情况保持不变下，债券将拥有更高的利率。这一点可以通过图 6.2 中的可贷资金理论进行阐述。违约概率的上升使得资金的供给曲线从 SLF_1 向左移动到 SLF_2，这是因为在任意的利率水平下，更高的违约风险将降低贷款人出借资金的意愿。结果导致利率从 r_1 上升到 r_2。违约概率的下降使得资金的供给曲线从 SLF_1 向右移动到 SLF_3，同时利率从 r_1 下降到 r_3。

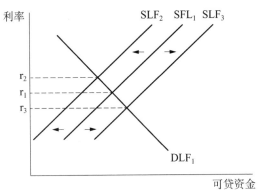

图 6.2　违约风险对利率的影响效果

利率中所包含的违约风险的程度可以通过比较无风险债券的利率进行测量，前提是保持相同或相似的流动性水平，税收处理和持有期。在图 6.1 中，高风险的 Baa 级企业债券和十年期的政府债券之间的利率差可以近似描述企业债券的违约风险。（如图 6.3）

长期 Baa 级企业债券的违约风险 = 长期 Baa 级企业债券利

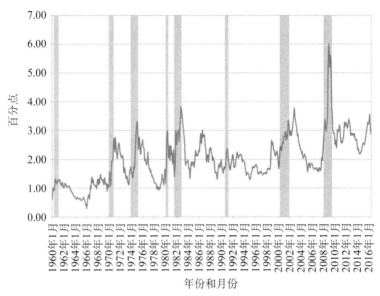

图 6.3　穆迪评级 Baa 级的企业债券收益与 10 年期国债收益对比：1960 年 1 月到 2016 年 5 月

资料来源：FRED，Federal Reserve Bank of St. Louis.

率－十年期国债到期利率　　　　　　　　　　　　　　　　（6.1）

　　违约风险随着时间而改变，通常在经济扩张周期违约风险下降，而在经济衰退周期上升。请注意在 2008/2009 年金融危机时期，企业债券的违约风险有一个显著的提升。在图 6.3 中的利率差并不是完全由违约风险造成的，因为企业债券相比政府债券的流动性更低，并且企业债券存在不同的持有期间，而该国债是一个长期的十年期国债。

　　在第五章费雪效应中，我们介绍了名义利率和实际利率的关系：

$$nr = rr + Pe \tag{6.2}$$

费雪效应可以作为一个基础去阐述违约风险,以及其他利率结构的决定因素,影响任意利率和利率之间的关系。表达式 6.2可以被扩展为如下表达式包含了违约风险:

$$nr = rr + Pe + df \tag{6.3}$$

其中,df 是风险溢价。在国债的情况下,df = 0,在其他债券的情况下,df > 0

6.3 流动性或可交易性

任何不动产或金融资产的流动性是讲这些资产在二级市场变现的能力。对于债券,有两个相关的因素决定一个债券的流动性。首先,债券二级市场的深度和广度;其次,买卖债券的交易成本。流动性问题只有在债券可能存在持有到期前出售的情况下才会被考虑。

流动性和利率之间的关系可以由图 6.2 描述,不同的是现在对于可贷资金的移动是由于流动性的改变而引起的,而非违约风险的改变。一个债券流动性的降低将导致资金供给曲线向左移动并提高利率,相对的,一个债券流动性的提高将导致资金供给曲线向右移动并降低利率。利率由于债券的流动性变化而变化被称为债券的流动性溢价效应。

流动性溢价可以由高流动性债券和低流动性的利率差表示。例如:Baa 级企业债券和十年期国债的利差(图 6.2)有部分是因为流动性溢价造成的,因为 Baa 级企业债券的流动性不如十年期国债,不全是因为国债的违约风险为 0(df = 0),国债在货币和资本市场是最具有流动性的。国债的交易成本更低,而且有更广和更深的二级交易市场。国债交易相较于其他债券拥有众多的市场参与者。遗憾的是:国债和其他债权的利率差同时包含了违约风险和流动性的影响,所以没有一个直接的方法去分割两种效应。

表达式 6.4 同样是费雪效应的延伸,包含了流动性溢价:

$$nr = rr + Pe + lp \qquad (6.4)$$

lp 是流动性溢价加到了实际利率上。国债的流动性溢价为 0(lp = 0),在其他债券 lp>0,这些债券拥有更低的流动性,也意味着相较于国债,这些债券更不容易在二级市场进行销售。

6.4　税收处理

从债券中获得的利息和资本利得收入需要缴纳联邦所得税,在某些州还需要缴纳州所得税。然而,城市的市民持有市政债券获得的利息是不需要缴纳联邦所得税和州所得税的。市政债券会在市民持有到期之前将其出售时,征收债券的资本利得税。市政债券利息收入的税收减免是对于一般纳税人的经济补贴。提供补贴的原因是:地方性政府相比于中央联邦政府没有大量资源去为市民提供基础设施建设(如道路、桥梁、学校和医院等),这些基础设施的建设是对住在当地的市民非常有利的,所以当地政府发行债券进行基础设施建设并对持有债券的市民免除利息所得税。这项税收补贴大大降低了持有用于基础设施建设而发行的债券的成本,然而在过去的几十年里,大多数当地的政府滥用了这一免税的措施去发行市政债券,用于建设体育馆、工业园区和娱乐中心,这一措施同原先用于建设普惠于民的基础设施的宗旨相违背。

为了了解利息的免税是如何影响债券的利率的,我们需要考虑税前和税后的利息之间的差异。持有一个非市政债券而获得的利息是税前的利息,通过运用一个合适的税率换算成一个税后的利息。表达式 6.5 中阐述了税前利率和税后利率之间的关系:

$$nr_{aft} = nr_{bft} \times (1 - tr) \qquad (6.5)$$

其中,nr_{aft} 是税后的利率,nr_{bft} 是税前的利率,tr 是边际税率。假设一个国债的利率是 10%,这 10% 的利率是一个税前利率,当施加一个 40% 的边际税率时,税后利率变成 6%。在市政债券的情况下,边际税率为 0%,税前的利率和税后的利率相等。

市政债券和高级别企业债券利率之前的差异,假设在违约风险、流动性和持有期相同的情况下,可以用来近似地度量边际税率。如果企业债券的税前利率是 10%,市政债券的利率是 6%,那隐含的利息的边际税率是 40%。或从另一个角度讲:假设金融市场的参与者需要承担 40% 的边际税率,那么这个市场将会确保市政债券的利率是 6%,与此同时,相类似的企业债券的税前利率为 10%。如果一个州政府想要以更高的价格出售市政债券,并形成一个 5% 的低利率,那么没有投资者会去购买市政债券,因为相类似的企业债券的税后利率是 6%,高于 5%。如果一个州政府降低市政债券的价格进行出售,并形成一个 7% 的高利率,市场的买方力量将抬升价格并最终降低利率至 6%。税前企业债券 10% 的利率和市政债券 6% 的利率达成了一个平衡点,并通过表达式 6.5 的描述假设边际税率为 40%。

费雪公式的可以进行延伸并涵盖税收的影响：

$$nr_{bft} = rr + p_a + df + lp \qquad (6.6)$$
$$nr_{aft} = (rr + p_a + df + lp) * (1 - tr)$$

在市政债券的情况下,tr = 0。从结果来看：市政债券的利率,在相似的违约风险、流动性和持有期间,持续地低于企业债券。通过比较市政债券和企业或国债之前的利率去阐述税务影响是比较困难的。因为违约风险和流动性水平都在决定市政债券利率和其他债券利率的利差中起到了非常重要的作用。

6.5 持有期：利率期限结构和收益率曲线

在四个利率结构的决定性因素中：持有期是更为复杂的并且有时候同我们对于利率和持有期之前关系的常规直觉相违背。利率的期限结构,在保持违约风险、流动性和税务处理不变的情况下,反映了利率与持有期间的关系。国库券为度量这一关系提供了大量有用的利率数据。

期限结构是由收益曲线进行度量的,描绘了在一个期限内的收益。收益曲线通常在同一图表中有三种表现形式：一天的收益曲线、一周的收益曲线和一年的收益曲线。通过对当期的收益曲线和过去的收益曲线进行比较,可以获得关于市场预期的信息,如预期的通货膨胀或预期的经济走向。

收益曲线表现为图 6.4 中三种状态的一种：首先,上升的收益曲线表示利率是与持有期间呈正相关关系;其次,平的收益曲线表示利率与持有期间的变化无关;最后,下降的收益曲线或反向的收益曲线表示利率与持有期间负相关。上升的收益曲线是符合大部分读者对于收益曲线的直觉的,因为往往长期的贷款需要提供一个更高的收益率,相对的,平的或下降的收益曲线就不那么符合直观感受。这三种形态的收益曲线都是存在的,甚至在 19 世纪 70 年代大通胀时期,收益曲线还表现出"驼峰"形态。但是,上升的收益曲线形态确实是最为普遍的一种。

　　关于图 6.4 中描绘的收益曲线的形态,这里有两个问题需要去关注。首先,是什么决定了收益曲线的形态? 其次,收益曲线的改变是如何反映市场预期和经济活动的?

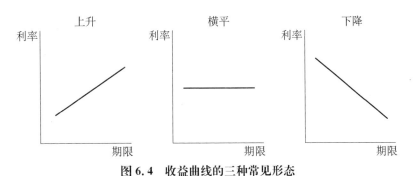

图 6.4　收益曲线的三种常见形态

6.6　用什么解释收益曲线的形状?

　　任何对于收益曲线的解释都需要去解释两个利率的经验规律性。首先,利率倾向于同时上升或下降,结果造成如图 6.1 所示,利率之间互相高度相关;其次,尽管图 6.4 中三种收益曲线,甚至在 19 世纪 70 年代大通胀时期的"驼峰"形态都被证实存在,但上升的收益曲线依然是最为常见的。

关于收益曲线有三种解释方法：无偏差预期假说、流动性溢价或有偏差预期假说和市场分割假说或优先集聚地假说。

无偏差预期假说：这一观点是基于如下假设，即在一个计划期内，市场的参与者仅仅关注自己的收益最大化，而对于自己是持有短期债券还是长期债券是没有偏好的。市场交易没有交易成本，任何持有期的债券利率等于当前短期利率加上预期的短期债券持有至到期的利率的平均值。一个直观的例子阐述了该预期假说的基本因素。

假定一个市场参与者有两年的计划期，构建投资组合可以选择投资一个两年期债券或两个一年期债券。这两个投资组合的交易成本是不同的，因为一个两年期债券的交易成本更低。然而，我们在此先忽略两个投资组合的交易成本。交易成本可以更加详细地在预期假说中涵盖，且不需要对长期利率等于当前短期利率加上预期的短期利率的均值这一前提进行改变。

假设当期一年期债券的利率在期初是 5％，并假设市场参与者预计短期利率将在第二年初变为 10％。市场参与者如何决定预期的短期利率并不重要，但重要的是市场参与者构建投资组合是基于所预期的第二年初的短期利率。基于这个预期，投资两个一年期债券的预期回报是 7.5％，已知在第一年初的短期利率和预期的第二年初的短期利率的均值。

那么，一个两年期的债券在第一年初的利率必须是多少呢？答案是 7.5％，当期的短期利率和预期的短期利率的均值。这是为什么呢？如果一个两年期的债券利率是 8％，那市场参与者就会发现一个两年期债券将相比两个一年期债券产生更高的收益回报，所以一个两年期债券的利率为 7.5％。对于两年期债券的需求将

会上升,使得两年期债券的价格上涨并降低收益率,直到降低至
7.5％。如果两年期债券的利率是 6％,市场参与者将降低对于两
年期债券的需求,因为两个一年期债券的预期收益率为 7.5％。最
终结果将导致两年期债券价格下降,收益率上升至 7.5％。

一般地,m 期债券的债券利率在第一期可以表示为:

$$r_t^m = \text{Average}[r_t^1 + E(r_{t+1}^1) + E(r_{t+2}^1) \cdots E(r_{t+m}^1)] \quad (6.7)$$

其中,下标 t 是时间,上标是持有期 1 期,r_t^1 是已知的在期初的
一年期债券的利率,E 体现了市场参与者对于从 t+1 时刻开始到
t+m 时刻结束各个期间的一年期债券预期利率。

表 6.1 阐述了表达式 6.7 是如何根据市场参与者对于一个长
期债券持有期内各个一年期债券的预期利率描绘不同收益曲线形
状的。表 6.1 是基于一个五年的计划期,在 t 时刻(2015 年)的当
期利率被加粗显示。其他的利率都是预期的利率。需要解释的是
第二期、第三期、第四期和第五期的四个一年期的利率是如何在当
期 t 时刻决定的。第一期的利率是一个基准,所有其他期的利率都
是基于第一期的利率和未来各个阶段(t+1 期,t+2 期,t+3 期和 t
+4 期)的市场预期。

表 6.1　阐述预期假说及如何导出不同的收益曲线形状（单位　％）

当前年份：2015	一年期利率	两年期利率	三年期利率	四年期利率	五年期利率
面板 A **向上倾斜的收益率曲线**					
当前时期,t(2015),一到五年市场利率	5	5.50	6.00	6.50	7.00

（单位　%）（续表）

当前年份：2015	一年期利率	两年期利率	三年期利率	四年期利率	五年期利率
t＋1 时预期市场一年期利率（2016）	6				
t＋2 时预期市场一年期利率（2017）	7				
t＋3 时预期市场一年期利率（2018）	8				
t＋4 时预期市场一年期利率（2019）	9				
面板 B **平滑的收益率曲线**					
当前时期，t（2015），一到五年市场利率	5	5.00	5.00	5.00	5.00
t＋1 时预期市场一年期利率（2016）	5				
t＋2 时预期市场一年期利率（2017）	5				
t＋3 时预期市场一年期利率（2018）	5				
t＋4 时预期市场一年期利率（2019）	5				
面板 C **向下倾斜的收益率曲线**					

当前年份：2015	一年期利率	两年期利率	三年期利率	四年期利率	五年期利率
当前时期，t（2015），一到五年市场利率	5	4.50	4.00	3.50	3.00
t＋1时预期市场一年期利率（2016）	4				
t＋2时预期市场一年期利率（2017）	3				
t＋3时预期市场一年期利率（2018）	2				
t＋4时预期市场一年期利率（2019）	1				

在表 6.1 中的三个面板阐述了预期假说是如何形成三种收益曲线的。收益曲线的形状是由当期的利率，和预期 t＋1 期，t＋2 期，t＋3 期和 t＋4 期在 t 时刻的利率共同决定。

在面板 A 中市场预计每期的一年期都会上升，知道 t＋4 期（2019 年），因此，在 t 时刻的收益曲线是向上倾斜的。两年期的债券利率是当期一年期的债券利率和预计 t＋1 期的一年期债券利率的均值，即为（5.00＋6.00）/2＝5.50。三年期的债券利率是当期一年期的债券利率和预期的 t＋1 时刻和 t＋2 时刻的一年期债券利率，即为（5.00＋6.00＋7.00）/3＝6.00。四年期的债券利率是当期一年的债券利率和预期的 t＋1 时刻，t＋2 时刻和 t＋3 时刻的一年期债券利率，即为（5.00＋6.00＋7.00＋8.00）/4＝6.5。最后，五年期的债券利率是当期一年的债券利率和预期的 t + 1 时刻，t + 2 时刻，t + 3 时刻和 t + 4 时刻的一年期债券利率，即为(5.00 + 6.00 + 7.00 + 8.00 + 9.00)/5 = 7.00。

在面板 B 中，市场预期一年期的利率会在当期保持不变，因此，收益曲线在 t 时刻是平的。在面板 C 中，市场预期一年期的利率会下降，因此，收益曲线在 t 时刻是下降的。

技术上，表达式 6.7 是无偏的，因为任何长期债券的利率都是当期的短期债券加上预期的短期债券利率的无偏均值，所以有时也会被认为作为一个纯预期假说，同下述的流动性溢价假说进行区分。

预期假说可以解释任何的收益曲线形状，但预期假说是否包含了利率期限结构的两个经验性规则？这意味着，预期假说是否可以解释利率随时间一起变动的事实，是否可以解释为什么向上倾斜的收益曲线相比平的或者向下倾斜的收益曲线更为常见？预期假说可以简单地解释为什么不同持有期的利率共同变动，因为每个二年期、三年期、四年期……M 年期的债券利率在 t 时刻都是当期一年利率和预期的第二年、第三年、第四年……第 M 年的一年期债券利率的平均值。然而，预期假说并不能解释为什么向上倾斜的收益曲线是最为常见的，因为它无法提供任何关于市场是如何决定未来的一年期债券的预期利率。

流动性溢价假说或有偏差预期假说：流动性溢价假说是基于预期假说而建立，但不同于预期假说的基本假设。市场参与者认为持有长期债券和短期债券是相同的，流动性溢价假说假设市场参与者为了规避利率风险，相比于持有长期债券更加倾向于持有短期债券。长期的利率因此必然会向上调整，去包含一个流动性溢价来补偿存在的流动性风险。

表达式 6.7 如下变形,用于涵盖流动性溢价:

$$r_t^m = \text{Average}[r_t^1 + E(r_{t+1}^1) + E(r_{t+2}^1) \cdots E(r_{t+m}^1)] + lp_t^m \quad (6.8)$$

其中,lp_t^m 是在 t 时刻对 m 年期债券的流动性溢价。流动性溢价 lp_t 是一个关于 m 的正相关函数,这意味着 m 越大,加入利率的 lp 因子越大。

表 6.2 阐述了流动性溢价假说。在 t 时刻的流动溢价被加入表 6.1 中的每个面板数据中。请注意:在 t 时刻的流动性溢价如预期,随持有期的增加而增加。

表 6.2　流动性溢价假说及如何导出不同的收益率曲线形状　（单位　％）

当前年份：2015	一年期利率	两年期利率	三年期利率	四年期利率	五年期利率
面板 A **向上倾斜的收益率曲线**					
当前时期,t(2015),一到五年市场利率	5	5.55	6.06	6.57	7.08
t+1 时预期市场一年期利率(2016)	6				
t+2 时预期市场一年期利率(2017)	7				
t+3 时预期市场一年期利率(2018)	8				

（单位　％）（续表）

当前年份：2015	一年期利率	两年期利率	三年期利率	四年期利率	五年期利率
t＋4 时预期市场一年期利率（2019）	9				
流动性溢价(2015)		0.05	0.06	0.07	0.08
面板 B **平滑的收益率曲线**					
当前时期,t(2015),一到五年市场利率	5	5.05	5.06	5.07	5.08
t＋1 时预期市场一年期利率（2016）	5				
t＋2 时预期市场一年期利率（2017）	5				
t＋3 时预期市场一年期利率（2018）	5				
t＋4 时预期市场一年期利率（2019）	5				
流动性溢价(2015)		0.05	0.06	0.07	0.08
面板 C **向下倾斜的收益率曲线**					
当前时期,t(2015),一到五年市场利率	5	4.55	4.06	3.57	3.08
t＋1 时预期市场一年期利率（2016）	4				

当前年份：2015	一年期利率	两年期利率	三年期利率	四年期利率	五年期利率
t＋2 时预期市场一年期利率（2017）	3				
t＋3 时预期市场一年期利率（2018）	2				
t＋4 时预期市场一年期利率（2019）	1				
流动性溢价（2015）		0.05	0.06	0.07	0.08

考虑面板 A，2 时期债券的收益率为当前的一年期收益率与 t＋1时刻预期一年期收益率的平均值再加上 t 时刻的流动性溢价，也就是(5＋6)/2＋0.05＝5.55；3 时期的债券利率为当前一年期利率与 t＋1 时刻预期一年期利率及 t＋2 时刻预期一年期利率的平均值加上 t 时刻流动性溢价，即(5＋6＋7)/3＋0.06＝6.06；4 时期债券利率为当前一年期利率与 t＋1，t＋2，t＋3 时刻的预期一年期收益率的平均值加上 t 时刻的流动性溢价，即（5＋6＋7＋8)/4＋0.07＝6.57；最后，5 时期债券利率为当前一年期利率与 t＋1、t＋2、t＋3 和 t＋4 时刻的预期一年期收益率的平均值再加上 t 时刻的流动性溢价，即(5＋6＋7＋8＋9)/5＋0.08＝7.08。注意到相较于表6.1，表6.2 中的收益率曲线在相同的当前与预期 1 时期利率下，由于流动性溢价的不同而向上移动了。也就是说，包含流动性溢价的向上倾斜收益率曲线高于未包含流动性溢价的向上倾斜收益率曲线(比较表 6.1 与 6.2 中的面板 A)。包含流动性溢价的收益率曲线

相较于平缓的未包含流动性溢价的曲线来说是向上倾斜的(比较表6.1 与表 6.2 中的面板 B)。为了得到一个平滑的收益率曲线,市场预期的一期利率在上升的流动性溢价情况下必须是下降的,这样两者的影响才能相互抵消。向下倾斜的包含流动性溢价的收益率曲线较未包含流动性溢价的收益率曲线更为平缓(比较表 6.1 与表 6.2 中的面板 C)。

　　流动性假说也被看做是有偏差预期假说,因为长期的利率是当前短期利率与预期短期利率均值的有偏估计,这是由于它包含了一个与到期期限直接相关的正的流动性溢价。

　　正如预期假说,流动性溢价假说解释了不同期限的利率最后会趋同,由于流动性溢价的模型基础认为长期利率是当前一期债券利率与更长到期期限债券的预期一期利率的平均值。然而,流动性溢价可以解释向上倾斜的收益率曲线出现更多。流动性溢价在给定的期限内不断上升,使得长期利率包含流动性溢价后变得更大。

　　市场分割理论与优先集聚地假说: 这个关于收益率曲线的看法与预期与流动性溢价假说均不同,认为短期与长期市场是独立的,因为参与者拥有具体的计划期以及特定的资产负债配置或税收处置,这些使得他们会选择一个特定的期限。收益率曲线的形状可以由相对利率与在分割的市场中确定的价格来决定,之后,可以形成不同形状的收益率曲线。而大多数时刻,市场分割假说产生的收益率曲线是向上倾斜的,这是因为市场参与者为规避风险,对于长期的债券要求一个更高的流动性溢价。与此相反,市场分割假说很难解释不同期限的利率最终会趋同这一现象,因为每个市场根据定义来看是独立的。同样地,金融自由化及过去几十年金融系统的制度改变使得强调不同期限债券互相替换的困难性的观点很难被接受。

总结：对收益率曲线形状的三种解释,预期假说、流动性假说更适用,且在两者中,流动性溢价可能是最有理的解释,因为它在解释了向上倾斜的收益率曲线出现更频繁这一现象。

表 6.3 作为通货膨胀先行指标的收益率曲线

当前年份：2015	一期债券			三期债券
面板 A：基本案例				
时期（t = 2015，t + 1 = 2016，t + 2 = 2017）	t	t + 1	t + 2	t
真实利率%	3	3	3	3
预期通货膨胀率%	3	3	3	3
名义利率%	6	6	6	6
面板 B：实际经济活动增加	一期债券			三期债券
时期（t = 2015，t + 1 = 2016，t + 2 = 2017）	t	t + 1	t + 2	t
真实利率%	3	3	3	3
预期通货膨胀率%	3	4	5	4
名义利率%	6	7	8	7

6.7 预期通货膨胀的罗夏墨迹试验下的收益率曲线

收益率曲线及其变化是反映未来通货膨胀的先行指标,因为收益率曲线是基于平均预期名义利率的曲线,而实际利率由实际利率和预期通货膨胀组成。保持实际利率不变使得收益率曲线的变化可以反映预期通货膨胀的变化。这就是收益率曲线用来预期市场未来通货膨胀的证据。然而,即使有暗示的证据以及潜在的理论支持,收益率曲线不能机械地用来预测未来通货膨胀,因为需要控制的变量太多。换句话说,使用收益率曲线用作预计通货膨胀的指标需要谨慎。我们首先会解释如何将收益率曲线用作预期通货膨胀的指标,之后会解释为什么这一关系需要在更宽泛的背景下才能成立。

为了完成这些,我们需要将表达式 6.7 与 6.8 中代表名义利率的变量 r 分解为两部分:真实利率与预期通货膨胀。

表 6.3 展示了收益率曲线如何用来反映未来价格水平的变动。面板 A 中为基本案例。基本案例由一个三期的计划期与三个不同到期期限的债券组成:一期债券、两期债券与三期债券。一期债券在 t 时期开始时的真实利率 rr 为 3% 且预计在 t + 2 与 t + 3 时刻均保持在 3%,至此,在这一假设下,三年期在 t 时期开始时的债券真实利率为 3%。然而,市场预期通货膨胀率不变,则整个时段的通货膨胀率为 (3.0 + 3.0 + 3.0)/3 = 3%。在费雪效应下,一期债券在 t、t + 1 和 t + 2 时期的名义利率为 6%,而 t 时期的三期债券名义利率也为 6%。收益率曲线在 t 时期一起与三期债券的利差为零或利率曲线为平坦的。(图 6.5)

在面板 B 中市场的预期真实利率保持不变,但预期通货膨胀率在 t + 1 时期上升到 4%,在 t + 2 时期上升到 5%。三期的预期通货膨胀率为 4% 且一期债券的名义利率包含了较高的通货膨胀率,所以 t + 1 时期的预期利率从 6% 上升到了 7%,t + 2 时期的预期利率从 6% 上升到了 8%。三期债券的名义利率在 t 时期从 6% 上升到 7%。收益率曲线在 t 时期,衡量了一期与三期债券利率之差为 + 1.00 或

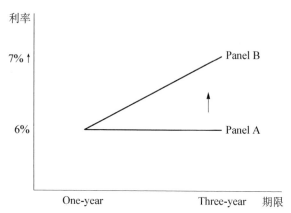

图 6.5 更高预期通货膨胀对收益率曲线的影响

是上行的（图 6.5）。

至此，其他变量保持不变，预期通货膨胀率的上升增加了收益率曲线的斜率，同样地，预期通货膨胀率下降，收益率曲线的斜率降低。问题在于其他变量也需要保持不变。在这个例子中至少存在两个以上的变量会使得收益率曲线上升或下降。当预期通货膨胀率与真实利率保持不变，流动性溢价的上升（降低）使得收益率曲线上移（下移）。更重要的是，实际的经济活动的增加（减少）会以同样的方式，通过改变一期的真实利率而非通货膨胀率，来改变收益率曲线的形状。

表 6.4 作为经济周期先行指标的收益率曲线

当前年份：2015	一期债券			三期债券
面板 A：基本案例				
时期（t = 2015，t + 1 = 2016，t + 2 = 2017）	t	t + 1	t + 2	t

（续表）

当前年份：2015	一期债券			三期债券
面板 A：基本案例				
真实利率％	3	3	3	3
预期通货膨胀率％	3	3	3	3
名义利率％	6	6	6	6
面板 B：实际经济活动增加	一期债券			三期债券
时期（t = 2015，t + 1 = 2016，t + 2 = 2017）	t	t + 1	t + 2	t
真实利率％	3	4	5	4
预期通货膨胀率％	3	3	3	3
名义利率％	6	7	8	7

6.8　经济周期的罗夏墨迹试验下的收益率曲线

收益率曲线在预期短期利率变化发生移动，而预期的短期名义利率由真实利率与预期通货膨胀组成。在表 6.3 中真实利率保持不变，我们关注的是预期通货膨胀的变化来确定收益率曲线如何被用作估计市场通货膨胀率的指标。现在我们保持预期通货膨胀率不变，观察预期真实利率的变动如何作为未来经济周期的指标。在第五章讨论过，扩张的经济活动中真实利率上升，之后预期真实利率上升与预期的经济扩张程度相一致，此后预期真实利率的下降与预期经济周期的收缩也相一致。

　　表6.4中面板A与表6.3的面板A的基础情况相同。面板B展示的是市场对经济活动复苏的预期如何影响收益率曲线。当市场预期经济周期扩张，表明市场预期真实利率上升，因为对资金的需求曲线相较于供给曲线向右移动了更多。真实利率在 t 时刻依然为3%，但市场预期真实利率在 t+1 时刻从3%上升至4%，在t+2时刻从4%上升至5%。收益率曲线由0.0移动至+1.0，如图6.6所示。如果市场预期经济下行，反映出来的是预期一起真实利率在 t+1 与 t+2 时刻的下降，收益率曲线由平坦变为下降或者说倒置。

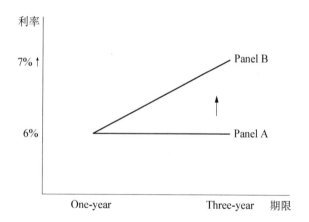

图6.6　更高的经济活动增长对收益率曲线的影响

6.9　通货膨胀与经济周期的罗夏
墨迹试验下的收益率曲线

　　不考虑流动性溢价的变化，一个上移的收益率曲线与预期通货膨胀的上升及预期经济周期的扩张相一致。然而,要分辨这两个使收益率曲线上升的因素很难,因为预期通货膨胀与预期经济周期的扩张是相关的。同样地,下移的收益率曲线也与预期通货膨胀的降低及预期经济周期的收缩相一致。然而,因为它们之间的相关性,很难将两者的效应区分开。

　　这意味着,收益率曲线的上升是在经济上行与通货膨胀时的先行指标。确定每个因素对收益率曲线的影响是困难的,但至少,考虑到流动性溢价的变化,我们不应将收益率曲线机械地用作衡量未来经济活动的指标。

第 7 章
金融部门的国际维度

7.1 引言

到目前为止的讨论都聚焦在国内借贷上,并在很大程度上忽略了金融部门的国际维度。此章节从多个方面回顾了金融部门的国际维度从而完成对一个国家金融部门的讨论。对国际金融的思考,不仅对理解国际金融的基础知识十分重要,对理解中央银行的政策也是如此。中央银行经常干预国际金融市场的运行,并常常受国际金融市场发展的影响。这个章节聚焦于国际金融部门中被认为最重要的以下几个维度。

首先,我们考虑收支平衡或国际交易账户如何衡量一个国家和其他国家之间的实物和资本关系,为了简单起见,我们把这些账户称为国际收支平衡表(SIT)。第二,然后 SIT 被当作框架来解释汇率的决定,国内利率和世界利率之间的关系以及中央银行如何干预外汇市场。第三,本章就两种汇率制度——固定汇率制和浮动汇率制如何运作进行讨论,并解释了为什么固定汇率制度在长期中通常不起作用。这个部分的讨论包括了第二次世界大战之后汇率制度的简短历史。第四点也是最后一点,我们考虑一个国家和其他国家之间贸易不平衡背后的基本经济学。

7.2 美国的国际收支平衡表

国际收支平衡表是从美国的视角出发的,对世界上其他国家收入和支出的资金流陈述。收入和支出代表了美国和其他国家之间的实物和金融交易。当美国向世界上其他国家出售商品和服务、获取收益款或出售金融资产时,收入就产生了。收入对美国而言是资金的来源,并被记为贷款。当美国向世界上其他国家购买商品和服务、支付收益付款或购买金融资产时,支出就产生了。支出对美国而言是资金的使用,并被记为借款。

国际收支平衡表是对资金流的陈述,所以有总收入(资金的来源)等于总支出(资金的使用)。因此任何的不平衡,例如贸易赤字或贸易盈余,都是指总报表中某一特定部分的收入和支出之间的不平衡。表 7.1 展示了 2010 年到 2013 年实际的美国国际收支平衡表的一个简化版本,并借此说明国际收支平衡表是怎么构成和解读的。

表 7.1 2010 至 2013 年的国际交易报表

	2010	2011	2012	2013
经常账户(百万美元)				
商品和服务的出口以及收入(贷款)	\$2 630 799	\$2 987 571	\$3 085 260	\$3 178 744

（续表）

	2010	2011	2012	2013
商品	$1 290 273	$1 499 240	$1 561 689	$1 592 784
服务	$563 333	$627 781	$654 850	$687 410
收入	$777 193	$759 727	$762 885	$780 120
商品和服务的进口以及支出(借款)	$3 074 729	$3 446 914	$3 546 009	$3 578 998
商品	$1 938 950	$2 239 886	$2 303 785	$2 294 453
服务	$409 313	$435 761	$450 360	$462 134
支出	$726 466	$538 761	$559 892	$580 466
经常账户的平衡	− $443 930	− $459 344	− $460 749	− $400 254
商品和服务的平衡	− $494 658	− $548 625	− $537 605	− $476 392
商品的平衡	− $648 678	− $740 646	− $742 095	− $701 669
服务的平衡	$154 020	$192 020	$204 490	$225 276
资本账户(百万美元)				
美国获得的金融资产的净额(资产的净增额/金融流出(＋))	$963 606	$497 506	$179 246	$647 423
美国的负债净额(债务的净增额/金融流入(＋))	$1 400 421	$1 012 079	$609 641	$1 017 669
资本账户的平衡	$436 815	$514 573	$430 395	$370 246
统计误差	$7 116	− $55 229	$30 353	$30 008
消除统计误差后的资本账户平衡	$443 931	$459 344	$460 748	$400 254

注：单方面转移包含在经常账户的收入分类中。

资料来源：Bureau of Economic Analysis.

国际收支平衡表分为两个部分：经常账户（CA）和资本账户（FA）。经常账户代表了商品、服务、收益和单方面转移的流动，而资本账户代表了金融资产的流动。正如下列方程所阐释的那样，资本账户就像是经常账户的镜像。

CA 中的收入＋FA 中的收入 ＝ CA 中的支出＋FA 中的支出

CA 中的收入－FA 中的收入 ＝ CA 中的支出－FA 中的支出

CA 中的余额（收入－支出）与 FA 中的余额（收入－支出）
相互抵消

$$(7.1)$$

经常账户：经常账户中的收入代表当美国出口商品（例如，出售给日本一辆汽车），出口服务（例如，日本购买美国的交通或金融服务把汽车运送到日本），获得收入（日本向美国支付被其持有的金融工具产生的利息和股利支付）或收取单方面转移（日本向居住在美国的某人转移资金）时，从世界上其他国家获得的收入。因此对美国而言，向其他国家出口商品、服务是其资金的来源。

经常账户中的支出代表当美国进口商品（例如，从日本进口一辆汽车），进口服务（例如，美国购买日本的交通或金融服务把汽车运送到美国），支付支出（美国向日本支付被其持有的金融工具产生的利息或股利支付）或汇出单方面转移（美国向居住在日本的某人转移资金）时，向世界上其他国家支付的支出。因此对美国而言，从其他国家进口商品、服务是其资金的使用。

经常账户中资金和服务等的流动都体现在资本账户中金融资产的流动。换句话说，这两个账户是对称的。

资本账户：资本账户中的收入代表当美国向世界上其他国家

出售金融资产时获取的资金。金融账户中的收入被称作金融流入或借款。金融账户中的支出代表当美国向世界上其他国家购买金融资产时的支出。金融账户中的支出被称作金融流出或贷款。

由于国际收支平衡表是资金来源和使用的说明，其中总收入等于总支出，所以经常账户中的平衡必须被金融账户中的平衡抵消，正如表达式 7.1 所描述的那样。如果经常账户是盈余（收入大于支出）的，那么金融账户是赤字（收入小于支出）的；如果经常账户是赤字（收入小于支出）的，那么金融账户是盈余（收入大于支出）的；如果经常账户是平衡（收入等于支出）的，那么金融账户也是平衡（收入等于支出）的。从会计恒等式中可以很明显看出总收入等于总支出，但我们可以从直觉上来理解国际收支平衡表中的这两个部分。

一个经常账户赤字的国家，其进口大于出口，因此这个国家必须从世界上其他国家净借入资金来弥补差额。在资金流框架下这个国家是个赤字单位，因此是个净借方。一个经常账户盈余的国家，其出口大于进口，因此这个国家必须贷款给世界上其他国家来弥补差额。在资金流框架下这个国家是个盈余单位，因此是个净贷方。

2013 年的经常账户和资本账户：表 7.1 中的 2013 年国际收支平衡表可以用来说明 7.1 式。2013 年，美国向世界上其他国家出售商品和服务并获取了总计 31 790 亿美元的收入。美国向世界上其他国家购买商品和服务并支付支出总计 35 790 亿美元。最终在 2013 年，美国经常账户赤字为 400 亿美元。换句话说，从经常账户的视角来看，在 2013 年美国向世界上其他国家支付的金额超过其获取的金额。

经常账户平衡是衡量美国和其他国家之间资金、服务和收益流动的最佳方法。然而,我们可以从表7.1中列出的经常账户中计算出各种各样的次平衡。例如有商品和服务的平衡(-476亿美元)、商品的平衡(-702亿美元)以及服务的平衡(225亿美元)。商品或贸易的平衡在新闻媒体中频繁提及,次数远远超过经常账户。然而经常账户才是最重要的,因为其反映了对世界上其他国家而言,美国到底是净借方还是净贷方。此外,次平衡还可能导致关于美国在世界经济中竞争力的误导性观点。记住,尽管在2013年商品和贸易的平衡是赤字的,但服务的平衡是盈余的。对世界上其他国家而言美国是主要的服务提供商,尤其是金融服务。

总的来看国际收支平衡表必须是平衡的,因为其采用的是复式记账法。换句话说,总收入必须等于总支出。经常账户中的赤字被向其他国家的净借款所抵消,经常账户中盈余被给其他国家的净贷款所抵消。在表7.1中,2013年美国增加了对世界上其他国家的债权(购买金融资产或贷款)647亿美元,同时,增加了对其他国家的债务(出售金融资产或借款)1 018亿美元。由于收入(1 018亿美元)超过支出(647亿美元)达370亿美元,所以资本账户是盈余的。然而,资本账户中370亿美元的盈余并不等于经常账户中400亿美元的赤字,这看起来与7.1式相矛盾。两者的差额体现了计算国际收支平衡表各组成部分的难度,特别是资本流。根据7.1式,国际收支平衡表必须平衡。因此,资本账户平衡中加入了30亿美元的"统计误差"因素从而得到了调整之后400亿美元的资本账户,除了四舍五入的误差之外其与经常账户平衡相等。

因此,7.1式可以用包含统计误差值的2013年国际收支平衡表重新表述,这个统计误差对2013年的资本账户而言是收入。除了四舍五入的误差之外,两者总额相等。

$$CA 中的收入 + FA 中的收入 = CA 中的支出 + FA 中的支出$$
$$\$3\,179 + (\$1\,018 + \$30) = \$3\,579 + \$647$$
$$CA 中的收入 - FA 中的收入 = CA 中的支出 - FA 中的支出$$
$$\$3\,179 - \$3\,579 = \$647 - (\$1\,018 + \$30)$$
$$CA 中的平衡(收入 - 支出)与 FA 中的平衡(收入 - 支出)相互抵消$$
$$-\$400 = \$401 \tag{7.2}$$

2013 年,经常账户中 - 400 亿美元的不平衡被 400 亿美元的净资本流动抵消了,这代表美国的海外债权增加了。美国的海外债权以各种形式产生。例如,用外国流入的资本购买美国金融资产,如股票、债券和政府证券;在美国进行直接投资,如建造工厂;购买美国持有的国际储备。

7.3　汇率和外汇市场

汇率表示用一个国家的货币(本币)购买另一个国家的货币(外币)所需的数量。日元和美元之间的汇率是 100∶$1.00,表示 1.00 美元可以购买 100 日元或 1 日元可以购买 0.01 美元。在开始讨论外汇市场和外汇市场决定的汇率之前,有两个问题需要解答。为什么汇率如此重要? 个人是怎样参与到外汇交易活动中的?

外汇之所以重要,是因为这个世界用不同的货币进行实物和金融交易,而外汇市场便利了使用不同货币的国际贸易和金融。例如,当你在美国购买日本制造的产品时,支付的是美元。然而这

个日本出口商最终想的是日元,所以必须存在一个把美元兑换成
日元的机制。同样地,当日本人在日本购买美国制造的产品时,交
易是用日元完成的,但最终这个美国出口商想的是美元。外汇市
场不仅方便了在拥有不同货币的世界中开展国际经济活动,在其
中决定的汇率也影响着经济活动和中央银行的政策。

汇率影响着一个国家的出口和进口,同时随着世界经济一体
化程度加深,出口和进口占每个国家国内经济的份额变得越来越
大。如果一个国家的货币贬值(外币升值)以至于能购买的外汇变
少,那么这个国家的出口会增加,进口会减少。

例如,当日元/美元的汇率从 1 美元兑 100 日元下降到 50 日元
时,美元就贬值了。在低汇率时,美国生产的商品和服务对日本消
费者而言会变得更便宜。例如,在日元升值汇率降低的情况下,一
件美国生产的 1 000 美元的商品现在花费 50 000 日元而不是
10 000日元。因此,美国对日本的出口会增加。更低的汇率同样提
高了日本生产的商品和服务的费用。一件日本生产的 10 000 日元
的商品现在花费 2000 美元而不是 1 000 美元。因此,美国从日本
的进口会减少。对任何国家而言,出口和进口的变化都是决定国
内经济活动的重要因素。

大部分读者都熟悉一小部分外汇市场。大多数人都到访过另
一个国家并在机场用本国货币购买那个国家的货币,并在离开那
个国家时,在机场把剩下的货币转换为本国货币。然而,这只是几
百家银行和其他愿意买卖不同货币计价的存款的经销商之间复杂
相互关系的一部分。这些经销商并不买卖实际的美元、日元或欧
元,但买卖用美元、日元或欧元计价的存款。这些交易面额较大,
通常每笔交易都超过一百万美元,并在任意一天,用不同货币计价

的存款的交易量是巨大的——每天数万亿美元。然而,净外汇交易就少得多。如果一美国银行欠一英国银行1 000万美元存款,而这个英国银行又欠这个美国银行900万美元存款,那么净交易就是100万美元。

外汇市场由现期市场和远期市场组成。现期市场的外汇买卖交割即刻完成,期限通常为两天。远期市场的外汇买卖交割在未来某一确定时刻完成。现期或当前的汇率是当前一种货币相对于另一种货币的价格,而远期汇率是市场对现货汇率在未来某一时刻的预期。

7.4　汇率

汇率的决定因素可以通过考虑两个国家——美国和日本来解释。美元和日元之间的汇率既可以从美元供求的视角也可以从日元供求的视角来理解。在前一种情况下,日元/美元的汇率是价格变量,在后一种情况下,美元/日元的汇率是价格变量。在下述讨论中,本书聚焦于美元的供求和日元/美元的汇率。

要理解汇率的决定因素,最好首先从经常账户的视角出发考虑汇率是如何决定的,再从资本账户的视角出发进行思考。汇率只有一个,但影响汇率及经常账户和资本账户两者相互关系的不同因素最好用以下两个步骤来理解。

图7.1说明了经常账户视角下美元供求决定的日元/美元汇率。

美元的需求:首先回答以下三个问题来考虑美元的需求函数。美元的需求函数代表什么? 为什么需求曲线是向下倾斜的? 使得

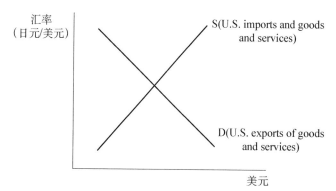

图 7.1　经常账户视角下的外汇市场

美元需求曲线移动的基本因素有哪些？

　　任何汇率下的美元需求量都代表美国出口到日本的商品和服务的数额。日本购买美国生产的商品和服务并支付日元,然后日元被供给到外汇市场上兑换美元以支付给美国出口商。美国出口商最终想要的是美元。

　　美元的需求曲线是向下倾斜的,因为随着汇率下降购买美元所需的日元数量变少了,所以用日元计价的美国商品和服务的价格下降了。在上述例子中,在汇率为 100 日元/1.00 美元的情况下,一件美国生产的 1 000 美元的商品花费 100 000 日元,但如果汇率为 50 日元/1.00 美元,那么同样的商品只需 50 000 日元。因此,随着汇率下降,美元会贬值而日元会升值,需要的美元会增加,反之亦然。

　　图 7.1 中的需求函数是在"其他条件保持恒定"的情况下画出的。这些保持恒定的变量发生的任何变动都会移动需求函数,所以在任何汇率下需求的美元数量要么会变多(需求增加——美元

的需求曲线向右移动),要么会变少(需求减少——美元需求曲线向左移动)。下面的六个因素被认为是十分重要的。

(1)日本的 GDP 增加,会增加日本对本土和美国生产的商品和服务的支出,并导致需求函数向右移动。同样地,日本的 GDP 减少会导致需求函数向左移动。

(2)日本对美国生产的商品和服务的偏好增加会增加对美国生产的商品和服务的需求,并导致需求函数向右移动。日本对美国生产的商品和服务的偏好下降会导致需求函数向左移动。

(3)美国生产率的上升使得美国出口商得以降低价格和维持利润空间。因此,美国生产的商品和服务的价格降低会导致需求函数向右移动。美国生产率的下降会导致需求函数向左移动。

(4)对美国出口商的政府补贴增加,例如税收抵免或利息更低的贷款,使得出口商能够降低价格,最终需求函数会向右移动。对出口商的政府补贴减少会导致需求函数向左移动。

(5)日本对美国生产、日本进口的商品和服务的关税、限额或其他贸易限制减少,会使得需求函数向右移动。日本对美国生产、日本进口的商品和服务的关税、限额或其他贸易限制增加,会使得需求函数向左移动。

(6)美国生产、出口到日本的商品和服务的美国本土价格降低,会导致需求函数向右移动。更高的本土价格则会导致需求函数向左移动。

美元的供给:现在回答以下三个问题来考虑美元的供给函数。美元的供给函数代表什么?为什么供给曲线是向上倾斜的?使得美元供给曲线移动的基本因素有哪些?

任何汇率下的美元供给量代表美国从日本进口的商品和服务

的数额。美国购买日本生产的商品和服务并支付美元,但接着美元被供给到外汇市场上来换取日元以支付日本出口商。日本出口商最终想要的是日元。

美元的供给曲线是向上倾斜的,因为随着汇率下降,购买日元所需的美元数量变多了,所以用美元计价的日本生产的商品和服务的价格上升了。在上述例子中,在汇率为 100 日元/1.00 美元的情况下,一件日本生产的 100 000 日元的商品会花费 1 000 美元,但如果汇率为 50 日元/1.00 美元,那么同样的商品需要 2000 美元。因此,随着汇率下降,美元会贬值而日元会升值,供给的美元会减少,反之亦然。

图 7.1 中的供给函数是在"其他条件保持恒定"的情况下画出的。这些保持恒定的变量的任何变动都会导致供给函数的移动,所以在任何汇率下供给的美元数量要么会变多(供给增加——美元的供给曲线向右移动),要么会变少(供给减少——美元供给曲线向左移动)。下面的六个因素被视为十分重要。

(1) 美国的 GDP 增加,会增加美国对本土和日本生产的商品和服务的支出,并导致供给函数向右移动。同样地,美国的 GDP 减少会导致供给函数向左移动。

(2) 美国对日本生产的商品和服务的偏好增加会增加对日本生产的商品和服务的需求,并导致供给函数向右移动。美国对日本生产的商品和服务的偏好下降会导致供给函数向左移动。

(3) 日本生产率的上升使得日本出口商得以降低价格和维持利润空间。因此,日本生产的商品和服务的价格降低会导致供给函数向右移动。日本生产率的下降会导致供给函数向左移动。

(4) 对日本出口商的政府补贴增加,例如税收抵免或利息更低的贷款,使得出口商能够降低价格,最终供给函数会向右移动。对出口商的政府补贴减少会导致需求供给向左移动。

（5）美国对日本生产、美国进口的商品和服务的关税、限额或其他贸易限制减少,会使得供给函数向右移动。美国对日本生产、日本进口的商品和服务的关税、限额或其他贸易限制增加,会使得供给函数向左移动。

（6）日本生产、出口到美国的商品和服务的日本本土价格降低,会导致供给函数向右移动。更高的本土价格则会导致供给函数向左移动。

表7.2总结了经常账户视角下决定供求函数位置的基础因素。

表7.2 美国视角下的基础因素和汇率,美元的供给和需求

影响美元需求的基础因素的变动	需求函数的移动	对汇率的影响
日本 GDP 的增加	→	美元升值,日元贬值
日本 GDP 的减少	←	美元贬值,日元升值
日本对美国商品和服务的偏好提高	→	美元升值,日元贬值
日本对美国商品和服务的偏好降低	←	美元贬值,日元升值
美国生产率提高	→	美元升值,日元贬值
美国生产率降低	←	美元贬值,日元升值
美国对出口商的补贴增加	→	美元升值,日元贬值
美国对出口商的补贴减少	←	美元贬值,日元升值
对日本的贸易限制减少	→	美元升值,日元贬值
对日本的贸易限制增加	←	美元贬值,日元升值

（续表）

影响美元需求的基础因素的变动	需求函数的移动	对汇率的影响
美国国内价格降低	→	美元升值,日元贬值
美国国内价格升高	←	美元贬值,日元升值
美国 GDP 的增加	→	美元贬值,日元升值
美国 GDP 的减少	←	美元升值,日元贬值
美国对日本商品和服务的偏好提高	→	美元贬值,日元升值
美国对日本商品和服务的偏好降低	←	美元升值,日元贬值
日本生产率提高	→	美元贬值,日元升值
日本生产率降低	←	美元升值,日元贬值
日本对出口商的补贴增加	→	美元贬值,日元升值
日本对出口商的补贴减少	←	美元升值,日元贬值
对美国的贸易限制减少	→	美元贬值,日元升值
对美国的贸易限制增加	←	美元升值,日元贬值
日本国内价格降低	→	美元贬值,日元升值
日本国内价格升高	←	美元升值,日元贬值

资本账户视角下的汇率:资本账户由用美元计价的金融资产流组成,并且可以用上述同样的美元供求框架来理解,除了数量变量现在是美元计价的金融资产而不是进出口商品和服务的美元数量。然而,资本账户和经常账户之间有三个差异。

第一,资本账户中每天的流量远超经常账户中每天的流量,尽管从表 7.1 中看起来资本账户中的流量远小于经常账户中的流量。实际上,总资本流量远超过经常账户中的流量。例如,如果一英国银行欠一美国银行1 000万美元存款,这个美国银行欠英国银行900万美元存款,那么从英国银行到美国银行的净流量就仅为100万美元。第二,资本账户的流动与经常账户中商品和服务的流动相比对短期发展更为敏感,这是因为金融交易对决定汇率的基本因素的变动更敏感。实际上,汇率的日常变动本质上是由资本流动决定的,而汇率的长期变动本质上是由经常账户中商品、服务等的流动决定的。第三,尽管从经常账户的角度来看供求关系对理解汇率十分重要,但绝大部分的汇率变动是由对美元计价的金融资产的需求变动决定的,因为现有的金融资产存量与汇率变动而导致的金融资产供给变动相比数额大得多。换句话说,为了从资本账户的视角来理解汇率变动,美元的供给量是给定的。即供给函数是垂直的,这表明汇率的变动对以美元计价的金融资产的供给数量没有影响。

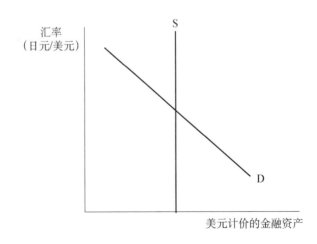

图7.2　资本账户视角下的外汇市场

图 7.2 从资本账户的视角说明了汇率是怎么决定的。以美元计价的国内金融资产的供给函数是垂直的,数值为现有金融资产的存量。换句话说,以美元计价的国内金融资产的供给是固定的,并不随着汇率的变动而变动。需求函数表明了对国内金融资产的需求量,并对汇率变动十分敏感。为什么需求函数是向下倾斜的以及导致需求函数移动的潜在基本因素是什么?

国内金融资产的需求函数向下倾斜的原因,与购买美国生产的商品、服务等的美元需求函数向下倾斜的原因相同。随着汇率下降,美元贬值,任何国内金融资产的价格都会下降。即随着汇率下降,购买一张 10 万美元的短期国库券花费的外汇会变少。

影响以美元计价的金融资产的需求函数位置的基本因素有两个:国内真实利率以及日元和美元之间的预期未来汇率。

国内真实利率。在下面的讨论中,通胀预期保持恒定,所以名义利率的变动就代表了真实利率的变动。国内利率的上升增加了与持有日本金融资产相比,持有国内金融资产的回报,并导致需求函数向右移动。国内利率的下降降低了持有国内金融资产的回报,并导致需求函数向左移动。

预期未来汇率。预期未来汇率把资本账户视角下的汇率与经常账户视角下的汇率联系在一起,因为预期未来汇率取决于表 7.2 中总结的基本因素的预期变动。理解这个关系需要两个步骤。首先,预期未来汇率如何影响对美元资产的需求?其次,什么决定了预期未来汇率?

国内的金融资产支付利息和本金用的是美元。因此,如果市场预期未来美元会贬值,那么对以美元计价的金融资产的需求函数就会向左移动。在任何汇率下,国内金融资产的需求都会减少,因为预期形成过程中用以支付的货币正在贬值,所以市场预期支付的利息和本金的价值会下降。如果市场预期未来美元会升值,那么对以美元计价的金融资产的需求函数就会向右移动,因为就外汇而言,利息和本金预期会升值。

什么决定了预期未来汇率?列在表7.2中的基本因素的变动决定了预期汇率。如果市场预期美国 GDP 将来会增加,那么随着美国从日本的进口增加,市场预期美元的供给函数向右移动,从而预期美元贬值。这会导致对以美元计价的金融资产的需求函数向左移动,降低汇率。同时,如果市场预期日本 GDP 将来会增加,那么随着美国向日本的出口增加,市场预期美元的需求向右移动,从而预期美元升值。这会导致以美元计价的金融资产的需求函数向右移动,提高汇率。

由此可见,从资本账户的视角把预期作为决定汇率的基本因素引入,使得经常账户和资本账户联系在一起,同时也解释了为什么汇率每天都在浮动。对未来汇率的预期取决于对影响汇率的诸多基本因素的预期。

实际利率和名义利率对汇率的影响: 在上述的讨论中我们并没有区分实际利率和名义利率,并假设汇率的变动是由实际利率的变动引起的。要全面理解利率和汇率之间的关系,现在需要给出更多的细节。

正如第 5 章解释的那样,名义利率是实际利率和预期通胀率之和。实际利率的任何变化都对以美元计价的金融资产的需求和汇率有如上所预测的影响。换句话说,国内真实利率的上升(下降)会导致对以美元计价的金融资产的需求向右(左)移动,并使得美元升值(贬值)。

现考虑预期通胀率变动导致的利率变动,其对金融资产需求的影响,与实际利率变动导致的利率变动所产生的影响相反。

预期国内通胀率的上升并不改变真实利率,因此,预期通胀率的变动并不会改变持有国内金融资产所带来的实际收益。然而,预期通胀率的上升会导致预期未来汇率下降,并导致对国内资产的需求向左移动。其原理是这样的。从经常账户视角来看,更高的预期通胀率会导致对美元的需求预期向左移动,从而导致汇率预期下降,这反过来又使得对国内金融资产的需求函数向左移动。因此,实际利率的上升导致的利率上升会使美元升值,而预期通胀率的上升导致的利率上升会使美元贬值。

两点最后说明:第一,根本因素的任何变动都是在保持"其他条件恒定"的情况下进行的,在外汇市场的例子中,这个条件还包含其他国家的基本因素。因此,美国的利率、GDP 和生产率等的变化都是与其他国家相较而言的。

第二,在上述的讨论中,我们只考虑了基本因素的变动而产生的初始效应。实际上,任何基本因素的变动都会对汇率产生一系列的影响。为了说明这点,我们考虑更高的预期通胀率对汇率产生的影响。初始效应是随着美国的商品和服务现在变得比日本生产的商品和服务更昂贵,经常账户中美元的需求函数向左移动。日本从美国的进口减少。同时,随着美国居民用日本生产的商品和服务替代价格更高的国内商品和服务,美元的供给会向右移动。美国从日本的进口增加。需求的初始变动使得美元贬值,而供给变动的继发效应则进一步使美元贬值。实际上这种继发效应对给定基本因素的任何变动都存在。

7.5   中央银行的外汇干预

到目前为止的讨论都强调汇率是经常账户和资本账户视角下美元供求这一市场行为的结果。然而,政府经常通过中央银行来影响汇率。中央银行影响汇率的途径主要有两个。

第一,通过影响汇率的综合性货币政策,中央银行可以直接使美元的需求函数向左或向右移动。例如,扩大货币供给会降低利率,从而导致以美元计价的金融资产的需求函数向左移动并使得美元贬值。减少货币供给会提高利率,从而导致美元资产的需求函数向右移动并使美元升值。

第二,在当前讨论的背景之下,中央银行直接干预外汇市场来影响对本币和其他国家货币的需求,从而达到特定的汇率目标。中央银行持有叫作国际储备(黄金、重要外汇,例如日元、欧元或英镑,以及当作国际储备和投资资产的其他资产)的特定资产并用于购买外国货币,同时央行使用自身拥有的货币(中央银行可以创造)来购买国际储备资产。如果中央银行购买他国货币,那么该外币对于本币就会升值,相反,如果中央银行出售他国货币,那么该外币对于本币就会贬值。

没有证据表明央行可以长时间维持一个与市场力量决定的汇率不同的汇率,但央行可以在短期内影响汇率。央行通过干预外汇市场使得汇率浮动变得更平滑,并达到一个汇率目标。例如,央行经常降低本币汇率来刺激出口和增加国内 GDP;例如,亚洲国家的央行就以贬值本币或起码限制本币升值而著称,因为这些国家都依赖以出口为基础的发展战略。它们用国际储备资产购买美元资产（使美元资产的需求函数向右移动）来达成这个目标，因此使得美元升值、本币贬值以鼓励出口、减少进口。日本因此频繁干预外汇市场。财政部通常负责作出干预外汇市场的决定，但具体操作则由央行实施。

央行对外汇的干预是个十分复杂的过程，但就央行能否在所有情况下直接影响汇率，即使是在短期内，还存在大量争论。无论如何，美联储的确实施外汇干预来影响汇率，但实际上美国汇率在货币政策的形成和实施过程中扮演的角色相当小。而在日本，影响汇率是个重要得多的政策目标。

7.6　汇率制度

历史上有两种把一种货币转换为另一种货币的基本汇率制度：固定汇率制和浮动汇率制。固定汇率据称可以消除国际贸易和金融中的汇率风险，因此能激励国际贸易和金融的增长。然而，只有当各个国家都遵循固定汇率制的规则时这个制度才能发挥作用。浮动汇率制据称允许市场而不是政府决定汇率，并且不需要政府颁布政治上难以操作的政策来维持固定汇率制。

7.7　固定汇率制：概况、发展和消亡

金本位制是传统的固定汇率制度。金本位制仅仅需要两个条件：第一，每个国家都建立用其货币计价的官方黄金价格（黄金对其货币的兑换价格）；第二，每个国家都同意以官方价格用黄金购买本国货币。举例说明，如果美国把黄金的价格设定为每盎司 25

美元,日本把黄金的价格设定为每盎司5 000日元,那么汇率便是200日元比1.00美元。为了维持这个汇率,日本同意以每盎司5 000日元的价格用黄金购买日元,美国同意以每盎司25美元的价格用黄金购买美元。

金本位制和固定汇率制是第一次世界大战前国际贸易和金融的一个特点。然而1870年以后,相对于世界经济的增长步伐,全球黄金的低产导致了许多国家发生通货紧缩,尤其是在美国。1885年以后,世界范围内黄金的供给增加并推高了物价,这种情况一直延续到第一次世界大战。在第一次世界大战之后,各个国家都回归了金本位制,但英国高估了其货币的价值使得其向和平时期经济的过渡变得困难。大萧条使国际贸易和金融陷入了混乱,各个国家都摒弃了金本位制。在第二次世界大战结束之前的1944年7月,同盟国在新罕布什尔州的布雷顿森林为和平时期的世界创造了新的固定汇率制度,称为布雷顿森林固定汇率体系。第二次世界大战直到1945年5月才在欧洲停战,直到1945年8月才在亚洲停战。然而在1944年中期之前同盟国就有足够信心德国和日本马上会投降(意大利在1943年9月就已投降)。

布雷顿森林体系的目标是建立固定汇率制度以促进国际贸易和金融,建立机制以允许汇率在特定和可控的条件下变动,以及建立机构来维持支出调整和汇率变动的有序平衡以及鼓励国际贸易和金融。

国际货币基金组织(IMF)起初由30个会员国组成,如今会员国数量已经超过180个,其目的在于维护新的固定汇率以及帮助那些经常账户赤字的国家。世界银行建立的目的在于为发展中国家提供基建项目的贷款。关税与贸易总协定(GATT)设立于1947

年，其目的在于监察贸易限制及鼓励更多的开放国际贸易。关税与贸易总协定在 1994 年演变为世界贸易组织（WTO）。由于 1973 年固定汇率制的崩溃以及 20 世纪 80 年代和 20 世纪 90 年代的金融自由化，自 19 世纪 70 年代以来国际货币基金组织和世界银行的角色都发生了改变。然而，这两个机构和世界贸易组织一起构成了现行国际金融部门机构设置的重要组成部分。

布雷顿森林体系是怎样设计从而实现固定汇率制以及其为什么在 1973 年崩溃？

美国在第二次世界大战中成为世界上最强大的工业和军事国家。除了日本袭击欧胡岛的珍珠港之外，美国是主要国家中唯一未被战火波及的，尽管当时夏威夷只是美国的领地并且直到 20 世纪 60 年代才正式成为美国的一部分。美国持有当时世界绝大部分的生产能力，并持有大部分的黄金供给。布雷顿森林体系因此把美元确立为关键或储备货币；把黄金兑美元的价格确立为每盎司 35 美元；允许他国政府用美元兑换黄金；确立美元和外币之间的汇率。美元的特殊角色也带来了一些问题。美国被要求实行国内政策来确保美元能够以每盎司 35 美元的价格兑换为黄金。到了 20 世纪 60 年代这一要求变得很难实现。

布雷顿森林体系的意图是好的，但它在 20 世纪 60 年代开始瓦解，并在 1973 年当世界采取浮动汇率制时崩溃。布雷顿森林体系自身存在很多从经济方面到政治方面的问题，但其失败的根本原因是一些国家并没有遵循固定汇率制的"规则"。

图 7.3 突出了任何固定汇率制都有的基本缺陷。官方的（固定）汇率用 OER 表示。在面板 A 中这个国家的经常账户平衡，所以在官方汇率下其美元供求相等。这种情况下官方汇率和市场决

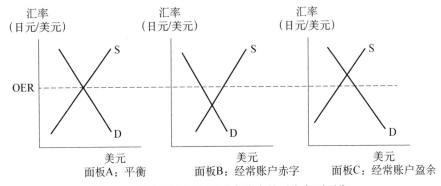

图7.3   固定汇率制度下经常账户的平衡和不平衡

定的汇率是相等的,不需要资本流动。在面板 B 中这个国家在官方汇率下经常账户赤字。换句话说,官方汇率高估了货币。在面板 C 中这个国家在官方汇率下经常账户盈余。换句话说,官方汇率低估了货币,并且需要资本流动来抵消盈余。

经常账户赤字的国家通过两种方式调整不平衡。第一,短期内,赤字的国家用持有的国际储备回购其超发的货币,来处置官方汇率下超发的货币。布雷顿森林体系下和如今的国际储备包括:黄金、用关键或储备货币计价的金融资产和国际货币基金组织于1969 年创立的、用于扩展国际储备的特别提款权。第二,短期内,经常账户赤字的国家可以通过出售以本国货币计价的国债向其他国家借款。本质上,借款与赤字国家要求其他国家用该国的货币持有其超发是相等的。

经常账户赤字国家的情况可以用国际交易报表的格式说明:

经常账户:收入(出口和收入)小于支出(进口和支出)

金融账户:支出(购买国际储备和贷款)小于收入(出售国际储

备和借款）

应对经常账户赤字的两种短期方式存在如下问题：一个国家供给的国际储备是有限的以及其他国家借款给赤字国家的意愿是有限的。只要美元的供求函数（面板 B）保持不变，那么赤字将会一直存在，短期的应对方式最终无法解决经常账户赤字的问题。

长期的赤字需要第三种解决方案。为了维持固定汇率，赤字国家需要移动美元的供求函数来消除经常账户赤字。这可能伴随着货币政策和财政政策导致的经济发展的减缓以及利率的升高。放缓经济增长会导致供给函数向左移动，更高的利率会导致美元的需求函数（用于购买金融资产）向右移动。两种方法都会使得市场决定的汇率向官方利率靠近。然而，这种政策存在一个明显的问题：赤字国家并不情愿放缓经济发展速度和提高利率。相反，这个国家会想要采取以邻为壑的政策，通过损害其他国家经济的方式来解决自身经济问题。

赤字的国家会想要施加贸易限制（关税和配额）使美元的供给函数向左移动；补贴出口部门（税收减免和低息贷款）使需求函数向右移动；或者发动"购买国货"活动使供给函数向左移动。所有这些行为都会使市场汇率向官方汇率靠近。然而，这些行为也会引起他国的报复。如果其他国家同样采取了以邻为壑的政策，那么其行为将会导致供给和需求函数反方向变动，最初以邻为壑政策就会失效。到最后，以邻为壑的政策将限制国际贸易，而这正是固定汇率制的目标。

以邻为壑的政策中最严重、损伤性最大的是贬值，即赤字国家简单地改变官方汇率使其等于市场利率，从而消除经常账户赤字。赤字国家重新评估其货币对于美元的价值，或者对美国而言，提高黄金兑美元的价格。不过货币贬值会对其他国家产生严重的负面影响。该赤字国家发行的、为经常账户提供资金的任何金融资产都会在一夜之间贬值。其他国家有很大可能采取报复行动并使本币贬值来抵消赤字国家货币的贬值。最终会减少国际贸易和金融。

固定汇率制的基本缺陷并不仅限于赤字国家。盈余的国家同样被要求刺激自身经济来消除不平衡，在许多情况下它们并不情愿这样做。不仅经常账户盈余的国家把盈余视作经济实力的象征，很多国家还采取出口导向型发展战略并把经常账户的盈余视作产业政策成功的验证，最终，盈余国家会因担心通胀而不愿意刺激自身的经济。

部分赤字国家甚至在一定程度上还包括盈余国家都不愿遵循固定汇率制的规则，是固定汇率制的根本问题，这最终导致了1973年布雷顿森林体系的终结。固定汇率制也存在着其他问题。政府和国际货币基金组织决定适宜的官方汇率的能力被严重夸大了，同时，固定汇率制反映了政府可以管理国内和国际私人市场中的动物精神这一凯恩斯主义思想。美国作为主要、关键的货币国家，尤其被布雷顿森林体系拖累。随着美元被广泛使用，美国必须实施政策来维持美元与黄金的可兑换性，但在短时期内美国并没有足够的黄金储备来遵守承诺，因此需要其他国家继续持有美元。很大程度上由于尼克松主政下的美国政府对担任主要、关键货币国带来的压力感到沮丧，所以当固定汇率制被一直延续到今天的浮动汇率制取代时，布雷顿森林体系于1971年至1973年期间瓦解了。

7.8　浮动汇率制

自 1973 年以来工业化国家之间的汇率都由市场力量决定，并且每天都在浮动着。然而，并不是所有的国家都允许货币浮动。因为央行经常干预外汇市场，所以现行的制度不是一个纯粹的市场制度。因此，现行的制度有时被称为肮脏的浮动汇率制，尽管在实践中，政府影响即使是短期汇率变动的能力经常被夸大。实际上，大部分重要的经济体的汇率都是由市场力量决定的，即使像中国一样的国家也逐渐被施压，要求允许市场决定货币的汇率。

在浮动汇率制下，市场引起的汇率变动抵消了经常账户的不平衡。换句话说，如果一个国家经常账户赤字（面板 B）或盈余（面板 C），那么汇率就会向上或向下调整使得经常账户趋向平衡。

浮动汇率制相对于固定汇率制有许多优点。第一，市场力量而不是政府机构决定了合适的汇率；第二，由于不需要维持一个特定的汇率，一个国家的货币和财政政策更加独立。这并不是实施通胀政策的许可证，因为这样的政策会导致经常账户的赤字，但的确允许一个国家基于对国内情况的考虑实施自身的政策；第三，固定汇率制据称可以通过减少汇率风险促进国际贸易，但固定汇率制激励赤字国家采取以邻为壑的政策，这反过来又影响了国际贸易。尽管汇率在浮动汇率制下浮动着，但 1973 年以来国际贸易和金融大幅增长，同时金融创新通过外汇远期市场缓和了浮动汇率制大部分内生的汇率风险。

7.9　美国经常账户长期赤字与浮动汇率制

美国在过去的几十年中经历了贸易和经常账户的不平衡(图7.4)以及美元对大多数货币的一次大幅贬值(图7.5)。这提出了浮动汇率制是否如所标榜的那样运作这一疑问。如果浮动汇率制起作用,那为什么美国经常账户长期赤字的同时还伴随着美元的贬值呢?

对这一显而易见的矛盾的回答基于任何国家内部与外部平衡之间的总体关系。一旦内部-外部的平衡关系被呈现出来,那么解释为什么美元总体贬值的同时经常账户长期赤字就变得简单直接。

首先,用产出法来定义一个国家的GDP:

$$GDP = C + I + G + (X - M) \tag{7.3}$$

GDP等于消费(C)、投资(I)、政府支出(G)的现金支出以及商品和服务的出口(X)和进口(M)之间的差额。出口被记入GDP中是因为其代表了国内的生产,而进口从GDP中减去是因为其被记入消费、投资和政府支出中,但代表对外国生产的商品和服务的消费。变量(X-M)本质上就是经常账户。

其次,GDP同样可以从生产GDP过程中获得的收入的视角以及收入是如何使用的这一视角来考虑。换句话说,GDP不仅代表这个国家的产出,还代表这个国家生产这些产出获得的收入。因此,下面这个表达式说明了这个国家通过生产GDP获得的收入是怎样使用的:

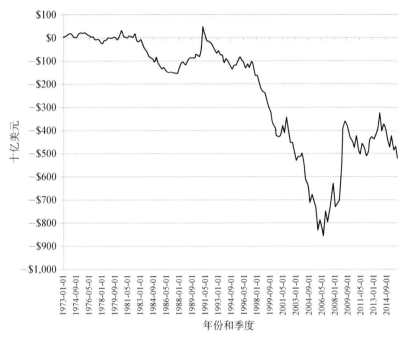

图 7.4 经常账户的平衡：1973 年第一季度到 2016 年第一季度

资料来源：FRED，Federal Reserve Bank of St. Louis.

$$GDP = C + S + T \qquad (7.4)$$

GDP 被分配用于消费（C）、储蓄（S）和税收（T）。

第三，X - M 这一项就是经常账户的平衡，并可以称为这个国家的外部平衡：

$$外部平衡 = （X - M） \qquad (7.5)$$

同时，记住经常账户与金融账户之间的关系为：

$$外部平衡 = （X - M）$$
$$= 金融流出（支付） - 金融流入（收入） \qquad (7.6)$$

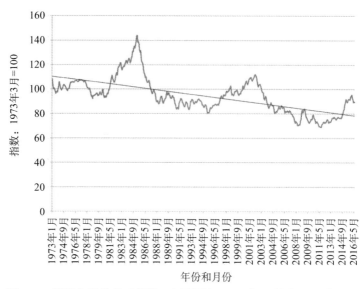

图 7.5　贸易衡量的美元指数：主要国家，1973 年 1 月到 2016 年 6 月

资料来源：FRED，Federal Reserve Bank of St. Louis.

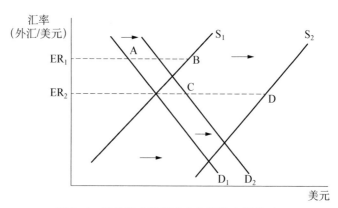

图 7.6　经常账户长期赤字和贬值中的美元

第四，令 7.3 式等于 7.4 式，交换项代入式 7.5 和 7.6 中可以得到下列关系：

$$(S-I)+(T-G)=(X-M)$$

$$(S-I)+(T-G)=外部平衡$$

$$(S-I)+(T-G)=外部平衡=金融流出-金融流入$$

$$内部平衡=外部平衡=金融流出-金融流入$$

$$(7.7)$$

7.6 式说明了一个国家内部平衡,定义为 $(S-I)+(T-G)$,和外部平衡,用国际收支平衡表定义之间的关系。如果一个国家的内部平衡为负,这是因为政府存在赤字(G 大于 T)和/或投资超过储蓄(I 大于 S),那么根据 7.6 式,这个国家必定存在负的外部平衡,这可以通过经常账户的赤字和金融账户的盈余看出。有些人认为政府赤字和经常账户赤字之间存在关系,通常被称为"双赤字"。然而,表达式 7.6 表明"双赤字"可能在一定时期内正确,但经常账户赤字在政府投资没有超过储蓄而引起赤字的情况下也可能出现。尽管政府赤字导致了经常账户赤字,但经常账户赤字在不存在政府赤字的情况下也可能出现,因为这取决于投资和储蓄之间的关系。

内部平衡和外部平衡之间的关系表明了经常账户赤字的两个重点。第一,经常账户赤字是一个国家内部储蓄、投资、政府支出和税收行为的结果,也受其他国家这些行为的影响。因此,把美国经常账户的长期赤字归咎于其他国家的行为在理性上是有失公允的。这个问题很大程度上是美国自身造成的。第二,美国在过去几十年中经历的长期内部负平衡以及由此导致的外部负平衡,揭示了为什么浮动汇率制没有解决外部赤字问题。

表 7.6 表明随着时间流逝,在长期中美国的消费超过其国内

生产并进口差额,因此使得美元供给函数向右移动的幅度超过美元需求函数向右移动的幅度。把汇率初始值为 ER_1,那么在美元的供给函数为 S_1、需求函数为 D_1 的情况下,经常账户赤字为 AB。然后汇率降低到 ER_2 来消除赤字,但这种情况只有在需求函数和供给函数保持不变时才会发生。但需求函数和供给函数并没有保持不变。随着时间过去,美元的供给函数(S_1 到 S_2)比需求函数(D_1 到 D_2)向右移动得更远,因此在低汇率水平下经常账户的赤字(CD)会比高汇率水平时更大,即 CD 大于 AB。因此,尽管汇率下降(美元贬值),经常账户的不平衡仍持续扩大。简而言之就是美国正处于消费狂潮中,因为其消费的量超过其生产的量,只要这种情况继续,那么通过美元贬值来逆转经常账户赤字便是不可能的。

第三部分

政府在金融货币体系中的作用

第 8 章
政府在金融货币体系中的基本作用

8.1 引言

第 2 章概述了货币体系的演变。货币体系经历了一个从商品货币到有代表性的商品货币,最后到目前阶段的现代货币体系的演变。现代货币体系是以存款机构和活期存款账户为基础,存款机构发行支付承诺,以希根鲁帕尔银行的钞票为代表,而当今的活期存款账户也是基于存款机构。在现代货币体系中,存款机构将它们承诺支付的一部分作为准备金,承诺支付和存款机构持有的准备金都是法定货币,其票面价值是独立于任何商品而确定的。当发放贷款和进行投资活动时,存款机构就会发行新的支付承诺。现代货币体系在存款机构运营时对其实行受托责任,为的是不影响公众使用支付承诺作为货币进行支付的意愿。

现代体系本质上是一个倒金字塔,消除了商品和有代表性的商品体系的许多问题。然而,从来没有免费的午餐。现代体系本身存在一些内在的问题,相比于商品和有代表性的商品体系,这些内在问题要求政府在国家的金融货币体系中发挥更积极的作用。

本章重点讨论以商品为基础的体系和现代货币体系中存在的问题，即合理地发挥政府在国家金融货币体系中的作用。事实上，人们认为政府通过监管机构对金融的监督和管理是国家金融货币体系的三个组成部分之一，认为其显著影响了国家金融部门的私人方面。此外，政府甚至成为金融部门的一部分。政府成立政府资助企业，让其为在经济和政治上很重要的某些经济部门提供补贴信贷。除此之外，国家中央银行及其政策也是由政府控制。

货币的历史始于市场创新。在早期阶段，政府一直对货币只起着相对较小作用，这种状态一直维持到数个世纪之后的 20 世纪。今天，政府是国家财政和货币体制的重要组成部分。

从商品货币、有代表性的商品货币以及到最后的现代货币体系，都是作为市场创新而发展起来的。每一次转变都是市场的尝试，市场首先克服了物物交换的局限，然后是克服了以商品为基础的体系存在的局限。每一步都提高了国家货币供应体系的效率，使国家的金融货币体系发展到现在的阶段。尽管困难重重，但现代体系还是维持了一个令全世界印象深刻的经济增长记录。

在第 2 章中所展现的三阶段的货币体系框架，不过是为了教学需要，意在强调货币体系演变的基本元素。但在现实当中，美国货币体系的历史发展不是一个平稳的过程。事实上，在美联储于1913 年成立之前，美国的货币体系是一个大杂烩形式，包含了货币发展三阶段的不同形式。美联储成立之后，货币供应日益统一，完全与黄金或任何商品脱钩，而且政府通过中央银行控制了货币供应。

同样地，政府的功能并不是随时间以线性方式演变的，而是对每一个货币本位阶段出现问题的响应。此外,政府在国家的金融货币体系中不仅是由不同货币体系的内在问题驱使,同时也受经济思想、历史事件和政治等方面的考量。

本章从历史、公共机构和政治的视角,以国家金融和货币为框架,概述了政府基本作用的各种因素。这些因素如下所示。:

（1）在商品体系中,政府早期干预铸造硬币;

（2）商品或有代表性的商品货币体系的内在问题;

（3）基于商品或法币系统下,倒金字塔货币体系中的内在问题;

（4）政府在处理基于商品和倒金字塔体系中内在问题的三个基本职责;

（5）扩大政府职责;

（6）政府在美国金融货币体系中的机构概览;

（7）经济思想以及政府干预财政和货币体系的历史事件和政治考量产生的影响。

8.2　政府干预的开始：铸币和格雷欣法则

在印刷机广泛应用之前,货币由商品货币组成,货币供应量取决于商品的供应。首选商品是黄金或白银,或两者一起使用。商品货币不是政府的发明,而更是一种市场创新,用来解决物物交换的低效率现象。然而,市场上存在着一定程度的市场失灵,因为基于商品的硬币没有统一的尺寸、重量或商品内容。缺乏统一性不仅是因为生产硬币缺乏标准,也是因为私人市场具有动机,通过伪造硬币,夸大重量或"剃掉"部分硬币的材质而使商品货币贬值。尽管格雷欣法则可以追溯到哥白尼和其他人,但它的命名却是在英国金融家托马斯·格雷欣爵士（Thomas Gresham，1 519—1579）之后被命名的。格雷欣法则主要在货币供应发生贬值时发挥作用。根据格雷欣法则，"劣币驱逐良币"。人们使用不足值货币而囤积足值货币，从而货币总的价值减少了。

人们在非常早期的历史记载中就认识到了这个问题，因此，政府很早就开始确保货币的质量、度量和商品内容，用以承担货币统一的责任。政府铸造硬币，为公众提供了可以放心使用的统一的商品货币，但是政府也常为使商品货币贬值而滥用其权力。

在制造硬币时，相比于其他材质，政府会在维持法定价值的情况下降低金银在硬币中的含量。根据货币数量论，这实质上增加了货币供应转而产生了通货膨胀，使整个商品货币体系发生了贬值。当市场储藏足值硬币而使用不足值硬币，甚至在某些情况下依靠其他形式的货币的时候，格雷欣法则就发挥作用了。在前现代的日本有一个有趣的例子。大约在公元1000年的日本，京都朝廷将它生产多年的商品货币进行了很大程度的贬值，因为人们不再接受政府铸造的硬币。相反，他们借助中国的硬币，中国的硬币是通过与中国的贸易中获得的，因为中国的硬币看起来更足值。此外，私人铸币也被用来代替官方硬币。

很长时间以来，政府在商品货币时期降低货币价值、引发通货膨胀、产生国家经济和政治危机。哥白尼在1525年发表的一个关于铸币的研究，强调货币贬值是引发国家衰退的因素之一。重要的是，虽然人们普遍接受政府在商品本位的控制下铸造硬币，并认为这是合理的，但这也不能保证政府不会滥用权力，通过扩大货币供应量来支持政府支出。贬值问题并没有随着现代货币本位的建立而消失。

美国宪法第一条、第八款、第 5 节规定，联邦政府有权从白银和黄金等商品中铸造硬币并厘定铸币的价值。然而宪法没有明确联邦政府是否可以印钞票，直到美国内战（1861—1865）政府也没有印刷法币。那个时候美国货币供给是一个混合体，由政府铸造钱币、黄金和白银，私人铸币厂铸造的硬币、外国硬币和如希根鲁帕尔银行这样的机构发行的钞票所组成，这已经在第 2 章讨论了。政府在内战开始后印刷纸币，尽管出于实际的考虑，美国的货币供应仍与黄金供应有关。1913 年联邦储备体系的建立，显著改变了政府在国家货币供应的作用。但是直到大衰退，才让政府开始深入参与到国家的金融货币体系中。

美联储发行了一种新的国家货币，叫做联邦储备券，它实际上是国家货币。联邦储备券是纯粹的法定货币，因为它不受任何商品的支持，只有美联储赋予其价值，它才具备价值。同样地，美国财政部铸造的硬币也是纯粹的法定货币，因为任何硬币的面值远远超过用来生产它的材料的价值。货币供应主要是由存款机构和零售货币市场基金发行的支付承诺，它们也是纯粹的法定货币，因为它们不受任何商品的支持。一些人争论说，第 1 条不允许政府在国家货币供应中扮演着那么重要的角色。然而，无论双方有何优点，这种争论都结束了。政府现在为国家的货币供应负责，而货币供应完全基于法定。

8.3　基于商品的货币体系固有的问题：货币对贸易需求不敏感

商品和有代表性的商品本位对商品的供应十分敏感，而商品的供应往往是偶然的，并不总是符合货币需求，因为是国家为其交易提供资金。在这方面，政府可以通过中央银行广泛地控制国家货币供应，以此解决商品基础体系的局限性。

美国在19世纪最后三十多年的货币问题可以更好地说明基于商品本位的局限性。事实上，在许多学者看来，基于此阶段商品本位的局限性及其产生的政治动荡是电影《绿野仙踪》的故事背景。电影《绿野仙踪》上映于1939年，改编自莱曼弗兰克鲍姆1900年出版的同名文学作品《绿野仙踪》，是美国最受欢迎的童话电影。它和另一部著名电影——在1939年上映的《飘》，是最早的两部重要的彩色电影，达到了"经典"地位。

许多学者声称，《绿野仙踪》与其说是一部童话，不如说是一个关于19世纪末经济和政治事件的政治和货币寓言。有一些间接证据支持这一观点，但鲍姆从未明确表示他的作品是政治或货币评论。撇开这个问题，将《绿野仙踪》解读为政治和货币寓言，为理解基于商品本位的局限性提供了一个很好的背景，这个背景同时也是1913年建立联邦储备体系的主要原因之一。历史事件立足于他们自己的价值。然而，《绿野仙踪》和历史事件的共同构成了一个很有趣的故事。

在内战之前，美国实行的是双金属的商品本位，因为黄金和白银都是国家货币的基础。国会在1873年通过了《铸币法案》，该法案废止了白银而将黄金作为美国的单一商品本位。当时的国家货币供应是商品、代表性商品和现代体系等要素的混合体，与国家的黄金供应直接相关。然而，国家的黄金供应与19世纪后期的经济增长不同步，尽管货币供应量有所增加，但考虑到速度趋势和实际产出，货币供应量的增加并不能防止通缩。图8.1举例说明了美

国从 1880 年到 1906 年的货币黄金储备。黄金储备从 1880 年到
1888 年是恒定的,但在 1889 年开始增加。截至 1906 年,其黄金储
备量是 1880 年的 9 倍。

表 8.1 1870—1906 货币、产出、一般物价和农产品价格的年增速

阶段	年增速%				
	一般物价水平	农产品价格水平	M2 货币量	实际产出	M2 增速
1870—1896	-1.7	-2.6	4.8	3.8	-2.6
1897—1906	2.1	3.8	9.8	6.1	-1.3

资料来源:Calculations based on data presented in Rockoff (1990).

表 8.1 给出了在 1870—1896 年和 1897—1906 年两个阶段货
币供应量、速度、实际产出、物价和农产品价格平均每年的百分比
变化。表 8.1 中每一阶段的平均增长率可以用货币数量理论来解
释。第一阶段实际产出增长了 3.8%,但货币供应增长了 4.8%,
速度下降了 2.6%,价格水平下降 1.7%。与此同时,农产品价格
平均下降了 2.6%。也就是说,农民接受的产品比他们需支付用以
生产和生活的商品要少。同时,由于名义上的固定价格,农场债务
增加了。由于新发现的黄金较少,货币增长相对缓慢,美国经历了
通货紧缩和农产品价格的下降,这与产生经济、金融和政治危机的
价格总水平相关。在经济中,农业起到了比目前更大的作用,农产
品价格下降与产生社会和政治危机的价格总水平相关,特别是在
中西部地区,那里的农民大量负债经营。这种情况引起了对东海
岸的大银行(和华盛顿特区的政界人士)的民粹主义反应。包括麦
金利(McKinley,1897—1901 在任),他通过坚持金本位的方式允许

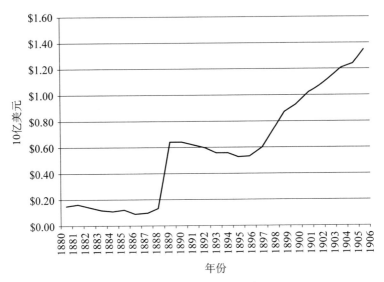

图8.1 货币黄金储备：1880 到 1906。

资料来源：U. S. Bureau of the Census (1975).

这种情况的发生。

二十多年的通货紧缩造成的冲突，使农民和债务人与诸如银行的债权人和那些支持金本位抑制超发货币和通货膨胀的人产生了对立。增加的压力使白银成为货币，增加信贷、货币供应量会扭转农业价格的相对下降，通过降低债务的实际价值会提高资产债务人的通货膨胀率。大型银行和许多政治家抵制这种压力，他们担心宽松的货币会导致通货膨胀和不稳定。一般来说，债权人受益于通货紧缩，因为他们的金融资产由于面值固定而增值。

这种压力越来越大。在 1896 年民主党全国代表大会上，当提名民主党总统候选人时，威廉·詹宁斯·布莱恩发表了著名的"黄金十字架"演说。布莱恩慷慨激昂地说，金本位限制了经济的机会，并将人类钉死在"黄金十字架"上。包括黄金和白银在内的更广泛的商品基础是必要的，可以解决国家的经济和财政危机。"在我们身后有这个国家和世界的生产者，他们受商业利益支持，劳动权益和劳动者无处不在。我们会以如下的话回应他们对金本位的要求：'我们不该把带刺的王冠戴上劳动人民的额头，不该把人类钉在黄金的十字架上。'"

布莱恩当选为民主党总统候选人，但他在 1896 年大选中输了。尽管布莱恩黄金十字架的演讲令人印象深刻，但根据表 8.1，当时的经济问题已经解决了。随着 19 世纪的结束，货币供应量增长率从 4.8％ 上升到 9.8％，速率从 2.6％ 下降到 1.3％，实际产出的增长率从 3.8％ 增加到 6.1％，因而价格水平以 2.1％ 的速度增长。同样重要的是，农产品价格不但逆转了其下降趋势，而且现在以 3.8％ 的速度增长，高于 2.1％ 的一般通货膨胀率。这使得民粹主义没有了经济基础。为什么第二阶段货币供应量相对于第一阶段有了显著的扩张？它扩张的原因和内战后货币慢慢增长的原因是一样的。由于黄金供应的变化，第一阶段货币增长缓慢，第二阶段增长较快。1890 年以后，黄金供应和货币供应量的增加是由于两个因素：首先是南非、阿拉斯加和科罗拉多新发现的黄金；第二个因素是开采黄金新方法的应用。这两个因素共同让第二阶段货币平均年增长率几乎翻了一番。这是一个世界性的现象，因为世界是由一个共同的货币本位连接起来的。

《绿野仙踪》是如何与这一历史时期融为一体的？政治学家认为这是西方政治冲突的一则寓言。一边是农民和债务人，另一边是东海岸的大型债权银行和华盛顿特区。尤其是经济学家，将其视作是货币数量论框架下的货币寓言。

多萝西代表了家族传统的美国价值观,农民和稻草人代表着比东方人聪明的农民。铁皮人代表各行业,没有油(流动性、货币和信用)就锈住不动了。懦弱的狮子是布莱恩,他在1896年领导了用以扩大货币的民粹主义运动。但到1900年,作为民主党总统候选人,他又把注意力转移到了其他问题上,例如美西战争。多萝西、稻草人、铁皮人和狮子踏上了通往奥兹国的黄色砖路,奥兹国和黄色砖路分别代表了华盛顿特区和金本位。他们寻求无所不知的巫师(麦金利总统和他的顾问),结果巫师与其说是博学还不如说是骗子。所有这些问题的解决办法包括两个要素:第一,水,代表流动性、信贷和金钱;第二,多萝西的银拖鞋。在书中,多萝西的拖鞋是银色的,但在电影中它们是红宝石色,这是因为要更好地突出新的颜色技术。当邪恶的女巫把稻草人点燃时水救了稻草人,水最后毁灭了邪恶的女巫。最后,多萝西将她的银拖鞋敲击在一起,再次回到她的农场,家庭和传统价值。意思是,所有问题的解决方案近在咫尺,或者说就在脚下:将白银当作法定货币以及扩大货币供应量。

鲍姆是否打算把他的书作为政治寓言和货币寓言并不重要,尽管许多人确实认为鲍姆是这样的意思。这个故事似乎非常好地契合了当时的经济和政治事件。至少,在将19世纪最后三四十年所发生的事件与《绿野仙踪》的故事中,我们可以理解基于商品的货币体系的局限性,这是20世纪初黄金和白银等商品越来越少地影响国家货币供应的一个重要原因。今天,商品在任何国家的货币供应中都没有什么作用。最终,国家的货币供应现在通过央行处于政府的控制之下。

8.4 倒金字塔货币体系中的两个内在问题

随着货币体系开始纳入部分准备金,出现了今天的现代货币体系,由于该本位的部分储备金性质,市场失灵的两个内在问题或要素就变得很明显。如第 2 章所介绍的那样,部分准备金制度像是倒金字塔。根据定义,只有一小部分基本储备。在商品本位下,将黄金、白银或两者作为基础,而在今天的倒金字塔中,这个基础是由中央银行控制的储备金组成。

第一个问题是所谓的传染问题,因为一个或一些存款机构的破产,不论原因,都会污染体系的其余部分。第二个问题是指货币供应的问题,因为存款机构的个别行动可以在总体上扩大信贷和货币供应。这两个都是市场失灵的例子,因为单个存款机构是按照自己的利益行事的,不会考虑这些行为对整个体系的影响。

传染的问题:支票或存款是有效率的,但它们依赖于公众持有并使用存款的信心,这信心取决于人们的意愿,即公众将商品和服务所得作为存款,工人将劳动所得作为存款以及债权人将其债务服务所得作为存款。也就是说,公众持有和使用存款代替基础货币(黄金、白银或储备金)进行交易的意愿,是倒金字塔的基础,但这是一个陷阱。

只有一小部分基础货币支持存款。只要公众有信心,他们就可以没有任何困难地以基础货币的形式提取存款,他们愿意使用和持有存款,因为存款比基础货币更有效率。如果公众对存款失去信心,所有人试图将存款转为基本货币,金字塔就会崩溃,造成强烈的经济和财政危机。它崩溃是因为部分储备的性质,因为没有那么多基础货币，意味着人们无法将大部分存款转为基础货币。

　　什么会导致公众失去信心？假设一个或几个存款机构没有自己的过错而倒闭。也许它们位于一个旅游区，旅游业已经衰退了，因此，它们的许多借款人会违约而使储蓄机构倒闭。这些机构的存款人不再有存款，因为该机构的准备金只能支付存款的一小部分。那些没有遇到任何困难的其他机构的储户，将在存款机构开始"挤兑"，以基础货币的形式提取存款。公众缺乏区分"好"和"坏"存款机构的能力，当他们目睹另一个存款机构或几个机构的倒闭时，他们很可能会跑到他们的机构并提取存款。然而，因为又一次准备金不足，这些机构破产，这反过来又导致更多的存款撤出其他健康机构，因此这被称为传染。因为这个现象像一个疾病，所以一个或一些小机构的倒闭会导致人们不论其经济健康状况如何，都会让从其他机构中提取存款，由于该体系是以部分准备金为基础的，所以整个系统就崩溃了。

　　这正是在 1929 至 1933 年间大衰退萧条时期所发生的事情，那时候公众失去了对存款信心并将存款转化为主要由联邦储备券和黄金券组成的基础货币。1929—1933 年经济大萧条时期对经济和金融部门的崩溃如此之大，被称之为大收缩（the Great Contraction）。那时银行的平均储备金约为 10%，即每 1 美元存款中只有 0.1 美元的基础货币，银行根本无法满足提款要求。

　　图 8.2 阐释了公众持有的货币与 M2 货币比率，也阐释了该比率从 1929 年到 1933 年急剧增加。联邦存款保险公司于 1934 年成立，让公众恢复了对国家货币供应的信心，货币比率开始下降。但请注意，1933 年以后，这一比率下降，但仍高于 1929 年，表明对国家银行体系安全的持续关注。从 1929 年到 1933 年与 M2 相对

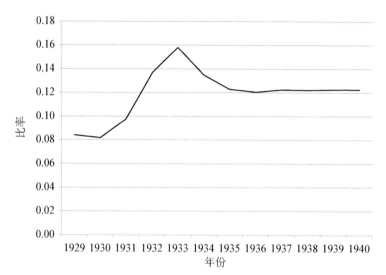

图 8.2 通货对 M2 货币供给量的比率：1929 年至 1940 年

资料来源：U. S. Bureau of the Census (1975).

应的货币数量的增加，这造成的直接结果是银行破产及其数量的大幅下降(图 8.3)。银行无法满足将存款转换成货币的要求，造成了银行在全国范围内大量倒闭。1929 年美国有 25 686 家银行，而到 1933 年底银行数量已下降到 14 771 家。这个 42％的下降，为我们清楚地提供了一个解释：为什么 1929 至 1933 年间被称为大收缩，为什么整个 30 年代的十年被称为大萧条。

这个例子假定一家机构当初失败是因为受到了无法控制的冲击，也就是说，它们已经履行了它们的受托责任，提供了高质量的贷款，人们有很大的可能偿还这些贷款，但是当地糟糕的经济以及其他超出它们控制的事件经常影响到它们。但如果无能的银行管理、欺诈或轻率的贷款和贷款管理导致了最初的倒闭，也会出现同

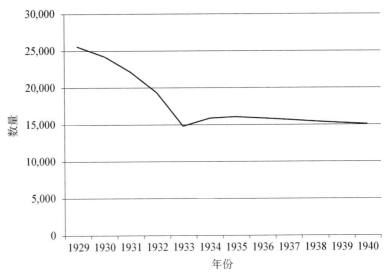

图 8.3　商业银行数量：1929 年至 1940 年

资料来源：U. S. Bureau of the Census（1975）。

样的情况。即使在最好意向之下，个人存款机构有动机承担不谨慎的风险。随着风险的增加，失败的概率增加，因此，传染的可能性增加。

存款机构是高杠杆的金融企业，拥有承担不谨慎风险的动机，因为它们没有考虑其行为会对体系的其他部分造成什么样的影响。个人存款机构有动机运营低水平的储备金，因为储备金不赚或赚取很少利息，而贷款能获得很高的利息；个人存款机构有动机运营高风险贷款，因为他们赚的利息比低风险贷款的高；个人存款机构有动机操作小规模的资本，保护其免受资产负债表中资产账户减少的影响。这些行为的任何一个都会增加存款机构破产的风险，如果一个或几个机构破产会损害整个体系，也就是说，它们会产生一个传染过程。

货币供应问题：存款机构是高度杠杆化的机构，它们利用这种优势来提高利润。作为一个群体，每个存款机构都有过度放贷的动机，因为货币供应是由自身利益驱动的。但与此同时，单个机构没有考虑到增加贷款对体系的影响，以及所有存款机构都以同样的方式行事的事实。减少准备金能够增加贷款，一方面，增加贷款会由于低风险贷款用尽而形成风险较高的贷款，另一方面，增加贷款会减少资本。这些行动增加了失败的风险，正如上面所讨论的那样，可能会导致传染，但它们也会产生过多的贷款和货币供应量。过多的货币供应会产生通货膨胀，进而降低钱款的价值，降低公众对货币的信心。

8.5　政府解决基于商品的货币体系和部分准备金制度中的问题

上述三个问题，即在以商品为基础的体系中货币供应量对贸易需求不敏感、倒金字塔体系中的传染问题、倒金字塔体系中的货币供应问题，共同使政府在国家金融货币体系中的基本作用变得合理。

以商品为基础的货币供应的困难，并非总是对贸易需求比较敏感，可以通过将货币供应与商品分开解决这个问题。建立中央银行供应储备金，通过设置法定准备金调节存款机构的储备金需求。因此，中央银行通过设置准备金率和基本准备金（the reserve base）控制货币供应。

中央银行也解决了倒金字塔体系的货币供应问题，因为总货币供应处于中央银行的控制之下，而不与个别存款机构相关。

解决传染问题涉及政府成为最后贷款人、金融监管当局限制存款机构冒风险行为，以及出于维持公众存款的信心而提供存款隔离。

中央银行控制国家的货币供应：美国在中央银行俱乐部中是个后来者。英国、许多欧洲国家和日本早在美联储于 1913 成立之前就已经建立了中央银行。尽管在十九世纪的最后一个时期出现了通货紧缩，产生了对货币供应更加有效的管理要求，但美国的政治和经济传统让中央银行的建立变得很困难。美国拥有比大多数国家很大程度上的经济和政治自由，以至于人们非常不信任集中的经济和政治权力；因此，国家建立中央银行并让其控制货币供应，这一要求遇到了阻力。美国在十九世纪最后一个阶段是为数不多没有央行的工业经济体之一，这是相当惊人的。英格兰银行是 1694 年成立的私人银行，它于 1844 年被指定为英国的中央银行。日本现代化建设晚于美国，日本于 1868 年开始了明治维新，并在 1882 年成立了日本银行，这比在 1913 年建立美联储的美国还要早几十年。1907 年，一场相当激烈但短暂的金融恐慌为中央银行的建立提供了催化剂，加上一位进步的总统威尔逊，为建立中央银行创造了所需要的经济和政治条件。

虽然中央银行在理论上可能比一个基于商品的体系更能实现更稳定的货币增长，但历史表明，中央银行解决商品货币或倒金字塔阶段的货币供应问题并不总能产生预期的结果。央行可以根据错误的经济模式和过程制定出错误的政策。像美联储这样的中央银行经常由正式或法律上的独立的政府所组建，但历史表明，当政府希望中央银行扩大货币供应量时，制度的独立性是一面易于破坏的墙。因此,像政府在铸币方面的正当作用那样,没有人能保证央行会比在货币供应与商品挂钩时产生更好的产出。有些人主张回归商品体系,但这是不现实的,原因是多方面的。最重要的是,很少有国家愿意允许自己国家的货币供应由黄金等商品的供应来决定。相反,将改革集中在现有的体系,使中央银行完成它们设计的和能做的工作,这是更好的。供应货币增长满足贸易需求和维持价格稳定,不允许货币供应增长过快或过慢。中央银行有潜力进行一个有意义的、改进商品体系的改革,但改革的最终结果是否让货币金融环境变得稳定,取决于央行如何制定政策。

最后贷款人:在倒金字塔系统中,从以商品为基础的体系转向基于法币的储备金体系,不仅使政府有能力控制货币供应,还能令政府有能力作为最后贷款人来防止传染。如果人们对活期存款失去信心,政府可提供个别存款机构所需的储备金来应付存款的支取。当公众意识到他们可以毫无困难地把存款转换成货币时,他们就不再有动机去转换,继续正常的日常业务。也就是说,政府将自己设定为存款机构的最后贷款人,那些经历了挤兑的存款机构,反而停止了挤兑。存款机构的挤兑很大程度上是由于担心无法将存款转为基础货币,一旦消除了恐惧,就不再有兑换的欲望,而倒金字塔依然保持稳定。

中央银行是负责最后贷款人服务的政府机构,因为它有控制基础货币和货币供应的能力。

监管部门:政府的监管机构涵盖范围广泛的作用,基本上旨在限制个人存款机构承担风险和维护公众对活期存款的信心。这些目标可以通过监管来实现,通过限制存款机构轻率放贷,确保足够水平的储备金和资本保持不变;通过要求存款机构频繁报告资产和负债业务监控其运作;通过现场检查监督存款机构,并以政府的十足信用支持提供存款保险。

中央银行负责货币管制和最后贷款人服务,但并没有说明中央银行在金融监管中应发挥主要作用的内在原因。政府通常赋予中央银行控制货币和充当最后贷款人的职责,这是因为在现代的倒金字塔货币体系中,中央银行控制着基本储备金。管理基本储备金使中央银行能够充当最后贷款人,并全面控制货币供应量。如何做这件事将在后面的章节中讨论。

然而,监管的制度化在各国之间的程度有所不同。在美国,美联储是一个重要的监管机构,与美国财政部和其他联邦监管机构以及州一级的监管机构有着密切合作。相比之下,许多国家的央行并不具备美联储的监管责任,例如日本央行、韩国央行、英格兰银行和欧洲央行在监管方面的作用较小。

关于中央银行在何种程度上参与监管的问题,一直存在争论。中央银行辩称,它们需要掌握有关金融系统的信息,至少有一定程度的监管,如现场检查,以便进行货币管制,特别是实行最后贷款人的责任。它们指出,第一,中央银行可以很容易地从其他机构获得执行其基本职责所需的信息,而实际上不成为金融机构和市场的监管机构。第二,当中央银行更关心金融部门中的这些要素的稳定性,而不是货币政策的总体方向时,货币政策与监管之间的冲突就出现了。

8.6 政府在金融货币体系中作用的制度化

表8.2按成立日期列出美国负责最后贷款人、审慎监管和货

币管制职能的最重要机构。美国的监管结构与其他国家在两个重要方面有所不同。首先,美国的监管机构是多方面的,经常有重叠的责任;第二,美国的监管结构是二元制的,这是基于美国是由 50 个州政府和一个联邦政府组成联邦共和国这样一个事实。联邦政府占主导地位,但各州仍主要作为金融监管当局负有非常重要的责任。监管机构的多样性和监管当局的二元结构,这两个特点都是独一无二的。在这方面,没有任何一个国家像美国那样。

监管机构和二元结构的多样性反映了美国的历史和政治结构。多样性特征反映了政治结构的制衡基础,反映了国家对经济、政治和管理权力集中的内在不信任。二元体制反映了美国《宪法》的原有结构。

表 8.2　货币、监督、管理当局

联邦一级	
货币监理署 (1863)	货币监理署是第一个用以监管联邦特许银行的国家监管当局 作为美国财政部的一部分
联邦储备系统 (1913)	美联储是控制货币供应的国家货币当局; 为所有联邦和州立存款保险机构设置储备金要求; 作为最后贷款人; 为银行和银行体系提供广泛的监管当局; 实施一系列的消费者保护法
联邦存款保险公司(1933)	联邦存款保险公司用存款准备金和联邦政府的十足信任为商业银行、存贷公司和储蓄银行的存款提供了250 000 美元的保险; 联邦和州立特许银行、存贷公司和储蓄银行都有资格获得联邦存款保险公司的保险。

（续表）

证券交易委员会（1934）	证券交易委员会管理和监督有组织的金融市场,维持金融市场透明度并消除内幕交易
国家信贷管理局（1971）	规范和监督联邦特许的存贷联盟并为联邦和州特许的存贷联盟提供存款保险
商品期货交易委员会（1974）	与证券交易委员会管理和监督有组织的金融市场一样,监管商品期货及金融资产的交易
联邦住房金融局（2008）	监督房利美、房地美和联邦房屋贷款银行系统。房利美、房地美是政府资助的企业,它们建立了住房抵押贷款的二级市场。联邦房屋贷款银行系统由 11 个政府资助的企业或银行组成,该系统向存款机构提供贷款,使之成为住房抵押贷款
消费者金融保护局（2010）	消费者金融保护局有广泛的权力来管理和监督美国提供的消费信贷
金融稳定监督委员会（2010）	由美联储、证券交易委员会、货币监理署、联邦住房金融局、国家信贷管理局、商品期货交易委员会、保险业组成,并由美国财政部主持,负责识别承担过度风险的金融体系

州一级

每个州都有一个(例如内华达州)或很多(例如加利福尼亚和纽约)监管机构,用以监督各州的金融活动。除了存款保险、最后贷款人和货币控制外,上述功能在一定程度上在州一级复制。各州将注意力集中在州立的特许存款机构,常常与联邦机构分担责任,特别是对分支机构,甚至联邦特许的存款机构。

只有一个领域只在州一级。保险业在州一级受到监管和监督。没有直接负责监管保险业的联邦机构。

8.7　政府干预的其他理由

上述三个作用是政府成为国家金融货币体系一部分的基本理由，以抵消基于商品的体系和部分准备金制度的问题。然而，随着时间的推移，这三个作用日益被重新界定和扩展，到目前为止，政府实际上已经成为国家金融货币体系中的主要力量。以下是政府的四项具体扩展。

积极的货币政策和限制系统性风险：一开始，中央银行只是为了确保稳定的货币增长维持价格稳定，有时提供最后贷款人服务，并提供其他服务来建立国家支付系统。然而，中央银行几乎从一开始就进行积极的政策，通过反周期的货币政策来抵消对经济的冲击。美联储通过国会法规，负责实现价格稳定、最大化就业和适度的长期利率。事实上，中央银行现在已经成为政府管理总需求最重要的稳定工具。曾经有一段时间，人们视财政政策——政府支出和税收为实现稳定的重要手段，但这在过去几十年里发生了重大变化。事实上，货币政策是经济稳定的工具，其目标是由中央银行承担或强行承担，而不仅仅是着眼于长期的价格稳定。关于这是一件好事还是坏事，有相当多的争论。

同样，最后贷款人职能的目的是限制存款机构之间的传染，而在这方面，央行与其说是激进的不如说是被动的。但是现在，政府在广义的定义上赋予了中央银行对金融部门监测和应对风险的责任。现在，中央银行有责任限制"系统性风险"，该风险被定义为金融部门中任何一个大部门的投资组合活动对整个金融部门和经济的影响。在这方面，美联储和其他政府机构现在负责确保资本和流动性,而这些资本和流动性是金融系统中那些具有系统重要性的部门在经济动荡中生存所需的。

保护金融服务消费者:政府监管的一大重点保护金融服务消费者,监管是基于假设消费者对金融交易知识的复杂性缺乏了解而处于不利地位,事实上,金融机构比个人拥有更高的市场力度。美联储是保护消费者交易的最重要机构,业务涉及信贷、借记卡、金融机构和零售网点发行的信用卡、电子交易、存款交易、消费贷款、汽车租赁、抵押贷款和房屋净值贷款。从 20 世纪 60 年代开始,消费者权益的保护已经成为政府监管的一大重点。1968 年《诚信借贷法案》是第一部要求债权人提供关于条款,利率及其他贷款条件的详细信息法案,由美联储《规则 Z》执行。表 8.3 按照时间顺序列出了 1968 年以来美联储制定的较为重要的消费者保护法。

表8.3　消费者保护法

1968 年《公 平 居 住 法 案》(*Fair Housing Act*)	禁止对住房抵押信贷市场的歧视。
1968 年《诚信借贷法案》(*Truth in Lending Act*)	要求统一形式向借款人通知信贷成本和条款。
1970 年《公平信用报告法案》(*Fair Credit Report Act*)	通过信用评级机构保护消费者免受不准确信息的影响。
1973 年《洪水灾害预防法案》(*Flood Disaster Protection Act*)	要求对某些财产上洪水保险。
1974 年《公平信用结账法案》(*Fair Credit Billing Act*)	债权人必须对账单错误投诉作出回应。

（续表）

1974 年《平等信用机会法案》（*Equal Credit Opportunity Act*）	禁止信贷交易中的歧视。
1974 年《房地产成交程序法案》（*Real Estate Settlement Procedures Act*）	对房地产结算的透明度提出了要求。
1975 年《房屋抵押揭露法案》（*Home Mortgage Disclosure Act*）	要求抵押贷款机构提供有关抵押贷款申请的地理分布以及民族、种族、性别、收入和其他细节的公开信息。
1976 年《消费者租借法案》（*Consumer Leasing Act*）	对消费者租赁的透明度提出要求，例如车辆。
1977 年《公平债务催收实践法案》（*Fair Debt Collection Practices Act*）	禁止滥用收集方法。
1977 年《社区再投资法案》（*Community Reinvestment Act*）	鼓励金融机构满足居住在社区中的所有人的信贷需要，特别是金融机构所在的低收入和中等收入地区。
1978 年《金融隐私权法案》（*Right to Financial Privacy Act*）	通过诸如自动柜员机等资金转账服务保护金融机构的客户免受不法行为。
1980 年《联邦贸易往来法案》（*Federal Trade Communications Act*）	美联储代表联邦贸易委员会采取行动，限制银行在滞纳金、工资分配等方面的某些活动。
1987 年《加速资金可用法案》（*Expedited Funds Availability Act*）	确定存款机构在储户存款后必须向其提供资金的时间。
1988 年《女性企业所有权法案》（*Women's Business Ownership Act*）	为消费信贷申请人和商业信贷申请人提供某些规则，如拒绝贷款的理由。

（续表）

1988 年《公平信用和借计卡揭露法案》（*Fair Credit and Charge Card Disclosure Act*）	修正后的《诚信借贷法案》，向公众提供有关更有效的申请，如通过电子邮件或电话的信用卡申请。
1988 年《房屋贷款人保护法案》（*Home Equity Loan Consumer Protection Act*）	要求增大对消费者家庭处所的信贷透明度。
1991 年《真实存款法案》（*Truth in Savings Act*）	对存款机构的存款透明度提出要求，如支付利息的明确声明；禁止某些类型的广告；以及规范储蓄账户广告。
1994 年《住房所有权及权益保护法案》（*Home Ownership and Equity Protection Act*）	修正了《真实存款法案》，包括披露房屋净值贷款。
1999 年《格雷姆-里奇-比利雷法案》（*Gramm-Leach-Bliley Act*）	该法案消除了跨州分行的限制，部分限制了当披露个人信息时可提供给第三方的信息。
2003 年《公平准确信用交易法》（*Fair and Accurate Credit Transactions Act*）	修正了《公平信用报告法案》，协助消费者识别盗窃者的身份。

资料来源：Board of Governors of the Federal Reserve System（2005）.

美联储还在教育方面进行了大量的努力，向消费者提供了金融服务权利的信息并有责任向消费者披露金融机构的财务状况。美联储维护着消费者投诉计划，让消费者以此来投诉金融机构的日常业务。实际上，美联储的体制结构对消费者事务很重要。美联储设立了三个咨询委员会，直接向美联储提供咨询意见，其中一个是于 1976 年成立的消费者咨询委员会。总的来说,美联储是监管的主要参与者,旨在保护金融部门中的消费者。其他机构,如证券交易委员会和美国货币监理署,这些机构也为不包含在美联储中的金融部门提供类似的服务。每个州在保护金融服务消费者方面也发挥了作用。

2010 年,《多德-弗兰克法案》建立了 CFPB(消费者金融保护局),消费者保护功能显著扩大。CFPB 是美联储结构中的一个独立的机构,但不受美联储的影响,被授予广泛的权力,以规范和监督整个经济的消费信贷。

建立公平竞争机会和规范金融部门的结构和运行情况: 监管是为了在金融部门中建立一个"公平竞争的机会",通过一系列法规规范美联储和其他机构的准入与退出、竞争等。许多实体经济的活动,如建立一个企业,其进入、退出和竞争相对不受管制,但政府对金融部门的结构和运行具有广泛的规定。建立一个新的存款机构,建立一个新的分支机构,特别是跨州的分行以及引进一种新的金融产品或服务,这些全部由美联储和其他监管机构,包括州一级的监管机构进行监管。而在过去 40 年,尽管财政体系的自由化改变了监管机构规范金融部门各要素结构和运行情况方面的态度,而且比照以前,现在允许更多的竞争,但除一部分美国经济外,金融部门的结构和运行情况更容易受到监管。

补贴被看好的经济部门: 政府几乎从参与国家金融货币体系开始,就利用自己的权力补贴被看好的经济部门,如房地产,特别是住宅房地产、出口工业、农业、小企业和低收入家庭。政府规章、政府机构和政府资助机构都有一套复杂的系统,向这些经济部门提供信贷补贴。在这一方面,1977 年的《社区再投资法(CRA)》是一项很重要的政府干预。

　　CRA 要求存款机构,特别是银行,为在经营范围内社区的所有消费者,特别是为低收入和中等收入家庭提供信贷。CRA 的做法是基于两个角度。首先,存款机构受益于政府存款保险和政府准入准出限制,因此它们的利润部分取决于政府监管。其次,存款机构应负责为社区所有人提供服务,特别是中低收入家庭。多年来,特别是在 20 世纪 90 年代开始,CRA 影响存款机构的贷款决策,特别是关于消费者和抵押信贷。

8.8　政府干预的一个缺陷:政府失灵与市场失灵同样重要

　　在国家金融货币体系中,政府在三个基本领域里有很强的干预。在这方面,政府的政策旨在减轻市场失灵。米尔顿·弗里德曼,是 20 世纪最有影响力的保守主义经济学家之一,他很久以前就认为政府有责任监管金融部门,以此防止"假冒的经济当量"(economic equivalent of counterfeiting)(Friedman,1959)。弗里德曼的意思是,政府有责任确保对国家货币供应的信心,政府有责任确保只够满足贸易需要的资金,保持长期的价格稳定。然而,政府在国家金融和货币体系中的作用远远超过了阻止假冒的经济当量的需要。关于政府对国家金融和货币体系的干预是否应该扩大这一激烈的辩论仍在继续。许多人主张扩大,而另一些人主张紧缩。世上没有免费的午餐,即使政府的干预是在国家金融和货币体系的最低水平上,政府的干预是有代价的。有充足的证据表明,政府的干预有时是一种破坏稳定的力量。有一个更兼顾的方法可以用来理解政府在国家财政和货币体系中的作用,这个方法让人认识到,虽然市场失灵确实存在,因此需要政府干预,但政府失灵也存在。政府失灵与市场失灵的严重程度一样,甚至比市场失灵更为严重。有时,政府干预金融货币体系造成了经济紧张时期,以及金融和政治危机。

毫无疑问,设计良好的政府政策会履行最后贷款人和审慎监管的基本职责,对货币的控制可以协助国家金融货币体系履行相应的义务。政府干预的四个观点认为,要求我们认识到政府政策的失败是一个坦诚的方式,也认为仅着眼于利益是不现实的。四个观点是道德风险、裙带资本主义和监管的政治化、货币政策政治化和公共选择的激励机制。公共选择观点并不是一个单独的问题,但却为理解第二和第三观点提供了一个理论框架。

道德风险: 道德风险是指描述人类保险或担保行为的技术术语。任何类型的保险都有道德风险,也就是说,保险的存在给被保险人带来了不利于保险人的动机。比如汽车保险,让你不那么担心汽车在停车的地方有可能损坏或被盗窃。当锁车时你总告诉自己,自己有"汽车保险"。在私营部门,保险公司很久之前就已经意识到道德风险,并试着对它们的产品进行定价,用来减少道德风险。在公共部门,特别是在政府参与金融和货币体系方面,道德风险是一个难以解决的现实问题。有两个例子说明了这一点。

首先,存款保险有道德风险,因为存款保险消除了储户对存款机构管理投资组合的担忧,相反,它们只关心存款利息的多少。存款机构现在担心储户的纪律性越来越差,因而更有动机采取更高风险的投资组合行为。因此,存款保险旨在提高公众对国家货币供应的信心,最终刺激了存款机构冒更大的风险,从而产生了更大的不稳定性。道德风险是一个严重的问题,虽然有政策可以减少存款保险道德风险,但由于政治原因难以实施。例如,一种方法可以减少存款保险的道德风险,这种方法是征收基于风险的存款保险费。然而,这种方法被证明是困难的。存款机构看到了一笔好交易,但在存款机构遭受巨大阻力之后,存款保险在 1991 年进行了修改,纳入了基于风险的定价。不幸的是,在很大程度上,人们没有使用基于风险的定价,该定价也没有对存款机构的行为产生实际影响。

政客们和政府监管部门倾向于淡化道德风险,因为政府提供担保时,它没有直接可计量的成本。这样一来,政客们就不难通过法律来提供保障,因为担保似乎是一个真正的免费午餐,没有给预算增加任何东西。政府提供担保的另一个原因是,由于政府提供担保的不可持续性,任何未来的成本可以通过发行债务增加税收或增加货币供给来处理。通常情况下,当不可持续担保的实际成本变得明显时,很少有政府机构会经历任何有意义的惩罚。

在处理陷入困境的存款机构的问题时,监管机构可能会谨慎行事,因为它们担心传染,不想重复 20 世纪 30 年代初发生的事情(见图 8.2)。因此,推迟解决陷入困境存款机构的问题并宣布它们的破产是一种趋势。相反,政府也有动机为机构解决问题提供时间并推迟执行现行条例。这项政策被称为宽恕和忍耐,但像存款保险一样,它有道德风险的影响。

以负资产净值或接近负净值运营的存款机构应当关闭,如果允许它们继续运营,则只能激励它们批准更高风险的贷款和投资政策。关闭这种存款机构是一种理性的战略,因为机构已经破产或濒临破产,而且宽容和忍耐的政策在政治上更容易,本质上该政策是受纳税人协助,问题是它很少奏效。由于宽恕和忍耐,存款机构采取了更高风险的贷款和投资策略,因为该机构得到了纳税人的支持。风险较高的贷款和投资策略只会增加关闭机构的最终成本。这是 20 世纪 80 年代储贷危机(S&L crisis)中的一个重大问题,据估计,如果政府在 20 世纪 80 年代初就解决了债务问题,那么纳税人的成本将在目前的 250 亿美元左右。存贷业和得益于存贷业贷款的房地产业带来了政治压力,这导致了那些监管美国存贷业的机构发布了很多宽容和忍耐政策。适当的政策本可以通过关闭许多存贷机构,重组可行的存贷机构来减少纳税人的亏损。然而,有关部门没有这样做。像特摄片《僵尸之夜》(*Night of the Living Dead*, 1968)中的僵尸一样,即使没有合理的会计准则,也有大量的公司被允许继续营业。当这项政策不再可行时,1989 年政府被迫拯救了美国存贷业。根据联邦存款保险公司(FDIC)的研究(Curry and Shibut, 2000),拯救存贷业所花费总成本在 2014 年达到了 2 140 亿美元。

宽恕和忍耐政策并非总是适用于所有的存款机构。监管机构倾向于把重点放在更大的机构上,并对其采取"大而不死"(too big to fail)的政策,因为如果这些机构崩溃,就会给金融部门带来风险。然而,"大而不死"的机构意识到了这一特殊关切,并有动机采取更高风险的贷款和投资战略,因为它们知道,如果出现问题,政府监管部门因为它们大而不死而出手相救。实际上,监管部门往往认为小型金融机构"小而不活"(too small to save)!

裙带资本主义或政治化的监管:亚当·斯密在 1776 年出版的《国富论》中指出,很少有企业愿意参与竞争。事实上,企业将尽一切努力限制竞争,用来提高市场份额和利润。在国家的金融货币部门和实体部门中扩大政府作用,理由之一是为了防止限制竞争的商业行为,以及防止对消费者施加更高的价格。政府干预的理由在理论上是好的,但实际情况有所不同。

一旦政府成为国家金融和货币体系中的主要监管机构,私营部门就有动机建立与监管机构和政客的关系,以确保监管对自己的部门有利。监管机构有动机提供有利的监管。监管机构的工作人员通常从他们监管的行业中抽取,很多离开监管机构的人会在他们监管的行业中工作。这种私营部门和政府之间的密切关系被称为裙带资本主义,政府监管部门和它们监管的实体之间的密切关系,对被监管的行业有利但却往往不利于公众。这不是在政治上右与左的问题,正如裙带资本主义对政党来说是不变的。即裙带资本主义是一个机会均等的活动。政府多年来一直对特殊利益集团非常敏感,特殊利益集团包括金融市场、存款机构、房地产、教育、农业和消费者等。虽然受到很多政府管制,即使这些管制受到特殊利益集团和权贵资本主义密切相关实体影响而符合国家总体利益,但金融监管的一个重要部分却不符合国家的最佳利益。

对购房的监管一直是一个特别严重的问题,多年来政府已经采用了很多政策鼓励买房。美联储曾经有许多次用政策支持购房。如果有更多人购房,那么政府支持购房花费的代价是值得的,但事实并非如此。美国的住房拥有率自 1950 年以来达到平均在 65％左右,并于 2005 年达到了 69％左右峰值,最近已经回落到 65％左右。美国与其他国家相比,个人拥有住房较少。据皮尤(Pew)研究中心 2013 年报道,经济合作与发展组织和欧盟的成员国有 42 个国家,加上新加坡,美国排名第 34(DeSilver,2013)。政府花费的代价要比房地产业资源错配的代价高出很多。支持购房的政府监管对 80 年代储贷业崩溃、2001—2015 年底的房地产泡沫、2006 年房地产泡沫崩溃和经济大衰退都有重要作用。因此，从这方面看，政府管制政治化代价很高，其带来的利益也是存疑的。

货币控制的政治化：有观点认为应该让政府控制货币供应，而不是由某种商品比如黄金来决定货币供应，但这也不能保证政府可以控制货币供应并保持价格稳定。中央银行可能被迫追求其他的目标，比如就业或者支持特定经济部门的产业政策，或让政府债务货币化。

一般来说，政府债务的货币化是中央银行和政府之间冲突的主要来源。当政府增加支出时，只有三种方法为超出现有税收的支出融资：增加税收、发行政府债券或印钞。增税在政治上是困难的，同时发行更多的政府债券更容易，但发债会产生更高的利率。为了鼓励公众持有政府债务，政府债务的利率必须提高，但较高的利率会对经济产生负面影响，并引起政府赤字支出。政府大多数时候自己不印钱，但会向央行施压扩大货币供应，将债务货币化并保持利率不变。虽然这样的政策很难在很长一段时间内保持下去，但它确实能在短时间内发挥作用。

为解决政府和中央银行之间冲突，常提出的办法是建立一个独立的中央银行，目的是减少或防止一种政治考量，这种考量在货币供应的管理中发挥作用。人们往往认为，中央银行的独立性往往是一项重要的制度设计，保证货币供应的控制免受政治因素的影响。然而，正如稍后将要讨论的那样，让法律独立于政府存在比想象中更为复杂。中央银行很少能真正独立，历史表明，独立的中央银行不一定能产生稳定的货币政策。事实上，有证据表明，包括美联储在内的各国央行对政治环境都很敏感，而且往往是听命于政府，无论它们的体制如何设计。

　　政府的公共选择观点：政府在货币体系和经济方面的大幅度干预，一般来说始于罗斯福政府时期内的大萧条。在第二次世界大战后时期最初几十年政府干预范围的扩大，是由于市场往往出于对利润的追求而失灵。为抵消市场失灵，政府干预公共利益。政府的市场失灵观点一直受到重视。然而，在20世纪60、70年代，一些经济学家质疑政府政策是否总是以公共利益为导向。现在，人们将他们的观点称为政府的公共选择观点。公共选择经济学已经成为我们理解政府政策的重要组成部分，根据公共选择的观点，政府机构很像个人消费者或商业公司，追求自身利益。政府机构的效用函数将公共福利作为参数，但像个人一样，政府机构是自利的。它们主要关心的是提高预算，政府机构内的个人关心是提高退休后的待遇。问题出于这样一个事实，政府机构提供监管，而特殊利益集团要求监管提高其利润，并保护它们免受竞争。那么，政府监管机构被特殊利益集团俘获，政府管理的设计不是为公众利益而是为一些特殊利益集团。在某种意义上，公共选择是理解政府监管和货币政策的政治化的另一种方式。然而，它对政府机构和中央银行的激励机制提供了更深层次的理解，解释了为什么公共政策并不总是公共利益。由于显而易见的原因，政府机构不喜欢公共选择的观点，因为它把政府机构看作是一个自利实体，与受预算约束的消费者效用最大化函数，或者受成本函数影响的经营最大化利润相类似。

8.9　经济思想、历史和政治事件对政府干预一国金融货币体系的影响

　　政府干预国家金融货币体系，其演变是复杂的。至少可以说，

对重要发展的任何讨论都超出了本书的范围。然而,最后我们可以简要地强调一些主要的因素,因为这些因素影响了政府在国家的金融货币体系的发展。

关于经济如何运行的主要理论:根据经济运行的主要理论,政府干预是有动机的和合理的。有四个重要的历史时期影响了政府干预经济。

1776—1936 年被称为古典时期,这一段时期将私有经济看作是内在稳定的,在保护私人财产、提供国防、提供某些类型的公共物品(如基础设施)以及维护稳定的金融货币体系等方面,政府的作用有限。

1936—1970 年是凯恩斯主义经济学兴起的时期,凯恩斯主义受到始于 1929 年大萧条的强烈影响。大萧条持续了十年,对许多人来说,古典观点即市场本身是稳定的而只需要很少的政府干预,与凯恩斯的观点相矛盾。大萧条摧毁了市场体系的信心。在政治上的回应是政府的作用被扩大,以抵消当时的市场失灵。凯恩斯于 1936 年发表了《通论》,《通论》将大萧条归因于市场失灵,为之提供了理论基础,并通过扩大政府作用的形式为政府提供了政策解决方案。凯恩斯观点由稳定的市场和有限的政府,转变为不稳定的市场和扩大的政府。这个阶段一直持续到 20 世纪 70 年代。

在 20 世纪 70 年代,古典学派以现代数学和计量经济学作为工具再度出现。市场再次被视为是稳定的,而政府用来管理和规范市场,特别是金融市场,则再次被视为是不稳定的。虽然在大萧条之前,人们没有什么重大的理由重新考虑政府的有限作用,但这一时期见证了许多政策的废除,这些政策于 20 世纪 30 年代制定,限制了市场力量在金融部门中的作用。这一时期实行了明显的放松管制和自由化政策，改变了国家金融货币体系的制度设计。以前的时期是以凯恩斯的名字命名的，这个时期被称为弗雷德里克·哈耶克和米尔顿·弗里德曼的时代，两位著名经济学家主张市场的重要性，强调政府干预有局限性。

从20世纪90年代开始，一直持续到21世纪的第一个十年，凯恩斯主义的观点已有所恢复。市场，尤其是金融市场，又被视为是内在不稳定的，需要政府的监管。因此，政府的作用又一次被扩大，但与前一时期一样，在20世纪最后时期放松管制阶段建立的许多改革，没有被多少人尝试根除。

历史事件：历史事件在政府干预的演变过程中起着重要的作用。联邦政府于内战期间开始干预国家金融货币体系。联邦政府试图以联邦政府的监管取代州政府对国家银行体系的监管，但失败了。最终，这个国家形成了二元体制，联邦政府和州政府都对金融事务进行管理。19世纪最后几十年的通缩和1907年严重的金融恐慌一起导致了1913年联邦储备体系的建立。大萧条（The Great Depression）让政府在经济中，尤其是在国家金融货币体系方面的作用有了很大的拓展。大通胀（The Great Inflation）导致了凯恩斯主义向古典主义的转变。大衰退（The Great Recession）在某种程度上导致了对凯恩斯主义的回归。

政治影响：最后，政治考量一直是政府干预的主要动力。政客们有动机使用国家的金融和货币体系控制货币供应、提供最后贷款人服务，并提供金融和监管法规，其目的远远超出了政府干预的原始理由。事实上，在金融货币体系中，那些民主选出的人将政府的功能制度化，认为政治在国家的金融货币体系中已经不是政府干预的主要驱动力，这是个天真的想法。借用电影《卡萨布兰卡》

的一句话，人们会"震惊"地看到，随着政府增强对货币供应、最后贷款人职能以及对国家金融货币体系审慎监管的控制，已经让其背后的政治因素成为一股重要力量。

参考文献

Board of Governors of the Federal Reserve System (2005). *The Federal Reserve System: Purposes and Functions*, 9th edn. Washington, D. C.: Board of Governors of the Federal Reserve System.

Curry, Timothy, and Lynn Shibut (2000). "The Cost of the Savings and Loan Crisis: Truth and Consequences". *FDIC Banking Review*, 13: 26 – 35.

DeSilver, Drew (2013). "Around the World, Governments Promote Home Ownership": Pew Research Center, August 6, www. pewresearch. org/fact-tank/2013/08/06/around-the-world-governments-promote-home-ownership.

Friedman, Milton (1959). *A Program for Monetary Stability*. New York: Fordham University Press.

Rockoff, Hugh (1990). "The 'Wizard of Oz' as a Monetary Allegory". *Journal of Political Economy*, 98: 739 – 760.

Smith, Adam (1776). *An Inquiry into the Nature and Causes of the Wealth of Nations*. London: W. Strahan and T. Cadell.

S. Bureau of the Census (1975). *Historical Statistics of the United States: Colonial Times to 1970*. Washington, D. C.: U. S. Bureau of the Census.

第 9 章
金融部门的监管

9.1 引言

政府对金融部门的监管构成了国家金融货币体系的三大组成部分之一。第8章讨论了当国家的货币本位从商品到具有代表性的商品,最后再到法币本位,政府的监管是如何随时间演变的。这一讨论解释了政府如何在国家金融货币体系中成了一支主要力量。第8章中的讨论很宽泛。本章主要聚焦在两个方面:一是扩大了政府监管的理论基础,并包含了市场失灵的不同观点;二是对政府监管的重要类型和具体类型进行了概述。

9.2 不对称信息、逆向选择和柠檬市场

政府监管的基本原理现在可以扩展到包括两种其他类型的市场失灵,它们影响了国家金融货币体系的顺利运行。市场失灵的两种新观点称为信息不对称和逆向选择。这两个问题在任何市场

都是普遍的,人们可以通过考虑一个商品市场,如二手车市场或住宅市场介绍这些问题。乔治·阿克尔洛夫(George Akerlof)认为信息不对称和逆向选择使得二手车市场难有效率(Akerlof,1970)。人们认为他的分析是二手车市场的"柠檬问题"。然而,这些原则是一般性的。

不对称信息是指二手车的买方和卖方没有相同的信息集。卖方一般比买方掌握更多关于汽车的信息。卖方知道汽车发动机会燃烧过多的油,或者传动很弱,即使汽车在短距离内行驶很好。买方也没有这方面的知识,虽然买方可以花钱让机械师检查汽车,但这昂贵且费时。如果瑕疵很小,可能无法提供可靠的信息。也就是说,卖方知道汽车是一个柠檬(质量低劣的),但潜在的买主不知道。因此,潜在的买方会假设无论二手车的表现如何,其质量都是一般的。因此,买方会根据这一假设出价。事实上,如果汽车是一个柠檬(劣质的),卖方将愿意接受以平均质量为基础的价格,但如果汽车是高于平均质量,卖方不可能按照买方愿意支付的平均价格出售。由于逆向选择,信息不对称问题会变得更为严重。对卖方来说,劣质车将会充斥整个市场,因为卖劣质二手车的人比卖优质二手车的人更有动机,而且这将会是一个趋势。因此,市场有过多的柠檬(劣质车),因为买家的不完全信息,买家将会变少。在对称信息的情况下不会有柠檬问题,因为没有逆向选择问题。也就是说,交易双方提供的信息越多,市场的效率就越高。

信息不对称问题和逆向选择在金融部门中尤其重要,因为交易是复杂的,可靠的信息难以收集和评估,金融交易的发生速度比大多数实际交易快得多。柠檬借款者(即风险较高的借款人)比那些风险较小的借款人有更多的借款动机,而由于信息不对称,贷方处于不利地位。在借贷交易中,直接金融市场中的信息不对称和逆向选择问题使小额贷款者和借款人很难完成交易。

事实上,人们将间接融资视作是市场创新,用以解决这两个问题。金融机构为贷款人按照他们的需求量身定做了一个支付承诺,但更为重要的是,支付承诺是流动的、低或零违约风险的。为减少风险,金融机构能够将贷款组合多样化,并投入资源对信贷进行评估和监测,从而减少逆向选择问题。这就是为什么间接融资大体上是发达国家和发展中国家最重要的金融渠道。在金融中介当中,金融机构的借款人和贷款人是否有同样的信息集并不重要,因为机构有足够的动机和资源获得对称的信息。金融机构也可以通过成为信用评估专家有效地处理逆向选择问题。

相反,直接金融市场中的信息不对称和逆向选择不能通过中介来解决。除了坐市商和代理商之外,直接金融市场没有中介。他们只把贷方和借方撮合在一起,对已完成的交易收取费用,与潜在的支付承诺没有经济利益。由于间接金融是一种市场创新,用来解决小额贷款者和借款人的非对称信息和逆向选择问题,在直接金融市场上,市场已经对这些问题作出了反应。首先,小额贷款者和借款人在直接金融市场中发挥的作用有限;第二,信用评级公司已经演变成可以提供信息的地方,因此贷款人可以评估公开市场发行债券和股票的信用度。然而,信用评级信息依赖于直接市场发行债券或股票的金融披露制度。无论如何,人们对财务披露制度透明且有意义的要求,以及小额贷款者和借款人在直接市场中所发挥的有限作用,诠释了为什么在美国只有大约30%的资金流动是靠货币和资本市场转移的。在其他国家,直接市场的作用还要小得多。

间接金融和信用评级制度是解决不对称信息和逆向选择的市场方案,但仍然需要政府监管,才能使金融部门成为稳定金融和货币环境的组成部分。对于金融机构,特别就存款金融机构而言,它们有承担风险和扩大信贷的动机,这需要一定程度的政府监管。金融市场受益于政府监管,确保了贷款人与借款人之间有一个公平的竞争环境,也确保了有意义的直接货币和资本市场的金融信息披露制度。但是,政府对间接融资监管和直接融资监管的目标存在根本性差异。限制系统性风险并维护金融环境稳定是政府监管金融机构的目标。相比之下,政府监管不关心直接的市场风险,而是有足够的信息评估风险并确保直接市场不被操纵。

9.3　政府对间接融资的监管

间接融资金融机构在任何经济中都受到最广泛的监管,因为它们在资金转移中的功能从贷款人变为了借款人,特别是在存款机构,它们的支付承诺构成了 M2 货币供应的主要部分。尽管美国直接市场相对其他发达国家比较重要,但私人部门借入的大部分资金来自金融机构。基于 1970—2000 年的数据(Hackethal and Schmidt,2004),非金融企业获得的外部融资有 56% 来自存款机构和非银行金融机构、11% 来自发行股票,32% 来自发行债券。其他国家的非金融企业对间接融资的依赖甚至更高。例如,在德国和日本的非金融企业,它们从存款机构非存款机构获得了 86% 的资金,发行债券分别为获得 7% 和 9% 的资金,分别从发行股票获得 8% 和 5% 的资金。实际上,美国的家庭从存款机构和融资公司获得全部借款,而各级政府则在直接市场上发行债券。

由于金融机构在国家货币供应中的作用,所以受到的监管最为严格。存款机构必须接受频繁的现场审计;必须满足法定准备金和对资本-资产要求;受资产和负债投资组合的限制;可以使用最后贷款人服务;可以运营由美国政府十足信用支持的联邦存款保险。非存款金融机构也受到了各种各样的类似规定,不过它们没有存款保险和复杂的现场审核。除货币市场基金外,非存款金融机构发行的支付承诺不具备货币功能。

政府管制和间接融资监管并非只局限于限制系统性风险的审慎目标,还集中在一些金融部门结构特征的其他目标。主要表现在企业的数量、准入准出和分支机构、消费者保护以及在政治上制定产业政策为重要的经济部门提供信贷补贴。

下面我们首先关注政府监管存款机构较重要的几方面,然后对非存款金融机构的政府监管进行评论。

9.4 政府对存款金融机构的监管

9.4.1 存款保险

政府存款保险的作用是确保公众对存款的信心,防止恐慌的传染。在经历了 1929 年至 1933 年银行系统巨大的萎缩和崩溃后,存款保险首次由《银行法》于 1933 年授权。今天,联邦储蓄保险公司提供并管理存款保险。联邦存款保险公司为银行、储蓄银行和储贷机构的存款提供保险,而国家信用协会则负责为信用协会的存款提供保险。机构在特定所有权名称下的联合检查、储蓄和定期存款费用高达 25 万美元。几十年前,一些州对存贷业存款进行了保险,但这些部门不可行,不再是存款担保部门的一部分。只有联邦政府有足够的资源来证明"政府的十足信用"是存款保险的支柱。存款保险对任何联邦特许存款机构都是强制性的,对任何国家特许机构有效。事实上,在美国每个存款机构都有联邦保险。

存款保险的受众最初是那些缺乏知识、机会和资源来监督机构的小储户,但在过去几十年,存款保险覆盖范围有所增加,包括几乎所有的储户。表9.1列出了从1934年起联邦存款保险公司在不同时期制定的存款保险限额和由于通货膨胀率被调整的保险限额。原先的限额为2 500元(5 000元),2008年因通货膨胀调整后的限额应是41 404元(82 808元),而其活期存款限额却为250 000元。因此,政府存款担保在实质上有相当大的扩展。如前所述,存款保险是处理恐慌传染的有效方法,但它的坏处是道德风险。

表9.1 1934—2015年联邦存款保险公司存款保险限额

年份	现值美元	调整通胀后的美元
1934	$2 500	$2 500
1935	$5 000	$2 635
1950	$10 000	$4 635
1966	$15 000	$6 231
1969	$20 000	$7 058
1974	$40 000	$9 481
1980	$100 000	$15 846
2008	$250 000	$41 404

资料来源:Federal Deposit Insurance Corporation.

　　然而,货币供应的一个组成部分没有上联邦保险。零售货币市场基金是 M2 货币的一部分,但没有上联邦保险。因此,它们拥有一定程度的违约风险,这在 2008、2009 年的金融危机中表现得很明显。它们没有得到联邦保险的事实引起了人们的关注,那时零售和机构基金被全部撤回,加剧了经济困境。作为回应,美国财政部暂时将联邦存款保险扩大到货币市场基金,2014 年美国证券交易委员会(SEC)制定了关于货币市场基金透明度及其价值报告的新规则,向公众表明货币市场基金不是由联邦政府担保的。公众确实明白了,货币市场基金在 M2 货币供应中的作用自 2008 年以来显著下降(图 2.1)。

　　存款保险确实有效,许多人认为它是对 1934 年初首次提出货币体系的重大改进。今天,各国越来越多地采用美国使用的显性存款保险制度。存款保险消除了恐慌传染的可能性,只要公众认为政府的"十足信用"是存款保险的支柱。然而,存款保险本身也存在道德风险。

　　存款保险的道德风险补贴了存款机构产生的风险,因为存款保险消除了存款人约束。存款人没有兴趣关注机构的经济状况以及他们是否轻率放贷,而只对服务及其存款的回报感兴趣,这一点在 1933 年《银行法》通过之前就得到了承认。罗斯福总统提出了这个问题,对签署立法建立联邦存款保险公司并不热情。然而,据说当时政府对监管的忽视以及对关闭陷入困境的存款机构的意愿会抑制轻率放贷,并有动机限制或消除道德风险。这种观点是错误的。20 世纪 80 年代的存贷危机、90 年代初的银行业问题以及 21 世纪头十年的住房泡沫,在一定程度上是风险贷款,特别是住宅抵押贷款的结果。毫无疑问,道德风险起到了作用。存款保险的道德风险可以降低吗？

减少道德风险的方法有两种。第一，降低存款保险限额。比如说 50 000 美元，仍然可以涵盖大部分存款，同时也符合只包括小额存款保险的初衷。然而，这并不实际。公众已经把存款保险视为一种权利，并且会极大地抵制限额的降低。政客们也同样反对限额的降低。他们认为存款保险是一种"免费午餐"，因为提高限额似乎没有任何预算成本，但道德风险是成本，而且成本很高。研究表明，道德风险是真实存在的，不仅在美国，而且在许多国家，特别是日本，道德风险都在金融问题上发挥了作用。

基于风险的存款保险费会减少道德风险，减少公众和政客们的阻力。从历史上看，所有存款机构都以保费百分比因子乘以所包括的存款为保费，支付给联邦存款保险公司。所有机构的保费百分比在任何时候都是持平的，也就是说，保险费率不会根据个别机构的风险而调整。这与私人保险业的惯例不同。例如，汽车保险是根据驾驶记录来调整作为风险指标的。

政府和存款机构历来大都抵制基于风险的存款保险费，但存款保险改革的环境随着 20 世纪 80 年代储贷业的崩溃而改变。1987 年政府审计局宣布联邦储蓄贷款保险公司（1938—1989）破产。此外，联邦存款保险公司损失了几年的钱，因为在倒闭银行存款的回报超过了保费收入。联邦存款保险公司将效仿联邦储蓄贷款保险公司的做法，引起了很大的关注。1991 年《联邦存款保险公司改进法案》为联邦存款保险打下坚实的基础。联邦储蓄贷款保险公司破产，其职能移交给公司，存款保险费增加，如用被称为即时矫正制度（PCA）的各种新的方法来处理出问题的存款机构。作为改革成果的一部分，基于风险的存款保险费首次推出。自 1991

年以来,保险费出于风险存款已被调整,但调整范围相当小。实际上,在美国和大多数国家,存款保险费对个人存款机构的风险并不是十分敏感。

9.4.2 法定准备金

所有联邦保险存款机构都必须满足由美联储制定和管理的法定准备金率,不论其规模大小或是否按照联邦或州的许可行事。法定准备金指定机构必须针对特定存款维持资金数额。现行法定准备金制度制定于 1980 年,可归纳为以下问答。

什么是按存款准备金要求的特定存款? 法定准备金仅适用于净支票或正式标记的净交易账户(活期存款、可转让提款通知账户和信用社股份汇票)。净交易账户是总账户减去其他存款机构应付款后的数额。对储蓄和定期存款没有法定准备金的要求,虽然对大额存单和欧元美元存款征收了法定准备金,但这些存款的法定准备金率在 1990 年被设置为零。因此,事实上只有活期存款才符合征收准备金要求。

存款准备金率是多少? 表 9.2 显示截至 2015 年 1 月的法定准备金。有三个比率水平。首先,对存款从 0 到 1 450 万美元机构没有法定准备金要求,因为有 1 450 万美元或更少存款的机构相对较小。"豁免水平"根据其前一年的存款增长率进行调整。第二,存款超过 1 450 万美元到 1 亿 360 万美元,须符合 3% 的法定准备金要求。较高的存款水平或"低储备部分"会根据前一年的存款增长率进行调整。第三,1 亿 360 万美元以上的存款须符合 10% 的准备金要求。

表 9.2　准备金要求，2015 年 1 月

存款类型	存款百分率	存款类型	存款百分率
净交易账户		1. 036 亿美元以上	10
0 到 1 450 万美元	0	无个人定期存款或大型信用违约互换	0
1 450 万美元到 1.036亿美元	3	欧元存款	

资料来源：Federal Reserve.

　　谁设定了法定准备金？ 美联储没有自主权来改变前两个法定准备金水平。然而，美联储将第三档法定准备金从 8％改为 14％。法定准备金率自 1980 年设立至今只改变了两次。在 1990 年，大额存单和欧元美元存款的法定准备金被设定为 0，1992 年交易存款的法定准备金由 12％降低至 10％。即使法定准备金自 1992 以来没有改变，但有效的法定准备金却有所下降，因为存款机构已经建立了"零售转存方案"（retail sweep programs）。零售转存方案将受法定存款准备金要求的存款转变为不受法定准备金要求的存款。

　　存款机构如何满足准备金要求？ 法定准备金必须以备用现金形式存放。如果备用现金不足以满足法定准备金，那么余额必须作为美联储的准备金存款。存款机构在美联储储存准备金，也可以在具有"直通关系"（pass-through relationship）的其他存款机构储存准备金。作为美联储正式成员的银行必须在美联储保留储备金

存款。美联储的"正式成员"地位曾经一度很重要,但自 1980 年以来美联储成员和非成员之间区别在经济上已经毫无意义,继而变成美联储早期的遗留问题。我们会在后面的章节中介绍美联储的组织结构,同时讨论这一问题。

美联储的储备金是否有利息? 2008 年美联储开始向存款机构所持有的储备金存款支付利息。截至 2015 年 1 月,法定准备金和超额准备金的利率为 25 个基点。超额准备金是指所持有的总准备金减去法定准备金。这两种利率是由美联储决定的,不一定是相同的。美联储决定支付法定准备金的利息,以利息满足法定准备金的机会成本补偿银行,并将超额准备金利息的支付视为货币政策的新工具。

9.4.3　资本-资产比例要求

存款机构须遵守最低资本-资产比率。资本-资产比率就像汽车里的减震器。减震器能够降低道路上的颠簸,相对于资产的资本额提供了一个缓冲,抵消了资产价值的下降。例如,任意数额 10% 的资本-资产比率意味着资产的价值可以低于 10%,而且机构可以继续以正资本运作。在没有政府要求资本-资产比率的情况下,存款机构仍将以一定的资本运营,但为了提高利润很可能远低于审慎水平。同样的情况也适用于法定准备金。在没有政府要求的准备金的情况下,存款机构仍将使用一些准备金,但为了提高利润可能远远低于审慎水平。

存款机构一直受制于最低资本-资产要求。然而,有三个事件增加了这些要求的重要性,并产生了一套更统一的存款机构资本-资产的要求。

首先,在 1988 年,12 个主要的中央银行和监管部门组成了巴塞尔银行监管委员会,总部设在瑞士巴塞尔。巴塞尔银行监管委员会建议各国采用一套标准的基于风险的资本-资产比率,特别是对有重大国际业务的大型银行。具体的建议称为"巴塞尔Ⅰ"(旧巴塞尔资本协定)。

《巴塞尔Ⅰ》资本资产要求是基于对特定银行的风险加权资产水平的计算。那些权重是基于各种资产的信贷风险。例如,现金和国内国库券的风险权重为 0;抵押贷款支持证券的风险权重为 0.2;公司债券的风险权重为 10。资本按流动性分级。风险调整资产与资本总额之比为银行的风险调整资本-资产比率。《巴塞尔Ⅰ》建议对从事重大国际业务的银行资本-资产要求为 8%。

《巴塞尔Ⅰ》的建议被不同程度地纳入了许多国家的银行规章中。为纠正巴塞尔Ⅰ的缺陷,《巴塞尔Ⅰ》于 2004 年和 2010 年被修订,此举为监管当局提供了更广泛的资本充足措施,以便更好地评估银行风险。这些拓展的要求被称为《巴塞尔Ⅱ》和《巴塞尔Ⅲ》,后者仍在执行中。美国对超过一定规模的所有存款机构都采用了巴塞尔Ⅰ、Ⅱ和Ⅲ的建议。

鉴于 80 年代存贷业崩溃和 2 140 亿美元的纳税人援助(以 2014 年美元计价),以及 90 年代初严重的银行问题,一种对待存款机构新办法,即即时矫正制度被使用。许多国家采用了基于美国模式、与即时矫正制度相似的策略。即时矫正制度是一种在机构倒闭前妥善处理好机构问题的策略,部分基于《巴塞尔Ⅰ》的资本资产比率要求,以及基于该比率调节反应的"一触即发"(Tripwire)系统。随着总资本资产比率下降,对存款机构的主要监管当局需要施加高强度的监管压力,直到达到 2% 或更少的"一触即发"。此时,机构被置于破产、关闭或被另一个资本充足的机构兼并。表9.3表明被联邦存款保险公司保险过的存款保险机构的"一触即发"系统。

表9.3　即时矫正制度和一触即发资本-资产充足比率

一触即发	描述一触即发比率	一触即发	描述一触即发比率
较好的重组	≥10%	显著地投资不足	<6%
充足地重组	≥8%	严重地投资不足	≤2%
投资不足	<8%		

资料来源:Federal Deposit Insurance Corporation.

第三,2008—2009的金融危机和大衰退使人们关注需要提高现有资本-资产比例要求,以反映在金融放松管制和金融国际化的新环境下存款机构复杂投资组合的风险。目前,《巴塞尔Ⅲ》将要在未来几年内实施,2010年《多德-弗兰克法案》修订了资本充足要求,并成立了新的政府机构来监测任何被认为对经济构成系统性风险的金融机构。在放松管制和金融自由化的新环境下的存款机构资本不足以及存款机构和其他金融机构需要更多的风险共担来限制轻率的贷款和投资,都已经成了普遍的共识。因此,资本需求在未来可能继续增加,监管当局将越来越倾向于使用资本要求和其他能令金融健康的措施,作为一触即发系统的基础,而一触即发系统能够对金融部门任何主要部分的健康变化作出反应。

超额准备金是"多余的准备金"吗?答案当然是"不"。"超额准备金"仅仅是指高于法定准备金的那部分准备金的技术名称。存款机构所需的超额准备金取决于经济因素,并随时间的推移而变化。特别地,它与利率变动密切相关。在 20 世纪 30 年代后期,美联储出现了严重的政策失误,它认为当时银行持有的高水平的超额准备金是"多余的",因为提高的准备金率很容易"拖垮"银行。事实上,银行需要高水平的超额准备金。想象一下你自己是一家存活下来的银行。你对美联储能够防止另一次银行业崩溃没有信心,这是可以理解的。你会更加厌恶风险,并会有动机持有流动性并限制贷款。基于对超额准备金水平的误解,美联储在 6 个月内将存款准备金率翻了一番,导致银行陷入严重衰退,因为银行减少了贷款以重建所需的超额准备金水平。

9.4.4　监管：CAMELS 评级体系

对财务绩效的不断审查和各自监管机构的现场检查约束了存款机构。CAMELS 评级系统由美联储、美国货币监理署和国家信贷管理局使用,旨在对机构的财务健康状况进行概述。对资本充足率的计量,让 CAMELS 评级系统成为在即时矫正政策中的一个重要输入。

CAMELS 是机构的资本(C)、资产(A)、管理(M)、收益(E)、流动性(L)和对市场风险的敏感度(S)的缩写。每个部分按 1(最好)到 5(最差)评分,并按由 1 到 5 得到一个综合得分。但是,综合得分不是个别分数的平均值,而是由现场团队对存款机构的质量进行全面评估。每个受联邦保险的存款机构都有 CAMELS 评级。

综合得分为 3、4 或 5 的机构将会被置于"问题"名单上,而且会受到从书面警告到关闭的广泛监管。名单会公布机构数目及其资产。然而,问题名单上不会公布个别机构,也不会公布任何机构的 CAMELS 评级分数。图 9.1 显示了 1990 到 2014 年被列入问题清单的在联邦存款保险公司投保的存款机构数量及其资产价值。请注意,在 20 世纪 90 年代初期,问题清单和资产价值实际上比 2008 年以来更大。

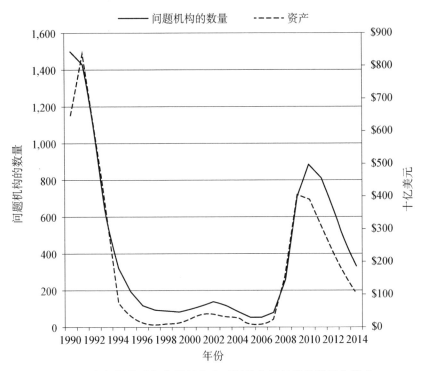

图 9.1　有问题的联邦存款保险公司保险存款机构的数目和资产:1990—2014 年(9 月)

资料来源: Federal Deposit Insurance Corporation.

CAMELS 评级和综合得分没有被公之于众,人们一直在公开讨论,CAMELS 评级和综合得分是否包含超出市场所知的信息,及其是否应该被公开。毫无疑问,对于非常大的金融机构,尤其是大型银行,公众知道该机构的财务健康状况,CAMELS 评级即使公开也不会提供更多的信息。然而,对于中小机构和小机构,CAMELS 评分确实有公众可能不知道的信息。关于 CAMELS 是否应该公开发布的争论一直存在,但监管部门不愿公布这些信息,因为担心这会引起恐慌的传染,而且任何机构的管理团队所提出的问题都需要解决,但其解决问题的意愿会降低。总而言之,保密要比公开披露的说法更强。

9.4.5　监管压力测试

由于 2010 年《多德-弗兰克法案》,一个新的监督工具正变得越来越重要。该法案是复杂的,仍然受一些讨论的影响,这些讨论涉及是否应该改善监督、是否应该通过定义系统重要性金融机构扩大道德风险以及是否应该使政府参与金融部门的微观管理。无论如何,该法案现在要求美联储对资产规模大于 500 亿美元的银行控股公司和被定为系统重要性金融机构的非银行金融机构,进行年度压力测试。一个系统重要性金融机构规模很大,可以被纳入金融部门,这些机构出现问题可能影响整个金融部门和经济。该法案还要求目标金融机构自己进行压力测试,并将结果报告给联邦储备委员会。

美联储的压力测试概念简单但实施复杂。压力测试展现了该机构的资产负债表和损益表,有一个九个季度的规划周期,法案要求该周期采用一系列资本行为假设。这些预测由三个宏观经济情况进行估算:基准的、不利的和特别不利的。各机构必须使用同一套资本行动假设和宏观经济情况。

压力测试的目的是向金融机构、公众和监管当局提供前瞻性的信息,通过判断大型和重要金融机构承担亏损的能力,说明金融部门对宏观经济不利发展的敏感性。与 CAMELS 评价体系不同,单个机构和美联储进行的压力测试,其结果是以简易的形式向公众提供的。

9.5　非存款金融机构的政府监管

非银行金融机构受到广泛的政府监管,虽然它们没有达到与对存款机构相同的程度。尽管如此,它们在投资组合活动、资本充足率、准备金和流动性方面也受到了许多相同规定的约束,并接受现场审计。对于不同非存款机构监管的审查超出了写作的范围,但非存款金融机构监管的两方面却值得一提:以州为基础的保险监管和货币市场基金的透明度。

以州为基础的保险监管:保险公司是唯一不受联邦监管的金融机构,它们只在州一级受到监管。1863 年《国家银行法案》授权联邦政府通过最古老的联邦监管机构——财政部的货币监理署,开始规范和监督银行系统。这是一个由州政府到联邦政府的重大转变,一直延续到现在。然而,联邦政府事实上没有规范或监督保险业。

在《国民银行法》通过几年后,最高法院于 1869 年宣布,保险政策不是商业政策因此不受联邦立法的约束,但 1939 年最高法院推翻了这一决定。国会在 1945 年通过了一项法律,宣布对保险监管最好由各州决定。在 70 年代和 80 年代,随着国家对金融和货币制度管制的放松以及金融自由化的全面展开,人们越来越关注是否应该继续以州为基础对保险业进行监管。在过去的几十年里,联邦政府已经做了一些努力来扩大保险业的范围,比如要求国家监管的最低标准。但在过去十年,两个事件增加了联邦政府将保险业纳入监管的兴趣。

第一,金融衍生产品的增长和保险业在某些衍生产品中所起的作用。金融衍生品以股票和抵押贷款为基础,在价值上已经成为比债券大得多的重要金融创新。一些专家指出,到 2014 年底全球衍生产品市场的总规模为 1 200 万亿美元。衍生工具本质上是一种金融工具,其价值是由另一金融工具或商品衍生而来。抵押债务工具、抵押债券和信用违约互换(CDS)是三个重要的金融衍生产品。抵押债务工具是一种支付承诺,以基础资产作为抵押赚取本金和利息。抵押债务工具被分为几个"分层"(tranches),其中最高等级提供最低的支付风险,而最低等级提供的支付风险最高。抵押债券是基于抵押资产池的担保工具。信用违约互换是一种为一系列债务违约风险提供保险的工具。任何人都可以购买信用违约互换,无论其是否拥有投保以应对违约的基础债务(underlying obligations)的财产权。

信用违约互换市场是总衍生市场的很大一部分,基本上是不受管制的、不透明的和复杂的。信用违约互换市场在 2002 至 2006 年间的房价泡沫中起了重要的作用,因为保险公司和其他公司发行信用违约互换来为抵押贷款池,特别是次级抵押贷款池的违约风险保险。次级抵押贷款是针对高风险借款人的,没有或几乎没有首付也没有关于借款人收入的记录。同时,许多其他类型的债务发行了信用违约互换。例如,信用违约互换被出售给养老基金为其标的债务违约投保。信用违约互换在没有足够的储备金的情况下发行,它们的发行方认为违约是一个小概率事件。特别地,保险公司存在于市场的两面。一方面,保险公司出售信用违约互换来获得收入;另一方面,它们购买信用违约互换限制自己的债券和抵押贷款投资组合的风险。

信用违约互换敞口(CDS exposure)在美国最大的保险公司——美国国际集团(AIG)的倒闭中起到了关键作用。AIG发行了大量的信用违约互换,如果AIG信用评级下降,就要求AIG增加储备。由于房地产价格下跌及其所持有的抵押贷款债券贬值,要求美国国际集团留出准备金,但公司既没有准备金,也不能在市场筹集。同时,由于经济导致的违约不断增加,要求AIG清偿已出售的信用违约互换。AIG没有足够的储备金来偿还债务。因此,AIG在2008年末倒闭,并要求从美国财政部贷款850亿美元继续运营,所以公司得以重组,减少了了对金融部门的进一步损害。

第二,2010年《平价医疗法案》和《多德-弗兰克法案》的通过,提高了联邦政府对保险业的监管兴趣。《平价医疗法案》提升了保险公司的作用,让政府尝试监督总量占美国经济20%左右的健康产业。《多德-弗兰克法案》将政府监管扩展到任何会让经济暴露重大系统性风险的公司或产业中。无论如何定义,作为最大金融机构的保险业符合这一标准。

因此,保险业在信用违约互换市场中的作用、保险业作为健康产业半国有化的一部分以及保险业对国家金融货币体系稳定的重要性都表明,对保险业进行历史性的以州为基础的监管很可能在未来结束。然而,以州为基础的体系有强大的支持者。州一级保险监管机构不愿意放弃权力也不愿意与联邦监管当局分享权力,而且保险业会抵制联邦化,因为它可以使一个州与另一个州相冲突。虽然有强有力的讨论赞成结束以州为基础的体系,但最终结果将取决于政治。

货币市场基金的透明度：那些持有货币市场基金的人历来假定这些资金有 1 美元的资产净值(NAV)。即如果他们购买了 1 美元的基金份额,那么该份额的售价为 1 美元而且不会"跌破面值"。历史似乎支持这一假设,因为唯一的货币市场基金的失灵发生在 1994 年,而纵观整个货币基金市场的历史,很少有公司跌破面值。因此,持有货币市场基金的人承认货币基金相当于联邦政府担保的存款。货币基金业不遗余力地纠正这种看法。这种观点是不现实的,现实最终改变了公众对货币市场基金流动性的看法。

金融危机始于 2008 年 9 月雷曼兄弟公司破产,当时已有迹象表明货币市场基金并不等同于保险存款。由于雷曼兄弟公司破产,主要储备基金(Reserve Primary Fund)被迫通过发行货币市场基金筹措资金,购买冲销 7.85 亿美元的雷曼债务。主要储备基金是美国最古老的货币市场基金,但由于对雷曼兄弟债务的冲销,其资产净值跌至 0.97 美元,被迫暂停提款。这引起了恐慌,虽然实际上没有其他货币市场基金"跌破面值",但有 20 只大基金已经接近跌破面值。人们普遍担忧,实现恒定 1.00 美元资产净值的假设是不现实的,而且通常会产生对于货币市场基金的挤兑。因此,截至 2008 年 9 月 8 日,美国财政部对指定账户发出了一年期 250 000 美元的暂时担保,非常像存款保险。

这段经历让人们提出了关于货币市场基金行业透明度,特别是基金如何向公众报告其出售价值的问题。2014 年证券交易委员会公布了货币市场基金的新规则。他们要求从 2016 开始报告浮动资产净值,但他们对零售基金和机构基金的处理存在差异。零售基金的资产净值四舍五入到"分",实际上,这意味着稳定的 1.00

美元资产净值。机构基金的资产净值以小数点后四位报告,政府基金没有浮动资产净值的要求。此外,基金通过两种方式对"流动性大门"施加影响,以防止对基金的挤兑。首先,基金可以暂停提款最多十天;第二,基金可以征收 2% 的取款费。新规则还要求标的资产组合更加透明,需要比过去更短的到期。

这些改革的方向是正确的。货币市场基金业的结构、过去数十年的表现及新规则,将继续使零售货币市场基金成为高流动性金融资产以及 M2 货币的组成部分。与此同时,公众意识到货币市场基金不像存款机构的存款,存在风险因素。如前所述,作为 M2 货币的一部分,货币市场基金自 2008 年以来已大幅下降。

9.6 确保货币和资本市场的透明度

在货币市场与资本市场的信息不对称和逆向选择的问题,市场的反应有两种形式:第一,市场的参与者仅限于大的、懂行的贷款人和借款人;第二,各种信用评级服务已可以提供借款人的商誉信息。然而,在政府对货币和资本市场的管理和监督之下,市场化的解决方案得到了加强。政府对间接融资的监管旨在限制风险的发生,直接融资的监管旨在确保货币和资本市场的竞争力。

对货币供应来说,不同的金融部门发行的支付承诺,其功能也有所不同。直接融资市场发行的支付承诺不是货币供应的一部分。因此,金融市场受到管制确保竞争和透明的市场。除了零售货币市场基金以外,非存款金融机构发行的支付承诺不是货币供应的一部分。因此,虽然为了限制风险它们受制于政府监管,但它们并不受与存款机构同等的监管。存款机构发行的支付承诺是国家的货币供应,因此,存款机构受到政府最大限度地监管。

相反,针对金融市场的法规意在确保其透明度,使贷款人能够获得任何相关信息评估借款人票据风险。为了建立财务披露制度,美国证券交易委员会要求任何支付承诺的发行人提供季度和年度信息,评估其操作风险的各个方面,确保金融市场不受内幕交易影响进行公开操作。

公共信息以及其他信息,是信用评级行业的基础。该行业被广泛应用,意在让在直接融资市场的贷款人减少信息不对称和逆向选择的问题。该行业由三家私营公司主导,其共同代表了90%的信用评级市场——标准普尔、穆迪投资者服务公司和惠誉集团。惠誉屈居第三,只有约15%的市场。然而,惠誉被认为是"三巨头"的一部分。

"三巨头"对国内外私人和政府借款人的债务凭证进行评级。由于被证券交易委员会指定为国家认可的统计评级机构(NRSRO),因此它们的地位得以加强。这一指定确立于20世纪70年代金融和经济困难的时期,当时许多金融机构和债券发行人正在寻找途径提供财务状况良好的公信。为了满足20世纪70年代后实施的更高的监管标准,如果债券发行机构、保险公司、商业银行、养老基金和货币市场基金发行或持有经过NRSRO评级后的债务,那么政府允许在一定程度上免除对它们的监管。

"三巨头"都有类似的评级系统,违约评级的范围从高投资质量证券("A"级)到非常投机,接近违约或违约("C"级)。每一级用不同的大写和小写字母和其变体,有时用" + "或" - ",表示违约评级的范围。

信用评级行业在70年代起了很大的作用,此后也一直是人们争论的话题。一些人声称评级公司发挥了有益的作用，而另一些则声称它们与政府关系过于密切，因为它们 NRSRO 的身份。还有一些人声称与借款者之间存在利益冲突，因为三大公司通常承销公开市场出售的债券。然而，争论在 20 世纪 90 年代后期股市泡沫以及在其破灭之后愈演愈烈，特别是自 2008/2009 的金融危机以来。这是因为许多债务特别是抵押债券，它们的高评级被证明是普遍不正确的。让我们回顾一些问题。

第一，市场具有非竞争性，因为它主要由两个评级机构——标准普尔和穆迪公司主导。

第二，信用评级机构与债券发行人之间存在利益冲突，因为它们通过承销债券产生了近 50％的收入，并有动机产生比公司基本面更高的评级。

第三，由政府指定的 NRSRO 为评级业提供了一个激励，即对政府资助组织和州/地方政府发行的联邦政府债务评定较高的级别。但一般来说，监管机构赋予 NRSRO 评级过的债务更高的价值会产生系统性风险，因为那样会使金融部门更加脆弱。

第四，过去的 30 年见证了 90 年代末的股市泡沫和 21 世纪初的房地产泡沫，无论其是否会引发潜在的冲突，都使人们对评级准确性和质量产生了质疑。1996—2000 年股票价格上涨，许多私人企业、州/地方政府以及政府资助企业发行了债券，它们的评级被夸大了，随后在 2000 年初，股市泡沫破灭。更重要的是，对债券特别是抵押贷款债券的评级被夸大了，这为 2002 至 2005 年的房价泡沫提供了基础。许多人问了这样一个问题："在'更大傻瓜'价格预期的市场上，如何让一个由次级抵押贷款支持的债券被评级为 A 或更好呢？"

2011 年的《金融危机调查报告》特别指出了"三巨头"的问题，该报告试图确定 2008/2009 年的金融危机和大衰退是怎么引起的：

三家信用评级机构是金融危机的关键。抵押相关证券处于危机的中心，不能在未经批准的情况下上市和出售。投资者往往盲目地依赖它们。在某些情况下，他们得使用它们，监管资本的标准取决在它们身上，如果没有评级机构，这场危机是不可能发生的。

毫无疑问，信用评级机构在房价上涨时在判断上犯了重大的错误和严重的疏忽。然而，还有另一种观点，与金融危机调查报告所提出的观点不同。

资产泡沫的本质是几乎每个人都是这个过程的一部分，包括政府监管部门，而且大多数人认同资产定价的更大傻瓜理论。"我知道我是一个傻瓜，在内华达州的拉斯维加斯为一所房屋支付了50 万美元，但是一个更大的傻瓜会在一年内付给我 75 万美元！"如果他们在这个过程中获利或看到房屋所有权实现转让的日程，情况尤是如此。金融危机调查委员会"如果没有评级机构，危机就不会发生"的结论令人怀疑。政府监管机构负责监测金融部门，证券交易委员会赋予三巨头特殊地位，同时提出了问题：为什么监管机构会允许如此严重的疏忽，让评级机构将低质量的抵押债券评级为 A 或者更好。也就是说，为什么狗在半夜财产有威胁时不吠叫？答案部分是由于住房在美国经济中的作用。

其次，在民主党和共和党执政下，20 世纪 90 年代初政策是为了鼓励购房，特别是对低到中等收入家庭。鼓励抵押贷款的政府监管以及对房利美和房地美的支持，在房地产泡沫中起了重要作用。在这种环境下，信用评级机构将面临一个棘手的政治问题，因为抵押贷款债券为泡沫提供资金，在泡沫破灭时失去有效价值，那么评级机构是否已经对其质量的态度变得更为现实？特别是在评级机构依赖政府庇佑 NRSRO 的时候。因此，政府失灵在这里可能起到了与信用评级机构的市场失灵相同的作用。

该报告没有关注美联储历史上为房地产泡沫提供了流动性的宽松的货币政策。美联储在 2002—2005 年发布了抵押贷款的历史低利率。

调查报告更像是一份政治文件，该文件把房地产泡沫、泡沫破裂和随后的大衰退归咎于私营部门而与政府政策无关。一个比较理智诚实的评论本就应该既强调政府的政策失误又强调市场失灵。

与此同时，"三巨头"被给予了受托责任。有一些抵押贷款债券无论在任何标准下基本都称得上是垃圾，它们给这些债券比较高的评级，这很难被证明是正当的。要么这种意愿是不适当的，是永无止境的思考房地产价值的"大傻瓜"，是不愿对受公众和政治广泛支持的市场提出不利的问题，要么可能是三者的结合。调查报告声称，虽然信贷评级崩溃并没有导致房价泡沫和泡沫破灭，但它确实成了一股有作用的力量。最后一章会再次讨论这个问题。

9.7　美联储作为监管机构作用的扩大

中央银行之所以处于有利地位，是因为它们有能力控制基础货币，提供最后贷款人服务，防止恐慌的传染以及控制货币供应，实现长期的价格稳定。许多人认为，除价格稳定之外央行还应该关注其他目标，如充分就业、尽量减少实际产出围绕潜在产出的波动以及支持政府的产业政策。然而,这些问题涉及的是货币政策的目标。另一个值得讨论的问题是:中央银行在金融监管中应该扮演什么样的角色?

央行的官员们认为,他们需要成为监管过程中的一个重要部分,以便全面评价金融部门的运作情况、进行最后贷款人服务以及制定和执行货币政策。有很多论据支持这一观点,但人们必须记住,任何政府机构都天然地认为其扩大它们的权力是应该的。任何政府监管机构的规模和影响都是有价值的,而且有一种内在的激励会合理地扩大影响。真正的问题是,中央银行在金融监管方面的作用是否会对其他职责产生不利影响。

人们批评美联储在监管中的作用,主要聚焦在"行业观点"问题,当监管部门对一个行业,如银行业进行密切监管时,它们往往采用行业观点。在利率上升时,紧缩货币政策对金融机构和市场施加压力,甚至削弱金融机构的资产负债表。因此,央行可能会过于谨慎地提高利率。即对于货币政策的制定来说,相对于比较合适的"公众观点",终归是"行业观点"更重要。当然,美联储否认这种影响,但经济理论和历史表明"行业观点"问题远非微不足道。

即使没有"行业观点"问题,批判美联储在政府金融监管中作用的人认为货币政策已经足够繁重,呼吁美联储承担其他职责,因为其他职责可以令其他实体从美联储的主要职责——最后贷款人和价格稳定中转移精力。美联储很容易获得任何其他机构需要的信息,履行其最后贷款人的责任。

对这场争论的思考,已经让中央银行赋予了不同程度的监管职责,如被赋予最小的职责的日本银行和韩国银行,而美联储成为了主要的监管机构。美联储负责监管银行、银行控股公司和外国银行,并负责执行一系列法规保护金融部门中的消费者。无论针对这一功能的讨论是什么,美联储的制度设计不会使其监管的权限变得更弱。事实上,由于大衰退和2010年《多德-弗兰克法案》,美联储作为审慎监管机构的作用显著增加。

数十年来,审慎监管的重点是在个别机构和市场,意在限制金融危机和维持公众对存款的信心。这种监管的目的是应用一套规则和原则,而这些规则和原则不会随着时间而变化。也就是说,它们不被用作经济稳定工具,而是通过限制各机构的风险确保金融市场的透明,维持倒金字塔货币体系的稳定性。

由于房地产泡沫破裂、2008/2009年的金融危机和大衰退的缘故,包括美联储在内的各国银行都提倡一种与传统的微观审慎监管不同的拓展方法,现在称为宏观审慎监管。中央银行以及所有主要政府监管机构都有权实施宏观审慎监管政策。宏观审慎监管的目的是双重的:首先,确定资产泡沫、过度投机和过热的金融市场;第二,管理资本-资产比率、流动性和交易证券利润和限制信用担保。

宏观审慎政策本质上包括了维持金融稳定和宏观经济政策这两种功能,而这两种功能在传统上一直是分开的。就这个意义来说,金融稳定的监管不随商业周期变化,宏观经济政策是为了消除商业周期以及限制实际产出围绕潜在产出的波动。宏观审慎政策是一个根本性的转变,从而在美联储越来越多地被讨论。并在一定程度上,宏观审慎政策已经在2010年《多德-弗兰克法案》中形成制度。

目前还不清楚宏观审慎政策在什么程度以及如何成为中央银行和其他监管机构的工作的一部分。然而,这种方法存在一些根本性的问题。首先,它是基于央行识别资产泡沫或某些投机性过剩的能力。然而,中央银行的识别能力极为糟糕。在 21 世纪头几年,美联储的主要官员不仅没有理解房地产泡沫,事实证明了他们还否认央行在产生和支持房地产泡沫方面发挥的重要作用。其次,宏观审慎政策向中央银行施加额外的责任,即宏观审慎政策不能很好地被执行,而且在一些经济学家看来,是无法执行的。第三,中央银行的政策意图独立于政府和金融部门。然而,将货币政策扩展到几乎每一个重要的直接和间接的融资渠道,不仅使中央银行强大起来,而且增加了其他政府机构与金融系统之间的相互关系,这可能成为货币政策的一部分。第四,一旦央行和其他政府监管机构开始改变审慎监管的规定,政府为寻求稳定开始着手分配信贷,让其决策代替市场决策。包括美国在内的每个国家的信贷分配政策的历史,使其宏观审慎政策踌躇不前。自 2006 年住房价格崩溃和 2008/2009 年金融危机以来,政府对非存款机构和金融部门的监管扩大了。换言之,政府审慎监管在努力限制系统性风险方面比以前拥有了更广阔的视野。

参考文献

Akerlof, George (1970). "The Market for 'Lemons': Quality, Uncertainty and the Market Mechanism". *Quarterly Journal of Economics*, 84: 488 - 500.

Financial Crisis Inquiry Commission (2011). *The Financial Crisis Inquiry Report*. Washington, D. C: U. S. Government Printing Office.

Hackethal, Andreas, and Reinhard H. Schmidt (2004). "Financing Patterns: Measurement Concepts and Empirical Results", Finance and Accounting Working Paper no. 125. Frankfurt: Goethe University.

第 10 章
美国金融货币体系转型的简史

10.1　引言

了解国家金融货币体系的历史演变是非常重要的,原因有五:

第一,人们不能认为自己在金融和货币问题,或者说在一般经济问题上受过教育,除非人们对美国的金融货币体系的历史演变有一些基本的了解。

第二,历史方法为如何更好地设计金融部门、政府监管和中央银行政策提供了经验教训。在这方面,哲学家乔治·桑塔亚纳(George Santayana)的话经常引用来强调历史观的重要性:"那些忘记过去的人注定要重复它。"我们已经从吸取了大部分教训,但有时有一种似曾相识的感觉,因为政府监管和中央银行政策未能从过去的政策决策中吸取教训。

第三,金融货币体系的历史演变深刻地透视了美国经历的主要经济问题,特别是三次严重的经济和金融危机:大萧条、大通胀和大衰退。这三个时期催化了主要机构对国家的金融货币体系的重新设计,体现了政府政策失灵与市场失灵的相互影响。对经济和金融危机各主要时期的原因有一个公允的看法是很重要的。出于方便,人们通常的做法是简单地把这些原因归咎于市场失灵。在理智上,同时考虑政府失灵和市场失灵才是公允的想法,但因为决策者往往设定监管参数而且其更接近神坛,所以公众的想法往往有失偏颇。

第四,了解政府政策和市场行为之间的相互影响,有助于我们更广泛地了解政府在国家经济中的作用,以及是否对政府监管、财政政策和货币政策产生了过多了的期望。对于美国政府在经济和货币事务中的作用,大部分教材仅提供了片面的观点。它们不仅强调市场失灵对政府政策失灵的影响,而且还对政府解决经济和金融问题的能力提出了不切实际的看法。这并不是说政府在国家金融货币体系中不起重要作用,而是仅仅指出一个公允的观点,即要求政府接受教训。一个比较准确的历史记录可以提供更公允的讨论。

第五,了解美国金融货币体系的历史转变,为理解其他国家的体制提供了一个框架。这对回顾20世纪70年代以来世界各地金融和货币转变过程尤其重要。许多发达经济体和发展中经济体都在向竞争性力量开放它们的实体经济和金融部门,而其变迁的过程与美国的经历没有太大的不同。与它们的相似之处不同的是,这些案例和美国之间的差别是苍白的。

本章为理解任何国家金融货币体系的转变提供了一个框架,确定了美国金融和货币体系转变的主要转折点以及美国自1776年以来国家金融货币体系的主要立法和行政事件。

10.2　金融货币体系的变化阶段分类

　　每个金融货币体系承担五项基本职责：将储蓄和投资的过程形成制度；提供从贷款人到借款人的有效资金流动；为贷款人和借款人的资金流向提供了一个稳定的环境；为贷款人和借款人的需求提供一个适应性强的环境；为央行实现和保持价格稳定提供了平台。这五项责任形成制度的过程在不同国家之间的体现也有所不同，反映了各国的文化、历史和国家政策。每个国家从以商品基础的货币体系到部分储备货币的演变，让政府成为体制的一个更积极和重要的组成部分。

　　只要金融货币体系履行其基本职责，重新设计制度的压力就很小。然而，如果一个或多个基本职责不被满足，重新设计的压力就会显现出来。金融重新设计是通过两个渠道进行的：第一，最明显的是政府或监管创新；第二个是市场创新。

　　政府或监管的创新表现在金融部门监管参数的变化，正如同新的机构实施新的规则，利用新规则定义了不同金融机构投资组合的多样化能力，调节存贷款利率，规范从特定金融市场的进入和退出，规范直接金融市场，规范资本的流入和流出等。政府创新通常体现在立法上，但制定行政法规在政府创新中也起着重要的作用。

　　市场创新体现在市场参与者推出的新金融资产和服务上，意在规避限制获利的约束，在许多情况下是规避限制获利机会的政府规定。以货币替代物物交换在很大程度上是一种市场创新，基于商品的货币体系向部分准备金标准的转变也是如此。

市场创新一直是金融货币体系演变的重要力量。由于 20 世纪 60 年代开始的计算机和通信技术的进步,市场创新在塑造国家金融货币体系的制度设计中的作用越来越重要。提高金融交易生产率,开拓国内外新的借贷渠道,为所有使用金融系统的人提供金融服务,这些能力在过去几十年里大大加速。第二次世界大战后,计算机和通信技术出现了革命性的发展,几乎每年都在以指数的速度增长。金融交易特别适用于这种不断扩大的技术,增加激励让市场对围绕利润管制进行创新。计算机技术降低了引入新的金融资产和服务的交易成本,因此增加了值得规避的约束的数量。这反过来又使政府更难实施金融监管,也更难执行中央银行政策。

这两种渠道经常发生冲突,特别是在过去几十年里,随着技术的进步和金融和货币体系的日益复杂,规避政府规章变得越来越容易。政府监管往往是被动的,更注重维持现状,即使人们普遍认识到对金融部门的制度进行再设计是必要的。为了说明,政府维持了储蓄和定期存款的利率上限(Q 条例),"Q 条例"于 1933 年被首次引入,而在 1980 年时规定其要在六年内逐步取消。到 20 世纪 60 年代末,很明显利率上限是造成经济和金融危机的主要原因,尤其是对存贷业的破坏。然而,由于政府改变规则,十几年后才使这些问题明显起来。政府监管作为政治制度的反映,往往被"特殊利益"所支配,它们经常抵制变革,以免在任何新的体制环境中失去影响力。政府经常以自己的"特殊利益"考虑,因为对于任何指定的监管机构,无论是货币监理署或联邦储备局,重新设计国家的金融货币体系,为其是否会像以前那样保留那么大的监管权力带来了一些不确定性,这是一个需要理解的事实。

市场创新更为主动和灵活,意在绕过限制盈利的现状,但与此同时,私营部门也有抵制变革的因素。例如,银行抵制扩大的资金和资本市场,以免减少自身在资金流动中的作用,而证券公司则抵制任何努力,让存款机构在直接市场变得更活跃。存款机构抵制政府对房地产或消费贷款的补贴,以免减少自身的盈利机会。事实上,直到 20 世纪 70 年代初,银行一直垄断银行存款账户,因为活期存款是唯一普遍可用的银行存款账户。活期存款账户不允许支付利息,只有银行才能合法提供。当非银行存款机构在 20 世纪 70 年代开始发行可转让支付命令存款时,银行拒绝了它们的一切可能的努力,因为可转让支付命令账户不仅提供了活期存款的一个竞争性支票存款,而且支付了设置于储蓄存款且至少达到利率上限的利息。银行最初使用的是法律渠道,但使用法律渠道失败的时候,它们多年来一直说服政府在除最先引入可转让支付命令账户的六个新英格兰地区外,其他地区禁止使用可转让支付命令账户,所以人们也可以研究可转让支付命令账户的影响。

因此,政府创新往往是被动的,是以维持现状为基础的,而市场创新更积极,愿意改变现状。但市场本身也有一部分抵制变革,经常利用政府的影响力维持现状。这是政府和市场失灵相结合的一个很好的例子,它限制了国家金融货币体系履行其职责的能力。尽管市场中存在抵制变革的因素,但与积极追求变革的因素相比,它们往往显得黯然失色。因此,市场创新是国家金融货币体系变革的驱动力。

政府和市场创新的不同特点往往会引起政府与市场之间的激烈冲突,爱德华·凯恩(Edward Kane)将其描述为一个规范的市场辩证法(Kane,1979)。监管市场辩证法应用于金融监管,该方法以19 世纪德国哲学家黑格尔提出的一个哲学概念为基础,马克思利用这个概念描述了经济体系随时间的演变。

市场创新通常是国家金融货币体系不履行其职责的第一个信号。它们的引进使某些约束受限。例如,在 20 世纪 70 年代,非银行存款机构开始发行经常账户(可转让支付命令存款和信用社股份)扩大资金来源,满足公众对活期存款账户竞争的渴望,以及向公众提供活期存款账户,并向储户支付利息。

政府经常对市场创新作出反应,通过扩大管制来限制或控制创新。例如,就可转让支付命令账户来说,很多年来政府实际上禁止了可转让支付命令账户在新英格兰几个州以外发行,即使在允许的情况下,它们也试图将利率限制在利率上限之下。作为回应,市场通过再创新来避免新的限制。例如,货币市场基金的出现,目的是提供一种以高质量货币市场工具作为支撑的活期存款账户,规避政府的支票、储蓄和定期存款账户的利率上限,最重要的是,它可以按市场利率支付。政府可以重新限制市场创新。例如,当货币市场基金变得更重要,并与存款机构的存款竞争时,政府也有一些让货币市场基金屈从于储备金要求的考虑。但是,幸运的是,货币市场基金不需要满足准备金要求。

在某些时候,政府接受市场创新,成为制度化创新的合伙人,并将市场创新纳入其监管体系。这些人大胆宣称,政府重新设计金融部门,尤其是在过去的 40 年里的世界大部分地方,从本质上讲是市场的创新,因为如果金融系统无法实现其一个或多个基本功能,市场创新会有第一时间的反应。政府不愿意承认自己的活力不如市场,但就国家金融货币体系而言,市场创新是变革的强大力量。

下面展示的五个步骤提供了金融货币体系随时间演变的一般分类法，可以在任何时候适用于几乎任何国家。

表 10.1　金融货币体系转型的五个步骤

从现有的金融货币体系开始	有一个对国家金融货币体系指定的制度设计，由私人和政府金融机构、金融市场、政府监管机构和中央银行机构组成。
转型的催化剂	新的经济、政治和/或技术环境会与指定的制度设计产生冲突，这妨碍了金融货币体系履行其基本职责的能力。这些冲突可以以各种方式表现出来，包括金融机构在市场失灵、资金流动中断和价格不稳定等。
市场与政府创新	由此造成的金融混乱和低效率刺激了市场和政府创新。市场创新通常发生在政府创新反应之前。
抵制转型	市场和政府的创新并不总是受欢迎，因为金融货币体系的各种因素已经适应了旧体系。政府的一些人抵制创新，因为创新可能会减少监管和政治影响。私营部门的一些人抵制创新，因为创新可能会降低其经济实力。
转型的结果	金融货币体系的转型成功与否，取决于政府创新的类型和完整性以及政府和私营部门的某些部分和一般的经济、金融和政治环境对过渡的抵制程度。

这是一个通用的分类法，有助于我们了解国家财政和货币体制随着时间的转变。不是每一个元素都在每一个过渡时期都有代表性，但分类法将有助于突出转型的最重要方面，避免我们陷入对长期复杂的经济和政治进程进行详细叙述。

10.3　美国金融货币体系转型的重要转折点：1776 年至今的简史

详细回顾金融货币体系的历史将是困难的，对大多数读者（和作者）来说都是枯燥乏味的，而且对实现这本书的目标并不是很有成效。与其让金融货币体系运行一段时间进行总结更改，不如在一些重要方面找出彼此不同的历史时期，并从制度变迁的类型、制度变迁的原因以及其他主要特征等方面对每个时期进行归纳总结，这才是有成效的。此外，应着重强调每一个适合于以上分类法的时期。以下六个历史时期界定了美国金融货币体系的转型。

（1）1776—1863 年：商品货币本位；没有中央银行；有限直接金融；以州一级银行为主的间接金融；1837 年以后的自由银行。

（2）1863—1913 年：国家银行体系；扩大的联邦政府；市场创新；间接金融二元结构的出现；货币增长不足。

（3）1913—1929 年：美联储取代了国家银行体系；联邦政府扩大了角色；在新的中央银行风暴之前安静下来。

（4）1929—1965 年：大萧条；联邦政府和州政府的大幅度扩张；限制金融部门中的市场力量；美联储的权力扩张和集中化；凯恩斯时代。

（5）1965—1979 年：巨大的通货膨胀；货币政策与金融货币体系结构的冲突；哈耶克和弗里德曼时代的崛起和凯恩斯时代的衰落。

（6）1980 年至今：制止通货膨胀与大缓和的货币政策；对政府凯恩斯/积极方式的限制；放松管制的经济，尤其是对金融部门；米尔顿·弗里德曼时代。

表 10.2 列出了六个时期中最重要的立法和行政活动。

10.4 1776—1863 年

现行的金融货币体系：商品货币供应在 1834 之前首先以黄金和白银为基础，直到 1913 年底美联储成立，才仅以黄金为基础。这个国家在内战期间中止了金本位制，但不久后又恢复了金本位制。截至 1863 年底，黄金、白银、黄金券、钞票甚至私人铸币构成了国家的货币供应。

就资金流而言，大部分资金是通过银行转移的。其他金融机构和直接金融市场在资金流动中发挥较小的作用。银行不仅发放了大部分贷款，还将自己作为投资银行进行运作，甚至可以充当借款人，他们可以在直接市场上发行债券或股票。

就政府管理而言，监管是有限的，没有双重制度，因为银行是在州一级被特许、监督以及管理的。成立一个国家银行需要立法，因而限制了银行的竞争力。对受保护银行制度的批判在密歇根形成并通过了第一个《自由银行法案》，内战开始后其他各州也开始跟进。1837—1863 年的自由银行时代，让许多州都认为，只要达到最低资本要求并遵守州一级银行管理当局推行的其他规定，任何人都可以比较容易地建立银行。《自由银行法》允许比以前更具竞争力的银行体系。

通过支持和拥有美国第一银行（1791—1811）和第二银行（1816—1836）20％的资本，联邦政府两次试图参与到银行体系之中。两家银行为政府提供了接收和支付资金的财政代理服务。两家银行按照私人银行运营，但是由于它们的规模相对于其他银行较大以及联邦政府的影响,利用其财政实力对其他银行的行为设立准则,用以保持银行业务的稳定以及公众对钞票的信心。然而,美国的第一和第二银行却由于一些抱怨和批评而动荡不安。抱怨来自其他私人银行,因为它们憎恶实施审慎监管;批评来自那些反对联邦政府介入的人,因为本质上,人们在当时将政府介入视为一个国家权利问题。

表 10.2　美国金融和货币制度中的主要立法和行政事件

美国第一银行(1791—1811)

　　国会通过了联邦政府出资 20％ 的章程

　　董事会包括联邦政府的代表

　　当时的大银行充当了联邦政府的财政代理人,并对其他私有银行规定了维持优质贷款和兑换纸币的规定

　　章程不更新

美国第二银行(1816—1836)

国会通过了 20 年的章程,其结构和责任与第一家银行相似,但更大,拥有 3 500 万美元的资本,而第一家银行的资本为 1 000 万美元

　　章程不更新

《第一自由银行法案》,1837 年,密歇根,以及其他类似法案

　　建立银行不再需要立法章程

　　以最低资本额满足有关国家当局特许建立银行之所需以及有意愿满足准备金和兑换的要求

　　1860 年,17 个其他的州颁布了自由银行法

1863 年《国民银行法案》

　　国家银行在联邦法规下取代州立银行统一了银行体系

　　国家银行须遵守更高的最低资本和准备金要求,以及报告要求

　　国家钞票取代州立钞票,统一了货币体系。只有国家银行可以发行国家钞票,这需要一个国家银行在监理署有存款。政府债券相当于全国发行钞票的 90％

（续表）

美国货币监理署成立作为美国财政部的一部分

1913 年《联邦储备法案》

美联储最初成立的目的是通过建立一个中央银行来提供最后贷款人服务、有效的国家支付制度和改良的银行监管，以解决国家银行体系的问题

《联邦储备法》最初目标之一是"其他目的"。随着美联储随着时间的推移而演变，"其他目的"现在涵盖了广泛的活动，包括广泛的管理、监督和中央银行的政策

在一定程度上削弱了双轨制

1927 年《麦克法登法案》

国家银行允许分支机构受所在州的分支机构规则管辖

禁止州际银行分支

在一定程度上加强了双轨制

1933 年《银行法》(也即《格拉斯-斯蒂格尔法案》)和 1935 年《银行法》

设立联邦储蓄保险公司

银行发行活期存款的零利率上限和储蓄存款和定期存款的非零上限

商业银行和投资银行分开，商业银行不能再承销除政府证券的其他证券

1933 年《证券法》和 1934 年《证券交易法》

所需债务及出售股份的所有发行方在有组织的证券交易所披露规范的信息

为防止内幕交易和虚假陈述而制定的规则

证券交易委员会成立

《1940 年投资公司法》和《1941 年投资顾问法》

对投资公司、共同基金公司及投资顾问的监管

1946 年《就业法》

联邦政府赋予促进最大化就业的责任

设立总统经济顾问委员会并每年出版《总统经济咨文》

（续表）

1951 年财政部《联邦储备协议》

美国联邦储备委员会从盯住低水平的政府证券利率中释放出来

广泛解释为美联储在货币政策上的独立性

1956 年《银行控股公司法案》和 1970 年《道格拉斯修正案（银行持股公司法）》

美国联邦储备委员会被授予监管由多银行和单银行持股的公司

国家信贷管理局成立于 1970 年

有独立机构管理和监督联邦特许信用协会

对与其他存款机构有同一基础的联邦和州信用社进行信用保险

1980 年《存款机构放松管制和货币管制法案》

从 1980 年至 1986 年"Q 条例"储蓄和定期存款上限逐步取消

允许可转让支付命令和流动账户

储蓄银行被赋予储蓄资产多元化更大的权力

取消了许多高利贷法（贷款利率上限）

存款保险从 40 000 美元增加到 100 000 美元

1982 年《存款机构法案》

以更大的权力处理陷入困境的储蓄银行

允许货币市场存款账户

1987 年《银行平等竞争法案》

官方认定存款保险以美国十足信用作为后盾

提供资金重组联邦储蓄贷款保险公司

1989 年《金融机构改革、复兴和实施法案》

纳税人资金为解决养老问题提供资金

联邦储蓄贷款保险公司被取消,其职能转移到联邦存款保险公司

联邦住宅贷款银行委员会被取消,其职责转移到美国储蓄管理局

存款保险费增加

1991 年《联邦存款保险公司促进法案》

建立了一触即发系统和即时矫正制度

（续表）

引入风险保险保费

重组联邦存款保险公司

1994 年《里格尔-尼尔州际银行及分支机构效率法案》

州和州内允许银行分支

1999 年《格雷姆-里奇-比利雷金融服务现代化法案》

打破了商业银行和投资银行之间的界限

2002 年《萨班斯-奥克斯利法案》

增加了对于货币和资本市场监管

提高了公众要求的对财务报表准确性的透明度和责任感

2005 年《联邦存款保险法案》

保险基金与银行及储蓄银行保险基金合并成一个联邦存款保险公司保险基金

个人退休账户存款保险限额增至 25 万元

2010 年《多德-弗兰克华尔街改革和消费者保护法案》

消费者保护特别是抵押贷款增加了

衍生产品监管增加

银行自营交易被限制

政府评估风险的责任增加，认定"系统重要性"的金融机构，使这些机构受到更多监管

设立了两个新机构：消费者金融保护局和金融稳定监督委员会

储蓄管理局取消，其职责转移到货币监理署，美联储和联邦存款保险公司

改革的催化剂出现了： 在 1837 年自由银行之后，在某种意义上来说，建立银行是很容易的，尽管一些银行仍然可以不通过自由银行法运营，但自由银行法在大部分的银行体系中占有重要影响。银行体系是竞争性的，以最小的州政府监管运营。因为有限的监

管范围(州与州之间差别很大)、银行倒闭和大量各州的钞票以不同折扣率流通,所以经常有人批评这一制度。许多人认为,缺乏统一的货币体系限制了经济增长。许多人声称,国家银行体系是由"野猫"(wildcat)银行控制的,这些银行扰乱了美国经济。野猫银行发行低质量贷款,它们发行的钞票难以兑现为商品货币,因为它们只在"野猫居住的地方"。然而研究表明,"野猫"银行的说法被夸大了。

总体而言,尽管从 1776 到 1863 年的金融货币体系是一个多样化的银行和货币体系而且缺乏广泛的管制,但该体系维持了令人印象深刻的经济增长记录,在内战(1861—1865)开始前,美国已经成为世界主要的工业强国。与此同时,由于统一的货币、许多州缺乏最低限度的监管以及因银行透明度不足所导致的储户和银行之间的信息不对称,让国家金融货币体系实现改进。

10.5　1863—1913 年

改革产生转型的催化剂:尽管美国从 1776 年到 1863 年经济迅速增长,表明该国的金融货币体系至少充分履行了其职责,但到 19 世纪 50 年代末期,伴随着许多州银行的运营、不同和有时最小的监管以及大量流通的州立钞票,到 1860 年估计有 10 000 种,人们越来越担心是的银行倒闭、欺诈和国家货币供应混乱的问题。除此之外,联邦政府也需要为内战提供资金。现有的货币和资本市场太小,无法筹集所需资金。欧洲的借贷不是一个有意义的解决方案,因为许多欧洲国家宁愿坐视不理,让内战削弱美国。由于国家银行体系的问题以及为战争提供资金的必要性,联邦政府开始从根本上改变美国金融和货币体系的结构,用以解决这两个问题。

政府创新:1863年国家银行法从根本上改变了政府在美国金融部门的作用,尽管它的目的是在联邦政府下建立统一的银行体系,但该法案反而建立了存款机构和政府监管的二元体系,一直延续到现在。国家银行体系的低效和不稳定使得该法案变得合理,而无论怎样,为内战提供资金的需求也同样重要。

该法案为国家建立了统一的货币——只由国家特许银行发行的钞票。国家发行的钞票必须有90%的政府债券储备。该法案设立了第一个联邦政府监管机构——作为美国财政部一部分的美国货币监理署,发布国家章程,规范和监督国家银行体系,并制定准备金和资本要求。为确保新统一国家银行体系及其发行的钞票的成功,国家向各州发行的钞票征收了10%的税。

市场创新限制了国家银行体系的成功:新制度在第一个十年中似乎成功了。大量州立银行转型为国有银行,州立银行总数大幅下降。那些想要经营州立银行的人,围绕着国家银行体系进行创新,要么是因为出于对各州的权利拥护,要么是因为他们想用一套不那么严格的政府规章来运作。钞票是银行签发票据的主要承诺。州立银行从发行缴纳10%税款的钞票变为支票存款,因为这些存款不受10%税的约束。这是市场创新的一个明显例子,旨在规避有限利润的限制。结果,州立银行的数量开始增加,随着19世纪末的临近,州立银行的数量于1896年超过了国家银行,数目分别是3 689家国家银行和7 785家州立银行。然而,国家银行更大,持有银行总资产的54%。

联邦政府明白从钞票到支票账户的转变给各州银行以第二次

生命,几乎没有什么热情在内战爆发后再次尝试统一国家的银行体系。联邦政府在银行问题上让步于州政府权利。因此,该法案实际上建立了一个二元体系,并延续至今。存款机构在国家或州的特许下运作,在许多情况下各州的监管仍然是重要的。然而,随着时间的推移,联邦政府增加了它的相对作用,而二元结构是美国金融部门和监管的一个重要特征,是国家银行体系下的一个模糊的影子。

具有讽刺意味的是,联邦政府尝试着在联邦控制下建立金融部门,鼓励宜早不宜迟地创新。实际上,是为了建立一个存款机构和监管机构的二元体制,用以监督存款机构的运作。这一事件不仅说明了市场创新是如何规避管制的,还说明了尽管南部邦联被打败了,但美国的政治体制仍然根深蒂固。

一个不成功的改革和新的改革催化剂:国家银行体系是失败的,其中有四个原因。首先,它既没有统一银行体系,也没有以联邦的监管取代州的监管。第二,国家纸币确实简化了货币体系,但是该法案没有建立任何机制来调整货币对公众的货币需求。黄金本位在 19 世纪的最后一个阶段没有提供足够的货币增长,并导致了 20 年的通货紧缩,给国家带来了经济、财政和政治上的危机。第三,该法案未能预见到活期存款的增长,因此,其未能建立起一个全国支票清算机制,这产生了与自由银行时代的大量州钞票相同的那种货币供给的低效率。第四,缺少中央银行使得国家银行体系建立的准备金制度有内在缺陷,产生了金融不稳定,甚至是金融恐慌。

总之,该国的金融货币体系从内战结束到 20 世纪的头十年没有履行其基本职责。国家银行体系失败了,造成了几个时期的财政和经济危机,该国在黄金本位下经历了通货紧缩,而一直没有最后贷款人权力的中央银行使得恐慌的蔓延成了一个持续性的问题。从 20 世纪开始,这一点越来越明显。伴随着 1907 年的金融恐慌达到了转折点,由于没有最后贷款人服务,导致了公众对活期存款丧失了信心,以及发生了一些震惊全国的银行倒闭案。

10.6　1913—1929 年

改革催化剂:金融危机是由国家银行体系内在的结构性缺陷造成的,在长期的价格通缩之后表现为 1907 年银行恐慌及其产生的对恐慌的传染,伴随着的是对国家银行体系重新设计的政治动力以及中央银行的建立。

政府创新——两项立法活动:国会于 1909 年至 1912 年间设立了国家货币委员会,广泛研究国家金融货币体系,并提出了一系列制度改革,意在从根本上对该体制进行重新设计。主要建议将美联储作为美国第一个中央银行。《联邦储备法案》是威尔逊总统于 1913 年 12 月签署的。美国终于加入了俱乐部,这个俱乐部是由已经拥有央行的其他工业国和许多发展中国家组成。无论如何,美国都是一个后来者。

日本提出了一个有趣的比较。内战结束后,美国成为世界主要的工业和军事强国。相比之下,日本是一个封建的、农业的和孤立的国家。1868 年明治维新是日本变成现代国家的转折点,明治维新的目标是与欧美地区的工业和军事实力首先实现平等,然后超越欧美地区。日本在 1872 年采取了美国的国家银行体系,但日本发现该系统的不足,由于一些与美国相同的原因,该体系在日也失败了。1882 年日本成立了中央银行——日本银行,比美国早了大约 30 年。

《联邦储备法案》的最初四个目标在今天的美联储中是相当温和的。首先,美联储的设立是为了提供一种能够满足公众需要的弹性货币,用美联储发行的联邦储备券取代了私人银行发行的国家钞票。联邦储备券是今天的本位货币。虽然美联储在 1913 年法案的第一部分没有提到这一目标,但美联储还是建立了一个全国支票结算体系。提供货币和支票结算是国家支付体系的关键要素,直到现在依旧如此。第二,美联储通过在需要储备时持有贴现商业票据提供最后贷款人服务。第三,美联储将对国家银行提供更有效的监管。第四,美联储是为"其他目的"而设立的。随着历史的发展,"其他用途"比 1913 年联邦储备法的指定三个具体目标更重要,这些内容将在以后的章节中讨论。

1913 年《联邦储备法案》是美国金融货币体系演变的一个重大事件。它不仅在经过了一个多世纪的经济发展后建立了美国的第一个中央银行,而且极大地扩大了联邦政府在金融部门中的作用,因为其仍然受银行体系所控制。到了世纪之交,货币和资本市场变得越来越重要,但这些市场和银行之间有着密切的关系。银行不仅充当传统的商业银行,接受存款和商业贷款,还充当投资银行,承销债务和股票承诺,在直接市场上出售。

《联邦储备法案》并没有消除双重制度。要求国家银行成为美联储的成员。然而,除非州立银行申请会员资格并符合美联储规定的要求,否则其不需要成为正式成员。很少有州立银行加入美联储,因为它们可以选择在一套不太严格的规章制度下运作,特别是在较低的州一级的准备金要求之下。直到 1980 年,国有银行和非银行存款机构成为联邦储备系统的一部分,而且须遵守相同的准备金要求,用以同样获得美联储提供的服务。双体系仍然存在,但相比于在美联储建立之前它的样子,它显得更加暗淡。

第二项重大立法活动是 1927 年《麦克法登法案》,《麦克法登法案》允许国有银行设立分支机构,从而允许银行间更大的竞争。1927 年之前,国家银行被要求从一个地点开展业务。但从 1927 年起,它们可以在州政府允许的范围开设分支。也就是说,如果一个国家银行位于禁止开设分支的州(称为单位银行制的州),那么即使它是在国家的许可之下运作,它也被禁止开设分支。如果它位于允许开设分支的州,则被允许开设分支,但须遵守所在州的规定。因此,双轨制仍然存在。《麦克法登法案》承认各州对银行或任何其他金融机构的分支机构,并对其有最终的管辖权,法案明确禁止开设跨州的分行。在 20 世纪 90 年代,越来越多的州允许开设分支,有些州甚至允许在其边界内开设跨州的分支。1999 年对跨州分行的限制被取消,目前,州内和跨州的分支银行都是比较完备的。

10.7　1929—1965 年

1929 年是这一时期的出发点,因为据美国国家经济研究局的数据,大萧条开始于当年 8 月。1929 年 10 月股市的崩溃,体现了美国经济的疲软。1965 年是该时期的结束点,它标志着大通货膨胀的开始,这是经济和金融危机的第二个主要时期。在这一点上,我们并不关心这两个时期,或者说是对大萧条的详细讨论,而只想强调它们如何成为重新设计国家金融货币体系的催化剂。

催化剂：人们将经济大萧条和金融部门崩溃视为市场失灵的结果，因此需要扩大和更积极的政府来稳定经济。英国经济学家约翰·梅纳德·凯恩斯在其 1936 年的著作《就业、货币和利息通论》中为政府的新做法提供了知识基础。凯恩斯认为，大萧条是市场失灵的结果，"动物精神"驱使投资，导致投机以及私人支出不足。解决办法很明显：加大政府监管力度应对市场失灵，特别是金融部门失灵；利用政府支出抵消私人支出不足和不稳定；利用政府税收刺激私人消费，利用货币政策刺激私人消费。只有这样，经济才能按照其潜力增长。

有人认为罗斯福政府的新政是从凯恩斯理论中得来的。然而，这是不正确的，《通论》直到 1936 年才发表。这个论点让罗斯福政府的新政变得合理，新政采纳了凯恩斯所倡导的一些政策，但新政是对主要市场失灵的政治回应。然而，凯恩斯为罗斯福政府所倡导的积极的政府提供了知识基础。这是一个观点上的重大的转变。以前，私人和无管制的市场被认为是稳定的，不需要政府介入。但现在它们被视为是内在不稳定的，要求政府积极干预，产生与一般公众利益一致的市场结果。这种观点和凯恩斯提供的基础支配着美国的公共政策，其影响遍及大部分西方世界，直到 20 世纪 70 年代。可以毫不夸张地说，30 年代到 70 年代这一段时期被称作凯恩斯时代。

政府创新：1933、1934 和 1935 年一系列的立法活动，从根本上以三种方式重新设计了国家的金融货币体系：首先，联邦政府大大增加了它在监管金融部门中的作用；其次，美联储被重新设计，权力集中在位于华盛顿特区的管理委员会，而且提供了新的货币政策工具；第三，虽然双重监管制度仍然是美国金融部门的一个制度特征,但其监管的职责却明显转移到联邦一级。

立法是基于这一观点,即大萧条和金融部门的崩溃是由于很多原因造成的。如监管太少,金融部门中的竞争太激烈,银行、债券和股票市场之间的关系过于密切,美联储进行货币政策的能力有限。在监管缺位的情况下,银行做出不谨慎的贷款,以不充足的资本和储备金进行运营,这有利于其作为国家货币供应者地位。没有一个集中的美联储,就无法稳定经济。

金融部门中的竞争过于激烈,促使银行提供更高的利率来吸引存款,而这反过来又要求银行采取更高风险的贷款和投资组合,以寻求更高的利息回报。竞争加剧了金融部门的系统性风险。银行和间接市场关系太近会将银行暴露与不谨慎的风险之中,因为它们是国家的货币供应者,而且它们会将银行暴露于冲突当中,因为银行会鼓励很多储户购买它们包销的债券和股票。在 1929 年之后,由于结构性问题以及缺乏一系列货币政策工具,美联储不能有效地扭转经济活动的颓势。

新的金融货币体系建立在州一级,特别是在联邦一级政府扩大的监管上。通过限制投资组合力量限制竞争,防止不同存款机构的竞争,对银行和非银行存款实行利率上限;将商业银行从投资银行中分离;重新设计美联储以集中联邦一级的决策,为实施更积极的货币政策提供新的工具。这种重新设计国家金融货币体系的方法是一般观点的一部分,即大萧条是 20 世纪 20 年代投机过度的结果,该体系缺乏政府监管,允许不谨慎的竞争和借贷,以宽松的信贷和货币让脆弱的金融部门进行筹资。1929 年 10 月的股市泡沫及其戏剧性的崩溃是当时公认的对大萧条的解释。不受管制的金融机构和市场产生了不稳定。因此,解决办法有实施扩大的政府审慎监管、最后贷款人服务以及更积极有效的中央银行政策。

结果：尽管美国的金融货币体系发生了变化，加上对其他经济体的监管和监督以及政府的赤字支出，经济在整个十年中仍处于困境。1938 年失业率为 19％，经济运行时出现了巨大的负产出缺口。1941 年初的《租借法案》让战争开始了，12 月 7 日日本对珍珠港发动了袭击，紧接着两天后即 1941 年 12 月 9 日，美国对日本宣战，以及德国 1941 年 12 月 11 日对美国宣战，这一切导致经济活动大幅度增加。失业率快速下降，到 1945 年底第二次世界大战结束时，失业率少于 1％。

经过几年的战后调整，从战时的生产转变为平时的生产，美国经济在 20 世纪 50 年代达到了十年的稳定和非通胀的经济增长。美联储的政策成功地稳定了物价水平，而且金融部门是稳定的。在 20 世纪 50 年代甚至 60 年代，银行倒闭的事情每年已经下降到了很少数。这样，国家在金融货币体系重大的重新设计取得了成功。

20 世纪 50 年代的政府创新：有三个更重要的发展让 20 世纪 30 年代的改革得以持续。第一，财政部与美联储在 1951 年达成的行政协定或协议；第二，立法进一步扩大了美联储作为金融监管机构的作用，进一步削弱了银行业的竞争。第三，1946 年《充分就业法案》正式确定了美国政府对经济稳定负责。

1951 年《货币财政当局政策协议》：20 世纪 40 年代后期，随着经济开始增长，美联储缺乏维持价格稳定的独立操作。美联储缺乏独立运作是因为政府自 1942 以来一直要求美联储支持政府债券的价格（利率）。1942 年 4 月，政府要求美联储维持 0.375％ 的国库券利率和 2.5％ 的长期证券，这是通过扩大货币供应，购买由政府提供的、为战争筹资的债务实现的。实际上,美联储成为政府的代理人。战时的不独立是可以接受的而且是适当的。然而,这个利率在1945年敌对行动结束后持续了六年,到1951年3月签订协议才结束。

持续支持国债利率的政策有相当大的压力,因为巨额的未偿债务以及对高利率的担忧会增加再融资成本,给政府债务持有人造成巨额资本损失,使经济难以成长。美联储没有多少热情挑战财政部,有两个原因:首先,美联储未能防止或逆转在20世纪30年代的衰退,它们失去了信誉;第二,美联储以与货币政策相反的职业风格运作。在凯恩斯主义模型中,货币政策和货币被视作是无效的。几代学生被告知:财政政策,而不是货币政策,才是政府的主要稳定手段。

然而,越来越大的压力要求终止支持计划,并将独立的货币政策返还给美联储。这种压力的结果是:在1951年3月的财政部《联邦储备协议》中,一份联合声明向公众宣布,美联储将不再维持政府债券的价格,并开始以正常的货币政策稳定经济。

美联储扩大监管权:银行在提供的产品和服务及在地理位置上受到了限制。在20世纪50年代,银行通过建立银行控股公司来绕过这些限制。第一个创新是多银行控股公司,该公司至少由两家银行控股而成,运营范围包括租赁、管理咨询、其他金融机构(如融资公司)和贷款服务,以及包括在不同地理位置运营的银行。多银行控股公司可以绕过对产品和服务的限制,以及在州内和州际开设分支的限制。1956年美联储被授权规范多银行控股公司的运营,正式规定多银行控股公司至少由两家银行控股。采用单一银行持股公司结构对银行业再创新,于1970年被纳入美联储的监管范围。

政府正式负责促进就业和经济稳定：依据美国大萧条的经验、第二次世界大战期间政府支出对失业的影响以及《通论》中普遍接受的理论和政策，政府认为现在有责任来规范、监督和稳定经济。结果是以立法的形式使该职责合法。1946 年《就业法》比原先提出的立法要弱得多，例如，1945 年的版本是"充分就业法"，而不是"就业法"。1945 版指出，个人有权获得工作并要求政府"保证"充分就业，而不是"促进"充分就业。第 2 目的最后措词如下："国会特此宣布，联邦政府的一贯政策和责任是使用所有实际手段……在一定程度上意在培育和促进自由竞争企业和一般福利……促进就业、生产和购买力最大化。"此外，该法案还设立了经济顾问委员会，要求总统每年向公众报告经济情况。委员会和总统经济报告继续至今。

甚至在这个简化的法案中还明确规定，联邦政府有责任通过其管理、监督、支出、征税和中央银行权力促进充分就业。除了提及"最大购买力"之外，没有明确强调价格稳定。该法案只是强调就业目标，为政府干预创造了基调：就业是比物价稳定更重要的目标，此基调一直持续至今。这将给美联储带来严峻的挑战，因为只有在短期内，中央银行才有能力影响就业。

10.8　1965—1979 年

转型的催化剂：1965 年标志着大通货膨胀的开始，大通胀被认为是采用了过于宽松的货币政策，基于一个有缺陷的经济模型叫做菲利普斯曲线，大通胀被认为是美联储的政策在 20 世纪 60

和 70 年代的政治化的结果。菲利普斯曲线以及中央银行的独立性和政治化将在以后的章节中讨论。然而，读者可以接受这样的说法，即在 20 世纪 60 年代和 70 年代，有相当多的证据来支持遍及美国及世界大部分地区关于通货膨胀的货币政策动因。菲利普斯曲线的基本思想是，你可以用更多的通货膨胀来购买更多的就业机会。菲利普斯曲线现在基本上被视为长期的关系，但在 60 年代和 70 年代，它在经济政策中占据着显著的地位。

　　20 世纪 60 年代和 70 年代过度宽松的货币政策不仅没有增加就业，反而导致了滞胀，因为失业率和通货膨胀率都在上升。宽松的政策也与国家金融货币体系的现有结构发生冲突，并揭示除了 20 世纪 30 年代改革立法所导致的体制的根本缺陷。金融货币体系的制度设计涉及对国内外资金流动广泛的政府管制和行政控制，旨在抑制市场力量。因此，大通货膨胀不仅是由通货膨胀引起的经济危机，而且是由于宽松的货币政策和有缺陷的金融部门之间冲突所造成的金融危机。

　　固定汇率的结束：建立于 1944 年的布雷顿森林固定汇率制度是为了使各国政府能够通过新成立的国际货币基金组织，引导国际政策合作，有序地控制汇率。很难实现在国家间给予不同通货膨胀率，因为一个国家相对于另一个国家更高的通货膨胀率，造成了贸易赤字。布雷顿森林体系下的贸易赤字随时间推移要求赤字国家放慢经济增长速度。然而，这在政治上是困难的。在政治上更容易指责其他国家不公平贸易、限制进口、提供出口补贴甚至采取外汇管制政策。赤字国家不愿意放慢经济增长速度，顺差国家不愿通货膨胀。美国处于一个特别困难的境地，因为美元是作为国际投资和储备资产的"关键"货币。20 世纪 60 年代由于布雷顿森林固定汇率制度的结构,美国、德国和日本之间出现了利益冲突。

固定汇率制度止于 1970 年。1973 年,该制度被灵活汇率制度所取代,这种汇率制度一直延续至今。固定汇率制度的终结实质上是拒绝了政府政策可以调节金融资产价格的观点。政府设定与市场力量相冲突的汇率与无视风和潮汐会得到同样的结果。1973 年固定汇率制度的结束,不但拒绝了旨在驯服市场力量的政府政策,而且拒绝了凯恩斯经济学,从而结束了凯恩斯时代。

金融困境:通胀与一些现有的金融结构发生了冲突,其中一些如下:存款利率上限,仅允许商业银行发行支票存款,限制不同存款机构的投资组合权力,通过维持存贷业作为专门的抵押贷款机构来补贴住房,将商业银行从投资银行分离。其中,利率上限和受保护的存贷业地位尤为重要,它们造成了持续 20 年的金融困境,并给美国的纳税人造成了沉重的损失。

1966 年以前,所有存款机构的储蓄和定期存款都受美联储"Q 条例"的利率上限调控,因为市场确定的存款利率低于上限,这些利率上限在 20 世纪 50 年代和 60 年代早期没有任何经济效果。然而,始于 1965 年的通货膨胀提高了货币和资本市场的不受管制利率,而美联储将存款上限维持在储蓄和定期存款的市场利率之下。

由于市场利率高于"Q 条例"的上限,储户收回资金并直接投资于货币市场工具。起初,只有大储户拥有购买货币市场工具的资金和技术知识,但货币市场基金的市场创新甚至允许小储户购买货币市场工具。从某种意义上说,货币市场基金可以自由进入直接市场,正如 20 世纪 50 年代出现的共同基金行业提供了更多的机会投资股票和债券。从存款机构撤出资金并将其转移到直接市场，这一进程不需要中介，因此，被称为"脱媒"（disintermediation）。由于存款机构失去资金且无法以任何利率贷款，脱媒产生了一些严重的信贷紧缩。

"脱媒"对存贷机构来说尤其困难。监管下的存贷机构是专门的抵押贷款机构，它们的大部分资金依赖于储蓄和定期存款。存贷业于 20 世纪 80 年代崩溃，要求纳税人提供 2 140 亿美元（按 2014 年美元计算）的紧急援助，以挽救部分存贷业。"脱媒"始于存贷业的终结，在 20 世纪 70 年代有超过 3 000 家机构，而 2015 年则只有不到 600 家。

美联储的政策助长了 20 世纪 70 年代经济和金融危机，对其越来越多的批评加大了国会对美联储的监管力度。1978 年《充分就业和平衡增长法》修订了 1946 年《就业法》，扩大了经济目标：充分就业、经济增长、价格稳定、平衡贸易和政府预算。该法案要求美联储实施政策实现充分就业和价格稳定，并通过向国会提交两份报告——本年度七月的初步报告和二月的总结报告，从而让政策的形成和实施更加透明。

1979 年经济陷入了严重的政治困境：通货膨胀；高失业率；高利率；黄金价格提高；降低美元的价值；存款机构到货币市场的资金脱媒；存贷业破产；涉及操纵白银市场的财务丑闻；巨额联邦贷款保证克莱斯勒免于破产的需要；在政治方面，伊朗人质危机进一步产生了一种感觉，即政府无法影响其环境。在大萧条 50 周年之际，许多决策者被问及"它"是否还会再次发生。国家金融货币体系另一次转变的催化剂已经到位。

10.9　1980 年以后

凯恩斯时代扩大了政府在金融部门中限制市场力量并稳定了经济,与此形成鲜明对比的是,始于 1980 年的这一阶段可以称之为哈耶克时代和弗里德曼时代,反映了一种不同的路径。这两位经济学家各自用理论和实证的方法强调了市场力量的好处和政府干预的弊端,始于 60 年代后期,而在 70 年代后期愈演愈烈的经济和金融危机似乎证明了他们的观点。很多人将大通胀及其相关的存贷业崩溃和银行问题视作是政府失灵的反映——金融监督、金融管理和中央银行政策是有缺陷的。这并不是否认任何市场失灵,但有证据表明,美联储的政策失误以及金融部门的制度设计缺陷,在所谓的"大通胀"中起了主要作用。

从 1980 年开始,一些政府创新重新设计了国家的金融货币体系,允许市场力量在资金流动中发挥更大的作用,为经济分配更多的财政资源,并要求美联储更加注重价格稳定。国家金融货币体系的很多转变,意在消除或修改 30 年代限制竞争的立法议程中一些关键要素。因此,立法程序被称为金融部门的放松管制(deregulation),与 20 世纪 30 年代金融部门的监管形成对照。"放松管制"一词并不确切,因为政府监管仍在继续,但允许市场力量在信贷分配中发挥比以前更重要的作用。尽管如此,"放松管制"一词仍在继续使用。

始于 80 年代,并在接下来的 30 年持续进行的各种政府创新,被人们视为对指定问题的回应,政府创新意在实现这些问题。

改进中的货币政策:随着货币市场基金和可转让支付命令市

场在 70 年代迅速发展,美联储发现控制货币供应越来越困难。此外,二元法定准备金制度为一些银行离开美联储提供了动力,二元体系也避免了由美联储实施而相比于各州更高、更严格的准备金要求。1980 年 2 月,当时美联储新上任的行长主席保罗·沃尔克(Paul Volcker,1979—1987 在任)称,市场创新使先前的措施变得不适当,货币供应的新措施应纳入市场创新。1980 年《放松管制和货币控制法》取消了二元准备金制度,基本上使所有联邦保险存款机构实际上变成了美联储的成员。1978 年《充分就业和平衡增长法》要求美联储在政策制定上有更大的透明度,重新设计了美联储,以便更好地实现价格稳定。这些机构改革的结果导致了一段货币政策和价格的稳定期,从大约 1989 年到 21 世纪的最初几年,也就是所谓的"大缓和"时期。

取消对存款机构的竞争限制:一系列法案——1980 年《放松管制和货币控制法案》;1982 年《存款机构法案》;1987 年《银行业公平竞争法案》;1994 年《里格尔-尼尔州际银行及分行效率法》1999 年《格雷姆-里奇-比利雷金融服务现代化法案》——取消了大部分 20 世纪 30 年代建立的对金融部门的竞争约束。这是在观点上根本性的转变。

(1)"Q 条例"中的上限于 1986 年被取消,尽管活期存款的零上限一直保持到 2010 年。

(2)所有存款机构都获准发行付息支票存款,以及一种叫做货币市场存款账户的新型存款,与货币市场基金竞争。

(3)允许非银行存款机构的贷款类型在多样化和功能方面更像银行。

(4)大体上取消了贷款利率上限。

（5）打破了商业银行和投资银行之间的界限。

（6）取消了对州内和州际银行分支的限制。

这些以及其他的变化从根本上改变了金融部门，相比于政府行政管理，改变后的金融部门更加适应市场力量。

存款保险：存款保险制度到 20 世纪 80 年代就已经全部崩溃了。美国联邦住房贷款银行旗下的联邦储蓄贷款保险公司对存贷公司进行保险。无论以什么标准计算，存贷保险公司到世纪 80 年代中期都破产了。联邦存款保险公司状况较好，但在 90 年代初，它处于亏损并走向破产。人们普遍认识到，存款保险公司对大型机构采取了"大而不死"的观点，而对小机构则采取了"小而无助"（too small to help）的观点，它们对陷入困境的机构的首选策略是忍耐或宽容，希望它们只要有足够的时间就能"走出困境"。存款保险的危机通过以下方面处理。

（1）对所有存款的保险限额由 40 000 美元增至 100 000 美元（1980 年），对个别退休账户的限额增加（2005 年），对所有账户增加了到 250 000 美元（2008 年）。

（2）联邦储蓄贷款保险公司和联邦住房贷款银行结束了联邦存款保险公司对存贷业的存款进行保险的职责。新成立的储蓄管理局负责监管存贷公司。

（3）重组联邦存款保险公司、提高保险费、引入基于风险的保险费率、以资本资产比率的一触即发系统和即时矫正制度减少监管的自由裁量权、降低"大而不死"的政策潜力。

（4）联邦存款保险不仅受联邦存款保险公司支持，而且受官方化"十足信用的美国"的支持。

这些改革使联邦存款保险公司和信用协会保险在一个更坚实

的基础上,但存款保险仍然存在道德风险,正如前面解释的那样。

解决储贷业问题:美国储贷业在 20 世纪 80 年代中期破产,是"Q 条例"和脱媒的牺牲品。当利率上限被取消后,美国储贷业又是利率风险的牺牲品,因为这个行业借短贷长。实际上,虽然作为专业抵押贷款方的储贷业解体了,但解决储贷业的问题花了十年时间(1989 年到 1999 年),纳税人花费了 2 140 亿美元。今天的银行业比以前小得多,相比于以前的传统抵押贷款和储蓄机构,现在机构的职能更像银行。

创新在 21 世纪头十年的中断:在 21 世纪开始之前,过去 20年的政府创新和私营部门的市场创新从根本上改变了国家的金融和货币框架。金融部门比以前更具竞争力、公开和透明。政府监管并未像"放松管制"一词所说的那样下降,而是允许市场力量在资金流动中发挥更大作用。联邦储备政策更加透明,更加注重价格稳定,尽管它受制于实现最大化就业和价格稳定的双重任务。

然而,随着 20 世纪的结束,新的经济和政治事件成为进一步转型的催化剂,然而,在这种情况下,转型的方向又变为加强政府监管以及积极的中央银行政策。有三个环境的变化是值得注意的:1996 年到 2000 年的股市泡沫破裂、2001 年到 2006 年房地产泡沫破裂以及大衰退。

从 1996 年到 2000 年股票价格泡沫在 2000 年年中崩溃,使人们回忆起市场失灵及其造成的财政困境。正是在这个泡沫时期,当时的美联储主席创造了众所周知的词汇"非理性繁荣"(irrational exuberance)来描述股票价格。股票价格崩溃不仅通过个人的退休金账户严重影响了大量的人,而且揭露了一些个股的虚假陈述以及一些彻头彻尾的欺诈行为。2002 年的《萨班斯-奥克斯利法案》

创建了一个新的政府机构(公共会计监督委员会),提出了准确的报告要求,并要求首席执行官和首席财务官们向公众公布财务报表的准确性。

　　房价泡沫的破灭以及随后的大衰退再次引发了人们的担忧,即担忧市场本身是不稳定的,需要更多的监管。同时,一些人开始质疑自 1980 年以来政府放松管制的明智之处。房地产泡沫破裂的可能原因已经提到,将在后面章节讨论。然而,在这一点上,我们只需要明白,房地产泡沫和大衰退是最近政府干预金融部门的催化剂——2010 年《多德-弗兰克华尔街改革和消费者保护法案》。

　　该法案是一项复杂的、尚未完全实施的(相当于一项正在进行中的工作)的立法,它与 20 世纪 30 年代通过的金融立法和 1980 年的《放松管制和货币管制法》一样重要。该法案至少在五个方面引起了争议。首先,它假定政府能够识别系统性风险,如资产泡沫的开始,而事实上,政府完全忽视了房地产泡沫。第二,它假定政府有能力识别具有系统重要性的金融机构,就是那些"大而不死"的机构,而事实上,该法案声称要减少"大而不死"的观点。第三,该法案是基于这样的观点:房地产泡沫和大衰退源于市场失灵,从而忽视了政府政策的任何作用。第四,该法案及其实施让政府参与到私有市场的微观管理问题,强调监管和报告,这会降低私人金融系统的效率,降低创新的动力。第五,该法案没有为两个大型政府资助企业——房利美和房地美提供建议,这对房地产泡沫和随后的大衰退有重要影响。在这方面,人们视该法案的名字为黑色幽默。因为克里斯多夫·杜德(Christopher Dodd)(民主党参议员,康涅狄格州)和巴尼·弗兰克(Barney Frank)(民主党众议员,马萨诸塞州)是为低、中等收入家庭的提供住房补贴最重要的支持者,他们提议减少对抵押贷款的审慎监管,鼓励次级抵押贷款——房利美和房地美。

以下只是该法案的一些条款,其大大扩展了政府在金融部门中的作用:政府负责找出对金融部门和经济构成系统性风险的公司;该法案要求标准的衍生产品(收益与其他证券相关联的金融工具)通过票据交换所(clearinghouse)进行交易;该法案为监管当局提供了更大的权力,抓住和关闭那些将要倒闭的具有系统重要性的机构;该法案降低了银行在金融工具中用自有资金(自营交易)进行交易的能力,并禁止银行对私募股权公司拥有重大所有权;该法案削弱了以州为基础的保险监管,使保险公司容易得到"具有系统重要性的金融机构"的标签;在消费者借贷方面,该法案界定得很宽泛,扩大了政府对消费者保护的权威。

该法案对政府监管的制度结构进行了三个改变。首先,它建立了消费者金融保护局,该局由联邦储备银行安置和资助,但完全独立于联邦储备委员会。第二,该法案建立了金融稳定监督委员会,金融稳定监督委员会由财政部主持,涵盖所有主要监管机构,以评估风险,识别资产泡沫,并确定哪些金融机构具有系统重要性。该法案取消了美国储蓄管理局,并将其主要权力转移给货币监理署,一小部分转移给了美联储和联邦存款保险公司。

在撰写本书时,也就是 2017 年的中期,有关国家金融货币体系结构的讨论仍在继续。专注于如下三个领域。

第一,对美联储进行了重新设计来增加其透明度和责任制,越来越多地强调宏观审慎监管。无论从哪方面说,自 2008 年以来,美联储采取量化宽松和零利率政策将近十年,并没有产生预期的结果。按历史标准衡量,经济复苏缓慢,直到 2016 年末才开始回升。

第二,对《多德-弗兰克法案》的第二次修订是因为担心该法案在管理太多金融机构方面走得太远,因为该法案使得小型金融机构很难应付日益复杂的规章制度。有人担心,该法案限制了信贷的增长,因为它的监管范围使得银行和其他贷款人更加厌恶风险。

第三,人们依旧有相当多关于政府的社会化功能的讨论,政府的社会化功能是指通过支持住房的社会契约承担抵押贷款风险。有一些对房地美和房利美改革的讨论,为的是防止房价再次上涨,这产生了大衰退。在这三个领域中,因为住房在美国经济和政治体系中的作用,很可能是最不受关注的一个,是美国政治中的"第三轨"(third rail)。

很难确定这三个领域中的任何一个是否会发生重大变化,但学生们需要记住,国家的金融货币体系是一套进化的制度和市场。因为市场力量、政府政策以及经济和政治事件,该体制处于不断运动之中。

第四部分
理解中央银行和中央
银行政策的五个步骤

第 11 章
五个步骤及其第一步：中央银行的制度设计

11.1 引言

一个国家的金融货币体系由三个部分构成，分别是金融部门、对金融部门的监督与管理以及中央银行和中央银行政策。前面的章节重点讨论了金融体制的前两个要素，仅在需要时提及了中央银行和中央银行政策。本部分将着重探讨中央银行和中央银行政策。

每个国家的中央银行和中央银行政策的制度设计在某种程度上都有所不同，但总的来说，相较于共同点，这些差异就显得微不足道了。中央银行的制度设计、货币政策的制定和实施、基本经济模式以及政策目标的基本元素是大体一致的。在大多数国家，理解中央银行和中央银行政策有五个基本步骤。因此，我们也可以使用五步框架来全面了解美国的美联储和货币政策。

一个国家的中央银行和中央银行的政策可以概括为以下五个步骤。

第一步：中央银行的制度设计。

第二步：中央银行用来调节基础货币、货币供应以及信贷和利率的货币政策工具。

第三步：中央银行用来指导货币政策工具的政策手段或中介目标。

第四步：用于指导货币政策的经济模型，该模型可以将政策工具与体现就业、GDP 和物价的总体经济绩效指标联系起来。

第五步：中央银行的最终政策目标，即实现预期的就业水平、真实 GDP 增长和物价水平。

这五个步骤为理解中央银行业务提供了一个框架。事实上，虽然我们重点研究美联储，但探讨的大部分内容几乎适用于任何中央银行。本章重点介绍第一步——中央银行本身。后续章节重点介绍其他四个步骤。

11.2　中央银行的制度设计

中央银行是一个重要的公共机构，在国家的金融货币体系中承担着特定的责任。现代中央银行通过调节国家的货币供应量、信贷和利率以实现以下目标：长期物价稳定；稳定经济（减少 GDP 缺口波动）；充当政府的财政代理人；通过提供货币和支票结算系统来维持国家的支付系统；提供最后贷款人服务；并且在许多情况下，还需要对金融体系进行监督和管理。

每个国家或地区都有一个执行中央银行职能的中央银行或类似的机构。表 11.1 列出了位于瑞士巴塞尔的国际清算银行（BIS）成员中的 69 家中央银行和金融管理局名单。国际清算银行是

1930 年成立的中央银行和金融管理局国际协会。列表以外的其他国家虽然也有中央银行，但不是国际清算银行的成员。

在研究美联储之前，需要先对一个国家中央银行的制度设计的五个主要方面进行回顾：第一，中央银行以政府机构身份履行职能的原因；第二，中央银行的所有权；第三，中央银行的金融监管机构角色；第四，中央银行与政府之间的制度关系——中央银行独立性问题；第五，中央银行在过去几十年中进行的两次重大的制度重设：立法更加独立和透明度不断增加。

讨论完中央银行制度设计的五大方面，我们就可以集中研究美联储。

11.3　为什么是政府中央银行？

一些中央银行，如英格兰银行，开始作为私营盈利性商业银行，由政府指定发行国家钞票并提供其他央行职能。然而，经验表明，一家银行在承担国家中央银行职能的同时又从事盈利业务存在根本性问题。总的来说，中央银行旨在消除金融货币体系中某些类型的市场失灵，并且需要有一个全方位的经济视角。由私人银行发行一国货币的历史实践效果并不令人满意。1863 年，美国国家银行体系建立，旨在通过私人银行提供统一的本国货币。但是，国家银行体系无法保证本国货币的灵活性，因此在货币需求变化和其他问题的联合作用下，出现了几次金融恐慌。最严重的一次出现在 1907 年，这次金融恐慌也成为美联储建立的催化剂。1868 年通过明治维新开始现代化进程的日本，于 1875 年采用美国国家银行体系模式，由私人银行发行国家钞票。这也是一次失败的经验,因为私人银行过度发行国家钞票并引发通货膨胀。但日本早于美国意识到了这个错误,并承认中央银行的重要性。1882年日本银行成立,发行国家钞票并提供其他功能。而美联储直到1913年才建立,这距离1863年国家银行体系建立已有50多年。

表 11.1　国际清算银行成员(2015 年)

阿尔及利亚银行	阿根廷中央银行
澳大利亚储备银行	奥地利共和国中央银行
比利时国家银行	波斯尼亚和黑塞哥维那中央银行
巴西中央银行	保加利亚国家银行
加拿大银行	智利中央银行
中国人民银行	共和国银行(哥伦比亚)
克罗地亚国家银行	捷克国家银行
丹麦国家银行(丹麦)	爱沙尼亚银行
欧洲中央银行	芬兰银行
法国银行	德意志联邦银行(德国)
希腊银行	中国香港金融管理局
匈牙利国家银行(匈牙利)	冰岛中央银行
印度储备银行	印度尼西亚银行
爱尔兰中央银行	以色列银行
意大利银行	日本银行
韩国银行(韩国)	拉脱维亚银行
立陶宛银行	卢森堡中央银行
马其顿共和国国家银行	马来西亚中央银行
墨西哥银行	荷兰银行
新西兰储备银行	挪威中央银行
秘鲁中央储备银行	菲律宾中央银行(菲律宾)
波兰国家银行	葡萄牙银行
罗马尼亚国家银行	俄罗斯联邦中央银行
沙特阿拉伯金融局	塞尔维亚国家银行
新加坡金融管理局	斯洛伐克国家银行

（续表）

斯洛文尼亚银行	南非储备银行
西班牙银行	瑞典央行(瑞典)
瑞士国家银行	泰国银行
土耳其共和国中央银行	阿拉伯联合酋长国中央银行
英格兰银行(英国)	美联储理事会(美国)

资料来源：Bank for International Settlements(www. bis. org/about/member_cb. htm).

有些主张"自由"银行的人认为,政府中央银行并不被要求创造稳定的金融和货币环境,央行的许多职能可以由私人机构来实现。这些观点很有趣,但这些人对私人机构处理国家货币供应的能力提出的假设是不切实际的,事实上从很多方面来看货币供给都是一种公共品。虽然目前认同中央银行作为政府机构履行职责看法的人远远超过"自由"银行论者,但这并不意味着央行作为政府机构不存在任何问题。

中央银行的设立初衷就是为了解决部分准备金制的私人银行体系固有的市场失灵问题——危机蔓延和货币供应问题。因此,只有一个具有经济视野的独立非盈利性的中央银行才能防止虚假的经济效应。有些中央银行的职能,如国内和国际资金的支票清算和转移,私人机构也可以承担,但调控国家货币供给和最后贷款人服务只能完全由中央银行提供。同样,从经济角度来看,需要在政府层面提供金融监督和管理,但就这一职能而言,没有内在理由可以说明应由中央银行负责金融监管职能。

随着时间的推移,政府已经重新设计了国家的金融货币体系,以使中央银行能够更容易地履行其职责。今天,现代货币体系被描绘成一个倒金字塔(图 11.1),由三个组成部分组成:第一,由中央银行发行的货币（货币和储备）作为存款机构的货币和储备；第二，存款准备金；第三，国家货币供应量，以 M2 货币计量。这个倒金字塔的基础被称为基础货币、高能货币或货币基础。在这种情况下，可以清楚看到央行是如何提供最后贷款人服务并控制货币供应的。

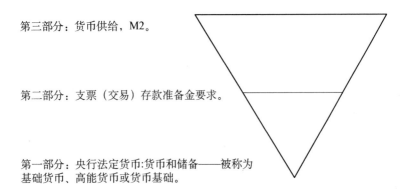

第三部分：货币供给，M2。

第二部分：支票（交易）存款准备金要求。

第一部分：央行法定货币:货币和储备——被称为基础货币、高能货币或货币基础。

图 11. 1　现代倒金字塔货币体系的三部分，央行货币政策和最后贷款人服务

中央银行通过购买金融资产和/或向存款机构提供贷款来增加基础货币（中央银行的负债），通过出售金融资产和/或减少向存款机构的贷款来减少基础货币。事实上，中央银行可以像 20 世纪 30 年代引入的垄断游戏那样，以"垄断货币"的形式，在一定程度上刺激或减少基础货币。具体如何实现将在第 13 章货币政策的工具（五步骤的第二步）详细介绍，但在本节，读者只需要知道，央行有能力改变基础货币的倒金字塔框架，并且几乎不受任何限制。

通过改变基础货币，中央银行可以成为任何特定存款机构的最后贷款人，或者在 2008、2009 年金融危机的情况下，央行甚至可以成为非存款金融机构的最后贷款人。由于基础货币的任何变化都将导致 M2 货币的多次变化，最后贷款人行动的重点在于一个特定的保管机构或存款机构组。央行可以选择通过减少金融系统其他部分的基础货币来抵消最后贷款人所创造的基础货币，这样净效应就不会改变国家的货币供给。

11.4　中央银行的所有权

中央银行可以组成一个具有收入和资产负债表的公共公司。全世界约 75％的中央银行直接由政府所有，其余的由政府和私人部门共同所有，或在少数情况下由私人部门完全所有。然而，私有制中央银行的所有人并不会因此获得和公共中央银行相同的权利。这些持有央行股票的私人实体不可能制定政策，而且，如果他们在中央银行制度结构起到任何作用，这一作用一定是最小的。无论公司结构和所有权如何，中央银行都是政府控制下的事实上的政府机构。

美联储和日本银行是中央银行政府所有权的两个有趣的例外。美联储严格说是由成员银行"所有"。国家银行必须是美联储的正式成员，国家特许银行可以申请联邦储备系统的正式成员资格。国家银行由联邦政府特许，国有银行则由其总部所在的州特许。任何持有美联储股票的银行都称为成员银行。在一段时间内，成员资格状况是很重要的，但由于《1980 年存款机构放松管制和货币控制法案》，成员和非成员存款机构在中央银行政策方面没有实质性差异。

所有参加了联邦储蓄保险的储蓄机构：就准备金要求和联邦

储备服务而言,各机构都必须与美联储具有相同的经济关系。尽管一些私人银行"拥有"了美联储,但它们并不享有通常的所有权。它们在货币政策的制定和执行中没有发挥任何有意义的作用;它们不在任何联邦储备提供的服务享受特殊的待遇;它们获得法定年度股息为6%;由于美联储股票没有二级市场,它们不能出售股票;它们必须在离开美联储时平仓。成员银行被允许在其银行所在地展示关于美联储成员资格的标志,但这对银行客户来说没有实际意义。

为什么美联储这样一个中央银行却是由私人银行"所有"? 美联储的建立是有争议的,因为许多人认为它将在联邦政府的控制之下。为了消除这种担忧,美联储没有被政府所有,而是由私人银行持有,成了"银行家的中央银行"。当然,这里面也涉及很多政治因素,事实上大家都清楚,美联储就是作为一个政府机构而建立的。

日本银行是政府所有权的另一个例外。日本银行的资本由政府和公众共同拥有,其限制是公众不能拥有超过45%的日本银行股份。然而,与美联储股票不同的是,日本银行股票在日本资本市场上交易(图11.2)。与美联储股票相同的是,日本银行股票也没有提供给持股的私人机构通常的所有权。尽管日本的私营部门在日本银行拥有重要份额的所有权,但是日本银行始终是政府机构。1850年日本以比利时银行条例为范本制订了日本银行条例,规定其100%的资本由私营部门提供。

最后让我们再次证明中央银行是政府机构这一观点。中央银行的业务不是为了传统意义上的获利。然而,央行的收入远高于其运营成本,因为它们发行货币购买金融资产(主要是政府证券),

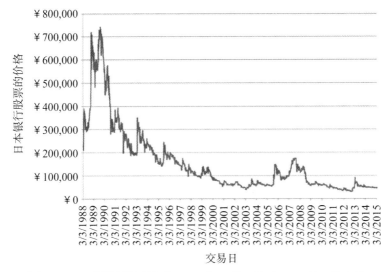

图 11.2　日本银行股票价格，1988 年 3 月 3 日至 2015 年 3 月 3 日

资料来源：The Institute of Monetary and Financial Economics，Bank of Japan.

并向存款机构贷款，从而产生利息收入。额外的法定货币单位的边际成本接近于零，而额外的金融资产或贷款的边际收益为正。因此，央行自然而然地就赚到了钱！中央银行还为私人金融系统提供各种服务，并为此收取费用。其结果是：银行创造了资金，它们也创造了可观的收入，并产生了巨大的利润。然而，中央银行产生的大部分收入都作为政府间转移支付转移到政府预算中。以典型的美联储举例，它每年要将大约 80% 至 90% 的收入转移到美国财政部。

11.5　中央银行作为金融机构和监管当局

中央银行有着独特的优势，因为它们有能力控制基础货币，提供最后贷款人服务,以防止危机蔓延和控制货币供应,以实现长期价格稳定。中央银行因其最后贷款人和货币控制操作业务,长期以来在金融部门的监管方面都被寄予厚望,无论是作为主要金融监管当局发挥作用,还是与负责监管该部门的政府机构一起发挥监管作用。

各国央行认为,它们需要成为监管过程中的一个重要部分,以便充分评价金融部门的绩效,实行最后贷款人服务,制定和执行货币政策,并在总体上确保稳定的金融和货币环境。不管支持这种观点的论据是什么,我们必须记住,任何政府机构都有扩大其权力的动机。维持政府监管机构的规模和影响力都是在政府工作的重点,并且政府还有一种内在的动机去使这种影响力的扩大化和合理化。真正的问题是,中央银行在金融监督与管理方面的工作对其本职工作的影响到底是好是坏。

各国央行认为,它们的监督和管理职责与其货币政策职责并不冲突,但其他人则指出,中央银行参与金融体系监管工作至少存在四个问题。

第一,这个论点难以成立:中央银行需要以主要的金融监管机构的身份来实施货币政策,甚至是提供最后贷款人职能的观点十分脆弱。一般来说,货币政策不需要金融监管,因为它是以控制基础货币和设定存款准备金率为基础的。作为最后贷款人确实需要有关存款机构和其他金融机构的信息,但即使中央银行不是主要的监管机构,依旧可以获取这些信息。有关金融机构的详细信息通常会被提供给许多政府机构,中央银行自然也可以轻松获取所需信息,而在存款机构需要最后贷款人的情况下,中央银行也可以获得所需的任何额外信息。

第二，中央银行可能会被监管机构这一身份约束：当中央银行参与金融部门的监管时，它将面临行业视角问题。有广泛的研究表明，监管当局在与银行业等行业有着密切的监管关系时，倾向于采用行业视角。随着中央银行逐渐成为监管机构，行业视角可能会干扰其货币控制职责。实施紧缩的货币政策给金融机构和市场带来压力，因为加息会削弱金融机构的资产负债表。因此，央行在提高利率方面可能会变得过于谨慎。也就是说，对于货币政策来说，行业视角可能最终比本应采取的公众视角更重要。中央银行否认这种影响，但经济理论和历史表明，"行业视角"问题必须加以重视。

第三，中央银行面临更大的政治压力：金融监管受到很多政治影响，因为金融监管以及它如何对待特定类型的金融机构和市场会影响信贷的分配。例如，美国的金融监管通常是为了确保信贷稳定流入房地产市场，而在日本和韩国，金融监管往往是为了确保大型企业（尤其是出口行业的企业）获得稳定的信贷流动。中央银行在金融监管中的作用越大，受到的政治影响就越大。也就是说，就像行业视角一样，中央银行会受到由政治力量决定信贷分配视角的影响。

第四，货币政策和管理国家支付系统已经足够困难：货币政策的执行就已经需要中央银行付出很大的精力，更何况还要管理支付系统，当好政府的财政代理。简单的事实是：官僚机构越大，行政人员越多；责任越多，经济衰退风险就越大。即使监管责任不与最后贷款人和货币控制责任相冲突，它们也会争夺中央银行的资源。厨房里的厨师太多了！大卫·李嘉图在 1817 年提出了国际贸易比较优势的概念。也就是说，即使一个国家生产的所有商品的成本都比其他任何国家低的时候,该国也应该只关注那些相对于其他国家具有相对成本优势的出口商品。同样,中央银行应将其资源集中于其具有比较优势的活动,并将其他功能留给其他机构。

这场辩论谁输谁赢在现实中已得到证实,中央银行已经获得不同程度的监管职责,日本银行和韩国银行等银行从承担部分职责到成为主要监管机构,这点与美联储一样。美联储负责管理国内银行、银行控股公司和外资银行,并执行旨在保护金融部门中消费者的各种法规。无论反对央行监管角色的论点是什么,美联储的制度设计都不可能朝着减少监管权力的方向变化。

事实上,在过去的几十年里,中央银行的监管作用一直在稳步增长,特别是在2008、2009年的金融危机、大萧条和2010年的《多德-弗兰克法案》中。中央银行已经承担或被赋予更多的责任来管理金融部门的系统性风险——一个特定或一组特定金融机构的风险但影响到整个金融体系和经济的稳定。这些新的职责远远超过传统的微观审慎监管,这些监管重点关注经营困难的存款性金融机构及其对金融部门的风险。新的宏观审慎政策是央行金融监管职责的显著扩张。

宏观审慎监管的目标是双重的:第一,识别资产泡沫,投机过度和金融市场过热;第二,要对资本资产比率、流动性、交易证券的利润率以及对所有被认为"具有系统重要性"的金融部门的信贷承销进行监管。当然,合理的宏观审慎监管能否实现确实还需要解决一些问题,例如关于这种监管权力扩张是否明智,中央银行是否承担了它无法实现的责任,以及在这个过程中是否降低了中央银行履行传统职责的能力。

11.6　中央银行独立于政府

乍一看,中央银行独立于政治影响力是一个简单明了的概念。当然,为了履行其基本职责,中央银行应该是独立的,因为控制货币供应的中央银行与政府的财政计划之间存在明显的冲突。各国政府都在花钱,并承受着各种团体的巨大压力。各国政府意识到,他们可以通过积极应对这些压力来维持和增强政治力量,因此倾向于影响中央银行以创造货币来支付其支出。因此,中央银行独立性似乎是任何中央银行理想的制度特征。

然而,这个问题远比看上去复杂得多,如以下五个与中央银行独立有关的问题所示。首先,中央银行真的可以独立吗?其次,"独立"是最理想的制度特征,也很常用,但这种制度真的有助于中央银行实现所订目标么?第三,法律独立和实际独立之间的区别是什么?为什么这些区别很重要?第四,关于央行独立性的观点有哪些演变?第五,央行是独立的么?

中央银行可以独立吗? 不。中央银行是由政府建立的政府机构,虽然中央银行在制定和执行其职责时可以获得独立于政府的独立性,但中央银行总是可以由政府重新设计。因此,在任何情况下,政府的独立性都不是绝对的,而且,套用美联储主席麦克切斯尼·马丁(McChesney Martine, 1951—1970 年在任)对美联储独立性的描述,中央银行在政府内部独立,而不是独立于政府。最好把独立作为中央银行的一种制度这个角度来理解,即使它是一个政府机构,中央银行也可以制定自己的政策目标并自行实施这些政策目标,而不受政府的直接影响,即使目标与其他政府政策相冲突。央行目标和业务受到政府政策的影响程度的大小，决定了中央银行是独立的还是非独立的。

有一个故事是这样的。理事会的一名新研究人员向其中一名董事会成员询问美联储是否独立。董事会成员回应说："是的，当然，美联储是独立的。"然后这位新员工问道："这是否意味着美联储可以提高利率以防止通货膨胀，即使这样做会导致失业率上升，比如说从 5％增加到 5.5％？"答复："是的，当然，这就是独立的意思，我们可以追求一个可能与政府冲突的政策立场。"这位新员工继续问道："如果失业率从 5％增至 6％或 6.5％，怎么样？"董事会成员想了一会回答道："可能不会，因为那样我们会失去独立性！"

"独立"是最好的说法吗？ 不是，但不幸的是，"独立"一词是如此普遍，以至于很难用一个更合适的术语来代替。由于中央银行是政府机构，所以没有哪个中央银行可以完全独立。"独立"一词是指一种制度设计，允许中央银行在没有政府直接影响的情况下履行其职责。一个更好的表达是"问责制"，这是中央银行的一项制度设计，将确保它对中央银行设计的目标"负责"：物价稳定，有时甚至是最后贷款人职责。这样的制度设计提供了一个框架和激励机制，使得中央银行的工作重点从处理与政府之间的关系转移到更为重要的问题，以确保央行可以顺利实现所订立的目标。

事实上，历史表明，中央银行与政府之间的关系如何，并不能帮助我们有效预测货币政策是否能够稳定经济和金融环境。独立的美联储在引发大通胀和大萧条期间发挥了重要影响，而在其他时期（比如 20 世纪 50 年代和 1985 年），同样独立的美联储也获得了低通胀和可预测通胀的积极政策结果。然而，在每一个时期，美联储仍然是一个正式独立的中央银行。因此，将重点放在使央行为其工作负责的制度设计上，将比中央银行是独立于政府还是依赖政府的问题更有帮助。央行独立性是一个次要问题。

法律上和事实上的独立性：独立几乎总是在法律意义上，即中央银行和政府之间的正式或法律关系，如建立中央银行的授权立法所定义的，如美联储法，日本银行法等。相反，事实上的独立性是指中央银行业务的实际情况，这可能与法律上的独立性相一致也可能不一致。美联储是世界范围内在法律上相对独立的中央银行之一，但有时候它也遵循政府的政策，而日本银行1998年在法律上成为世界范围内相对不独立的中央银行之一，但有时候也独立于政府。

对中央银行独立性担忧的演变：随着中央银行的货币供应变得更加依赖中央银行的行动，而不再依赖商品标准，对中央银行独立性的担忧就出现了。从理论上讲，只要国家坚持固定汇率制度，中央银行是否独立对于稳定货币政策既不充分也不必要，因为在这种情况下，货币政策是由外部因素决定的，可以确保中央银行在一段时间内产生非通货膨胀的货币供给。

如果央行增加货币供应量超过贸易需求，经济将在短期内超过其潜力并导致短期和长期的通货膨胀。假设从美国的角度来看，经济增长加快和通货膨胀率增长会使美元的需求转向左边，美元的供给向右转，使货币贬值并产生经常账户赤字。在固定汇率下，外汇市场会出现超额的美元供应。为了维持固定汇率，美国将利用其国际储备购买超额的美元供应，以抵消经常账户赤字，并在金融账户中出现盈余（出售国际储备会产生收入以抵消经常账户的净支出）。由于国际储备被用来购买美元，这表明货币政策过于宽松，需要收紧货币政策。央行随后将降低货币增长速度，以减缓经济增长和通货膨胀。

如果央行增加的货币供应量低于贸易需求量，短期内经济增长就会低于其潜力，导致短期和长期的通货膨胀降低或通货紧缩。经济增长减缓和通货膨胀率下降将美元需求转向右边，美元供应向左转，使货币升值并产生经常账户盈余。在固定汇率下，外汇市场会出现超额的美元需求。为了维持固定汇率，赤字国家将使用其国际储备来购买美元（购买国际储备产生付款以抵消经常账户的净收益）。随着国际储备流入美国，这表明货币政策过于紧缩，需要放松货币政策。然后央行会提高货币增长率，以增加经济增长和通货膨胀。

当然，只有当各国遵守固定汇率制度的规则时，这种做法才奏效。在这一体系中，中央银行有责任为维持固定汇率制度的政策提供稳定的货币环境。但即便是在这种环境下，政府也可能对中央银行施加压力，要求其在大部分时间维持宽松政策，并缩短紧缩政策的执行时间。这种潜在矛盾甚至在固定汇率制下也得到了承认，中央银行的独立性设计正是因为考虑到了这一点。正如，美联储 1913 年被定义为独立性，就是基于这个原因。

第二次世界大战后，独立性问题变得很重要，原因有三。首先，黄金与国家货币供应之间的联系减弱，到 1973 年，世界已经转向灵活的汇率制度。这使得中央银行不再需要通过货币政策维持固定汇率。其次，美国的大通胀导致了全球范围内的通货膨胀问题，只有少数国家幸免（如日本），为了使通货膨胀率下降，许多人建议中央银行应该更独立。第三，20 世纪后半叶的放松管制和金融自由化进程，苏联解体和欧洲货币联盟的成立为重新设计或设计新的中央银行机构提供了契机。

　　独立的中央银行在 20 世纪 80 年代和 90 年代迅速产生了良好的政策成果，于是这一传统观点开始成为一项政府政策。越来越多的人认为中央银行的独立性是确保中央银行能够稳定金融货币框架，从而为经济稳定和增长做出贡献的最佳制度设计。

　　在 20 世纪 80 年代和 90 年代，传统观点得到了经验上的支持，因为研究人员制定了央行独立性的测量标准，并估计了通胀与跨时间、跨国别的测量标准之间的相关性。图 11.3 给出了 1955 年至 1988 年期间通货膨胀率与 16 个中央银行的独立性测量标准之间的典型回归（Alesina and Summers，1993），这似乎支持了传统观

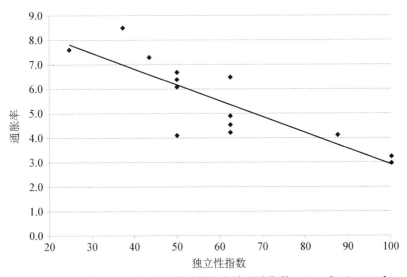

图 11.3　中央银行法理独立性和通货膨胀关联性指数：1955 年至 1988 年

资料来源：The line is based on a regression presented in Cargill（2013）；the data were originally used in Alesina and Summers（1993），and put into the form used here by Carlstrom and Fuerst（2009）.

点。然而，一些研究者认为这些类型的统计关系存在根本的缺陷和误导(Cargill，2013)。

央行独立性——现实还是神话？ 传统观点受到了一些研究者的质疑，但是，传统观点仍然占据主流，如图 11.3 中所示的通货膨胀与央行独立性之间的关系被广泛接受。国际清算银行和国际货币基金组织、中央银行和许多经济学家认为，独立的中央银行比不太独立的中央银行能提供更好的货币政策效果，而且经常使用像图 11.3 这样的实证结果来印证这种传统观点。对传统观点的支持是合理的吗？通过全面分析中央银行政策和统计基础的历史记录，可以发现传统观点并不像所宣称的那样可靠。

第一，日本银行战后的历史，特别是与美联储战后历史相比，与传统观点相矛盾，而且，根据这段历史，很难理解世界各国为什么会长期接受传统观点。美联储在大通胀中扮演着重要角色，它在近 20 年来一直采取过度宽松的货币政策，受政府政策影响很大，然而，美联储却被列为世界上最独立的央行之一。与此形成鲜明对比的是，日本央行在 20 世纪 70 年代政府出现巨额赤字的背景下推行价格稳定政策，但日本银行在此期间被列为世界上最依赖政府的央行之一。传统观点的支持者认为，美国与日本的比较是一种畸变，并没有改变央行独立性和价格稳定之间的一般关系，或者更多时候忽略了这种矛盾。

第二，通过详细考察大部分政策的产生过程，可以清楚地看到中央银行虽然被赋予了正式的独立性，但是制定和执行货币政策时，它还是受到各种政治条件和制约因素的影响，法律文件所宣称的中央银行绝对独立性其实并不存在。例如，有证据表明尽管美联储是正式独立的中央银行，但在 20 世纪 70 年代还是受到政治压力,并相应地实行货币政策。想要印证这一点,只需要参阅一下 2010 年出版的州长阿瑟·博姆斯(Arthur Bums)(1971—1978)保存的日记,以及嘉吉和奥德里斯科尔(Cargill and O'Driscoll,2013)的讨论。

博姆斯总结了 1971 年 3 月 21 日与尼克松总统举行的一次会议,当时尼克松总统正专注于 1972 年的连任竞选。博姆斯写道:"他同意我的政策,他宁愿缓慢复苏,但也有可能在 1972 加速这种复苏势头。"博姆斯继续说道:"他想主要依靠我和[约翰]康纳利[(John)Connally]监督政策,麦克拉肯(McCracken)和舒尔茨(Shultz)尽管是经济学家但是不懂政治,而我可以兼顾经济和政治,康纳利擅长政治也有用武之处"(Ferrell,2010,第 40 页)。康纳利是国务卿。麦克拉肯和舒尔茨是总统的经济顾问。最近,前美联储主席艾伦·格林斯潘(Alan Greenspan)被问到为什么美联储在 2001 年至 2005 年期间将利率维持在历史低位,许多人认为这会导致房地产泡沫和随后的大衰退。格林斯潘的回复被新闻媒体(Frank,2010)描述如下:"格林斯潘争辩说,如果美联储在鼓励购房的'广泛的共识'下试图减缓房地产市场,'国会将会压制我们'。"(Gustafson,2010)

在日本,日本央行成为 2012 年全国大选前夕的焦点,当时主要政党竞选时表示,如果他们当选,将下令使日本央行采取更宽松的政策,大幅增加经济流动性。2013 年初,自民党获胜,首相安倍晋三(Shinzo Abe)任命组成了日本央行行长和两名副行长的新管理层。2013 年和 2014 年,由于政府的直接影响,基础货币大幅增加。日本这个案例如此有趣的原因是,1998 年起日本银行的独立性是显著增强的,而且已经加入了世界上更独立的中央银行的阵营,但还是出现了 2003 年和 2004 年的这种情况。日本央行的独立性是一堵很容易被政府破坏的墙,它通过改变管理层,迫使中央银行适应政府的政策。

第三,广泛接受的中央银行独立性和通货膨胀措施之间负相关性的统计基础在根本上是有缺陷的。这些测量标准是基于法理上的独立性,而正确的做法应该是事实上的独立性。事实上,法理独立的测量标准不仅不能提供有关中央银行与政府事实上的关系信息,有些测量标准甚至是不正确的。在更进一步的技术层面上,回归结果不具统计稳健性,且过于简单,也不能反映出不同时间不同国家的中央银行与政府之间的复杂关系。那么,如何解释这种简单的相关性会被普遍接受呢?

对文献进行测量起源于经济学专业,它偏向于只关注可以测量的变量。这是为什么这些测量标准是基于法理独立的一个重要原因。根据中央银行的授权立法制定测量标准要比试图衡量随时间变化的事实上的独立性要容易得多。为了能够建立大量中央银行的独立性测量标准,研究人员并不总能仔细了解每个中央银行与政府关系的历史演变。例如,一些研究人员实际上在 1998 年之前将日本银行排在与美联储相同或接近独立的位置。这是不正确的,因为在 1998 年,日本银行被认为是世界上最依赖政府的中央银行之一。

这种相关性之所以被广泛接受的另一个原因是,它们被央行用来捍卫自己的独立性或扩大独立性。这些计量文献有助于中央银行维护其既得利益,因为任何政府组织都把"独立性"视为一个有价值的属性。

底线是什么? 传统观点的历史和统计基础薄弱。中央银行与政府之间的关系比图 11.3 所示的要复杂得多。日本央行和美联储的相对表现提供了两个重要的案例研究，即央行法理独立性对于实现物价稳定的首要目标来说，既不充分，也不必要。"独立"的美联储引发了大通胀，然而美联储显然在事实上更依赖于政府，而日本银行在物价稳定的同时，实际上是独立地实行了货币政策。考虑到所有证据和央行支持传统观点的动机，传统的观点更像是神话而不是现实！尽管如此，许多人特别是中央银行仍然拥护传统观点。

11.7　中央银行两次重要制度重设

在过去几十年里，央行在两个重要方面进行了重新设计。首先，由于普遍接受传统观点，各国央行在法律上越来越倾向于独立。在过去的几十年里，许多中央银行的独立性都得到了增强，或者被重新设计成独立的中央银行。第二，中央银行在其业务上的透明度比中央银行史上任何时候都要高。在接下来的讨论中，我们重点讨论了第二次重新设计，因为上面讨论了中央银行独立性问题。

直到 20 世纪最后四分之一的时间内，中央银行对其具体的政策目标和运作都相当不透明。事实上，1987 年一本名为《圣殿的秘密》(Greider，1987)的书成为全国畅销书。圣殿的秘密是讨论美联储如何在动荡的大通货膨胀时期影响经济活动。这个标题意味着中央银行的政策是不透明的，并且在一小撮"聪明"的人的控制之下，他们很少向公众通报他们的目标和运作情况，通常使用含糊的语言，留下了足够的空间来进行不同的解释。

　　而今天的情况大不相同。中央银行的透明度要高得多，其目标和运作的信息现在对公众开放得多。为什么会有这种变化，新透明度的特点是什么？

　　为什么朝着更透明的方向转变？ 因为美国和其他地方的大通胀造成了严重的经济和财政危机，为了确保这种事情不会再次发生。央行独立性就是为了避免危机的一种方式，而提高透明度就是另一种方式。

　　经济理论表明，任何经济决策的可参考信息越多，决策效果越好。如果央行对其目标、目标实现情况的评估、目标实现的业务手段和基本经济运行模式等方面的信息能够更加透明，那么货币政策也将更加有效。这是因为公众对中央银行政策将有一个更加稳定和可预见的观点，这又有利于民众当前和未来经济决策的稳定性。鉴于中央银行政策有更可预测和稳定的时间路径，特别是未来的通货膨胀，经济将更顺利地适应冲击。当前的经济决策是由对未来相关变量的预期所驱动的，对相关变量的预期越确定，经济运行越平稳，经济也就能越平稳地适应冲击。

　　虽然对中央银行政策的透明度要求更高，尤其是与《圣殿的秘密》所描述的时代相比，但很难具体说明需要什么程度的透明，以及如何将这种透明传达给公众。太多的透明度可能比没有透明度或低透明度更糟糕。例如，如果看到食品被加工后送到杂货店，那么很少有人会吃这些食物。尽管如此，人们普遍认为，某些类型的央行透明度是央行机构设计的可取之处，有助于改善货币政策结果。

　　今日中央银行的透明度： 丁杰尔和艾肯格林（Dincer and Eichengreen，2007）在对 100 个中央银行的综合研究中，从政治、经济、程序、政策和运营透明度的角度界定了透明度。政治透明度是指央行政策的公开和正式声明，如果央行政策有多个目标，则公开和正式地对这些目标进行排名。经济透明度是指经济信息和中央银行用来制定和执行货币政策的经济基础模型。程序透明度是指中央银行是否通过自由裁量权或使用某种规则来指导货币政策。政策透明度是指及时披露政策决定，这些政策决定的合理性以及将来可能作出的政策决策。运营透明度是指中央银行业务的具体细节和技术细节。

关于中央银行政策的信息现在以三种方式传达给公众。首先，许多中央银行用英语（世界商业语言）建立一个网站，提供详细的经济和财务数据、政策声明、绩效评估、操作程序、经济研究、它们的经济模式，以及关于央行政策未来走向的信息。其次，许多央行对政府的正式多次报告，其中很多报告都公布在网站上，以便公众了解。第三，许多中央银行在不同程度上向公众传达政策目标的执行情况。

对世界主要工业化国家来说，透明度的提高是显而易见的，但发展中国家的中央银行也比以前更加透明。以任何标准来看，《圣殿的秘密》所描述的时代都结束了！

11.8　美联储体系的制度设计

美联储的制度设计从三个角度提出。首先，美联储的正式结构是什么？其次，搁置正式的组织结构，是谁和美联储结构的哪一部分控制着美联储的行动和货币政策？第三，美联储是否独立透明？

11.9　广义美联储体系的结构

广义上的美联储由五个部分组成：理事会（Board of Governors）、联邦公开市场委员会（Federal Open Market Committee，FOMC）、12 家联邦储备银行（12 Federal Reserve banks）、顾问委员会（advisory committees），还有与美联储有经济关系的存款机构。

理事会——7/14/2：美国联邦储备理事会（The Board of Governors of The Federal Reserve System），简称美联储理事会（Federal Reserve Board），是美国联邦储备系统的核心管理机构。也是美联储决策过程的重要组成部分。"7/14/2"一词描述了理事会的结构。该理事会由 7 名成员组成，任期 14 年，任期交错到期，每两年就有一位成员任期结束。理事会成员由总统提名，并须经参议院批准。理事会成员任期不得超过 14 年。然而，如果理事会成员被任命为未到期的任期，比如说剩余任期十年，该理事会成员可以在未届满任期结束后重新任命为满 14 年的任期。例如，艾伦·格林斯潘曾在 1987 年至 2005 年期间担任理事会成员和理事会主席，任期为 19 年，在任总统里根、布什-41、克林顿和布什-42 执政期间任职。7/14/2 结构是为了减少总统和/或国会的潜在政治影响。总统提名和参议院确认一位理事会成员将担任四年任期的主席和副主席。

理事会的职责很广泛。首先，理事会是美联储系统的行政主管，对整个美联储系统负有行政责任。第二，理事会执行美联储的金融监管和监管职责，并负责管理各种消费者保护法。第三，理事会负责制定第三级存款准备金要求，其范围可以是存款机构持有的交易存款的 8%—14%。第四，理事会设定保证金要求，规定以信贷购买股票（和可转换债券）所需的现金首付数额。例如，保证金要求为 75%，意味着购买带有信用证的股票必须由 75% 的现金和 25% 的信用额组成。第五，理事会"审查并确定"12 家联邦储备银行要求的贴现率。从本质上讲，理事会对每个联邦储备银行所使用的贴现率有最后的决定权。第六，理事会主导美国联邦公开市场委员会，这是美联储的下一步工作方向。

美国联邦公开市场委员会——12/7/4/1：美国联邦公开市场委员会在开放的货币和资本市场，通过买卖证券以及传统的政府证券，进行公开市场操作。

政府债券的例外情况始于 2008 年，当时美联储购买的抵押贷款支持债券几乎和政府债券一样多。这种前所未有的公开市场操作转变将在以后讨论。公开市场操作是美联储用来改变基础货币并由此改变货币供应、信贷和利率的最重要、最强大和最灵活的货币政策工具。

"12/7/4/1"一词描述了美国联邦公开市场委员会的成员资格。联邦公开市场委员会由 12 个有投票权的成员组成，其中 7 个是美国联邦储备理事会成员，4 个成员是由 11 个联邦储备银行主席轮流担任，还有 1 个成员是纽约联邦储备银行主席。纽约联邦储备银行主席的永久成员资格是由于证券的实际买卖是由纽约联邦储备银行进行的。美国联邦储备理事会主席是联邦公开市场委员会主席，纽约联邦储备银行主席是联邦公开市场委员会的副主席。因此，美国联邦储备理事会在联邦公开市场委员会中占据主导地位，因为它代表了联邦公开市场委员会中大多数有投票权的成员，理事会主席是联邦公开市场委员会的主席，而其他四名成员又是非常任理事。

联邦公开市场委员会每年在华盛顿特区理事会正式开会八次。由12名拥有投票权的成员和其他七名没有投票权的联邦储备银行的主席参加。

12个联邦储备银行：12个联邦储备银行构成了一个银行网络，按照1913年美联储法案的规定开办在不同地区。这12家银行履行了美国联邦储备系统的许多职能，包括维持国家支付系统，运行全国性的支票清算系统，根据公众的需求提供和吸收货币，向位于各银行地区的存款机构提供贷款，并持有位于各银行地区的存款机构的存款准备金。联邦储备银行通过三种方式为货币政策做出贡献。

首先，联邦储备银行的主席们在联邦公开市场委员会中扮演着重要的角色。纽约联邦储备银行主席是美国联邦储备理事会的永久成员，其余4个成员是由其他11家联邦储备银行的主席轮流担任，而另外七家联邦储备银行的主席则作为无投票权的成员参与联邦公开市场委员会。因此，作为联邦公开市场委员会的一部分，各个联邦储备银行在联邦公开市场委员会中扮演着重要的角色。

第二，每个联邦储备银行都向美国联邦储备理事会建议每个联邦储备银行将用于向其辖区的存款机构提供贷款的贴现率。然后，理事会"审查并确定"每个联邦储备银行将向在"贴现窗口"借款的任何存款机构收取的贴现利率。贴现窗口是美联储作为最后贷款人的主要渠道。

第三，每个联邦储备银行管理贴现窗口，对存款机构的贷款请求作出"是"或"否"的决定，如果"是"，则决定贷款的条款，包括高于贴现率的任何额外的基点。也就是说，每个联邦储备银行都在联邦公开市场委员会会议上商定的一般准则中管理自己的贴现窗口。

每个联邦储备银行都由自己的董事会管理，由九名董事组成，从联邦储备系统之外选出，代表每个地区的银行，商业、农业、工业和公众利益。董事会任命每个联邦储备银行行长。

12 个联邦储备银行是一个独特的中央银行机构设计，仅在美国存在。它们的设立是为了确保地区代表性，并确保美国联邦储备理事会和/或纽约联邦储备银行不会完全控制联邦储备系统。在美联储成立的前 20 年里，权力比今天要分散得多。美国联邦理事会是一个相对较弱的行政主管，纽约联邦储备银行和几家东部联邦储备银行共享权力。美联储的"分散化"中央银行结构的设计是为了解决一个政治问题，即消除全国其他地区对于美联储系统将由华盛顿特区主导的担忧。

顾问委员会：有三个顾问委员会向美国联邦储备委员会报告各种事项。1913 年建立的最古老的联邦顾问委员会由来自银行业的 12 名成员组成。每个成员代表每个联邦储备区。顾问委员会每年在华盛顿特区与美国联邦储备理事会召开四次会议，从银行家的角度讨论与国家金融货币体系有关的各种问题。

消费者顾问委员会成立于 1976 年，就金融部门中的消费者保护问题向美国联邦储备理事会提供建议，并每年在华盛顿特区与美国联邦储备理事会进行三次会议。20 世纪 80 年代的放松管制和货币管理法案建立了储蓄机构顾问委员会，该法案将储备金要求扩展到储蓄银行（储蓄银行，储蓄和信用合作社），并提供贴现窗口。储蓄机构顾问委员会关注与联邦顾问委员会相同类型的问题并向美国联邦储备理事会提供建议,但是是从储蓄行业的角度来看。每个联邦储备银行都建立了自己的顾问委员会,专注于研究本地区问题。

与美联储有经济关系的存款机构:所有联邦担保的存款机构都与美联储有经济关系,因为它们受限于准备金要求,并有权获得贴现窗口和其他美联储服务。从广义上讲,存款机构是联邦储备系统的一部分,分为成员和非成员机构。

成员机构实际上是"拥有"美联储,而且,一旦获得了会员资格,就必须认购相当于其资本 6％ 的美联储股票,其中 3％ 是有偿的,3％ 是美国联邦储备理事会要求的。正如已经讨论过的那样,美联储的这种私有产权特征是一种政治解决方案,以减轻对美联储将成为政府中央银行的担忧。相反,股票所有权使美联储成为"银行家"的中央银行。当然,这是一个没有区别的区别,因为美联储从一开始就是由政府控制的中央银行。只有两种存款机构可以成为正式成员:国家银行必须是会员,国家特许银行可以申请成为会员。在 2013 年,成员银行包括了全部 1 222 个国家银行和 829 个国家特许银行(占所有国家特许银行的 17％)。非成员存款机构包括不是美联储正式成员和所有其他联邦投保存款机构的国有特许银行。

11.10　权力在哪里?

广义上的联邦储备体系包括美国联邦储备理事会、联邦公开市场委员会、12 家联邦储备银行、顾问委员会和与美联储有经济关系的存款机构。它们共同构成了一套允许美联储控制货币供应并影响信贷和利率的体系。

要回答"权力在哪里"的问题，我们需要问一个先决问题："需要权力来做什么？"任何央行实质上都有两个职能：货币政策和非货币政策责任。虽然两者之间有一些相互影响，但它们是分开的，区分两者可以帮助我们回答美联储的"权力在哪里"的问题。

非货币政策责任集中在国家支付系统、担任联邦政府的财政代理、金融监管、消费者保护和一般经济研究。这些被称为非货币政策责任，因为它们不随时间变化而影响经济活动。它们更多的是美联储的持续责任，并可能占据了美联储的大部分资源和预算。尽管美国联邦储备理事会是美联储的行政主管，并为各种非货币政策责任制定了全面的指导方针，但美联储的大部分非货币政策责任都委托给美国联邦储蓄理事会所属的大型研究机构和 12 家联储银行。然而，货币政策的监管还是集中在美国联邦储备理事会。

相比之下，美联储的货币政策责任侧重于改变货币供应量、信贷和利率以影响经济活动，以实现特定的最终政策目标并提供最后贷款人服务。然而，在过去几年中，新的金融监管宏观审慎方法已成为货币政策的新工具。传统的微观审慎政策更多是非货币政策活动，但宏观审慎政策显然是货币政策责任的一部分。现在判断宏观审慎政策在美联储或任何中央银行的政策中将扮演什么样的重要角色还为时过早。

令人惊讶的是，美联储的资源和预算中只有一小部分用于货币政策责任，但这些责任是建立中央银行的主要理由。当我们想到中央银行时，我们立即关注其控制国家货币供应的角色，以影响经济活动并实现特定的最终政策目标并为最后的贷款服务提供贷款。到底是谁在负责货币政策？

执行货币政策的最高权力集中在联邦公开市场委员会,联邦公开市场委员会由美国联邦储备理事会主导,尤其是理事会主席又担任联邦公开市场委员会的主席。主席一直是最有话语权的联邦公开市场委员会成员,因为主席拥有内在的权力以及美联储官方代表的立场。但是,随着时间的推移,主席的权力相对于联邦公开市场委员会的其他成员又有所增加——所以现在,联邦储备政策无论是好是坏,都是由理事会主席确定的,现任(2016)主席是珍妮特·耶伦(Janet Yellen)。按照乔治·奥威尔(George Orwell)的《动物庄园》的说法,尽管联邦公开市场委员会的 12 名投票成员中的每一位严格说来都是平等的,但七名理事会成员比联邦公开市场委员会其他五名成员都要平等,而理事会主席的地位要比理事会其他六位成员更平等。

实施货币政策的权力集中在联邦公开市场委员会有两个原因。首先,联邦公开市场委员会负责最重要的货币政策工具——公开市场操作。其次,虽然联邦公开市场委员会只对公开市场操作负责,但所有货币政策工具的决策都是在联邦公开市场委员会进行或讨论。也就是说,联邦公开市场委员会汇集了中央银行对经济施加影响的全部力量。

11.11 美联储和中央银行制度重设

提高正式独立性和增加透明度是过去几十年来中央银行进行的两项主要的制度重设。美联储如何适应这些制度变革？

独立性:就正式或法律独立性而言,联邦储备几乎被外界一致列为世界上最独立的中央银行之一。美联储旨在依法独立。过去,国会和/或总统已经努力加强与美联储的联系并影响货币政策,但美联储坚持抵抗影响其合法独立性的行为,并基本上取得了成功。就法理上的独立性而言,相对于其他中央银行而言,美联储独立程度非常高。然而,就事实上独立性这一更重要的概念而言,美联储的独立性值得商榷。美联储及其辩护者坚决主张美联储在没有外界影响的情况下执行政策,但历史记录表明并非如此。美联储在若干重要场合受到政治因素的强烈影响,特别是在面临政府赤字支出和/或支持住房等特定经济部门的压力下。考虑到美联储是由一个由公众选出的政府建立的,这应该不足为奇。

具有讽刺意味的是,美联储为保护其法律上的独立性而做出的努力,这在政府中是一件有价值的好事,为促使美联储事实上作为一个独立的央行行事提供了激励,以保护其法律上的独立性。很难量化这种法律上的独立与事实上的独立之间的相互作用,但自1913 年成立以来,对美联储政策的任何研究都表明,它是美联储与政府互动的一个重要因素,也是美联储有时未能履行其基本职责的一个重要因素。有人可能会说,美联储有时是"自己独立的囚徒"。

透明度:与几十年前相比,美联储的透明度要高得多,它向公众提供了很多关于其政策目标以及如何实现这些目标的信息。再一次,《圣殿的秘密》一书所描述的时代已经结束了。人们可以访问美国联邦储备理事会或 12 家联邦储备银行的网站,获得详细的货币政策报告、联邦公开市场委员会会议纪要并可于五年后获取联邦公开市场委员会会议的实际记录、一系列政策问题研究报告、美联储使用的经济模型的报告以及联邦储备经济数据库等数据库资源。

参考文献

Alesina, Alberto, and Lawrence H. Summers (1993). "Central Bank Independence and Macroeconomic Performance: Some Comparative Evidence". *Journal of Money, Credit and Banking*, 25: 151 – 162.

Cargill, Thomas F. (2013). "A Critical Assessment of Measures of Central Bank Independence". *Economic Inquiry*, 51: 260 – 272.

Cargill, Thomas F., and Gerald P. O'Driscoll Jr. (2013). "Federal Reserve Independence: Reality or Myth?". *Cato Journal*, 33: 417 – 435.

Carlstrom, Charles T., and Timothy S. Fuerst (2009). "Central Bank Independence and Inflation: A Note". *Economic Inquiry*, 47: 182 – 186.

Dincer, N. Nergiz, and Barry Eichengreen (2007). "Central Bank Transparency: Where, Why, and with What Effects?", Working Paper no. 13003. Cambridge, MA: National Bureau of Economic Research.

Ferrell, Robert H., ed. (2010). *Inside the Nixon Administration: The Secret Diary of Arthur Bums, 1969 – 1974.* Lawrence: University Press of Kansas.

Frank, Ryan (2010). "Greenspan Rejects Criticism of His Boom-Era Policies". Oregonian, April 7, http://blog. oregonlive. com/frontporch/20 10/04/ greens pan_rejects_criticism_of. html.

Greider, William (1987). *Secrets of the Temple: How the Federal Reserve Runs the Country.* New York: Simon & Schuster.

Gustafson, Dave (2010). "Greenspan Defends Fed's Role in Run-Up to Financial Crisis". *PBS Newshour*, April7, www. pbs. org/newshour/rundown/greensp an-defends-fedsrole-in-run-up-to-crisis.

第 12 章
中央银行、基础货币和货币供应

12.1　引言

前一章概述了各国中央银行特别是美联储的制度结构,从而完成了第一步。在讨论货币政策工具(第二步)之前,我们需要更详细地理解倒金字塔货币体系。也就是说,我们需要理解现代金融货币体系下的货币供应过程,这是理解中央银行如何影响经济活动的先决条件。

本章从两个角度讨论货币供给过程:首先,货币供给过程的机制;其次,美联储利用货币供应进程实施货币政策的能力。

12.2　货币供应过程的两部分

货币供应过程分为两部分。第一部分通过一套限制性假设来说明现代货币体系的基本要素。其中一些限制性假设会在第一部分被放松,但第二部分说明了放松所有限制性假设的过程,从而描述了任何现代货币体系中的货币供应过程。

12.3 第一部分：倒置金字塔的简单说明

限制性假设：为了对倒金字塔的工作机制有基本的了解，采用了以下三个假设。

（1）垄断存款机构；也就是说，只有一家存款机构，该机构有很多分行。

（2）公众持有的期望货币水平保持不变；也就是说，无论整个货币供应量发生什么变化，公众都不会改变其持有的货币数量。就符号而言，$\triangle C = 0$，其中 C 代表公众持有的货币。

（3）垄断性存款机构持有的期望超额准备金水平保持不变；也就是说，无论整体货币供应量发生什么变化，垄断性存款机构都不会改变期望超额准备金的数额（总储备减去法定准备金）。在符号方面，$\triangle E = 0$，其中 E 代表垄断存款机构持有的超额准备金的期望水平。

以上三种假设都是不现实的。然而，它们为理解货币供应过程提供了一条更为便捷的途径，一旦理解了这一过程，这些限制就可以取消。

中央银行创造和摧毁基础货币：货币供应过程框架基于前几章讨论的倒金字塔模型，在这个框架中，中央银行有能力在倒金字塔框架内增加或减少基础货币，而不受任何限制。基础货币由中央银行创造或摧毁的储备和货币组成。出于所有实际考虑，央行不受创造或摧毁多少基础货币的限制，因为基础货币是纯法定货币，没有黄金等大宗商品储备。中央银行创造的基础货币唯一的"后盾"是中央银行资产负债表上的资产，但实际上这些资产是用基础货币购买的,因此这些资产对创造或摧毁多少基础货币没有任何限制。

为了说明这是如何运作的,设想一下美联储如何从乔·希根鲁帕尔手中购买 10 万美元的政府债券来创造 10 万美元的基础货币。美联储如何支付这些证券? 它只需打印 10 万美元的联邦储备券,并将其交给政府证券的卖方乔,如 T 形账户所示。

美联储资产负债表

资产	负债
政府证券 + \$100 000	联邦储备券 + \$100 000

美联储现在拥有这些证券,这反映在资产增加了 10 万美元,并通过发行美联储债券(美联储的一项负债)支付了这些证券。

然而,这并不是央行通常购买证券的方式。相反,美联储开出了一张"支付给乔"的支票,而乔又将支票存入了他在垄断储蓄机构的一个分支机构开设的自己的支票账户。垄断存款机构将支票寄给美联储支付。联邦储备局通过在垄断存款机构的储备账户中增加一个相等的金额来支付支票费用。从技术上讲,用 10 万美元的准备金购买的证券"还"了所创造的准备金,但实际上,美联储承诺支付的都是纯粹的法定货币。如图所示,这种情况下的资产负债表将发生变化。

美联储资产负债表

资产	负债
政府证券 + \$100 000	垄断性存款机构准备金 + \$100 000

无论是哪种情况,基础资金都增加了 10 万美元。基础货币也被称为高能货币,因为在部分储备系统中,每 1 美元的基础货币就可以支持几美元的支票存款。因此,基础货币也是高能货币。

现在让我们来考虑一下美联储是如何摧毁基础货币和高能货币的。美联储在公开市场上向乔出售其持有的 10 万美元政府证券,从而摧毁了 10 万美元的基础资金。美联储资产负债表上持有的政府证券减少。乔如何支付这些证券?乔可以用联邦储备券支付证券,在这种情况下,资产负债表会如图所示发生变化。

再说一次,这并不是常规做法。相反,乔将向美联储开出一张支票,用于支付在垄断存款机构持有的存款账户上持有的证券。美联储通过从乔在垄断存款机构持有的储备账户中扣除支票金额来收取支票。

美联储资产负债表

资产	负债
政府证券 − $100 000	联邦储备券 − $100 000

美联储资产负债表

资产	负债
政府证券 − $100 000	垄断性存款机构的储备 − $100 000

在任何一种情况下,基础或高能货币都会减少 10 万美元。

上面的例子说明了为什么中央银行如此强大,因为它们可以通过增加和减少负债(中央银行票据或储备)来简单地买卖证券创造和摧毁基础货币。虽然这涉及若干技术性步骤,但上述例子的本质是,央行可以"凭空"创造基础货币。中央银行不喜欢用这么简单的术语来描述它们的权力,但实际上,它们确实是凭空创造了基础货币。基础货币的变化会改变货币供应量。

市场无法拒绝的出价:读者可能会认为上述例子不现实,因为它假设乔愿意向或从美联储出售或购买价值 10 万美元的证券。只有当乔愿意向美联储出售证券或从美联储购买证券时,上述示例才能奏效。这符合现实吗?是的,人们只需要记住经典电影"教父"中的名言:"我要给他一个他无法拒绝的提议。"从某种意义上说,美联储提出的是买入或出售市场无法拒绝的证券的提议。在买入证券的情况下,美联储只会抬高价格购买任何想要购买的证券。在出售证券的情况下,美联储只会降低价格以出售任何想出售的证券。

有人可能会反对这种解释,指出这不是一种赚钱的方式。然而,中央银行并不是为了盈利而实施货币政策。购买或出售证券的决定是以货币政策影响经济活动为动机的。无论如何,央行不得不盈利,因为它们凭空创造了基础资金,以购买资产,进而支付利息和本金。也就是说,一个中央银行在赚钱的同时,也不得不为了赚钱而赚钱!事实上,中央银行产生的收入远远超过它们开展业务所需的收入,它们将大部分收入转回政府,因为大部分收入是通过持有政府证券赚取的。

货币供应过程中有三个限制:假设乔向美联储出售 10 万美元的政府证券。乔把从美联储收到的支票存入他在垄断存款机构的账户。该机构将支票寄给美联储,美联储通过在该机构的储备账户中增加 10 万美元来支付支票费用。垄断存款机构资产负债表将如下图所示。

垄断存款机构资产负债表

资产	负债
准备金	乔·希根鲁帕尔的交易存款
+ $100 000	+ $100 000

假设对交易存款的存款准备金率为 20%。总储量增加了 10 万美元,所需准备金增加了 2 万美元,超额准备金增加了 8 万美元。我们假定超额准备金的期望水平是不变的。因此,垄断性存款机构不希望持有新的超额准备金,而是希望利用它们提供贷款并赚取高于美联储就超额准备金支付的利息而获得利润。

首先,人们会认为,该机构将只贷 80 000 美元——超额准备金的数额。然而,这将不是最优的,因为在部分准备金制度下,可以贷出超过 80 000 美元。下一个资产负债表说明了这一点。

垄断存款机构资产负债表

资产	负债
准备金	乔·希根鲁帕尔的交易存款
+ $100 000	+ $100 000
贷款	玛莎·马格特罗伊德的交易存款
+ $80 000	+ $80 000

8 万美元的贷款给了玛莎·马格特罗伊德,这笔贷款的收益是通过她名下的一笔 8 万美元的交易存款来获得的。现在的交易存款总额为 18 万美元,需要增加多少准备金? 在 $rr = 0.20$ 时,存款准备金率从 2 万美元增加到 3.6 万美元,这意味着超额准备金从 8 万美元降至 6.4 万美元。显然,更多的钱可以借给玛莎。贷款账户能增加多少?

贷款可以扩大到存款准备金率为 10 万美元,因为届时超额准备金将为零。当 rr＝0.20 时的总交易存款的水平是多少时需要 10 万美元的准备金? 如果该机构以 40 万美元的价格贷款,并将这笔款项贷给玛莎的新交易存款,那么总交易存款将为 50 万美元(乔的原始存款为 10 万美元,而贷款产生的交易存款则为 40 万美元)。所需准备金为 10 万美元,超额准备金为零。资产负债表将如图所示。

垄断存款机构资产负债表

资产	负债
准备金	乔·希根鲁帕尔的交易存款
+ $100 000	+ $100 000
贷款	玛莎·马格特罗伊德的交易存款
+ $40 000	+ $40 000

请注意倒金字塔是如何工作的。美联储通过向乔购买 10 万美元的证券创造了 10 万美元的基础资金,而垄断的存款机构能够向玛莎提供 40 万美元的贷款,并在这样做的同时创造 40 万美元的交易存款。因此,M2 货币的总增加额为 50 万美元,而基础货币增加了 10 万美元。M2 的变化与基础货币的变化之间的关系称为货币乘数。

这一过程也是相反的。如果美联储将 10 万美元的证券出售给乔,乔的交易账户将减少 10 万美元,因为他写给美联储的支票将通过减少该存款机构在美联储的存款账户来支付。垄断性存款机构现在没有储备金来满足向玛莎提供 40 万美元贷款所产生的 40 万美元的存款准备金,并且需要减少 40 万美元的交易账户。由于减少了交易存款以偿还贷款,该机构将减少贷款,使贷款和存款随着时间的推移减少 40 万美元。最终结果将是 M2 货币减少 50 万美元。

放弃垄断存款机构的第一个限制：我们现在假设的是多家存款机构的更现实的情况，每个机构都有各自的资产负债表，而不是垄断的存款机构。这对上面的例子有什么影响？最终的结果是一样的。基础货币的增加（减少）10 万美元将增加（减少）M2 货币，增加 50 万美元。但是要达到同样结果的过程是不同的。

在垄断情况中，该机构可以最大限度地贷款 40 万美元，而无需担心任何新创建的交易存款将被转移到其他机构。这些资金将被投入使用，但那些获得资金的人将把这些资金重新存入同一家的垄断存款机构。然而，在多个存款机构系统中，个别机构不能最大限度地出借，因为它将被迫把其不拥有的准备金转移给接受这些支票的其他机构。在一个多重系统中，假设每一笔美元贷款都将被花掉，并且很可能被存入另一个存款机构，那么该机构就无法安全地提供超出其超额准备金的贷款。根据定义，该机构可以将其超额准备金损失给另一家机构，并仍然满足其对剩余交易存款的准备金要求。但是其他接受资金的机构将会有超额准备金，可以借调等，直到这个过程完成。

资产负债表说明了这一点。

1 号存款机构资产负债表

资产	负债
准备金 + $100 000 贷款 + $80 000	乔·希根鲁帕尔的交易存款 + $100 000 玛莎·马格特罗伊德的交易存款 + $80 000 − $80 000

1 号存款机构向玛莎提供了 8 万美元的贷款,这是其超额准备金的数额,因为它假定该贷款的每一美元将最终存入另一个存款机构。玛莎花费 80 万美元购买从弗利姆弗拉姆汽车公司(Flim Flam Motors)购买的经典汽车。弗利姆弗拉姆汽车公司将这张 8 万美元的支票存入 2 号存款机构,2 号机构又将支票发回 1 号存款机构,1 号机构通过将 8 万美元的准备金转移到 2 号存款机构来支付这张支票的费用。1 号存款机构储备金账户减少到 2 万美元,足以满足夯实交易存款 10 万美元的准备金要求。1 号存款机构的 M2 货币净增加额是 10 万美元。

2 号存款机资产负债表

资产	负债
准备金 + \$80 000 − \$64 000 贷款 + \$64 000	弗利姆弗拉姆汽车公司的交易存款 + \$80 000 借款人的交易存款 + \$64 000 − \$64 000

3 号存款机构资产负债表

资产	负债
准备金 + \$64 000 − \$51 200 贷款 + \$51 200	弗利姆弗拉姆旅游公司的交易存款 + \$64 000 借款人的交易存款 + \$51 200 − \$51 200

这一行动现在转移到了 2 号存款机构,该公司拥有 6.4 万美元

的超额准备金,这是因为它收到了弗利姆弗拉姆汽车公司 8 万美元的定金(\$80 000 − 0. 20 × \$80 000 = \$64 000)。2 号存款机构提供 6. 4 万美元的贷款,并为借款者创造了 6. 4 万美元的交易保证金,而后者则将这笔资金花在弗利姆弗拉姆旅游公司(Flim Flam Travel)的夏威夷之旅上。弗利姆弗拉姆旅游公司将资金存入 3 号存款机构等。2 号存款机构的 M2 货币净增加额为 8 万美元。

现在该行动转移至 3 号存款机构,该存款机构有 5. 12 万美元的超额准备金,因为它从弗利姆弗拉姆旅游公司(\$64 000 − 0. 20 \$64 000 = \$51 200)收到 6. 4 万美元的定金。3 号存款机构提供 5. 12 万美元的贷款,当借款人花费资金时在支票清算过程中失去储备金 5. 12 万美元,但保留 1. 28 万美元的储备金,足以满足弗利姆弗拉姆旅游公司增加的交易存款的储备金要求。3 号机构的 M2 货币净增加额为 5. 12 万美元。

同样的交易发生在 4 号、5 号、6 号存款机构等,M2 货币的每一次净增长都会越来越小,因为可用的基础货币(而不是按所需储备持有的)正在变得越来越小。M2 货币的所有净增加额总计 50 万美元——这与垄断存款机构假设的结果相同。

因此,从垄断向多重存款制度转变对最终结果没有影响,只有在获得最终结果的过程中才会发生变化。剔除剩下的两项限制,我们就无法使用 T 形账户,因为它们变得过于繁琐,我们需要一个更全面的框架来理解货币供应过程与货币政策之间的关系。

12.4 第二部分:更详细的货币供应过程

当我们取消限制 2 和 3 时,T 账户是不适用于解释货币供应过程的,然而,它们可以用来提供关于放松限制 2 和 3 如何影响货币供应过程的见解。在 1、2、3 号存款机构的 T 账户中,我们假设没有一个存款是以货币的形式提取的,因为我们假设,尽管 M2 货币供应量发生了变化,但公众并没有改变其持有的货币。在 T 账户中,我们假设所有超额准备金都用于支持贷款,因为存款机构并没有改变其期望的超额准备金水平。放弃这两个限制会对货币供应过程产生重大影响,如上述 T 账户所示。

考虑到基础货币增加 10 万美元,允许提取货币会降低 M2 货币供应量的增加。例如,如果乔以现金的形式从 10 万美元的存款中提取 1 万美元,那么 1 号存款机构将不得不减少 1 万美元的准备金才能支付 1 万美元的货币。储备总额将从 10 万美元降至 9 万美元。所需准备金将从 2 万美元(0.20× $100 000)降至 1.8 万美元(0.20× $90 000),因此,假设 no.1 借出超额准备金,它只能借给玛莎 7.2 万美元而不是 8 万美元。如果我们假设弗利姆弗拉姆汽车公司以货币形式从玛莎那里收回了部分资金,那么 2 号存款机构就会有更少的资金可供借贷,依此类推。因此,允许货币随着 M2 货币的增加而增加,就会减少 M2 的总体增长,以应对基础货币最初增加的 10 万美元。

考虑到所需超额准备金的变化,也减少了从基础货币增加中产生的 M2 货币的数量。例如,假设 1 号决定持有 5 000 美元的新储备,作为期望的超额准备金。准备金总额仍为 10 万美元,所需准备金仍为 2 万美元,但现在期望超额准备金增加了 5 000 美元,剩下的 7.5 万美元的超额准备金可用于贷款,而不是 8 万美元。如果 2 号也决定保留它所获得的部分准备金作为超额准备金,那么 2 号将减少贷款,以此类推。因此,随着 M2 货币的增加,每个存款机构的期望超额准备金的增加将减少 M2 的总体增长,以应对最初增加的 10 万美元基础货币。

我们可以用一些简单的代数方法来说明货币供应框架,并通过询问和回答关于第 1 部分中所描述的过程的两个问题,来考虑货币和超额准备金的变化。

是什么启动了这个过程? 答案:这个过程始于基础货币的变化。虽然以上描述中基础货币的变化是由美联储购买乔的证券引起的,但由于美联储的其他行动以及除美联储行动之外的其他原因,基础货币也可能会发生变化。无论基础货币变化的来源如何,这个过程总是从基础货币或高能货币的变化开始的。

是什么阻止了这个过程? 答:当高能货币的变化不再可用于支持存款机构的贷款时,这一过程就停止了。在上面的例子中,高能货币的变化在每一步都被增加的所需储备而吸收。一旦高能货币的全部变化成为必需的储备,这一过程就停止了。通过取消第 2 和第 3 项限制,取消货币和/或增加持有的超额准备金,也会吸收高能货币的初始变化。

货币乘数: 通过这两个问题及其各自的答案,整个货币供应过程可以用一系列的表达式来表示,从而导出货币乘数。我们首先从一个表达式开始,该表达式定义了货币供应过程的结束,以应对基本货币的任何变化:

$$\triangle H = rr\triangle T + \triangle C + \triangle E \qquad (12.1)$$

在这种情况下,高能货币的变化$\triangle H$是表达式 12.1 左边开始的初始变化,右边是吸收$\triangle H$的因素:交易存款的所需准备金的变化,$rr\triangle T$;公众持有的货币变化,$\triangle C$;以及存款机构持有的期望超额准备金的变化△E。吸收因素降低了 H 的初始变化的可用性,随着时间的推移和不同存款机构的变化,H 的初始变化不再支持贷款。在这一点上,高能货币的初始变化与吸收因素之间的相等是结束点,过程停止,如表达式 12.1 所定义的那样。

所需准备金的变动是存款准备金率乘以受准备金要求限制的交易存款的变动。存款准备金率由美联储设定,所需准备金的变动为准备金率(rr)乘以交易存款的变动(△T)。

公众持有的货币的变化所依据的假设是,公众持有货币占其交易存款的比例:

$$C = kT \qquad (12.2)$$

其中 k 是由经济、避税、技术和社会/文化因素决定的部分。例如,如果 k = 0.25,对于每 1 美元的交易存款,公众将持有 0.25 美元的货币。经济、避税、技术和社会/文化因素如何影响 k 比率(C/F)?

利率是影响 k 的一个重要的经济因素,由于货币不支付利息,较高(较低)的利率为减少(增加)相对于交易存款的货币量提供了激励. 也就是说,k 与利率成反比。

较高(较低)的所得税提供了激励,以增加(减少)"地下经济"交易与"地上经济"交易的比率。货币是地下经济中首选的交换媒介。例如,贩毒者不接受支票,那些打算逃税的人也不接受支票,因为他们不想留下任何交易痕迹! 也就是说,k 与收入和相关税收负相关,因此 k 常被用作地下经济规模的指标。

以自动柜员机(ATMS)的形式出现的技术会影响 k。例如,自动柜员机的推广及公众对自动柜员机的更多使用,减少了对货币的需求。也就是说,这类技术减少了 k。

文化和社会因素的一个例子是对安全和被抢劫风险的看法。风险意识越高(越低),k 越低(越高)。

存款机构所持有的期望超额准备金的变化是基于这样一种假设,即储蓄机构将超额准备金作为其交易存款负债的一部分:

$$E = eT \tag{12.3}$$

其中 e 是由经济因素决定的部分。e 比率(Err)受利率和风险的影响。较低的利率和/或较高的风险预期倾向于提高 e 比率,而较高的利率和/或较低的风险预期倾向于降低 e 比率。此外,美联储支付超额准备金的利率会影响 e 比率。

表达式 12.2 和 12.3 可以用以下方式表示:

$$\triangle C = k\triangle T \tag{12.4}$$

$$\triangle E = e\triangle T \tag{12.5}$$

下一步重写表达式 12.1,使右边的变量用$\triangle T$表示:

$$\triangle H = rr\triangle T + k\triangle T + e\triangle T \tag{12.6}$$

将表达式(12.6)两边同时除以 T,然后得到表达式:

$$\triangle T / \triangle H = 1/(rr + k + e) \tag{12.7}$$

表达式 12.7 的左边被称为交易存款乘数 TM($\triangle T/\triangle H$)。TM 表示多少交易存款将因基础或高能货币的变化而发生变化。也就是说,

$$\triangle T = TM\triangle H$$

其中 $$TM = 1/(rr + k + e) \tag{12.8}$$

基于同样的推理,可以得出货币乘数 CM($\triangle C/\triangle H$)和期望的超额准备金乘数 ERM($\triangle E/\triangle H$):

$$\triangle C/\triangle H = k\triangle T/\triangle H = k/(rr + k + e) \tag{12.9}$$
$$\triangle C = CM\triangle H$$

其中 $$CM = k/(rr + k + e) \tag{12.10}$$

$$\triangle E/\triangle H = e\triangle T/\triangle H = e/(rr + k + e) \tag{12.11}$$
$$\triangle E = ERM\triangle H$$

其中 $$ERM = e/(rr + k + e) \tag{12.12}$$

货币乘数 CM 表示基础货币变化引起的货币变化,超额准备金乘数 ERM 表示基础货币变化引起的期望超额准备金变化。

首先,将货币供应定义为 M1(货币加交易存款),那么货币供应量 M1 的变化就是

$$\triangle M1 = \triangle C + \triangle T \tag{12.13}$$

将表达式 12.13 的两边除以$\triangle H$,用货币和交易乘数的表达式替换,反演得到 M1 货币乘数 M1M($\triangle M1/\triangle H$):

$$\triangle M1/\triangle H = \triangle C/\triangle H + \triangle T/\triangle H$$
$$\triangle M1/\triangle H = k/(rr + k + e) + 1/(rr + k + e)$$
$$\triangle M1/\triangle H = 1 + k/(rr + k + e)$$
$$\triangle M1 = M1M\triangle H$$

其中 $$M1M = 1 + k/(rr + k + e) \tag{12.14}$$

M2 货币乘数是基于货币供应量的扩展定义,为了简单起见,

假设 $M2 = C + T + MMF$，其中 MMF 代表货币市场基金。现在我们有了货币供应的额外组成部分，我们需要说明新的组成部分是如何变化的。以下是用来说明货币和期望的超额准备金如何适应货币供应过程，下列表达式用于表达 MMFs：

$$MMF = mT \tag{12.15}$$

或

$$\triangle MMF = m\triangle T \tag{12.16}$$

因此，M2 货币乘数的定义如下：

$$\triangle M2 = \triangle C + \triangle T + \triangle MMF \tag{12.17}$$

$$\triangle M2 = k\triangle T + \triangle T + m\triangle T \tag{12.18}$$

$$\triangle M2/\triangle H = k\triangle T/\triangle H + \triangle T/\triangle H + m\triangle T/\triangle H \tag{12.19}$$

$$\triangle M2/\triangle H = k/(rr+k+e) + 1/(rr+k+e) + m/(rr+k+e) \tag{12.20}$$

$$\triangle M2/\triangle H = (1+k+m)/(rr+k+e) \tag{12.21}$$

$$\triangle M2 = M2M\triangle H$$

其中 $$M2M = (1+k+m)/(rr+k+e) \tag{12.22}$$

12.5 货币供应过程的说明

为了说明货币供应过程如何在各种乘数方面发挥作用，假设如下：

（1）家庭希望每一美元的支票或交易存款持有 0.25 美元的货币和硬币，即 k = 0.25。

（2）交易存款须符合 10% 的准备金要求，即 rr = 0.10。

（3）存款机构希望每一美元的支票或交易存款负债持有 0.05 美元的超额准备金，即 e = 0.05。

（4）家庭希望每一美元的支票或交易存款持有 0.50 美元的货币市场基金，即 m = 0.50。

可以通过替换相应表达式中的特定值来确定各种乘数的值，如下所示。

交易存款乘数	TM = 1/0.40 = 2.5
货币乘数	CM = 0.25/0.40 = 0.625
超额准备金乘数	ERM = 0.50/0.40 = 0.125
M1 乘数	M1M = (1 + 0.25)/0.4 = 3.125
货币市场基金乘数	MMFM = 0.50/0.40 = 1.25
M2 乘数	M2M = (1 + 0.25 + 0.50)/0.4 = 4.375

为了说明如何使用这些乘数来说明货币供应过程，假设 $\triangle H$ = 1 000 美元，然后计算货币供应的每个组成部分是如何变化的。

交易存款	(2.5)($1 000) = $2 500
基于 k 比率的货币	(0.25)($2 500) = $625
或货币乘数	(0.625)($1 000) = $625
准备金	(0.10)($2 500) = $250
基于 e 比率的超额准备金	(0.05)($2 500) = $125
或超额准备金乘数	(0.125)($1 000) = $125
M1 货币	(3.125)($1 000) = $3 125

（续表）

基于 m 比率的货币市场基金	$(0.50)(\$2\,500) = \$1\,250$
或货币市场基金乘数	$(1.25)(\$1\,000) = \$1\,250$
M2 货币	$(4.375)(\$1\,000) = \$4\,375$

　　到目前为止所制定和确定的所有表述均基于表达式 12.1 中货币供应过程的基本定义；也就是说，当吸收因素的变化总和等于开始该过程的初始基础或高能货币变化时，这一过程就完成了。为了说明这一点，可以计算吸收因素的和，并证明它等于开始这个过程的基础货币的初始变化。

　　吸收因素如下：

　　（1）所需准备金增加 250 美元；

　　（2）货币增加 625 美元；以及

　　（3）预期超额准备金增加 125 美元。

表 12.1　简单的央行资产负债表

	贷款给存款机构，L
资产	证券，S
	外汇，FE
	其他资产，OA
	央行票据，CBN
	由存款机构持有的储备存款，RD
负债	政府存款，GD
	其他存款，OD
	其他债务，OL
资本，CAP	中央银行股票
	留存收益

吸收因素之和为 1 000 美元,即基础货币初始变化的值。请注意,在货币供应过程中增加货币市场基金不会改变吸收因素的列表,因为它们不受准备金要求的约束。

12.6 中央银行、基础货币、货币供应过程和 2007 年以来的发展

表达式 12.21 和 12.22 中的 M2 货币乘数有助于我们理解现代货币标准的货币供应过程和倒金字塔表示如何工作。这些表达式是基于变化情况的,但是可以很容易地按照级别来表示,也就是表达式 12.22 也可以表示为:

$$M2 = M2M(H) \qquad (12.23)$$

美联储能否利用目前讨论的货币供应过程作为货币政策的基础? 这个问题可以通过考虑以下几点来解决。

第一,中央银行可以控制基础货币,货币基础还是高能货币? 尽管基础货币有许多非美联储因素的影响,但美联储以及任何中央银行基本上都控制着基础货币或高能货币。这一点可以通过适用于所有中央银行的简单的中央银行资产负债表加以说明,但特定的中央银行资产负债表,如美联储的资产负债表要复杂得多。表 12.1 中简单的资产负债表就足以说明中央银行如何控制基础货币。

中央银行资产包括向存款机构贷款(L)、证券(S)、外汇(FE)和其他资产(OA)。L 代表中央银行提供的最后贷款服务。即中央银行向存款机构垫款时,L 增加,当这些贷款偿还时,L 减少。S 代

表中央银行持有的证券,大部分时间由政府证券组成。当中央银行购买证券时,S 增加,当中央银行出售证券时,S 减少。FE 代表非本国货币计价的金融资产的持有量,OA 代表其他资产,如建筑物等。

中央银行的负债包括中央银行票据(CBN),如美联储票据;存款机构持有的存款准备金(RD);政府存款(GD),因为中央银行是各自政府的财政代理;其他存款(OD),如其他中央银行存款、其他国家政府或国际政府组织的存款,以及其他负债(OL)。

作为一家上市公司,中央银行有资本账户,包括实收股本和留存收益。

表 12.1 的资产负债表可以根据资产负债表的其他组成部分重新安排,以表示 RD:

$$RD = (L + S + FE + OA) - (CBN + GD + OD + OL + CAP)$$
$$(12.24)$$

通过消除 OA、OL 和 CAP,可以进一步简化表达式 12.24,因为这些账户不像其他项目那样发生变化,与货币政策的行为没有什么关系:

$$RD = (L + S + FE) - (CBN + GD + OD) \quad (12.25)$$

中央银行发行的未偿付票据(CBN),代表了公众持有的货币(上述表达式中的 C)和存款机构以货币形式持有的外汇储备。因此,我们可以用 $CBN = C + VC$ 来表示央行票据,其中 VC 是存款机构持有的金库现金。因此,

$$R = RD + VC = (L + S + FE) - (C + GD + OD) \quad (12.26)$$

其中,R代表存款机构持有的准备金总额。

基础货币或高能货币定义为 $H = R + C$。因此,我们可以重新排列表达式 12.26 来显示 H 与央行资产负债表之间的关系:

$$H = (L + S + FE) - (GD + OD) \qquad (12.27)$$

中央银行是否控制 H? 是。我们首先考虑除 S 以外的 H 的决定因素。央行通过用于向存款机构提供贷款的贴现率和贷款标准影响 L 之外,存款机构也在此过程中发挥作用。因此,央行只能部分确定 L。外汇持有量 FE 主要取决于政府的决定,因为外汇干预决策是由政府而不是中央银行决定的。同样,政府存款和其他存款不受中央银行的控制。

相比之下,中央银行持有的证券则是在中央银行的控制下进行的。这意味着中央银行可以在公开市场上购买或出售证券,以抵消或加强对基础货币的任何其他影响,以建立所需的基础货币水平。中央银行对基础货币有重要的控制权,但是中央银行对货币供应的控制程度是否与倒金字塔所表明的一样?

第二,对基础货币的控制不能转化为对 M2 货币的控制:确定基础货币的能力是否意味着对货币供应的重要控制? 不是,尤其是在较短的时间内。货币供应量是货币乘数和基础货币的产物。虽然中央银行控制着基础货币,但货币乘数由公众、存款机构和中央银行共同决定。可由美联储控制的唯一乘数变量是准备金要求,rr、k 和 m 比率是由公众决定的。e 比率受到美联储的影响,因为美联储可以设定超额准备金的利息,但存款机构的决定至少在决定 e 比率时起着同样重要的作用。从理论上讲,如果中央银行能够在统计上确定随时间变化的货币乘数值,那么央行就可以预测货币乘数的变动,并结合其对基础货币的控制,来控制货币供给。然而,事实证明这是困难的。美联储和其他央行一直关注货币供应,但货币乘数的不稳定性使其很难以一种可预测的方式影响货币,尤其是在短期内。这并不是说货币供应与基础货币无关,而是强调两者之间的关系不够稳定,无法为央行政策提供基础。

第三,M2 乘数和 2007 年以来的量化宽松政策:根据图 12.1,M2 乘数(大虚线)从 1959 年到 80 年代初呈现上升趋势,到 90 年代初呈现向下趋势,之后逐渐趋于稳定,然后在 2007 年前后急剧下行。自 2007 以来的这一时期是非常引人注目的。美联储在 2008 年采取了量化宽松政策(QEP),旨在向该体系注入大量基础

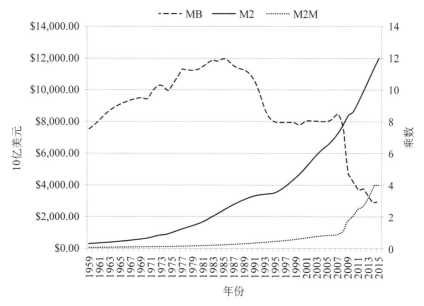

**图 12.1 基础货币(MB),M2 货币供应量和 M2 货币乘数(M2M),
1959 年至 2015 年**

资料来源:FRED,Federal Reserve Bank of St. Louis.

货币以抵消 GDP 下降的影响。从 1959 年到 2007 年，货币基础平均增长 6.7%，M2 货币供应增加 7.0%，表明基础货币与货币长期变化之间的密切关系。然而，从 2008 年到 2015 年，基础货币增长 23.0%，但 M2 货币仅增长 6.5%。

自 2007 年以来，基础货币的增长主要是因为美联储购买了大量的美国国债和抵押贷款支持债券。这之所以引人注目，有两个原因：第一，由于 QEP，自 2007 以来基础货币的增长超过了整个美联储历史上的任何时候；第二，QEP 没有像货币乘数的过去值所预测的那样对 M2 的增长产生影响。为什么？

乘数框架可以提供一些见解。e 比率的增加（超额准备金与交易存款的比率）将降低 M2 乘数，因此，对于任何给定的基础货币增加，M2 货币的增加就会减少。在 2008 年之前，超额准备金利率为零，因此存款机构有动机维持低超额准备金率，以检查存款负债。1984 年至 2008 年间的平均 e 比率（图 12.2，实线）为 0.002。也就是说，存款机构持有的超额准备金平均相当于支票存款负债的 0.2%。这一比率在 9 月份急剧上升，与美国遭受的恐怖袭击有关。2008 年至 2016 年月平均 e 比率为 1.3。也就是说，自 2008 年 9 月雷曼兄弟（Lehman Brothers）破产以来的金融危机开始以来，储蓄机构现在持有的超额准备金平均相当于存款负债的 130%。这是近年来 M2 乘数值大幅下降的原因之一，如图 12.1 所示。

自 2008 年以来，储蓄机构持有的超额准备金大幅增加的原因有两个。首先，在 2016 年经济持续低迷的情况下，存款机构一直不愿放贷。2010 年的《多德-弗兰克法案》实施了一系列限制，使储蓄机构比以往更不愿承担风险。许多政客对金融机构的强烈批评，称它们是导致大衰退的原因，这加剧了人们对风险的厌恶。其

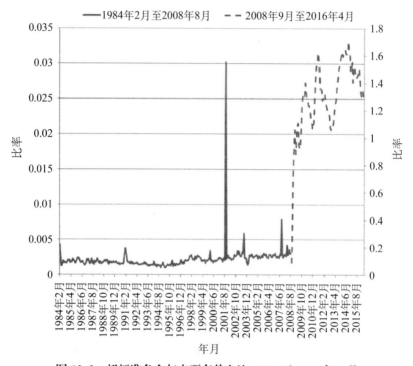

图 12.2 超额准备金与支票存款之比，1984 至 2016 年 4 月

资料来源：FRED, Federal Reserve Bank of St. Louis.

次，自 2008 年 10 月以来，美联储已对所需准备金和超额准备金支付了利息。目前，存款准备金率和超额准备金率分别为 0.5% 或 50 个基点，加上历史低利率和更大的风险规避，存款机构有动力持有超过 0.5% 的超额准备金。

　　存款准备金的利息旨在抵消存款机构对零利息持有存款准备金的隐含税。超额准备金的利息是一种新的货币政策工具，将在下一章讨论，旨在帮助美联储实现对联邦基金利率的控制。

第四,倒金字塔和货币乘数框架对货币政策是否不再有用?
倒金字塔结构作为现代货币体系的描述仍然是正确的,正如倒金字塔框架所预测的那样,货币乘数一般都大于 1。也就是说,每 1 单位基础货币的增加,将导致数倍的货币供给的增加,而货币供应量的变化会影响经济活动。

与此同时,该框架不够稳定,无法在短期内成为货币政策的基础。实际上,正如下一章所讨论的那样,美联储和整个中央银行已经将注意力从货币供应转向影响利率,作为货币政策影响经济的渠道。

第 13 章

第二步：货币政策工具，以及第三步：货币政策手段

13.1　引言

作为央行政策步骤的一部分，在第 2 步中，中央银行被认为拥有一套用来影响基础货币、货币供应、信贷和利率的工具，从而影响总体经济活动。几乎所有央行的货币政策基本工具都是一样的。货币政策工具就像汽车修理厂的技工所使用的工具。机修工知道如何调整引擎以提高性能（最终目标），但没有一套扳手、插座、电子工具和其他类型的工具，机械师的意图就无法实现。就像机修工一样，央行也有一套基本的工具，它们适用于金融部门，而这反过来又会影响整体经济。

货币政策工具的目的是影响政策手段（第三步），继而影响经济活动（第四步），其目的是达到最终的政策目标（第五步）。政策手段分为两类：第一类是货币供应量的度量；第二类是基准利率。货币供应量的度量是一个数量变量，包括基础货币（货币基础或高

能货币)和货币供应的各种度量，如 M1、M2 等。基准利率是一个价格变量，是美国银行间利率或联邦基金利率。

本章讨论货币政策工具、有关政策手段选择的问题以及美联储使用的政策手段。

13.2　货币政策工具和选择性工具的减少

货币政策工具分为三大类：通用工具、选择性工具和公告工具，或者美联储曾经称之为"道义劝告"的工具，最近被称为"前瞻性指引"。

通用工具的设计目的是影响可贷资金的总供给，而选择性工具则是为了影响可贷资金向经济中特定部门的供应。也就是说，通用工具都集中在信贷的整体供应上，允许市场分配整体信贷供给，而选择性工具则侧重于由中央银行决定的信贷分配上。用一个类比有助于区分。考虑一大片森林，通用工具侧重于影响森林的整体大小，而不关心单个树木是如何萎缩或生长，以实现森林面积的总体变化。选择性工具的重点是影响森林中的特定树木，即使特定树木的变化会影响到森林的整体大小。

在实践中，通用工具强调普遍影响，而选择性工具强调选择性影响。中央银行一度既依赖通用工具，也依赖选择性工具。然而，选择性工具已成为大多数中央银行使用的货币政策工具中使用相对较少的一部分。由美国联邦储备理事会设定保证金要求是美联储唯一可用的货币政策选择工具。曾经有人认为提高保证金要求会限制进入股票市场的信贷，而降低保证金要求则会增加进入股市的信贷。事实证明，这是不正确的，尽管保证金要求仍然是美联储的一个选择性工具，但自 1974 年以来就没有使用过保证金要求，这表明它们实际上已经消亡。在 1974 年，它们被设定为 50%，从那以后就没有改变过。

是什么导致了对选择性货币政策工具的依赖减少？ 有五个原因。首先，它们根本不能很好地工作。信贷是可替代的，任何影响金融部门任何部分信贷额度的行动都可能产生规避选择性控制的创新。例如，保证金要求可以通过使用普通信贷购买股票而不是以证券作为抵押品的证券贷款来规避。其次，选择性控制在管理上是昂贵且繁琐的。它们需要大量的资源。第三，过去的选择性控制往往会产生意想不到的后果，产生经济和财务困难。例如，对消费者信贷的利率控制已经损害了它们所要保护的群体，Q 条例对储蓄和定期存款的利率上限直接导致了 20 世纪 80 年代储蓄和贷款协会(S&L)行业的崩溃。第四，选择性信贷控制与过去 40 年中由于放松管制和金融自由化而发展起来的开放竞争性金融体系不一致。第五，通用工具，特别是公开市场操作，比任何货币政策的选择性工具更有效地影响经济活动。

13.3　货币政策的通用工具

货币政策的通用工具旨在影响基础货币、货币供应和利率。有三种传统的通用工具和两种新的通用工具被美联储使用。传统的通用工具是：公开市场操作、贴现政策，以及准备金要求的变化。货币政策的两种新的通用工具是：2008 年推出的超额准备金支付利息以及 2010 年推出的定期存款工具。这两种新工具基本上还没有被广泛使用，它们在未来将被如何使用还存在着不确定性，人们还在争论,它们是否能够有效地增强美联储实施货币政策的能力。

公开市场操作: 公开市场操作反映在美联储持有的证券(表 12.1 中的 S)中,并用于说明第 12 章中 T 账户中的货币供应过程。每当美联储购买证券,存款机构的储备就会增加,因此基础货币就会增加,美元就会升值。每当美联储出售证券时,存款机构的储备就会减少,因此基础货币就会减少,美元就会贬值。

公开市场操作分为永久性操作和临时操作。永久性公开市场操作包括直接购买和出售国债,政府发起的企业债务证券和抵押相关证券,分别对卖方和买方没有任何承诺。临时公开市场操作包括根据协议购买这些证券,以便在规定的时间、数量和价格(回购协议,回购或 RP)下转售给交易商,并根据协议在规定的时间、数量和价格(反向回购协议,反向回购或反向 RP)下出售这些证券。RP 暂时增加基础货币,反向 RP 暂时减少基础货币。从技术上讲,RPs 和反向 RPs 涉及购买转售和回购证券,但本质上它们是短期的抵押贷款,很少超过 14 个工作日。过去临时公开市场操作被用来抵消外汇储备的短期波动,但自从 QEP 以来,RPs 已经成为控制联邦基金利率的主要工具,因为自 2008/2009 年金融危机以来,美联储一直未大量参与永久性公开市场操作

公开市场操作历来是货币政策最重要的工具,相关的几条原因后面有所讨论。然而,自 2007 年以来,公开市场操作所使用的证券发生了重大变化。截至 2007 年,公开市场业务主要限于国债业务,但作为量化宽松政策的一部分,从 2008 年开始,美联储不仅大幅增持美国国债,还公开市场购买了抵押贷款支持债券,以支持房地产行业。

图 13.1 显示了美联储在 2003 年 1 月至 2016 年 5 月期间持有的美国国债,能够看出自 2007 年之后出现大幅增加。图 13.2 显

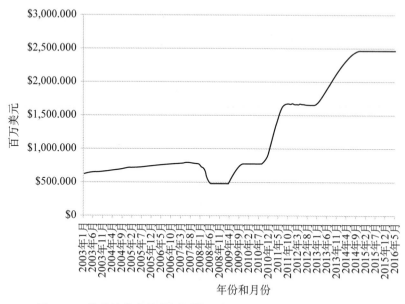

图 13.1　美联储持有的美国国债证券，2003 年 1 月至 2016 年 5 月

资料来源：FRED，Federal Reserve Bank of St. Louis.

示美联储在 2003 年 1 月至 2016 年 5 月期间持有的抵押贷款支持证券。美联储在 2009 年 2 月之前没有持有抵押贷款支持证券。自 2014 年末以来，美国国债和抵押贷款支持债券的持有量几乎没有变化，因为美联储已经对将这些债券展期，以维持它们的水平。自那时起，美联储一直依靠临时公开市场操作来控制联邦基金利率，并使用下面讨论的两种新工具。

公开市场操作是基础货币的主要来源。截至 2016 年 5 月 18 日，联邦储备资产为 4.47 万亿美元。其中，美国国债占 55.0%，抵押贷款支持证券占 39.4%。

贴现政策：这是中央银行的最后贷款人职能，可用来协助存款机构在困难时期管理其流动性要求。贴现政策实际上包括两个组成部分,即成本效应和管理效应。当美联储改变贴现率以增加成本或降低从美联储借款的成本时,会产生成本效应。美联储为存款机构的借款制定贷款标准时会出现管理效应。

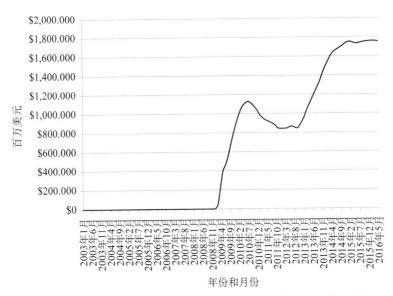

图 13.2　美联储持有的抵押贷款证券,2003 年 1 月至 2016 年 5 月。

资料来源：FRED, Federal Reserve Bank of St. Louis.

美联储增加的贷款增加了美元对美元的储备。在以下资产负债表中,美联储向 1 号存款机构提供贷款。

美联储资产负债表

资产	负债
向存款机构 no. 1 贷款存款 + $100 000	机构 no. 1 准备金 + $100 000

1 号存款机构资产负债表

资产	负债
准备金 + \$100 000	美联储贷款 + \$100 000

当 1 号机构偿还贷款时，准备金和基础货币下降。在美联储的头十年，贴现政策被认为是货币政策的主要工具，旨在实现两个目的：控制货币供应并为最后贷款人提供服务。贴现政策从来不是一个非常有效的货币政策工具，因为它相当不灵活，而且它的主动权并不完全掌握在美联储手中。美联储可以设定贴现率和贷款标准，但存款机构必须到美联储才能使贴现政策发挥作用。

贴现政策在确定基础货币方面所起的作用相对较小。截至 2016 年 5 月 18 日，未偿还的存款机构贷款仅占美联储资产的一小部分。然而，在经济和金融危机时期，例如 2008 年和 2009 年，贷款可能成为基础货币的一个重要组成部分。

存款准备金率的变化：美联储可以将第 3 级存款准备金率从 8% 提高至 14%，在过去的 20 年里一直保持在 10% 左右。然而，自现行存款准备金率制度于 1986 年生效以来，该工具仅在 1991 年和 1992 年间使用过一次，当时对欧洲美元和大型大额存单市场的准备金要求从 3% 降至 0%，而对支票账户的三级准备金要求从 12% 降至 10%。上述表达式中以 rr 表示的存款准备金率的变化，并不改变准备金或基础货币，而是改变货币乘数的大小。提高存款准备金率可以降低乘数的大小，并减少任何给定水平的基础货币的货币供应量。降低存款准备金率会增加乘数的大小，并增加任何给定水平的基础货币的货币供应量。

　　准备金要求不是货币政策的有效工具。它们是强大的——事实上,它们过于强大和僵化。即使存款准备金率的微小变化也会引起货币供应量的巨大变化。例如,使用第 12 章确定的 M2 货币乘数 4.375 的价值,如果 rr 从 0.10 增加到 0.11,货币乘数下降到 4.268,货币供应量下降 2.5%。更重要的是,存款准备金率的频繁变化对存款机构来说将是沉重的负担,而且在行政上难以执行,因为存款机构是在滞后的基础上满足准备金要求的。换言之,目前的准备金要求是根据过去一段时期(如两周)的平均存款计算的。

　　美联储不太可能将准备金要求作为货币政策的通用工具,因为这些规定在 20 多年来一直保持不变,美联储也没有表示未来将以灵活的方式使用它们。然而,准备金要求是重要的,因为它们是现代货币标准倒金字塔的主要基础。

　　支付超额准备金的利息：美联储支付所需准备金的利息,以减少无息准备金要求是隐含税的事实,因为所需准备金不能用于产生利息收入。美联储对超额准备金支付利息,根据美联储的说法,支付利息为其提供了更好的利率目标。如果目标联邦基金利率为 2%,拥有超额准备金的存款机构将有动机以远低于 2% 的利率向联邦基金市场提供超额准备金,因为超额准备金的收益为 0%。这将使美联储更难达到 2% 的联邦基金利率。然而,从 2008 年 10 月起,美联储通过支付超额准备金的利息,可以在联邦基金利率上设置一个下限,这就为存款机构提供了一种抑制机制,让它们以低于超额准备金利率的利率提供资金。自 2008 年至今,这已变得越来越重要。2008 年之前,存款机构持有的超额准备金很小,通常占总准备金的比例不到 10%,但从 2008 年末的 QEP 开始,超额准备金占总准备金的百分比显著增加(图 13.3)。

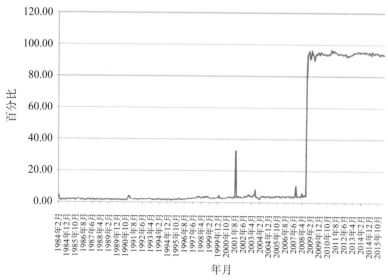

图 13.3　超额储备占存款机构总储备的比例，1984 年 2 月至 2015 年 10 月

资料来源：FRED，Federal Reserve Bank of St. Louis.

新的货币政策通用工具至少有三个好处。首先，支付超额准备金的利息使美联储能够在大量持有超额准备金的情况下更好地锁定联邦基金利率。第二，支付利息提供了另一种影响货币和信贷的方法，即影响货币乘数中的 e 比率，鼓励存款机构将超额准备金保持在与货币政策目标相适应的水平。第三，美联储已表示，在一定程度上，它将减少 2008 年之后产生的历史性高位的资产和基础货币，以便美联储在推行"退出战略"时，能够更好地控制超额准备金的水平。

定期存款工具：联邦储备向定期存款机构提供定期存款，就像存款机构向公众提供大额存单一样。通过改变定期存款的利息，美联储可以影响存款机构购买存款的金额。支付利息的增加，在最近略高于准备金支付的利率，为存款机构购买定期存款提供了一种激励，而定期存款减少了准备金和基础资金。利息的减少会产生相反的效果。到目前为止，定期存款交易规模相对较小，目前尚不清楚它们作为货币政策的通用工具将发挥什么作用。

13.4 道义劝告和前瞻性指引

央行试图影响金融部门的行动的历史由来已久，从与金融部门代表的闭门会议到央行官员的讲话以及央行的公告，无所不包。美联储曾将这一政策方法称为"道义劝告"，并将这一政策定义为努力说服存款机构和金融部门在不使用传统货币政策工具的情况下以某种方式行事。该政策的"道义"部分是提醒存款机构和金融部门，不要仅为了个人利益，而且要从整个经济或公共政策的角度开展业务。"劝告"部分指不对货币政策的通用或选择性工具做出任何改变的前提下，努力说服存款机构和金融系统按照美联储的目标开展业务。

美联储和许多中央银行继续使用道义劝告，在某些情况下，已演变为美联储和日本银行所使用的前瞻性指导。道义劝告和前瞻性指导的区别是由意图的透明度和意图的约束力程度的差异决定的。如果市场没有偏离中央银行的计划，道义劝告就是关于中央银行的计划安排或担忧问题进行的沟通，但与中央银行下一步的行动并无直接关系。这类道义劝告的著名例子是 1996 年时任美联储主席艾伦·格林斯潘的演讲。当时股票价格迅速上涨，美联储内外都有对股市泡沫的担忧。格林斯潘提醒大家，当时的股市似乎是由非理性繁荣而非经济基本面决定的。这种看法很快被经济和金融界普遍接受。尽管格林斯潘发出了警告，但美联储并没有采取任何重大措施来减缓股价上涨的速度，股价上涨又持续了三年。

前瞻性指引更加具体，并提出了在特定条件下遵循具体政策的公开承诺。例如，前任主席本·伯南克（2006—2014 在任）和现任主席珍妮特·耶伦都在演讲和公告中明确表示，美联储将在一段时间内维持低利率，并指出了在哪些情况下才会提高利率。因此，前瞻性指引是对中央银行在某些情况下打算做什么的具体公告，旨在引导公众对央行未来的行动预期。

道义劝告或前瞻性指引是货币政策的有用工具吗？前瞻性指引是提高央行透明度的一种形式，因而有助于提高央行的整体绩效，但道义劝告和前瞻性指引都存在着两个基本问题。首先，中央银行并不总能清楚地知道它在什么条件下将要做什么。也就是说，道义劝告并不总是像所声称的那样透明。其次，更重要的是，中央银行政策的影响是通过传统货币政策工具的实际操作来实现的。重要的是行动而不是言语。

13.5　货币政策手段

中央银行有两种基本的政策手段：货币供应量和利率。第一个是数量变量，包括基本货币和货币供应量的各种度量，第二个是由银行间利率表示的价格变量。政策手段也被称为货币政策的中介目标，而不是最终的政策目标（第 5 步）。政策工具可以通过以下四个问题来理解。首先，为什么央行要制定政策工具？第二，央行如何使用通用工具来实现政策手段？第三，央行能同时控制货

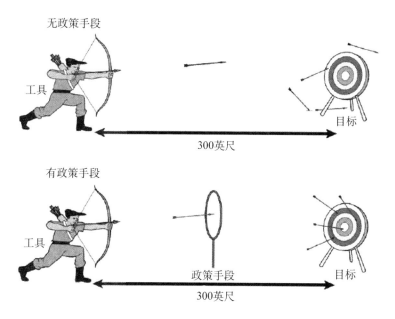

图 13.4　为什么政策手段很重要

币和利率吗？第四，哪种政策手段最好？

　　为什么政策手段很重要？ 图 13.4 说明了政策手段为什么重要。中央银行（第 1 步）与最终政策目标（第五步）之间存在很大的"经济距离"。

　　把最终的政策目标想象成靶场一端的射箭目标，中央银行在另一端。货币政策工具（第二步）是中央银行释放的箭（第一步），但 300 英尺是一段很长的距离。许多箭头完全没有射中靶面，而且在能够击中靶面的箭中，能击中靶心的概率又很低。此外，这些失败的射击也很少能够提供关于如何调整弓的拉力和箭头的角度的信息，因为箭要花费很长时间才能到达 300 英尺的距离，而且靶面在这种距离下也不容易被观察到。这是没有政策手段的货币政策。

现在把一个中介目标以一个顶部有线圈的杆的形式,放在50码的线上。杆的长度和圆的周长需要与靶场另一端的靶心存在有意义的关系。假定杆的长度和线圈的大小设计得当,如果中央银行能射出一支箭穿过圆圈,那么射箭击中目标表面的概率很高,那么击中靶心的概率随之大大提升。击中中介目标的概率比击中最终目标要大得多。另外,如果未能通过中间目标击中最终目标,这时则会提供反馈信息,以帮助我们了解如何调整箭头上的拉力和箭的角度以保证射击可以穿过中介目标并实现最终目标。这是带有政策手段的货币政策。图13.4也说明了为什么政策手段通常被称为中央银行政策的中介目标。

通用工具和政策手段:通用工具影响货币供应和利率。首先,考虑工具如何影响货币供应。

货币乘数框架显示了每种工具对货币供应的影响。公开市场操作和贴现政策改变基础货币。公开市场购买增加储备和基础货币,同时公开市场销售减少储备和基础货币。较低的贴现率和/或更少的限制性贷款标准增加了准备金和基础货币,而更高的贴现率和/或更严格的贷款标准降低了准备金和基础货币。准备金要求的变化会改变货币乘数而不是基础货币的价值。存款准备金率的增加会降低货币供应量,而存款准备金率的降低会增加任何给定水平的基础货币的货币供应量。

这两种新工具对货币供应量也有可预测的影响。超额准备金利率越高(越低),货币供应量越小(增加),货币乘数就越小(增加)。向存款机构提供的定期存款的利息较高(较低),准备金和基础货币就会减少(增加)。

其次，就通用工具影响基础货币和货币供应量而言，它们是否也会影响利率？准备金和基础货币的增加有助于可贷资金供应的向右转移并降低利率。准备金和基础货币的减少都会导致可贷资金供应向左转移并提高利率。尽管准备金要求的变化不会改变准备金或基础货币，但它们仍会影响利率。准备金要求的下降将使可贷资金的供应向右转移，因为准备金的一部分变成了超额准备金，现在可用于支持存款机构进行更多贷款。准备金要求的增加会将可贷资金的供应转向左边，因为任何超额准备金将成为必需的准备金，存款机构将减少贷款。

表 13.1 概述了每种通用工具如何影响货币供应量和利率。

表 13.1　货币供应量和利率对货币政策工具的反应

公开市场操作		货币	利率
完全公开市场操作	购买证券 出售证券	↑ ↓	↓ ↑
临时公开市场操作	RP（购买有转售协议的证券） 反向 RP（卖出有回购协议的证券）	↑ ↓	↓ ↑
贴现政策	降低贴现率和/或降低贷款标准 提高贴现率和/或提高贷款标准	↑ ↓	↓ ↑
更改准备金要求	降低准备金要求 提高准备金要求	↑ ↓	↓ ↑
超额准备金利息	减少超额准备金利息 增加超额准备金利息	↑ ↓	↓ ↑
定期存款机制	减少定期存款利息 增加定期存款利息	↑ ↓	↓ ↑

中央银行能同时兼顾货币供应量和利率吗? 不能。如果中央银行以利率为目标,货币供应量就必须改变,以确保利率目标得以实现;而如果中央银行以货币供应为目标,则必须改变利率,以确保货币供应目标得以实现。图 13.5 和 13.6 说明了这一点。

在图 13.5 中,A 中央行的目标利率在 10%,我们假设这是由 DLF_1 和 SLF_1 确定的均衡利率。SLF_1 包含了 100 亿美元的 M2 货币供应量。然而,正如我们前面所讨论的,有许多基本面因素影响着可贷资金的需求和供给:收入的变化、影响需求和供给的制度因素、不确定性、风险和预期利润、政府赤字和通胀预期等。因此,需求和供给函数将平移并改变均衡利率。如果中央银行将利率设定为 10%,则需要更改货币供应量以抵消需求和/或供给函数的变动。例如,B 中表示由于政府赤字增加导致需求函数由 DLF_1 向右移动至 DLF_2,导致市场利率从 10% 上升至 12%。因此,要求中央银行将货币供应量增加到 200 亿美元,从而将供给函数从 SLF_1 转移到 SLF_2,以抵消利率上升的压力,并将利率维持在 10% 的目

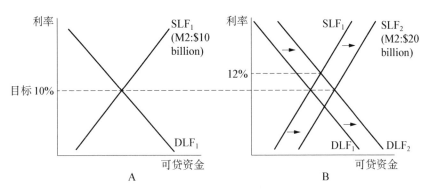

图 13.5 针对利率要求中央银行改变货币供应量以实现利率目标

标水平。因此，利率目标要求中央银行利用货币供应量来实现目标。

图 13.6 的 A 中供给函数 SLF$_1$ 中使用 100 亿美元作为货币供应目标，但需求和供给也随着时间的推移而变化，并改变了均衡利率。如果中央银行继续把货币供应量定为 100 亿美元，则需要改变利率，以平衡可贷资金的供求，因此，针对货币供应的目标要求中央银行允许利率波动，以实现货币供应目标。在 B 中，由于政府赤字增加，对贷款资金的需求从 DLF$_1$ 转向 DLF$_2$。为使货币供应满足在供给函数中的 100 亿美元，中央银行必须允许利率从 10％提高到 12％，如 B 所示。因此，针对货币供应需要中央银行允许利率变化以实现目标。

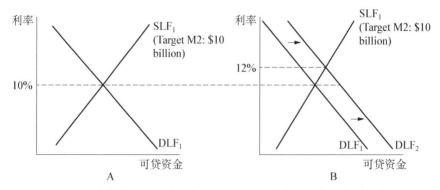

图 13.6　针对货币供应量需要中央银行允许利率变化以实现货币供应目标

哪种政策手段最好？ 货币政策可以通过货币供应或利率渠道影响实体经济。可能出现一种政策手段不正确，或者另一种政策手段不正确，又或者两者都是正确的。然而，确定到底哪种政策是好的还存在一些实际问题。

在过去的半个世纪里，中央银行主要使用利率作为政策手段。除了 20 世纪 80 年代的一段短时期外，当时包括美联储在内的中央银行都专注于货币供应。这种以货币供应为重点的政策被认为是不成功的，各国央行又恢复了以利率为目标的政策。央行使用利率作为政策手段有四个实际原因。

第一，定义问题：货币供应不是一个很容易定义的变量，而且，即使人们能够在某个时间点合理地测量货币，金融创新也可能随着时间的推移改变货币的定义。尽管 M2 货币存量被广泛认为是国家货币供应量的合理定义，但它仍然是一个不精确的货币定义。相比之下，利率很容易定义。

第二，测量问题：即使接受 M2 作为"货币"的定义，统计上的 M2 也不能以一周甚至一个月为时间单位准确地衡量，严重地限制了它作为政策手段的有效性。利率可以每天精确地测量，甚至在一天之内分时测量。

第三，控制问题：由于货币乘数的变化，中央银行对货币供应的控制不如过去，许多人将货币乘数的变化归因于放松管制和金融自由化使公众可以获得更广泛的金融资产。相比之下，央行确实对短期利率有重大影响。同时，这一优势的另一面也值得注意。虽然中央银行可以影响非常短期的利率，但它们对中长期利率的影响却不那么确定。利率期限越长，通胀预期就越重要。

第四，与经济活动的关系问题：在不同时期，货币与经济活动之间存在着密切而直接的关系，但在过去的几十年中，货币与经济活动的关系对现行货币政策的影响已变得不稳定。各国央行纷纷转向利率渠道，认为它为货币政策工具与最终政策目标的衔接提供了更好的基础。

尽管有理由支持利率作为政策手段，但货币供应仍然是至关重要的，因为从长期来看，通胀和通缩与货币供应的增长率有着内在关联。央行这种将货币供应放在次要地位，只关注利率的政策，将成为"河城之乱"之一。

第 14 章
第四步：中央银行的经济模型

14.1　引言

　　考察中央银行货币政策的第一步，关注一般意义上的中央银行制度设计，和特殊意义上的美联储制度设计。对于大多数中央银行而言，货币政策的实际形成和执行由中央委员会决定。对于美联储而言，联邦公开市场委员会是货币政策形成和执行的中心。

　　第二步聚焦于货币政策工具以及在货币供应过程中中央银行如何有效地影响货币供应、利率以及信贷。中央银行和美联储拥有多种货币政策通用工具，但对于所有实际用途而言，公开市场操作是货币政策最有效的工具，因为公开市场操作强有力、灵活，并且是否使用该工具完全取决于中央银行本身，但其他货币政策工具却缺乏这种特点。

　　第三步，具体的货币政策工具直接作用于货币政策手段——货币总量或利率——以增加货币政策达成其最终政策目标的概率。中央银行只能盯住一个目标，这是因为其他货币政策手段会相应改变来达到选定手段的目标。货币总量最终是中央银行货币政策的重要组成部分，因为在长期中，通货膨胀或通货紧缩与货币总量紧密相连，但在短期内，利率是偏好的政策手段。

本章主要聚焦于第四步，对宏观经济模型的演化、历史发展和现在版本进行了梳理，以期进一步理解货币政策的形成和实施。

14.2　宏观经济学模型初探

从 18 世纪和 19 世纪中央银行开始发挥作用时开始，中央银行政策就在理解重要宏观经济变量，例如 GDP、失业、价格、货币、利率和信贷等之间的相互关系，以及政策行为如何通过影响特定的变量（政策手段）来影响其他变量（最终的政策目标）。宏观经济模型最初成为政治经济学讨论的组成部分还是在 18 世纪末期，当时一群法国政治经济学家提出"经济表"（Tableau Economique）——一个简单的宏观经济模型。但是，直到第二次世界大战后，宏观经济模型成为经济和中央银行的重要组成部分。两个方面的发展提升了中央银行货币政策在宏观经济模型中的影响力。

首先，在 1936 年出版的《通论》（*The General Theory*）中，凯恩斯提供了一系列开发宏观经济模型的构成要素和基本工具。原始凯恩斯模型绝大部分未能经受住时间的考验，但是凯恩斯的长久贡献在于提供了促进严密开发的中央银行使用的宏观经济模型的一系列工具。除去一直在争论的凯恩斯的其他贡献，中央银行货币政策应当感谢凯恩斯为开发指导货币政策的宏观经济模型提供了框架性成果。

其次，为了决定宏观经济模型是否合理解释了模型中不同变量间的关系,模型必须通过实证验证。验证包含了大量直到第二次世界大战后才得以实现的复杂估计,彼时计算机技术的发展使得经济学家们能够将其对于经济变量和模型不同的假设付诸实证检验。20 世纪 60 年代,宏观经济建模和估计成为普遍意义上中央银行货币政策和经济研究的标准组成部分。

14.3　为什么模型是重要的以及模型的历史沿革

中央银行所使用模型的重要性主要体现在以下几个方面:

(1)模型探索了经济长期均衡。例如,是否有实际 GDP 回归潜在 GDP(PGDP)的趋势? 实际 GDP 长期居于潜在 GDP 的上方或下方是否可能? 抑或,如果 GDP 有回归 PGDP 的趋势,那么这一转到均衡的状态是稳定的还是不稳定的? 该转变是快还是慢? 对这些问题的回答从市场经济内在的稳定或者不稳定方面看非常重要,另外,对于一个积极的政府稳定市场经济也非常需要。

(2)政府试图通过财政政策和货币政策来影响经济以达到特定的目标,例如特定的 GDP 增长率和通货膨胀等,或者降低经济活动的波动(例如,降低实际 GDP 和潜在 GDP 间缺口的波动)。财政政策包括改变政府支出和税收来改变总需求,但货币政策包括改变货币供应量以改变利率和信贷,再因此改变总需求。该模型对财政政策和货币政策是否如外界所称那样影响经济运行、该影响的传导渠道以及是否政府政策间存在偏好上的差异进行了深入探索。基于这一点,该模型进一步考察哪一个最终政策目标是合理的。

(3)对于货币政策,该模型提供了如何利用货币政策工具、经作用于政策手段、然后影响实体部门、达到最终政策目标的"路线图"。

中央银行使用基本宏观经济模型共有三个阶段：古典时期（1776—1936 年）；凯恩斯时期（1936 至 20 世纪 70 年代）；以及新古典主义和新凯恩斯主义时期（20 世纪 70 年代到现在）。

古典时期（1776 至 1936 年）：亚当·斯密于 1776 年出版的《国富论》，勾画出了自然自由的简要系统。在有限政府框架下自立和竞争性市场会对个体提供激励机制以促使其最大化其个人财富和国家的经济财富，这就像一只看不见的手一样。竞争会保证在一国资源和技术的基础上，一国潜在产出尽可能的大。与此同时，提供创新和扩大市场的激励机制以增加潜在产出。有些人认为或许斯密的生产引擎导致生产过多，引起生产过度或者消费不足，产生长期过剩的现象。1803 年，一名法国政治经济学家 J. B. 萨伊(J. B. Say)对该问题进行了阐述。萨伊通过假设一个供给和需求法则来回答这一问题，而这一法则就是后来大家熟知的市场"萨伊法则"。萨伊法则认为"供给产生自身的需求"，因为生产行为产生去购买产出所必要的收入。因此，短期供应过剩是可能的，长期供应过剩因为竞争、灵活的价格和工资会因任何市场中过度的供给或需求进行调整而不再可能。

萨伊的市场法则内含于第二章中所介绍的 QTM 模型中：

$$MV = PY \tag{14.1}$$

其中，M 是一国的货币供应量，V 是货币的周转速度，暗含着货币是如何与货物和服务进行交换的，Y 是实际 GDP，P 是价格水平。

长期内 V 被认为是稳定的，因灵活的价格、工资以及利率，Y 位于其潜在水平上。长期内产出在其潜在水平上，因为实际和潜在 GDP 间的差距,或者说实际和自然失业率间的差距会产生价格、工资以及利率的变动,以消除市场中供给和需求过剩。萨伊的市场法则本质在于实际 GDP 相对于潜在 GDP 的偏离是可能的,但市场的自我修正会使 GDP 回到其长期潜在或自然的平衡上。

在短期内,M 的变动影响到 V 和 Y 以及 P,但是市场会对货币供应的变动产生回应,V 会回到其长期水平上,Y 会回到其潜在的水平。P 是 QTM 中在其长期均衡中会根据货币供应的变动进行调整的唯一的变量,因此,在短期内货币是非中性的,因为 M 的变动会影响产出和价格,但在长期内,货币是中性的,因为在一对一的关系中,它对经济的实际表现而非价格的变化(名义价格和名义利率)没有影响。

财政政策应聚焦于平衡的预算,使用政府开支和/或税收产生赤字以刺激经济并不是必需的,如果这样做,即使在短期内对经济也并无净影响,因为政府赤字会"挤出"私人支出。

19 世纪末期,QTM 的基本要素方才被理解。但萨伊市场法则的完整模型直到第二次世界大战后才被具体说明。古典时期缺乏宏观经济模型的构成要素,直到凯恩斯时期才被发展出来。尽管古典时期缺乏对古典模型细节性的说明,模型的内含意义却是被广泛理解和接纳的。

(1)一个竞争性的市场经济具有内在的稳定性,因此不需要主动型政府来达到经济稳定或经济增长。

(2)除了保护私有财产,以及提供特定公共产品,例如公路、桥梁或其他基础设施、国防,政府应扮演消极或最小化的角色。

(3)政府预算应当是均衡的,政府试图通过税收和/或支出来影响经济是没有必要的,因为经济是内在稳定的,并且会在长期均衡上增长。此外,任何试图通过增加政府支出而不改变税收(负债支出)以影响经济的行为都会导致挤出效应。也即 1 美元政府支出的增加会被 1 美元私有支出的降低所抵消。因为这些挤出效应,短期内古典模型视政府支出为中性的。政府支出的古典视角认为政府应尽量少支出,以抵消那些能带来税收收入的必要性支出。政府支出应随时间实现平衡。

(4)短期内货币政策是非中性的,但长期内是中性的。

(5)从控制一国货币供应的角度而言,货币政策不应太激进,且应聚焦于货币供应以满足长期内贸易需求并维持价格稳定。也即在 QTM 的框架下,M 应满足 V 和 P 的变动,且 P 保持不变。在某些情况下,中央银行应扮演最后贷款人角色以维持金融稳定。

(6)黄金标准和固定汇率被视为在过度货币和财政政策上施加的有效约束。货币的过度增长会产生经常账户赤字,导致黄金外溢到过剩的国家,对过度货币增长进行纠正。货币增长的不足会导致经常账户盈余,从而导致黄金的流入并纠正货币增长的不足。

19 世纪的大部分时间里,工业化世界接纳了这些有关经济运行、政府有限作用以及货币政策不积极的基本观点。这一时期,货币政策不积极,并受制于维持固定汇率的需要。

凯恩斯时期(1936 年—20 世纪 70 年代): 美国的大萧条以及西方世界是经济模型和政策的转折点。根据美国经济研究局的说法,大萧条起源于美国,在 1929 年 10 月股市大崩溃前发生。

经济的深度崩溃与古典视角相冲突,市场并不是内生稳定的,并没有确切的迹象表明经济会回到其潜在的产出水平。政府从消极转向积极的模式存在较大的压力。四个国家基于不同的经济和政治机构,躲避了大萧条:希特勒的德国、斯大林的俄国、墨索里尼的意大利以及裕仁天皇的日本。因此,危机既是政治性的,也是经济性的。这四个国家并非基于竞争性市场经济、有限性的政府以及民主政治体制。因此,大萧条不仅是一个经济危机,同时也是以市场为导向的经济体制的政治危机。

在《通论》中,凯恩斯拒绝了古典模型,并基于 QTM 模型和萨伊法则,提出了宏观经济运行的另一个模型,解释了诸如大萧条为什么会发生,以及最重要的,提出了有助于平稳市场经济的基于扩大政府的一系列政策。凯恩斯提出的模型有别于古典视角主要基于以下几点:

(1)市场是内生不平稳的,需要一个主动型的政府来达到经济稳定和经济增长。萨伊的市场法则是不正确的。总需求或总支出,而非总供给,决定了经济活动。

(2)大萧条是由于私人部门的总需求不足,因此,实际 GDP 会因此低于潜在 GDP,只要私人消费是不足的,实际失业率会保持在自然水平的上方。没有相应的市场机制来刺激私人总需求,即使存在这样的市场机制,引用凯恩斯的话:"长期内我们都会死。"

(3)政府应在经济中扮演古典时期中除基本功能以外大而积极的角色。特别地,政府应对总需求进行管理。

(4)政府有责任使用财政和货币政策通过管理总需求来平抑经济波动。财政政策可以通过增加(降低)消费或降低(增加)税收以增加(降低)总需求。货币政策可以通过增加(降低)货币来增加(降低)总需求,并因此降低(增加)利率。财政政策对总需求有直接效应,而货币政策通过金融系统对总需求产生间接影响。

(5)凯恩斯认为,财政政策是相对于货币政策更加有效的工具,因为财政政策对总需求有直接影响。货币政策具有非直接效应,因为货币、利率和投资之间的特定关系就像是在"推一根线"。

（6）财政和货币政策有在长期和短期中影响实际产出的能力,即不像古典模型,财政和货币政策在长期和短期内是非中性的。

在第二次世界大战后初期夸大《通论》对宏观经济建模和公共政策的影响是很困难的。政府可以管理总需求,并消除私有市场经济不稳定,实现经济稳定、充分就业和经济增长,这样的观点广为传播。

新古典主义-新凯恩斯时期（20 世纪 70 年代到现在）：在数十年内,凯恩斯主义观点主导了经济模型、财政政策和货币政策,直到 20 世纪 60 年代初期广为人知的货币主义—凯恩斯主义争论出现。争论的货币学派部分指向这样一个事实：即经济中货币的作用,但随后争论的焦点又转向了更多的其他事项。争论持续了 20 多年,到 20 世纪 70 年代末期,许多领域都需要凯恩斯模型和基于模型的公共政策。

最原始的凯恩斯观点被彻底重申的古典模型和 QTM 模型所取代。该争论涵盖了许多经济问题,对美国乃至世界许多其他地区的宏观经济建模和公共政策产生了重大影响。货币主义—凯恩斯主义争论是除财政政策和货币政策以外更大领域内对经济中政府职能更大范围的重新评估。该争论聚焦于普遍意义上政府管理的角色以及对经济动力的行政性影响,甚或包括政治体制的结构。在 20 世纪末期,该争论的结果导致了政府职能体制上的巨变,因为绝大多数国家在国内和国际层面允许市场在资源分配中起到更为重大的作用。

争论中有关凯恩斯模型及其政策内涵有四个主要结果特别值

得关注：

第一，没有长期的供应过剩：凯恩斯的观点认为实际 GDP 在均衡水平上可能低于潜在 GDP，即长期的供应过剩，是基于有关劳动力市场的特定假定。古典观点认为，灵活的价格和工资是市场经济自我修正机制的重要组成部分。但是凯恩斯认为随着对劳动力需求的增加，工资在上升方向内很灵活。随着对劳动力需求的降低，工资有向下的刚性。主要是由"货币幻觉"导致的，或者工人无法区分名义和实际工资所决定的，工人通常只关心名义工资。工人拒绝名义工资的下降，即使名义工资下降比总价格水平下降少。名义工资向下的刚性，使得降低劳动力过度供给的重要的市场机制消失。

研究表明这个假设和经济理论不一致，因为区分名义和实际工资随着时间流逝变得很困难。名义和实际工资的实际行为与工资向下的刚性相矛盾。一旦放弃工资向下刚性的假设，凯恩斯模型就成了有着灵活工资和价格的古典模型的更复杂版本。也即，尽管仍在凯恩斯框架之下，QTM 和萨伊法则的声音已经出现。

第二，货币政策比财政政策更有效：凯恩斯和其他许多凯恩斯主义者认为货币政策是平稳的弱有效工具，并认为财政政策才是稳定市场的工具。认为货币政策是强加的，财政政策是强有力的观点是基于货币和财政政策传导以影响总支出的特别假定。经济理论和实证证据表明这些假定是不正确的。事实上，实证结果表明，即使在凯恩斯模型中，货币政策也比财政政策更加有效。20 世纪 70 年代，财政政策的挤出效应被广泛接受，尽管有关挤出效应的大小和政府支出增加的大量讨论仍在继续。

第三，财政政策和货币政策并不决定长期增长路径。在长期内,货币政策和财政政策都是中性的,大量的研究对短期内财政政策是否为非中性提出了疑问。换言之,两种政策都不能通过管理总需求改变经济的长期增长。经济的长期表现更多的是总供给的结果,而非总需求的结果。

第四,凯恩斯主义积极政策导致了经济和金融压抑。从凯恩斯主义观点认为主动型政府管理可以平滑经济波动,维持充分就业,鼓励经济增长并达到通货膨胀的合理水平。20 世纪 70 年代基于财政和货币政策的凯恩斯积极政策导致了全球高水平和不平稳的通货膨胀。这些政策是基于下面即将讨论到的菲利普斯曲线。积极政策不仅导致高通胀率,同时也会导致高失业率或"滞涨":高通胀率和高失业率。在美国,凯恩斯积极财政和货币政策对大萧条有着直接的影响。

政府对金融资金流的管理也不太好。管理的固定汇率制度在 1973 年崩溃,许多国家在其金融市场上实行的大量的利率管制和资产组合控制导致了金融和经济灾难。在美国,储贷行业的崩溃与膨胀性的货币政策,以及通过利率上限和资产组合限制管理金融市场直接相关。

总而言之,这四个结论被普遍接受:长期内经济最终会回到其潜在产出水平;货币政策相对于财政政策是实现经济稳定的更加有效的工具;短期内货币政策非中性,但长期内为中性;基于凯恩斯模型的货币政策和财政政策导致了美国大萧条以及近 20 年内世界大范围内的通货膨胀。另外,尽管争辩起源于货币在经济中的作用(因此该争论被称作为货币主义-凯恩斯主义争论),该争论相较于货币这一议题更为深远。因此,该争论转变为凯恩斯主义者和非凯恩斯主义者之间的争论。但是,尽管有关上述四个议题形成了普遍的一致性，但争论的其他层面并未得到解决。持续性争论的两个方面对于货币政策的形成和实施尤为重要。

首先，新凯恩斯主义和非凯恩斯主义之间重大差别持续存在主要在于私有经济内在的不稳定性或稳定性程度，以及市场自我修正机制使经济回到长期均衡所需时长。凯恩斯主义者认为私有部门是不稳定的，即使经济最终会回到其潜在水平，该过程是不平稳且较为缓慢的。该过程不平稳在于私有支出，尤其是投资支出，被"动物本能"所驱使，因此是不平稳的。"动物本能"这一短语为凯恩斯在 1936 年《通论》一书中使用，用以刻画私有投资支出。凯恩斯主义者不再强调刚性工资，但认为基于摩擦的缓慢的工资变动和价格调整会使得收益向长期均衡的调整变得漫长而痛苦。基于这个观点是凯恩斯在 1923 年所作出的有关经济需要花费多长时间对货币量的改变作出调整："在长期内我们都会死。"凯恩斯主义观点接纳了古典观点，即在长期内，萨伊法则是正确的。但是，凯恩斯主义者将这作为一个有趣的理论结果对政府职能来管理总需求以抵消供给和需求对经济的冲击没有重要性。

非凯恩斯主义者对这些论述进行了批判。在政府政策缺失的情况下，以及私有经济更为稳定，均衡的回报比凯恩斯主义者声称的更快一些。他们将不稳定的绝大部分原因以及较为缓慢地向均衡的调整归结为政府政策，而非市场中内生的不稳定性。他们认为经济中诸多明显的不稳定性，尤其是在大萧条、大通货膨胀和大衰退时期的不稳定性，更多的是政府政策错误的结果，而非私有部门内生的不稳定性。也即，凯恩斯主义者强调市场错误以及政府稳定抵消市场错误的需求。而非凯恩斯主义者强调政府错误以及政府转向非积极角色的必要性。

其次，鉴于凯恩斯主义的观点，即私有经济是内在不稳定的，并且被"动物精神"所驱使，货币政策是相对财政政策更加有效的稳定工具，凯恩斯主义者将货币政策作为实现经济稳定的工具，认为货币政策应该灵活，有超过一个最终的政策目标，以及不应被"规则"所束缚。这就是说，货币政策应该根据"明智审慎"原则而不是其他任何规则来制定和执行（Blinder，1999，p. 49），这些其他规则最近被贴上"强制审慎"的标签（Bernanke，2003）。

与之相反，非凯恩斯主义者认为中央银行许多政策错误均来源于"开明审慎"或"强制审慎"。特别地，在开明审慎指导下的中央银行更倾向于强调就业超过价格稳定，更倾向于保持平稳货币政策，即使在当前情况下更应该实施紧缩性货币政策，因为政策的滞后效应，对需求和供给冲击过度反应。滞后是重要的，在下一章我们将会讨论这个问题。此外，"开明审慎"使得中央银行更易受到政治影响。因此，非凯恩斯主义者认为中央银行政策应该被这样的准则束缚：聚焦于最终政策目标，中央银行可以并且应该为其可以达到的负全责。

在40多年前，两位货币主义者——凯恩斯主义争论重要参与者清晰地陈述过关于中央银行政策的两个观点，他们分别为弗兰科·莫迪格里安尼（Franco Modigliani）和弗里德曼。

莫迪格里安尼在其1976年对美国经济学会进行的主席致辞中提出，凯恩斯主义的观点如下（Modigliani，1977，p. 1，原文）：

事实上，货币学派的标志性特征和与非货币主义（凯恩斯主义）争论的真正的问题所在，不是货币主义，而更可能是指向稳定性政策。非货币主义者接受我所认为的《通论》中的基本信息：使用不确定货币的私有企业经济需要稳定，也能稳定，因此应该通过恰当的货币和财政政策来稳定。

弗里德曼在早十年的 1967 年，在对美国经济学会的主席致辞中警告说：凯恩斯主义者所提倡的那种类型的货币政策可能对经济有反作用（Friedman，1986，第 6 页）：

> 我们目前处于这样一种危险境地：想让货币政策发挥它可能发挥的更大的作用，要求货币政策完成它不可能完成的任务，结果阻止了它作出应该能作出的贡献。

两个观点一直持续到本书写作之时，但是历史和经济研究指出凯恩斯观点并不完善。历史表明，货币政策错误在很大程度上导致了经济和金融灾难，尤其是大萧条、大通货膨胀以及最近的大衰退，不仅在美国，也在其他国家。在某些情况下，中央银行从他们的错误中汲取了经验，但要维持对经济的治理很难，尤其是当政府利用中央银行来推迟作出某些艰难的经济结构性改革时。我们会在本书最终章对该问题进行进一步阐述。

14.4 凯恩斯之后：中央银行经济模型的演进

现在我们对模型进行详细的技术讨论，以理解中央银行政策在向下工资刚性的凯恩斯假设被灵活价格和工资的古典假设所替代后的演进变化。目前有两个互补的模型可以用来探究中央银行制定和实施货币政策背后的模型——菲利普斯曲线和总供给、需求模型。两者提供了同样的论点和政策内涵，同时也给理解凯恩斯主义和非凯恩斯主义关于中央银行货币政策的持续争论提供了框架。

14.5　菲利普斯曲线的崛起

第二次世界大战后早期，凯恩斯模型开始从简单假定向下工资刚性转向解释多元宏观经济均衡，其中完全就业只是其中一个可能的结果，还有长期内货币政策的非中性。经济学更多地聚焦在工资和价格调整中的"摩擦"上，这些"摩擦"阻止市场力量像古典经济学家宣称的那样进行快速运作。对凯恩斯模型这个新视角最有影响力的贡献者是 A. W. 菲利普斯(A. W. Phillips)。

1958 年菲利普斯提出并估计了工资通胀和失业率之间的统计关系(Phillips，1958)。菲利普斯假设价格通胀和失业之间存在以下关系：

$$w = f(UN) \tag{14.2}$$

其中，w 是名义工资的年度百分比变动；失业率 UN 是劳动力市场对过度供给的测度。两个变量间的关系相反——更高的(更低的)失业率产生了更低的(更高的)通货膨胀率。

原始估计关系是基于英国从 1860 年至 1913 年名义工资的百分比变动和失业率，该结果在图 14.1 中展示。拟合的曲线为实线，点为数据坐标的散点图。需要注意的是菲利普斯并不是第一个提出这种关系的人，但菲利普斯 1958 年的文章被认为是第二次世界大战后出现的大量文献的奠基之作。

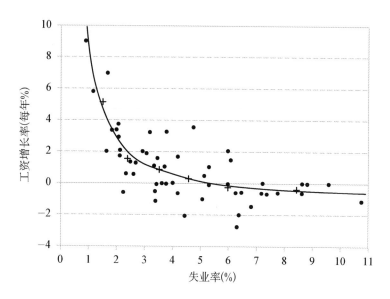

图 14.1 在工资通胀和失业率间的旧的菲利普斯曲线关系

资料来源：Phillips（1958），p. 295.

被拟合的关系表明工资通胀率和失业率之间存在统计意义上显著的反向关系。菲利普斯表述了这个假说并从工资通胀率的角度对曲线进行了估计。但该关系可以简单地从价格水平百分比变动的角度来表述，以作出价格和工资间存在直接关系的合理假设。

1960 年，两位同是诺贝尔经济学奖获得者的保罗·萨缪尔森（Paul Samuelson）和罗伯特·索洛（Robert Solow），使用美国的相关数据，基于 25 年通货膨胀和失业率的数据，对菲利普斯曲线提出了他们的看法（图 14.2）。图 14.2 中的菲利普斯曲线并不是依据估计结果绘制出的曲线，相反，该图形是基于一系列数据绘制出的数据。萨缪尔森和索洛是首先提出菲利普斯曲线可以被用来指导供给管理政策。例如,政府可以通过管理总供给来达到点 A(低通胀但高失业率)或点 B(高通胀但低失业率)。

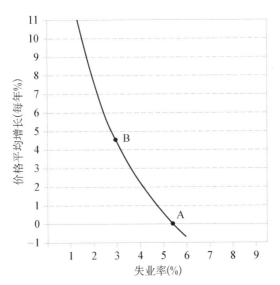

图14.2 在工资通胀和失业率间的萨缪尔森-索洛旧的菲利普斯曲线关系——1960 年的估计。

资料来源：Samuelson and Solow（1960），p. 192.

两篇文献为估计不同国家、不同时间段和不同数据集的菲利普斯曲线做了详尽的努力。几年内,菲利普斯曲线成了凯恩斯主义和凯恩斯政策的重要表述。彼时菲利普斯曲线被广泛接受有以下四个重要原因。

第一,菲利普斯曲线关系是统计显著的,许多研究发现,价格通胀和失业率之间存在简单的回归关系,该关系对数据的拟合非常好,随着时间的流逝也是十分平稳。

第二,菲利普斯曲线包含了凯恩斯主义的观点,即经济并不总是在充分就业的情况下实现均衡。基于通货膨胀和失业率的均衡在菲利普斯曲线上的任意一点均可发生。即经济可在曲线的左上方,即低失业率和高通胀率时发生,或者在曲线的右下角,即高失业率和低通胀率时发生。换言之,萨伊法则在这里并不适用,因为均衡可以在失业率(产出)的任何点发生,但充分就业只发生在一点。从技术的角度而言,基于总供给的存在多个经济均衡结果,但其中只有一个是充分就业。

第三,菲利普斯曲线聚焦于代表公共经济福祉的两个重要变量——通货膨胀和失业率——并表明政府总需求管理可以通过刺激经济产生更高的通货膨胀以"购买"到更高的实际经济表现(低失业率)。同样地,低通胀率可以通过使用总需求管理降低消费以降低经济增长速度。该假设关系意味着政府可以通过总需求管理利用的两个重要经济福利变量间的长期权衡关系。

第四,菲利普斯曲线提供了其他政府政策以更好地管理经济并提高经济增长。总需求管理使经济沿着既定的菲利普斯曲线移动,但机构性变动会使得曲线向左移动,这样任何通胀率会和更低的通货膨胀率相联系。机构变动例如提高职业技能的工作培训项目,劳动力交换信息网络以将工作和寻找工作的人进行更好的匹配。更好的教育,工资和价格控制都被提倡为将菲利普斯曲线移向左侧的政策,并由此提高经济福利。

从 20 世纪 60 年代至 20 世纪 70 年代这 20 多年中,菲利普斯曲线成了货币政策的基石。正如莫迪格里安尼(1977)强调的,它被广泛用于分析面对货币政策时的选择,并被用于证明政府稳定政策的合理化。菲利普斯曲线是教科书中货币经济学和宏观经济学标准和重要的组成部分。总体而言,我们很难夸大菲利普斯曲线对货币政策、政府需求管理政策，以及努力重构经济的影响。

14.6　菲利普斯曲线的衰落和新菲利普斯曲线的崛起

在 20 世纪 70 和 80 年代，平稳的菲利普斯曲线消失了。图 14.3 面板 A 表明 20 世纪 60 年代典型的通货膨胀和失业率间的反向关系，但在 20 世纪 70 年代和 80 年代，菲利普斯曲线不再显著（图 14.3 面板 B）。事实上，大萧条时期，在美国和许多其他国家的通货膨胀和失业率之间存在显著的正向关系，即所谓的滞涨。事实上，就在这期间，"神秘指数"出现了，该指数被定义为通货膨胀率和失业率的加总。

有关菲利普斯曲线的消失主要有以下两种反应。第一，那些认为菲利普斯曲线是货币政策重要基石的研究者，尝试重建包含各种控制变量的关系，由于女性在劳动力中占据很大部分，那就改变劳动力的人口分布特征，或引入预期通胀率，以此来反映产生位移的菲利普斯曲线，这可能更好地说明通货膨胀和失业率的坐标对应关系，如图 14.3 面板 B 所示。这些努力基本上是不成功的，尽管确认一系列控制变量以说明位移的菲利普斯曲线，但是总需求管理关系的有用性正大幅降低。菲利普斯曲线的吸引人之处在于两个受政府政策影响的重要变量之间是一种稳定性的关系。

第二，作为货币主义—凯恩斯主义争论的一部分，埃德蒙·费尔普斯（Edmund Phelps）和米尔顿·弗里德曼，两位最终获得诺贝尔经济学奖的经济学家证明，菲利普斯曲线关系有基础性缺陷，基本的凯恩斯模型也是如此，因此无法作为货币政策或财政政策

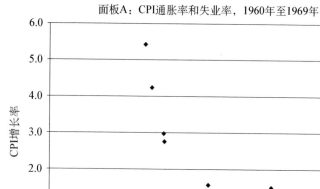

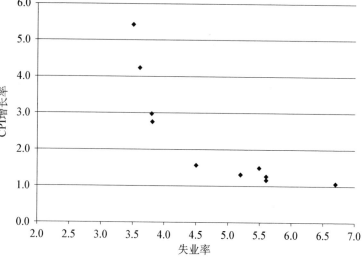

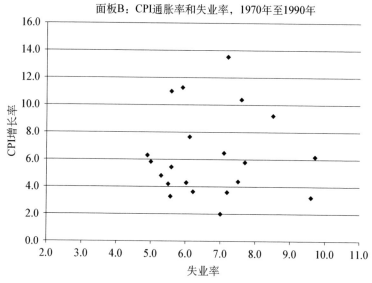

图 14.3 消失的菲利普斯曲线，1960 年至 1990 年

的基石。他们在古典宏观经济模型的背景下修正了菲利普斯曲线关系，自然失业率假说，或者简称为"新"菲利普斯曲线。在这个新版本中，有一个依赖于预期通胀率的短期菲利普斯曲线，和一个独立于通胀率的长期菲利普斯曲线。两者相结合表明，货币政策在短期内是非中性的，在长期内是中性的。因此，政府的需求管理无法利用通胀率和失业率之间的权衡关系。

就像表达式 14.2 中，"旧"菲利普斯曲线基于通货膨胀和失业间的反向关系。但该表达式暗含了工资合约是如何建立的不现实的观点。劳动力的供给和需求是基于实际的而非名义的工资，但工人和雇主却只能对名义工资讨价还价。但是，实际工资决定其劳动力的供给和需求。表达式 14.2 可以写成以下方式：

$$w - p = f(UN) \tag{14.3}$$

其中，w 是名义工资的百分比变动，p 是普通价格水平的百分比变动，UN 是实际失业率。

表达式 14.3 需要被进一步改写，因为其不是雇主和工人关心的当前的通货膨胀率，而是工资合约期内的预期通胀率：

$$w - Pe = f(UN) \tag{14.4}$$

Pe 是预期通胀率。

表达式 14.4 需要进一步改写，因为 UN 不是劳动力市场过度供给和需求的可信的估测。过度需求和供给基于自然失业率 NUN 这个基准。如果 UN＞NUN，就会存在劳动力的过度供给，如果 UN＜NUN，存在劳动力的过度需求。因此，被改写的表达式为

$$w - p_c = f(NUN - UN) \qquad (14.5)$$

或者,从通胀率的角度而言,

$$p - p_c = f(NUN - UN) \qquad (14.6)$$

表达式 14.5 或 14.6 中新菲利普斯曲线与旧菲利普斯曲线有着本质上的区别。菲利普斯曲线包含了预期的和实际的菲利普斯曲线,实际和自然的失业率之间的关系基于其之间的关系。

这可以从两个步骤开始阐述。第一,我们考虑表达式 14.6 的机制内涵。第二,我们对新菲利普斯曲线产生机械结果进行了阐述。

机械性的,新菲利普斯曲线暗含如下实际 GDP 和潜在 GDP(PGDP)、实际失业率、失业率和自然失业率(NUN)之间关系:

如果 $p > p_e$,那么 UN < NUN 以及 GDP > PGDP

如果 $p < p_e$,那么 UN > NUN 以及 GDP < PGDP

如果 $p = p_e$,那么 UN = NUN 以及 GDP = PGDP

这些机械性的关系可以通过图 14.4 来进一步理解。长期菲利普斯曲线中的垂直线,LRPC,暗指自然失业率和通胀率之间没有关系。自然失业率被经济的资源要素、劳动力参与度、生产率、资本积累、劳动力和产品市场和技术所决定。基本因素的改变会使得 LRPC(长期菲利普斯曲线)移动到左侧或右侧,由自然失业率所定义的长期菲利普斯曲线 LRPC 不被通货膨胀率所影响,因为它在自然失业率处与横轴(失业率)垂直。

在自然失业率上 LRPC 为什么垂直,考虑图 14.5 均衡就业和自然失业率是如何在劳动力市场中被决定的。劳动力就业需求与实际工资率(W/P)成反向关系。也即,作为劳动力下降的实际成

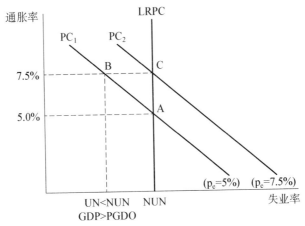

图 14.4 扩张性货币政策框架下的"旧"和"新"菲利普斯曲线

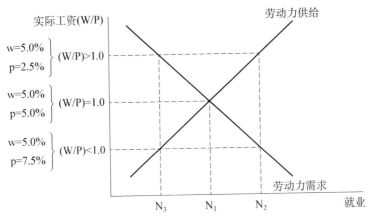

图 14.5 长期均衡就业与自然失业利率独立于通货膨胀率

本,劳动力的需求会上升。劳动力供给与实际工资率成正向关系。随着工作的真正回报的增加,劳动供给也会增加。（W/P）= 1.0时,达到均衡就业率 N_1。与 N_1 相关的失业率决定了自然失业率NUN。如果实际通货膨胀率为 5%,为使实际工资率为 1.0,工资通胀也必须是 5%。也即通货膨胀率为 5% 时工人要求工资增长率达到 5%,他们才会提供 N_1 的劳动力。雇主希望其产品价格以及名义利率可以增加 5%,因此他们愿意以 5% 的工资增长率雇用 N_1 工人。因此,5% 的工资增长率使实际工资增长率维持在 1.0。如果通胀率增加或降低会发生什么?

假设实际通胀率增加到 7.5%。5% 的工资增长因子会使得实际工资率降低到 1.0 以下。劳动力需求量会从 N_1 增加到 N_2,但劳动力的供给量会从 N_1 降到 N_3。现在存在工人的过度供给。如果工资不能以 5% 的比例持续增长。工资增长率将会增加到 7.5% 并降低多余的供给。当工资合同中含有更高的 7.5% 的通胀率时,均衡雇佣量将维持在 N_1 的水平不变。也即无论通胀率为 5% 还是 7.5%,实际工资率都将维持不变。假设实际通胀率从 5% 降低到 2.5%,实际工资增长率为 5%,实际工资率因此将增长到 1.0 以上。对劳动力的需求量从 N_1 降低到 N_3,但劳动力的供给量却从 N_1 增加到 N_2。在这种情况下,存在劳动力的过度供给。这会使得实际工资增长率下降,劳动力过度供给因此消失。假定工资增长率从 5% 降低到 2.5%,均衡实际工资率为 1.0,均衡雇佣量为 N_1。也即,无论通货膨胀率还是工资率是 5% 还是 2.5%,实际工资率都将保持一致。

图 14.5 表明均衡雇佣量和与之相关的自然失业率被实际变量——实际工资率所决定——,以及实际工资率是如何影响劳动量的供给和需求的。无论通货膨胀率是多少,市场将会要求工资增长率等于通货膨胀率,并因此维持均衡实际工资率。因此,在长期内,工资会依据过度劳动力的过度供给或需求进行调整,均衡雇佣量和自然失业率与通货膨胀率相独立,LRPC 在自然失业率上

垂直。

回到图 14.4，PC_1 是一条内含 5％预期通胀率的短期菲利普斯曲线。PC_1 在 5％的实际通胀率上与 LRPC 交汇（点 A）。因此，实际和预期通货膨胀率相等，UN ＝ NUN，以及 GDP ＝ PGDP。

在图 14.4 中的点 A 上，当实际和预期通货膨胀率相等时，经济为什么处于均衡状态？决定所有的经济决策和经济合约是实际价格而非名义价格，也即，劳动力的供给和需求是基于实际工资率而非名义工资率，可贷基金的供给和需求基于实际利率而非名义利率。聚焦于经济中的这两个市场，当实际工资等同于劳动力的供给和需求时，实际利率等同于可贷基金的供给和需求时，劳动力市场就处于均衡状态了。这两个市场为何包含任何给定的通货膨胀率？

当经济合约中的实际通货膨胀率等同于预期通货膨胀率时，均衡实际工资和任何通货膨胀率是相一致的。如图 14.5 所示，当工资增长率等同于通货膨胀率时，均衡实际工资率是不变的。为什么会出现这种情况呢？实际通胀率最终会收敛于预期通胀率，工人和雇主在谈判时会将预期通胀率纳入考虑范畴。也即，长期均衡雇佣水平 N_1 并不被通胀率所影响，因为它是被预期的并且纳入劳动合同中。工人和雇主一样，都有动力将预期通胀率纳入工资合约，因为就业率最终被实际工资率所决定。同样地，只要实际通货膨胀率等同于预期通胀率，均衡实际利率就等同于任何通货膨胀率。

因此，图 14.4 中点 A 为长期均衡点，就像 LRPC 线上实际和预期通胀率相等时的任一点。从点 A 开始，假设中央银行扩大了货币的增长，增加了总供给。短期内，当经济沿着 PC_1 从点 A 移动到点 B 时，通胀率将会增加，产出将会增加，失业率将会降低。为什么？即使实际通胀率增加到了 7.5％，预期通胀率仍维持在 5％。因此，实际工资率和名义工资率降低到其均衡水平。更低的实际工资率将就业率提升至其自然水平之上，更低的利率水平将可贷基金和投资的需求提高至自然水平之上。也即，在点 B 上，UN＜NUN 以及 GDP＞PGDP。但这只是暂时的。市场对其预期通胀率依据实际通胀率的变动进行调整是需要时间的，但是，市场对其预期通胀率修正至更高的 7.5％实际通胀率，工资和名义利率将向上调整直到它们达到其原先的均衡水平。

一旦预期通胀率调整至更高的 7.5％的实际通胀率，短期菲利普斯曲线将从 PC$_1$ 移动到 PC$_2$，经济沿着 LRPC 回归至其自然均衡水平，此时 UN＝NUN 以及 GDP＝PGDP，但却在点 C 达到更高的 7.5％的通货膨胀率水平。因此，短期菲利普斯曲线是短暂的。它基于预期通胀率以及不能被用来获取长期的通货膨胀率和经济增长之间的权衡。

该过程对于更为紧缩的货币政策也是一样的（图 14.6）。在该种情况下，经济从点 A 移动到点 B，因为经济合约包含了 5％的通胀率 PC$_1$，但实际的通货膨胀率却降低到 2.5％。因此，实际工资率和实际利率因此而增加，产出降低，失业率上升。但是一旦将更低的通货膨胀率纳入到经济合约中，短期菲利普斯曲线将会移动到 PC$_2$，并会使经济回到其长期均衡水平点 C 处，但实际和预期的通胀率目前是 2.5％。

14.7　政策内涵和持续的争论

新菲利普斯曲线相对于其作为基础的旧菲利普斯曲线和凯恩

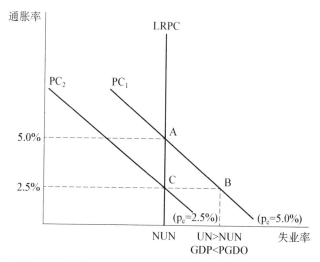

图 14.6　在紧缩性货币政策背景下的新旧菲利普斯曲线

斯模型而言，对货币政策产生不同的政策内涵。

　　第一，萨伊准则作为经济的长期均衡。假定灵活的工资和价格，UN 和 NUN 相等，GDP 和 PGDP 相等构成了经济的长期均衡。凯恩斯模型的多均衡结果在任何假定工资和价格是灵活的，并且调整以消除产品和劳动力市场中过度供给和需求的模型中都是不正确的。长期以来，萨伊准则成立，凯恩斯的长期供应过剩被拒绝。

　　第二，货币政策，财政政策或者任何政府管理总需求的努力只在短期内有效。这与凯恩斯的观点相违背。货币政策可以在给定的短期菲利普斯曲线上实现经济的转换（图 14.4 和图 14.6 中从点 A 到点 B），但是，一旦通胀预期对变更的通货膨胀率进行调整，经济会回到其自然长期均衡点（图 14.4 和图 14.6 中从点 B 到点

C)。也即货币、财政和其他改变总需求的政策只在短期内非中性，长期内是中性的。不存在这样的菲利普斯曲线，在通货膨胀和经济活动间存在稳定性政策可以利用的权衡。

　　第三，新菲利普斯曲线暗含着只有合理的货币政策最终政策目标（第五步）是价格稳定性。在长期，中央银行应该聚焦在通货膨胀率上，因为存在货币增长率和通货膨胀率之间的长期关系，且中央银行无法改变经济的自然均衡。NUN 和 PGDP 依赖于实际基本面，且会被提高经济运行效率、技术、资本集聚、劳动力组成的变动和劳动生产力的变动的机构变动所影响。也即，中央银行实现附加的经济目标以影响实际经济活动，会事与愿违，并且会影响其实现长期物价稳定的主要职责。另一种实现同样点的方法是，当中央银行略微消极时，并且聚焦于长期物价稳定，适时行使最后贷款人角色时，更好的货币政策结果才会发生。

　　菲利普斯曲线的前两个假定被广泛接受，但针对第三个假定的争论还在继续。现在已经成为世界上绝大多数央行行动准则的新凯恩斯主义观点认为，工资和价格调整以及实际通胀率被纳入经济合约所需的时间，既不平缓也不快速。许多人认为短期菲利普斯曲线可以被利用以抵消供给和需求对经济的冲击，平滑经济周期波动，并且同样聚焦在长期价格稳定上。新古典主义认为这是一个对经济如何运行的过于简化的观点，忽视了中央银行在其努力平衡短期对产出和就业的影响，中央银行的主要责任在于达到长期价格稳定。

　　在下一章我们将会回到这些议题，在新菲利普斯曲线、最终政策目标和规则与谨慎争论的背景下，处理货币政策的形成问题。

14.8　总需求和总供给模型

基于总需求（AD）和总供给（AS），中央银行模型有不同的方法。总需求是经济中对产出的总支出，总供给就是产出的总供给。总供给/总需求方法补充了上文提到的新菲利普斯曲线。它不仅提供了达到同样点的另一种方法，同时也提供了更好地观察货币政策（以及财政政策）如何在长期和短期内影响经济运行的方法。

总需求：图 14.7 展现了总需求方程的概念，AD_1 为其他条件不变的情况下，不同通胀水平下的总支出（实际 GDP）。该方程向右下倾斜。尽管图 14.7 中的总需求方程和产品市场需求方程有相似之处，总需求总结了一个非常复杂的宏观经济模型。为什么 AD_1 向下倾斜？以及什么导致了总需求从 AD_1 移动到 AD_2 或 AD_3？

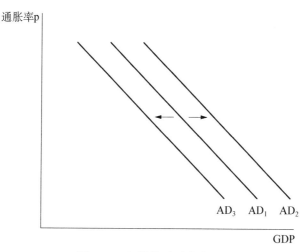

图 14.7　经济的总需求方程

　　AD方程向下倾斜是因为随着通胀率的降低,实际支出在增加。数条途径可以实现,其中两条途径尤其重要。第一,任何给定的名义利率上的更低的通货膨胀率会降低贷款的实际成本,增加对利率敏感的GDP组成部分的消费。第二,更低的通胀率增加了金融资产,如债券和股票的实际价值,增加了金融资产组合的价值,因而也增加了广泛系列GDP组成部分的消费。也即,在其他条件不变的情况下,更低的通胀率产生更高量的消费。同样地,基于同样的相反的理由,更高的通胀率产生更少的总支出。

　　当任意因子持续变动时,总需求曲线移动。任何一个影响支出的变量的自发的或外生的变化或者支出自发的外生的变化将使总需求曲线发生移动。"自动的"或者"外生的"是指独立于模型中其他变量的一个变量的变动。我们在第一章中通过区分消费品的内生和外生改变阐述了这个概念。在这里,同样的准则同样适用。

　　以下任何变量的自发的外生的变动会将总需求曲线移至右方(从AD1到AD2)。因此,在任意通货膨胀率上,以下情况会导致更高的产出:货币供应量,政府支出的增加,税收的降低,出口,消费或投资的增加,金融系统风险的降低(被指作金融摩擦)。以下任意变量的自发的或外生的将会使得AD向左移动(从AD1移动到AD3)。因此,在任何通货膨胀率上,以下情况会导致更低的产出:货币供应量的降低,政府支出的降低,税收的增加,出口的降低,消费和投资的降低,金融系统风险的升高。

　　总需求曲线向任意方向的移动常常被称作"需求冲击",因为支出的改变并不依赖于模型中的变量或模型自身。

　　总供给:长短期总需求曲线间没有显著的差别。但是,在总供给的情况下，我们需要在长期和短期总供给曲线间进行划分（图 14.8）。因为，即使工资和价格是灵活的，工资和价格对产出进行调整是需要时间的。短期总供给曲线为什么要向右上倾斜？什么导致了短期总供给曲线的移动？为什么长期总供给曲线，也即 LRAS 是垂直的？为什么 LRAS 曲线会移动？

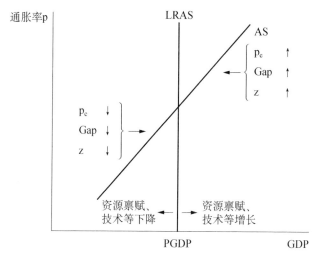

图 14.8　经济的短期和长期供给方程

短期总供给曲线向上倾斜是由于随着产出的增加，对工人的需求量增加，工资上升，同时因为工资是大多数产品成本的最大的组成部分，价格和通胀率也会因此上升。短期总供给曲线基于预期通胀率，GDP 缺口以及供给价格冲击。根据以下式子：

$$p = p_e + \alpha Gap + z \qquad (14.8)$$

其中，α 决定了通货膨胀率会多快的对 GDP 缺口做出反应，z 为价格冲击变量。

α 越小(大),价格对 GDP 缺口的反应越慢(快)。根据表达式 14.8,随着预期通胀率的增加,GDP 缺口的降低,以及某些重要产品或服务价格的增加,总供给曲线向左平移。也即,通货膨胀率在任何产出水平上更高。随着预期通胀率,GDP 缺口或某些重要产品价格,例如石油价格的降低,总供给曲线向右移动。也即,在任意产出水平上,通胀率更低。

长期总供给曲线之所以为垂直的,这是因为对任何市场中过度供给和需求,给定价格和工资足够的时间进行调整,经济将会回到其自然就业水平。在潜在 GDP 水平上,LRAS 在自然失业率水平上也是垂直的。LRAS 方程基于和 LRPC 方程同样的理由进行调整——经济的资源基础以及技术的变动等。

短期和长期均衡:在菲利普斯曲线下短期和长期均衡如图 14.4 和图 14.6 所示。从总供给和总需求中也可得出同样的结论。图 14.9 刻画了点 A 的长期均衡,在点 A 处,沿着垂直的 LRAS 方程,短期 AS_1 和 AD_1 交汇。

第一,我们来看一看由于需求冲击而引致总需求曲线移动时会发生什么。假设货币政策刺激了总需求,通过增加货币供给使得 AD_1 移动到 AD_2。经济从点 A 移动到点 B,并且 GDP > PGDP(UN < NUN)。但是,这只是暂时的平衡。更高的通胀率和更高的工资率会使得短期总需求曲线向左移动,直至 GDP > PGDP。最终,短期总供给曲线将移动到 AS_2,和 AD_2 在更高的通胀率(垂直的 LRAS)上交汇于点 C。这和菲利普斯曲线讨论部分的结果是一致的。也即,在图 14.4 中,由于货币供应量的增加,经济从点 A 移动到点 B,并最终移动到点 C。事实上,任何将总需求曲线移至右方会产生同样的事件效应:短期内更高的产出,更低的失业率以及

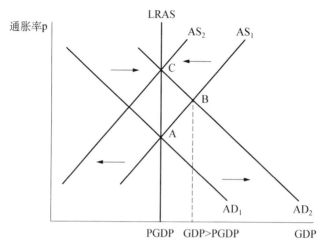

图14.9 宽松型货币政策或任意正向需求冲击的短期和长期反应

更高的通货膨胀率，但是会回到原始均衡产出和更高的通货膨胀率(点 C)。

　　同样地，任何使得总需求曲线向左移动的需求冲击会首先降低通胀率和产出，并增加失业率。但这些结果会使得总供给曲线向右移动，使经济回到其自然均衡点上，但是回到比负向的需求冲击更低的通胀率。

　　暗含意图：从菲利普斯曲线讨论可以得出的结论在有关总供给和总需求的讨论中都已经有所涉及。长期来看，经济在由自然基础，技术水平等因子决定的自然水平上达到均衡。供给或需求的冲击会使得 GDP 大于或小于 PGDP，但价格和工资的变化最终会使得经济回到其自然均衡水平。再次，萨伊的市场准则成为经济的长期均衡点。类似，货币政策在短期内非中性，但在长期内中性。货币政策唯一合理的最终政策目标就是价格稳定。和菲利普

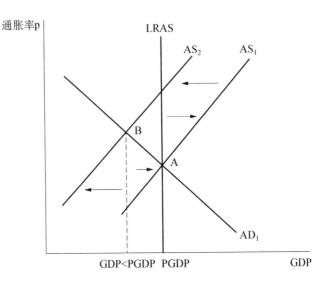

图 14.10　对价格冲击的短期和长期反应

斯曲线的情况类似，有关经济如何平稳快速地对需求或供给冲击进行调整仍存在着大量的争论。

参考文献

Bernanke, Ben S. (2003). "'Constrained Discretion' and Monetary Policy". Remarks at New York University, New York, February 3, www. federalreserve. gov/boarddocs/ Speeches/2003/20030203/default. htm.

Blinder, Alan S. (1999). *Central Banking in Theory and Practice*. Cambridge, MA: MIT Press.

Friedman, Milton (1968). "The Role of Monetary Policy". *American Economic Review*, 58: 1 - 17.

Modigliani, Franco (1977). "The Monetarist Controversy, or, Should We Forsake Stabilization Policies?". *American Economic Review*, 67: 1 - 17.

Phillips, A. William (1958). "The Relationship between Unemployment and the Rate of Change of Money Wages in the United Kingdom, 1861 – 1957". *Economica*, 25: 283 – 299.

Samuelson, Paul A., and Robert M. Solow (1960). "Analytical Aspects of Anti-Inflation Policy". *American Economic Review*, 50: 177 – 194.

第 15 章
第五步：最终政策目标

15.1　引言

这一章从四个维度讨论最终政策目标（第五步），并终结这五个步骤的讨论。

第一，中央银行最终宏观政策目标的演进可以根据宏观经济模型演进的同样的三个时期来确认，这三个时期分别是：古典时期（1776 年至 1936 年）；凯恩斯主义时期（1936 年至 20 世纪 70 年代）；新古典和新凯恩斯主义时期（20 世纪 70 年代到现在）。

第二，价格稳定作为 20 世纪末期最终政策目标的重要性在中央银行显性和隐形通胀目标的讨论中被进一步强调。

第三，最终宏观经济政策目标被置于中央银行其他责任的背景下考虑，这些责任如最后贷款人服务、金融监管以及其他目标。

第四，对美联储特定最终宏观政策目标的讨论将在美联储"双重"托管背景下进行讨论。

15.2　最终政策目标的演进

古典时期（1776 年至 1936 年）：在凯恩斯之前，中央银行主要有两个基本职能：第一，管理货币供给以达到价格稳定；第二，在有摩擦的基于信托的货币系统的背景下提供作为最后贷款人角色的服务以维持金融稳定。如果中央银行执行货币政策以达到价格稳定，不仅经济会随着时间的移动更加平稳增长，同时它也会在平稳的通胀率的水平上增长。中央银行应该抵制利用短期内货币的非中性。对非积极中央银行的强调和市场是内生稳定的，经济的自修正力量会解决其对潜在产出的偏离的观点一致。

该中央银行政策方法并未宣称其能终止经济周期，但它能降低 GDP 缺口的波动并有助于实现能支持经济增长的稳定的金融和货币制度。

类似的，财政政策也应该是消极的和非主动的。此外，尽管短期内对积极财政政策有需求，由于政府支出的挤出效应，该政策短期内并不有效。也即，古典时期的政府支出不仅在长期内，在短期内也被认为是中性的。财政政策应该聚焦于均衡的、小额的预算，这些预算局限于要求政府支出发挥的特定的作用——保护私有财产、提供特定的公共产品和国防。

凯恩斯时期（1936 年至 20 世纪 70 年代）：凯恩斯时期从 1936 年《通论》出版开始，但由于实际原因，一直到第二次世界大战后凯恩斯模型和一些观点，才在美国和其他地区的公共政策中占支配地位。

凯恩斯观点强调市场经济的内生不稳定性是被经济的"动物

精神"所驱使,这与古典时期认为市场经济是内生稳定的观点相违背。凯恩斯观点强调:产出和就业存在多个长期均衡,这与古典时期特有的长期完全就业均衡产出的观点相违背。凯恩斯主义的观点强调采用积极货币和财政政策管理总需求的必要性,这和古典观点持有的消极货币和财政政策的观点相违背。

凯恩斯时期的前几十年,凯恩斯主义者将经济稳定主要工具更多的聚焦于财政政策而非货币政策,这主要基于被广泛认同的有关每个政策影响实际产出渠道的关键因素的观点。由于政府支出直接增加了产出,降低税收直接增加消费(和/或投资),这是产出中的主要组成部分。透支对产出有直接的影响。与之相反,货币政策对产出有非直接的影响,因为货币供应的变动首先影响到金融系统以改变利率,这也将改变对利率十分敏感的支出。

货币和财政政策的有效性依赖于模型中的两个关系:第一,利率在多大程度上对政府赤字和货币供给进行回应;第二,支出如何回应利率的改变。我们首先考虑政府赤字支出。政府赤字支出的增加使总需求曲线移向右侧,但货币供给不发生改变,利率不得不增加。对可贷基金方程的需求向右侧移动,可贷基金方程不变的供给。但是,可贷基金的供给是利率弹性的(很小坡度的供给方程,更平而非更陡峭)。可贷基金需求曲线的向右移动会导致利率曲线向右移动很小的幅度。投资支出(或产出的其他组成部分)对利率非常不敏感,因此利率的小幅增加应该会对支出有很小的逆向影响。因此,政府的赤字支出有一定程度的挤出效应,但该挤出效应很小,因此政策赤字支出的净效应是增加总支出。

相同的关系成就了财政政策,也成就了货币政策。货币供给的增加使总需求曲线向右移动,但不像财政政策移动得那样远。

这是因为利率的弹性使得可贷资金的供给坡度较小，因此货币供给的增加只会使得供给方程向右移动很小的程度，使利率只下降。支出对更低利率的不敏感性会进一步削弱货币政策增加产出的能力。

以上对约束性的财政和货币政策也同样适用。紧缩性财政政策只会使利率略微下降，对支出只会有很小的正向影响，因此紧缩性的财政政策能有效地降低总支出。紧缩性货币政策会小幅增加利率，对支出有小幅影响。因此紧缩的货币政策对降低支出并不十分有效。

作为货币主义凯恩斯主义争论的一部分，有关财政政策和货币政策影响产出渠道的两个关系有待实证检验。直到 20 世纪 60 年代和 70 年代末期，经济学家才拥有运用实际数据检验两个关系的计算能力。原始的凯恩斯观点被验证是不正确的。可贷资金供给的实质意味着利率对由财政政策或货币政策引致的总需求变动比普遍认为的更为敏感。因此，实证研究证明货币政策是经济稳定的工具，财政政策比普遍认为的更易受到挤出效应的影响。

关注的重点从财政政策转移到货币政策并未改变凯恩斯主义的本质观点，凯恩斯主义目标将如何达到。

20 世纪 70 年代，凯恩斯主义的观点认为货币政策成为经济稳定的工具。中央银行政策无论从长期还是短期来看，都从非积极转向积极。中央银行货币政策无论在长期还是短期内都有数个政策目标。长期内，中央银行可以在稳定的长期菲利普斯曲线权衡通货膨胀和就业的背景下，选择通货膨胀和就业的不同组合。短期内，中央银行可以使用货币政策抵消需求和供给冲击，以使随时间变动的 GDP 缺口波动最小化。

新古典和新凯恩斯主义时期(20 世纪 70 年代到现在)：20 世纪 70 年代,该方法对中央银行是有用的,并且引领该时期的新古典主义。与之相对应的,新凯恩斯主义出现了,接受了大部分新古典主义的观点,但在几个重要的角度上有所区别。

15.3　新古典主义视角

五个方面的发展引领新古典主义观点,并取代了第二次世界大战后主导公共政策的原有凯恩斯主义观点。

第一,不存在通货膨胀和产出之间长期权衡关系:基于凯恩斯曲线的中央银行货币政策并未产生预期的结果。美国以及世界绝大部分地区的宽松型货币政策导致了通货膨胀,但并未导致大幅经济增长。事实上,20 世纪 70 年代末,许多国家都在经历滞涨——同时经历高通胀率和高失业率。美国的通货膨胀是如此严重,经济增长是如此缓慢,以致 1965 年至 1985 年被称为美国历史上 3 个最严重的经济金融衰退时期之一,史称"大通胀时期"。其他两个时期分别被称为"大萧条"以及"大衰退"时期。

第二,只存在一个长期均衡。凯恩斯主义持有的产出和就业存在多个均衡的观点被否定,因为旧的菲利普斯曲线被新的菲利普斯曲线取代,向下倾斜的固定工资曲线的假设被工资(和价格)在两个方向内均灵活的假设所取代。

第三,价格稳定的重要性。在新的框架下,货币政策在长期内是中性的,通货膨胀是在长期内唯一能被中央银行货币政策影响的宏观变量。因此,中央银行的最终政策目标应当是通货膨胀率,通过达到价格稳定,中央银行不仅可以通过稳定的金融和货币环境做出最重要的贡献，同时也能保持经济的持续增长。这个观点不仅被修正的宏观经济学模型支持，同时也被世界史支持。"大通胀"时期表明经历过高通胀和低且不平稳的经济增长，密集的金融危机的经济体，例如 20 世纪 80 年代美国 S&L 工业的崩溃可以被直接指向有偏误的金融政策。存款利率天花板以及美联储通胀型的货币政策。成功躲过"大通胀"的国家，例如日本，经历了更加平稳和更高的经济增长，没有大多数国家经历的金融危机，试图通过宽松的货币政策实现经济增长。

第四，财政政策无效：长期和短期内财政政策非中性，由于其面临着和其他问题一样显著的挤出效应。政府应聚焦于均衡的预算，并抵制使用预算作为实现经济稳定的工具。

第五，私有市场在没有主动型政府政策的背景下具有内在稳定性。凯恩斯主义的观点认为私有经济具备内在不稳定性的观点被历史和计量研究所挑战。这些研究认为政府稳定和金融政策产生了足够的经济和金融压力，这些压力一点也不比私有市场的内在不稳定性小。大萧条和大通胀被认为是被政府的财政、货币和金融政策的政策错误所引致。在本书的导言部分我们曾经提过，美联储前任主席伯南克也承认美联储在大萧条中所承担的责任。因此，古典观点认为私有经济具有内在稳定性重新浮出水面，同时也是 20 世纪末期经济机构监管化和自由化的基石。

作为这五个方面发展的结果，新古典主义观点强调了中央银行货币政策的两个目标：第一，聚焦于价格的长期稳定；第二，对短期需求和供给冲击保持警觉。如果这些政策得以实施，中央银行将会对经济增长做出巨大贡献，同时最后贷款人的角色也将被弱化。让我们考察这两个目标。

15.4　平稳且低的通胀率

中央银行货币政策应聚焦于价格的长期稳定,因为通胀率是中央银行可以决定的唯一的长期变量。长期内通货膨胀和通货紧缩是内生的货币现象,中央银行决定长期内的货币增长。因此,价格稳定是中央银行可达到的且可被依赖的最终货币政策目标。中央银行间或需要行使最后贷款人角色,但是,如果中央银行达到价格稳定,对这些服务的需求间或会降低。

价格稳定应如何被定义? 对于该问题有两个维度:价格稳定意味着在目标通胀率附近的逐年通胀率的变动以及一个较低的通胀率目标。因此,价格稳定被定义为以较低波动率达到特定的通胀率。

平均为 2％的通胀率和微弱或较强的逐年变动相一致,2 年内2％的目标通胀率可以通过每年 2％的通胀率或第一年 0％的通胀率,第 2 年 4％的通胀率来实现。后者与价格平稳并不一致。中央银行应该不只达到特定的通货膨胀目标,而应达到与逐年变动与目标相一致的通货膨胀率。这是因为通货膨胀的变动,即使平均而言与通货膨胀目标相等,使其很难形成通胀预期,并将其纳入经济合约中。通货膨胀率的逐年高变动导致一国货币供给价值的不确定性,并增加了经济的不确定性。

目标通货膨胀率应该很低。今天,大多数中央银行将价格稳定定义为 2％的通货膨胀率。为什么有这么低的目标通胀率? 根据新菲利普斯曲线,以及总需求和总供给曲线,只要通货膨胀率是可预期的,并被纳入经济合约中,经济可以在任意通货膨胀率下实现潜在产出和自然失业率的长期平衡。也即,这些模型暗示,只要通胀率是稳定的,且公众对通胀是可预期的,中央银行对低或高通货膨胀率是漠不关心的。但是,通胀率越高,即使是可被预期的,相较更低的通胀率,会产生更高的自然失业率和更低的潜在产出。为什么?

即使能被完全预期,通货膨胀也对社会强加了三方面的成本:菜单成本、皮鞋成本和税收额外负担。菜单成本是指寄送新价格目录需要投入资源。通胀率越高,寄送新价格目录的需求更加频繁。用于寄送新价格目录的资源有机会成本。皮鞋成本是指公众用于管理他们的货币以及检查仅支付小额或零利率的账户的资源。货币不支付利息,小额账户通常不支付利息,其他账户有利息支付但很低。通胀率越高,M2 中有越多的组成部分的实际价值会降低,并且公众有更强烈的意愿去寻找能够降低其持有货币和活期存款的方法。但投诸该努力的资源有机会成本。税收额外成本是指税收系统并不完全盯住通胀率,因此,通胀率越高,实际税收负担越重,越多的资源会从私有部门转到政府部门。许多情况下政府部门相较于私人部门支出效率更低,这是因为政府花的是别人的钱。税级变动成本在 1985 年里根管理颁布了法律以调整税级对通胀率的显著降低,但当前美国税收系统的重要成分并没有被索引。

菜单成本、皮鞋成本以及税收额外成本对社会附加了成本,但是对这些成本的估计对于美国的通胀率而言还是低了,尤其是作为 1985 年税改的成果。但是,这些都是通货膨胀的实际成本,即使它们在数量上很小。因此,更低通胀目标比更高的通胀目标更好。那么我们为什么不选择 0% 作为通胀率目标呢?

通常被接受的 2％的通胀率以代替价格稳定是基于这样的事实：价格指数具有向上的偏误。根据向上偏误的程度，一个正向很低的通胀率也许实际就意味着通货紧缩。X％的通货紧缩相对于 X％的通货膨胀对经济有更强的逆向影响，因为在正常情况下名义利率为正。尽管在日本和某些欧洲国家，在 2015 年和 2016 年，政府债券为负利率。负利率为例外，且基于不可持续的非比寻常的情况。因此，对价格稳定的 2％的通胀率的定义被广泛接受，因为它只有很小资源成本效应且完全在 0％的水平以上，以降低通胀紧缩的概率。

15.5　短期内回应需求和供给冲击的要点

因以下两个原因，中央银行不应对短期需求和供给冲击作出回应。第一，经济是复杂的，经济学家通常高估其建立可以指导货币政策抵消需求和供给冲击的模型的能力。第二，与第一点相联系，货币政策效果的滞后会使得主动性货币政策不稳定。经济学家不仅高估了他们模拟经济的能力，也高估了他们在追寻积极货币政策时将滞后纳入考虑范畴的能力。

货币政策效应滞后含有三个成分：认知滞后、管理滞后以及影响滞后。这三个部分在图 15.1 中得到体现。认知滞后是指需求和供给冲击发生的时刻 t0，到中央银行认识到需求和供给冲击的时间点 t1 之间的时间间隔。管理滞后是指从 t1 时刻对货币政策回应的需求被意识到，到通过改变货币政策工具以实现货币政策回应的时刻 t2。影响滞后是指时刻 t2 货币政策工具改变到时刻 t3 该改变对实际产出产生影响。前两种滞后被指作内部滞后，因为它们处于中央银行决策过程中。第三个滞后被称作外部滞后，因为当中央银行改变政策工具时，它发生于中央银行之外。

$$内部滞后=认知滞后+管理滞后或者t_0到t_2$$

$$货币政策效应的总滞后=内部滞后+外部滞后或者t_0到t_3$$

图15.1　货币政策效果的滞后

滞后问题有两个层面，滞后的长度和滞后的变动。让我们首先聚焦于滞后的长度。中央银行货币政策和内部滞后（认知和管理滞后）关系不大。这些滞后最多几个月长，因为中央银行拥有大批量受过专门训练的经济学家和统计学家，这些经济学家和统计学家可以进入世界上最广博的数据库，懂得最复杂的计量经济学模型。一旦中央银行意识到货币政策调整的重要性，政策的实际组成和运用将会在很短的时间内完成。最关键的因素是影响滞后：从中央银行改变政策工具到政策工具的改变对经济产生重大影响间的时间间隔。

中央银行一度认为影响滞后时间很短，也许只有几个月，但是在20世纪70年代，大量计量经济研究表明影响滞后时间非常长，至少达到一年的时间。滞后越长，货币政策变动的影响将会在错误的时间发生，扰乱而非平稳经济对需求和/或供给冲击的回应。

图15.2表明在滞后存在的情况下逆周期问题。AA线代表潜

在 GDP 的路径,而 BB 线则代表实际 GDP 的路径,该线在潜在 GDP 线的上下方波动。

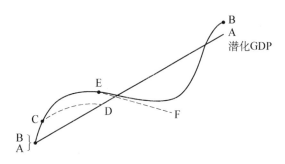

图 15.2   中央银行抵消正向需求冲击的努力能否稳定经济,依赖于货币政策效应滞后的长度

　　问题在于,一个积极主动的货币政策能够平滑经济周期吗?滞后时间越长,变动越大,难度越大。在点 A,实际 GDP 等于潜在 GDP。但经济会受需求/供给冲击,从而使得实际 GDP 增长至潜在 GDP 上方。假设美联储认为经济在点 C 增长至潜在 GDP 之上,并调整政策工具以降低经济在点 C 的增长率。假设该政策滞后非常短暂,并开始降低 GDP,GDP 的路径跟随虚线 CD。

　　假设滞后是长期的。在 C 点,中央银行改变政策工具。但是,由于存在长时滞,该政策变动直到点 E 才开始发挥作用。在点 E,经济已经开始减速,并回到潜在增长路径,但在点 C 紧缩性货币政策调整在错误的时间影响了经济,并进一步减缓了经济增速,因此其沿着虚线路径 EF 演进。

　　政策滞后期越长,滞后的变动越大,政策在错误时间点影响并扰乱经济的可能性就越大。

　　还有一个中央银行对需求/供给冲击回应匹配度的问题。长期时滞不仅会增加货币政策在错误时间产生效应的概率,也会使得中央银行对需求/供给冲击的反应不匹配。当考虑到滞后不仅时间长而且还会变化时,问题会变得更加复杂。结合起来,这些因素暗示着中央银行在运用货币短期内的非中性以抵消需求和供给冲击时应要特别小心。

　　除了在不合适的时间影响经济之外,滞后还导致另一个问题,即影响积极的中央银行政策稳定经济的能力。滞后导致货币政策对需求和供给冲击的过度反应。政策效应不仅会发生在错误的时间,同样政策对需求和供给冲击反应的幅度也会偏大。针对负向的供给或需求冲击,中央银行通常都会增加货币供给。但是,正是由于滞后的存在,政策效应很小。中央银行因此进一步加大货币供给,但政策效应仍较小。最终当经济开始对扩张性货币政策有所反应时,中央银行意识到货币超发,因此开始缩减货币供给,但经济继续从最初的扩张性政策扩展,中央银行进一步缩减货币供给,依次推断。

　　从常识例子入手,将美联储想象成大海中一艘船的船长。船体上下波动,就像经济在潜在增长路径附近增长一样。船上的人开始聚焦于船是否波动太大,无法靠岸。船长宣布大家聚集起来,准备上岸。船体不再颠簸摇晃,就在大家都恭喜船长稳定了船只的时候,船体又开始波动了。船长让大家集体移动,准备上岸。船体刚平稳,随后又开始摇晃,比之前更加猛烈。我们可以推断出最终会发生什么。关键点在于,不考虑时滞问题将会扰乱经济而非平稳经济。

15.6　新凯恩斯主义观点：既具一致性又有分歧

新凯恩斯主义观点包含了新古典主义的大部分观点，包括货币在长期内是中性的；经济长期均衡的独特性；价格稳定作为中央银行最终宏观经济政策目标的重要性；短期内货币政策是相较财政政策更加有效和灵活的稳定工具。但仍存在三个重要的差异。

第一，主动型货币和财政政策的必要性：新凯恩斯主义观点强调需求和供给冲击的重要性，这需要主动型的货币政策。即使经济最终回到完全就业状态，新凯恩斯主义仍接受凯恩斯的观点"长期内我们都已经死了"。他们持续强调私有市场的动物精神及其内在的不稳定性。尽管新凯恩斯主义者意识到财政政策挤出效应的重要性，他们并未将挤出效应当做很重要的事情，因此财政政策仍被认作经济平稳的重要作用。

第二，工资和价格的调整是缓慢的：新凯恩斯主义者强调缓慢的重要性，并与固定货币工资相对，认为工资和价格调整只是不很快地发生，以防止经济发生长期的高失业率和低产出率。作为结果，中央银行应积极抵消经济的供给和供给冲击。

新凯恩斯主义者继续相信货币政策可以通过确定公众理解中央银行对长期价格稳定的承诺来理解短期菲利普斯曲线。

第三，滞后问题是可管理的：尽管新凯恩斯主义者意识到滞后带来的问题，以及将滞后纳入考虑范畴的难度，他们认为滞后是可管理的。滞后并不会为积极货币政策带来严重的问题。滞后可以被模拟，也可被纳入货币政策的决策中。

这些都是货币政策的制定和执行方面有意义的差别。但是，自 20 世纪 70 年代货币主义者——凯恩斯主义者的争论开始,凯恩斯和新凯恩斯之间的差异正在消失。凯恩斯主义对货币政策的观点不像以前那么积极,现在相较以往更加强调长期价格稳定的重要性。事实上,价格稳定作为中央银行货币政策的主要最终目标已被广泛接受,许多中央银行现在都在正常通胀目标下运作,不管这一目标是由中央银行确定,中央银行和政府共同确定,还是在某些情况下仅由政府确定。我们现在转向对通胀目标的讨论。

15.7　价格稳定和通货膨胀目标的重要性

对公众而言,通货膨胀目标表达了直接而透明的特定通胀目标或以量衡量的通货膨胀目标区间。通胀目标是中央银行的一项公共承诺,聚焦于价格稳定,并且不试图利用就业和通货膨胀间的菲利普斯曲线关系。通货膨胀目标并不意味着要求逐月或逐年达到。但要在中期或长期内达到,并同时降低通胀率逐年的变动。通胀目标可以通过特定的通胀率或者特定的价格水平来制定。但是,大多数通胀目标的讨论都聚焦于通胀率。

在经历过一段长时间的通货膨胀和总体经济不平稳后,1989年,新西兰储备银行采用了正式的通胀目标来指导中央银行货币政策。自那以后,29 个中央银行在本书写作之时,已经将正式且明确的通货膨胀目标作为它们的最终政策目标(表 15.1)。新西兰储备银行是第二次世界大战后第一个采用通货膨胀目标框架的国家。瑞典 Riksbank 于 1931 年成为第一个采用正式通胀目标的工业国家中央银行。Riksbank 盯住了价格水平而非通胀率,如果价格水平被要求随时间增长特定的量,盯住价格水平和盯住通胀率是一样的。但是，它们之间存在技术上的差异。尽管很多研究仍致力于价格水平目标制，在任何情况下，通货膨胀目标制是在盯住通胀率而非价格水平的背景下进行的。尽管存在技术上的差异，通货膨胀率和价格水平目标制之间的差异并不十分大。

通胀目标并不排除其他最终政策目标，但会提升价格稳定作为中央银行货币政策的首要目标。在某些情况下通胀目标为某些中央银行所决定，在其他情况下为中央银行和政府共同决定。表15.1 中在正常通胀率目标下运作的中央银行列表中没有美联储。这是因为美联储选择了在隐含而非显性通胀目标下运作。一个隐含的通胀目标允许中央银行"拥有并吃掉蛋糕"，也即，中央银行聚焦于价格稳定但并不只盯住价格稳定。隐含和显性通胀目标之间有本质上的差异，因为显性目标公开地表明了中央银行必须要维持价格稳定，而隐含目标则为追寻其他目标提供了更多的灵活性。

为什么会有这么多国家采用通货膨胀目标制呢？共有五个原因。第一，通胀目标制意味着通胀率是中央银行在长期内能影响到的唯一的变量，也是唯一一个中央银行可被依赖的最终政策目标。根据新古典和新凯恩斯主义的观点，价格稳定是中央银行唯一合理的长期最终政策目标。第二，未能达到价格稳定对国家的经济和金融系统有严重和逆向的效果。和菲利普斯曲线的预测相反，例如，在大通胀期间的高通胀率产生了滞涨，并导致了 S&L 工业在 20 世纪 80 年代的崩溃。第三，通胀目标制通过向公众广而告之中央银行对价格稳定的承诺，帮助中央银行实现价格稳定，并公开宣告政府压力不会干扰到价格稳定的目标。第四，通胀目标提供了货币政策的透明前瞻性，从而公众可以理解短期决定被价格稳定的长期目标盯住。第五，通胀目标制框架使政府给中央银行施加压力以适应政府支出或使用扩张性货币政策来推迟财政和/或结构性改革变得更难。

通胀目标制的经验有哪些？中央银行实行通胀目标制现在有近 30 年的经验。在这段时间内，通货膨胀率以及通货膨胀率的逐年变动已经从 20 世纪 80 年代下滑。但是，这能归结为通胀目标制的功劳吗？这是一个很难回答的问题，因为在没有实行通胀目标制的国家，通胀率也下降了。未实行通胀目标制的国家也许在实行隐形通胀目标制，就像美联储一样。最为重要的是，通胀目标制的采用会简单反映中央银行将价格稳定作为主要最终政策目标的公共宣告。也即，自 20 世纪 80 年代以来，更好的通胀表现可能只是简单地因为中央银行相较以往对价格稳定更为关注，通胀目标制是价格稳定承诺的结果，而非成因。更为细致的分析提示，即使在 20 世纪末期，当大多数国家对通胀率严格把控之时，尤其对于处于政府严格把控，要求扩张货币供给以支持政府支出并替代结构改革的发展中经济体中央银行，通胀目标制提供了边际差异。

21 世纪的第一个十年，宏观经济环境发生了改变，为通胀目标制的优势提供了新的依据。在 2007 年至 2010 年间，发生了一系列全球商品价格冲击和全球金融危机。采用通胀目标制的国家相较于非通胀目标制国家，在大宗商品价格激增的情况下将通胀率维持在可控范围之内的工作做得更为出色，对金融危机冲击也吸纳得更为完全。这与经济理论是相一致的。除去短期需求和供给冲击，当更多的通胀预期被固定和平稳时，宏观经济环境会更加平稳。

表 15.1 有正式和明确通胀目标的国家, 2012 年

	目标制定	目标措施	2012 年目标	目标类型	多重目标?	目标期限长度
美国	G 和 CB	H CPI	4%±1.5pp	P＋T	—	中期
澳大利亚	G 和 CB	H CPI	2%—3%	Range	—	中期
巴西	G 和 CB	H CPI	4.5%±2pp	P＋T	2012 和 2013	年度目标
加拿大	G 和 CB	H CPI	2%(1%—3%的中间点)	P＋T	—	6 到 8 个月;当前目标延伸至 2016 年 12 月
智利	CB	H CPI	3%±1pp	P＋T	—	两年左右
哥伦比亚	CB	H CPI	2%—4%	Range	—	中期
捷克共和国	CB	H CPI	2%±1pp	P＋T	—	中期,12 到 18 个月
加纳	G 和 CB	H CPI	8.7%±2pp	P＋T	2012 年末和 2013	18 到 24 个月
危地马拉	CB	H CPI	4.5%±1pp	P＋T	2012 和 2013	年末
匈牙利	CB	H CPI	3%	Point	—	中期
冰岛	G 和 CB	H CPI	2.5%	Point	—	平均
印度尼西亚	G 和 CB	H CPI	4.5%±1pp	P＋T	—	中期
以色列	G 和 CB	H CPI	1%—3%	Range	—	两年内
墨西哥	CB	H CPI	3%±1pp	P＋T	—	中期
新西兰	G 和 CB	H CPI	1%—3%	Range	—	中期

（续表）

	目标制定	目标措施	2012 年目标	目标类型	多重目标?	目标期限长度
挪威	G	H CPI	2.5%	Point	—	中期
秘鲁	CB	H CPI	2% ± 1pp	P + T	—	任何时间
菲律宾	G 和 CB	H CPI	4.0% ± 1pp	P + T	—	中期（从 2012 到 2014）
波兰	CB	H CPI	2.5% ± 1pp	P + T	—	中期
罗马尼亚	G 和 CB	H CPI	3% ± 1pp	P + T	—	2013 年起中期目标
塞尔维亚	G 和 CB	H CPI	4.0% ± 1.5pp	P + T	—	中期
南非	G	H CPI	3%—6%	Point	—	连续
韩国	CB（以及 G）	H CPI	3% ± 1pp	P + T	—	三年
瑞典	CB	H CPI	2%	Point	—	一般两年
泰国	G 和 CB	H CPI[a]	3.0% ± 1.5pp[a]	P + T	目标每年制定	8 个季节
土耳其	G 和 CB	H CPI	5.0% ± 2pp	P + T	2012 和 2013	多年（3 年）
英国	G	H CPI	2%	Point	—	任何时间

注：CB = 中央银行；G = 政府；H CPI = 整体消费者物价指数；P + T = 点和容许范围；PP = 百分数；[a] 央行 2012 年初提议的目标，等待内阁通过

资料来源：Hammond（2012 version）.

当我们考虑了所有的情况后，通胀目标制并不是中央银行货币政策的良药。但至今的有限经验表明，这是定义仅有的实际的中央银行最终政策目标的重要基石：达到价格稳定。

15.8　在其他中央银行政策目标背景下的最终政策目标

宏观经济最终政策目标占据了中央银行大部分注意力,但中央银行有其他可被纳入最终政策目标步骤的目标,即使它们并不直接与五步次序相连接。为进一步阐释,美联储在其官方网站上列入了如下目标:

(1)通过影响经济中货币和信贷条件执行货币政策追寻就业和价格稳定。

(2)监督和管理银行以及其他重要的金融机构,以保证银行和金融系统的稳健性,并保护消费者的信贷权利。

(3)保持金融系统的稳定性,并遏制金融市场中会出现的系统性风险。

(4)为美国政府、美国金融机构以及外国官方机构提供特定的金融服务,并在运行和监督国家支付系统中起到重要作用。

本书已经提及多次,中央银行对 2008—2009 年金融危机的回应重新定义了其作为金融和监管机构的职责,将宏观审慎监管纳入其监管范畴。宏观审慎监管是一个新概念,但这个概念在2008—2009 年金融危机前很少被用到。过去,这些有着大量金融监管职责的中央银行开始聚焦于宏观审慎监管。传统的中央银行审慎监管聚焦于单个存款机构,并聚焦于最后贷款人角色和资本资产要求等。限制一个或数个存款机构破产对整个金融市场和经济的影响,也即,宏观审慎监管聚焦于提振民众向储蓄货币系统储蓄的信心。宏观审慎监管在以下三个角度有所不同。

第一,宏观审慎政策聚焦于整个金融系统而非金融系统的单个组成部分,且维持储蓄的信心。第二,宏观审慎监管将监管扩大至整个系统性重要金融机构,并不局限于储蓄机构。第三,宏观审慎监管被设计来限制资产泡沫,例如 20 世纪 80 年代末期日本的房地产和股权泡沫,以及 2002 年至 2006 年间发生在美国的房地产泡沫,通过设立限制产生这样泡沫的金融投资行为的规章监管制度。从这个角度而言,通过在经济繁荣时期建立压力测试和金融机构的"金融缓冲",宏观审慎监管被设计用来限制金融系统的逆周期性,以强化经济周期。因此宏观审慎政策也可被用来作为经济衰退时期的冲击吸收器,以限制系统性风险。

评估这个新的角度现在还为时尚早,因为其只在过去几年中被严肃探讨和应用过。但是目前已出现一些问题。第一,概念是如此的模糊以至于它移除了中央银行监管拓展的限制,因此代表了对可能和其价格稳定的基本宏观目标相冲突的中央银行职责的重大增加。第二,基于过去的历史,中央银行可以防止资产泡沫的观点是可疑的。工业国家中央银行中,日本银行(日本中央银行)和美联储都未能防止第二次世界大战后两个最大的资产泡沫,与之相反,它们还助长了这两个资产泡沫。第三,中央银行从任何角度而言都不是独立的。作为政府通常采用的工业政策方法,将中央银行纳入到金融系统中,则会进一步降低其执行价格稳定政策的能力。

15.9　美联储最终政策目标的演进和双重使命

第二次世界大战后的头几十年,中央银行的最终政策目标并不透明,对达到其认为重要的目标所采取的策略只提供了很少的信息。中央银行使用概括性的语言陈述其目标,例如物价稳定、汇率稳定、经济稳定、经济增长和金融稳定,并未指明这些目标间的潜在冲突。在哪个目标最重要,哪个目标次重要的问题上,中央银行也不够透明。对于美联储系统尤为如此。

对美联储出版物和声明的仔细阅读表明其对于有序金融市场、经济增长和高就业率的重视。价格稳定被提到了,但对于 20世纪 70 年代美联储的客观解读以及对美联储政策的回顾表明,就业和经济增长,以及有序的金融市场比价格稳定更为重要。鉴于美联储所处的政治环境,这并不奇怪。1946 年的就业法案强调了最大化就业率的重要性,是一份有助于理解 20 世纪 70 年代美联储货币政策的操作性政治文件。在这个时期持有的凯恩斯主义观点,尤其是菲利普斯曲线,提供了美联储信念的经济基础:它可以在长期内对就业进行管理,尤其是它愿意因此牺牲价格稳定。

货币主义-凯恩斯主义的争论、新古典主义观点的萌芽,甚至是新凯恩斯主义观点,尤其是从 1965 年至 1985 年的大通胀时期,使得中央银行决定使其最终政策目标更加透明化。旧菲利普斯曲线被新菲利普斯曲线所取代,在大通胀时期美国和其他国家通胀成本变得更为透明。中央银行更倾向于将其最终宏观经济政策目标定为价格稳定。到了 20 世纪末期,中央银行强调价格稳定为主要最终政策目标,并且,由于其继续采用积极政策来抵消短期就业和产出的需求和供给冲击。它们试图将长期价格稳定作为最终政策目标以执行这些政策。与此同时,短期内聚焦于抵消就业和产出的需求和供给冲击,长期内聚焦于价格稳定,对直至今日仍在争论中的中央银行货币政策提出了挑战。

美联储在这方面某种程度上是个局外人。首先,美联储拒绝通胀目标方法，取而代之的是在 2％ 的隐性通胀目标下运行。其次，1946 年的就业法案是 20 世纪 70 年代末期货币政策的执行框架。该法案陈述了美国政府的"宣告政策"："国会因此宣告，联邦政府持续的政策和职责是使用所有的实际方法来促进最大化就业、产出和购买力"。1946 年的法案提及了价格稳定，但强调的重点明显放在了就业和产出上，以及美联储和美国政府在 1946 年就业法案强调了就业相较价格稳定的重要性后数十年内的政策上。1977 年，当国会修改了美联储法案，要求美联储"有效促进最大化就业，价格稳定，以及适当的长期利率"后，1946 年的法案被予以修改。

和三个政治命令相违背的是，美联储在绝大多数情况下不参考长期利率，以最大化就业和价格稳定作为其双重使命职责。

在 2012 年 1 月 24 日，美联储发布了"长期目标和货币政策策略陈述"，描绘出美联储的长期最终政策目标："联邦公开市场操作委员会严格恪守国会赋予的法定使命，促进最大化就业，实现价格稳定，以及适当的长期利率"。每年 2 月和 7 月在向国会提交的两份货币政策报告中都提及了利率。但是，在 2015 年 4 月 29 日，在为期两天的联邦公开市场操作委员会会议最后的公开陈述上，美联储省去了利率这一环节："与其法定使命相一致，委员会寻求实现最大化就业和价格稳定"。这是美联储在其联邦公开市场操作委员会报告和新闻拓展活动中的最常使用的论述。

"最大化"就业的含义目前尚不清晰。长期内，如果意图实现这样的情景：失业率位于其自然失业率水平，最大化就业会在任何情况下发生。并且该情景发生的概率越大，美联储越有可能成功实现价格稳定。如果意图最小化产出缺口中的波动，以及短期内的就业缺口，该意图和长期价格稳定之间存在冲突。更有可能的是,国会希望美联储能永久降低自然失业率,目前的预估范围为从5％至6.5％之间降低至3％至4％之间。但美联储没有能力实现这一目标。双重使命含义的缺乏清晰性以及美联储对该短语的持续使用,使其很难决定美联储的最终政策目标。

总体而言,基于多个原因,双重使命是存在问题的。

双重使命令人困惑:它忽略了第三个使命,适当的利率。忽略了三个使命间的潜在冲突,忽略了就业和价格稳定间的潜在冲突,也未能提供"最大化就业"和"价格稳定"含义的量化衡量标准。最大化就业可认为是自然失业水平上的就业。这也是美联储的观点,但却不是政客们的观点。因为对自然失业率的估计值在5％至6.5％之间,大多数政客认为完全就业只会在很低的失业率水平上发生。价格稳定通常被中央银行定义为2％的通胀率,这也是美联储的隐形通胀目标。但是,美联储并未以一种持续的和透明的方式定义最大化就业和价格稳定。这并不奇怪,因为双重使命是由双方政客们制定的政治使命,基于对中央银行职能范畴的不现实预期的短期考虑。美联储在这方面是政府的囚徒。

暗含可利用的短期菲利普斯曲线:双重使命意味着美联储可以对就业和通货膨胀施加影响。短期内,美联储可以影响就业和通货膨胀,但如前所述,即使在短期,美联储对短期冲击回应的努力因货币政策效应滞后的长期性和变动性变得复杂。短期内任何中央银行政策对就业和通胀有预测作用并未得到任何事实的证实,但总体而言,却可以平稳经济。这并不是一个被很好处理了的问题,除去美联储宣称的,滞后可以适应货币政策的制定和实施。

长期内,美联储无法改变就业水平,只能决定通胀率。长期内通货膨胀(通货紧缩)是一个货币现象,因此,中央银行可以决定随时间变动的通胀率，但对除去政府强加给中央银行外的政治使命能做的甚少。类似的，要求美联储达到最大化就业相当于给美联储强加了一个它无法达到的最终政策目标。美联储不仅无法完成使命，它也会发现完成其有能力实现的价格稳定使命变得更困难。

我们能指望美联储做什么？ 双重使命不仅使美联储在其无法完成的使命上不可依靠，同时也使美联储面对使其政策偏离长期价格稳定的政治压力。这在 20 世纪 80 年代早期尤为明显。在保罗·沃尔克（1979 年至 1987 年期间的美联储主席）统治下的美联储通过紧缩性货币政策控制通胀。20 世纪 80 年代，美联储在强大的国会和公共压力下，无视其达到最大化就业率的使命，反通胀过程将失业率增加至 10％以上。也许有人会说，除去这些压力，尽管短期内失业率上升，产出下降，美联储仍能追寻价格稳定。1985年，通胀率大幅下降，失业率下降，经济开始了上升增长路径，直到2008 年金融危机才被硬生生打断。造成这样的结果主要是因为里根管理不愿意和美联储政策相挂钩。由于存在其他将最大化就业置于物价稳定之上的管理措施，通货膨胀是否能被有效控制住尚不清晰。总体而言，承受政治压力的中央银行倾向于拥有通胀偏误，不存在基于法定独立性制度设计可以有效地将中央银行与政治压力隔离开来。

时间不一致问题： 即使没有政治压力，美联储的双重使命也产生了时间不一致的问题。时间不一致问题将在下一章进行讨论，但它是任何类型政府政策试图回应经济短期变动时面临的基本问题。时间不一致问题短期内最优，但长期内就变为次优。同时寻求就业和价格稳定的中央银行会产生通胀偏误，因为短期内强调就业目标是最优的，因此会牺牲掉长期价格稳定。

因此,尽管双重使命听上去非常合理,也很直白,但它是存在问题的。它清晰性的缺乏,对利率管制明显的忽视以及它对中央银行施加的利用短期菲利普斯曲线使美联储从价格稳定目标上转移的压力。美联储将会更好地履行其对公众承诺的职责,通过和国会以及政府管理部门就美联储职能范围进行开放直接的讨论,以维持国家货币供给的稳定(价格稳定)。双重使命暗含着中央银行无法达到的责任。当然,如果美联储试图开始这样的讨论,它很有可能失去其"独立性"。

参考文献

Hammond,Gill (2012). "State of the Art of Inflation Targeting", Handbook no. 29. London: Centre for Central Banking Studies, Bank of England.

第16章
货币政策的战术、战略和规则与相机抉择

16.1　引言

　　"战略"与"战术"二词常用来描述实际制定与实施旨在影响经济活动的货币政策的过程。两个词语有时被互换使用,不过二者有重要的区别。但是,这两个词语合起来可以帮助我们理解货币政策是如何制定并实施的。

　　货币政策的战略指的是最终政策目标,即货币政策中"央行希望实现什么"的部分。在央行的决策过程中,战略聚焦的是最终政策目标(第五步)这一步骤。自大通胀时期以来,央行已将物价稳定提升作为首要的最终政策目标。在这一最终政策目标下,截至2015年,共有29家央行采取了明确的通胀目标,并进行每日战术操作。美联储和许多其他央行则采取了隐含的通胀目标。尽管物价稳定已被提升为美联储政策的首要长期目标,美联储却受其所谓的"双目标"限制,"双目标"为美联储提供了指导其制定最终宏观经济政策目标的运行与政治框架。

相比之下,货币政策的战术指的是货币政策中"央行如何实现其战略目标"的部分。战术指的是货币政策的工具选择,政策手段选择(汇率或利率),以及为实现最终政策目标,这些政策工具被如何用于宏观经济模型的语境下。因此,战术聚焦的是央行决策过程中的第二、三和四步。

前一章节重点关注了战略。本章更多地重点关注货币政策的战术,分三部分进行。首先,本章回顾了美联储是如何制定、实施并公告其战术和战略操作的。在这一方面,联邦公开市场委员会是美国货币政策的中枢。其次,通过将泰勒规则作为一个框架考虑,从战术上理解美联储或其他任何一家央行,是如何在以短期考虑为基础制定与实施货币政策的情况下,实现了物价稳定这一目标,从而拓宽了战术的范围。泰勒规则是个不太一样的战术方法,可替代大多数央行强调的相机抉择方法。该规则向我们提出了有关基于自由裁量与基于规则的货币政策方法的更普遍争论。第三,就基于自由裁量与基于规则的方法之争展开具体讨论。其中,美联储及其支持者站在自由裁量权一方,而美联储政策的批评者则站在规则一方,争论不时会变得十分激烈。

16.2　联邦公开市场委员会与货币政策

联邦公开市场委员会是美联储政策战略与战术的枢纽。前面章节已讨论过联邦公开市场委员会的架构,并强调了其作为美联储政策枢纽的地位。联邦公开市场委员会集中了行长(投票成员)、12 位美联储主席(其中 5 位为投票成员)和研发职员。联邦公开市场委员会每年举行 8 次正式会议,但可以随时召集紧急会议。

会议通常持续两天,聚焦由委员会研究人员及各美联储银行研究人员所准备的两份文件:绿皮书和黄皮书。这两个颜色仅指两份文件的封面/封底颜色,颜色本身无任何含义。

绿皮书是由理事会工作人员准备的,内容保密,直至使用该材料的会议结束 5 年之后才对外发布。黄皮书内容由 12 家美联储银行提供,在使用该材料的联邦公开市场委员会召开前便对外发布。

绿皮书由两部分内容组成。第一部分为假定货币政策不变的前提下,对国内与国际经济活动的总结与预测;第二部分则对不同类型货币政策下经济将如何表现给出了预测。分析基于美联储理事会的计量经济学模型,该模型被称为 FRB/US 模型。

FRB/US 模型代表计量经济学的最先进水平,目前包括约 300 个方程式,这些方程式代表了将近 50 年的经济发展。

每次联邦公开市场委员会会议召开的两周前,黄皮书均会公开发布。黄皮书是以各美联储银行根据其各自所在地区内相关经济金融活动编制的调查信息、轶事信息和统计信息为基础制定的。黄皮书包括 12 个章节,每章讨论一个地区,并附带一个执行摘要。

联邦公开市场委员会会议由美联储委员会主席主持,目前是珍妮特·耶伦。主席对会议有较大影响,体现在制定议程和影响讨论等方面,同时也体现在主席担任官方发言人。主席的影响力权重很难具体量化,因为其影响力取决于他/她的性格及联邦公开市场委员会其他成员的性格,但总是比其他任何人或多个成员加起来更大。仿写乔治·奥威尔在《动物庄园》中的话,“所有联邦公开市场委员会投票成员都是平等的,但一些人比其他人更享受平等待遇。”尽管从狭义角度严格来说,联邦公开市场委员会的正式职责仅为公开市场操作,但却将所有货币政策工具和全部美联储操作的负责官员汇集在一起。实际公开市场操作与美联储对已购证券资产组合的管理是由纽约联邦储备银行负责,正因如此,纽约联邦储备银行行长是联邦公开市场委员会的永久投票成员。

联邦公开市场委员会会议可总结为以下五点内容:

第一,经济状态如何? 联邦公开市场委员会依据包括一个较复杂经济模型在内的一系列经济指标,形成对当前和未来经济走向的观点。

第二,确定货币政策的战术和战略: 联邦公开市场委员会将把经济的当前及未来方向与最终政策目标相比较,确定政策变动是否必要,并编制一段"前瞻指引"叙述文字。"前瞻指引"指联邦公开市场委员会有关其联邦基金及其他利率未来决策方向的口头或书面表述。

第三,为联邦基金利率和其他政策工具设定目标: 做出是否变动联邦基金利率目标价值——美联储所使用的首要政策工具的相关决定。其他货币政策工具的变动情况,如贴现率或准备金利率(discount rate or interest paid on reserves),同样也是对话的一部分。这一步聚焦于实现前一步中战略决策所使用的战术。

第四,纽约联邦储备银行、公开市场操作以及动态与防御性(dynamic and defensive)公开市场操作之间的区别: 联邦公开市场委员会面向纽约联邦储备银行的公开市场操作账户管理人发布一份指令(directive),指导其在接下来的几个月中执行公开市场操作以实现联邦基金目标。传统上使用直接(outright)公开市场操作来实现基金利率目标。但是,自 2014 年至 2016 年,美联储通过 rollover 保持了较高的证券持有水平,作为其量化宽松政策的一部分,而并没有利用证券持有量的变动来达到基金利率目标。回购市场的暂时性公开市场操作被用作实现联邦基金利率的主要工具,同样使用的还有定期存款便利和为多余准备金设定利率。但是,在以下讨论中,我们使用"公开市场操作"一词的广义内涵,来表示美联储为实现联邦基金利率目标所做的工作。

近年来,美联储在实现联邦基金目标方面十分成功(图 16.1)。该图以基点为单位表明了每月实际联邦基金利率和当月联邦基金利率目标之间的差值。一百基点等于一个百分点。因此,5.00％的实际联邦基金利率与 5.10％的目标利率之间差值为－10 个基点(500－510＝－10)。公开市场操作旨在改变基础货币,以确保实际联邦基金利率接近目标值。换言之,如果实际利率超过目标值,将通过暂时性或永久性操作进行公开市场买入,从而将实际利

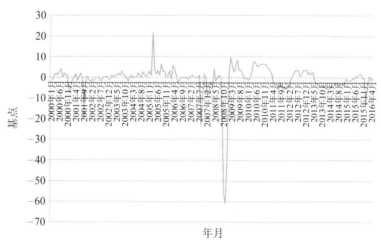

图 16.1　实际联邦基金利率——联邦基金利率目标(单位:基点),2000 年 1 月至 2016 年 4 月

资料来源:Federal funds rate — FRED, Federal Reserve Bank of St. Louis; targeted federal funds rate — based on Federal Reserve Board of Governors.

率拉低至目标值;如果实际利率低于目标值,将通过暂时性或永久性操作进行公开市场卖出,从而抬高实际利率。

联邦基金利率的作用可归纳如下:

$$目标联邦基金利率变动 = f(实际最终政策目标 -$$
$$预期最终政策目标) \qquad (16.1)$$

$$实际联邦基金利率变动 = f(目标联邦基金利率 -$$
$$实际联邦基金利率) \qquad (16.2)$$

为阐明表达式 16.1 和 16.2,我们从均衡情况开始讨论,设实际与目标产出增长率相等,均为 3%。这需要联邦基金利率与 4% 的目标利率相等,也为 4%。目标与实际联邦基金利率相等,而且由于实际产出等于预期产出增长,因此无需对 4% 的目标联邦基金利率做任何变动。

现假定由于供给和/或需求波动,实际产出增长降低至 2%。出现产出负缺口,现需要目标联邦基金利率从 4% 降至 3%(表达式 16.1)。降低联邦基金利率旨在降低其他利率,刺激支出,使产出增长重新增至 3% 的预期目标利率。实际联邦基金利率为 4%,而新的目标为 3%,这意味着美联储将使用公开市场买入来降低当前 4% 的联邦基金利率至 3%(表达式 16.2)。公开市场买入可增加准备金供给,这将相应地使实际联邦基金利率降低至新的目标值,并因此使产出增长从 2% 重新增长至 3% 这一预期利率。

相反,如果从均衡情况开始讨论,设实际产出增长率增至 4%,则目标联邦基金利率增加,美联储将使用公开市场卖出使实际联邦基金利率增长,从而将产出增长从 4% 降至 3% 这一预期利率。

在本例中,通过公开市场买入实现更宽松的货币政策,通过公开市场卖出实现更紧缩的货币政策。但是,在使用公开市场操作作为货币政策的指标时需要仔细,因为动态与防御性公开市场操作有所区别。

可用一个例子解释这一区别。假设公开市场操作账户管理人决定,当前 1 000 亿美元的基础货币需要在接下来直至下一次联邦公开市场委员会召开前的一段时期内每月增长 100 亿美元,从而保持联邦基金利率与目标值持平。假定其他因素保持不变,动态公开市场操作是指每月买入 100 亿美元的证券。但其他因素并非不变。直接影响基础货币的并不仅仅有由美联储控制的公开市场操作,同样还有许多受到美联储部分影响(如由存托机构向美联储进行借贷)或毫无影响(黄金流动或美国财政部决定改变其在美联储的账户余额)的其他因素。假设这些非美联储因素导致基础货币在第一个月从 1 100 亿美元增至 1 200 亿美元。换言之,在第一个月动态操作使基础货币从 1 000 亿美元增至 1 100 亿美元,但非美联储因素使基础货币进一步增加了 100 亿美元。这 1 200 亿美元的基础货币将导致实际联储基金利率降至目标值以下。因此,美联储进行防御性公开市场操作以保卫 1 100 亿美元的目标值。公开市场操作账户管理人将继而进行公开市场卖出,以使当月的基础货币降至 1 100 亿美元的目标值。以此类推,如果基础货币由于非美联储因素从 1 100 亿美元降至 1 050 亿美元,管理人将进行公开市场买入以使当月基础货币增至 1 100 亿美元。

动态与防御性公开市场操作之间的区别至关重要,因为它说明了为什么货币政策方向无法由公开市场操作的方向决定。公开市场卖出和公开市场买入一样可能实现宽松的货币政策；同样地，公开市场卖出和买入也都可能实现紧缩的货币政策。联邦观察员关注于贴现率、目标联邦基金利率和联邦公开市场委员会提供的"前瞻指引"叙述文字。

第五，央行透明性：联邦公开市场委员会将在会议结束时公开发布一份声明，总结联邦公开市场委员会的决策，并在几周后向公众发布会议纪要。联邦公开市场委员会的声明和纪要是央行透明性的重要部分，并均被密切关注。

16.3　货币政策战术与战略的透明性

央行货币政策战术与战略的透明性与几十年前相比已显著提高。美联储在对联邦公开市场委员会所作决定和其总体货币政策保持透明方面，采取了多种方式。

第一，每次联邦公开市场委员会会议后均会立刻发布一份新闻声明，显示美联储对经济状况的评估，包括就失业、增长和通胀等方面的经济风险评估；贴现率、联邦基金目标或公开市场操作的全部变动情况；一段"前瞻指引"叙述文字；以及投票成员对联邦公开市场委员会会议上所做决定的投票纪录。美联储主席在四月、六月、十一月和一月的联邦公开市场委员会会议后还会举办一次新闻发布会。

第二，联邦公开市场委员会的会议纪要会于下一场会议前两周对公众发布。会议纪要是一份极为具体的记录，提供了联邦公开市场委员会声明的背景讨论情况。例如，纪要可就为何特定成员对联邦公开市场委员会的行动投反对票提供信息，以及就任何一个赞成票的赞成程度提供深入情况。纪要提供了有关联邦公开市场委员会经济风险评估的更多细节。

第三,尽管无数"联邦观察员"为了解货币政策方向,对联邦公开市场委员会声明和会议纪要密切关注,但还有另外两份文件对美联储政策提供了更长期的观点。每年二月,美联储向国会提供一份《货币政策报告》和有关过去、当前、未来货币政策关注因素和决策的记录。二月份的报告关注下一年货币政策的关注因素和方向。每年七月,美联储向国会提供一份初级报告和有关过去、当前、未来货币政策关注因素和决策的记录。七月份的报告是一份自制的成绩单,体现了货币政策对其当年目标的实现情况以及来年可能采取的货币政策方向。两份给国会的报告中,二月份的报告受到更多的关注。

第四,联邦公开市场委员会声明、会议纪要和给国会的两份货币政策报告是获取美联储对货币政策战术和战略叙述的最重要来源。但是,美联储还有向公众传达其关注因素和决策的第四条渠道,即道义劝告。美联储通过新闻发布会、演讲,甚至有时发表研究论文的形式,向公众传达货币和金融政策信息。美联储很重视这一渠道,但从实际角度来说,道义劝告信息翔实度不足,而且一次特定道义劝告活动的影响往往昙花一现,仅能维持短短几天。

16.4 美联储战术的发展

美联储政策的战术是怎样的? 美联储是如何搁置其模棱两可的"双目标",制定出一套战术流程以实现一项战略性最终政策目标的? 在第二次世界大战后时期的头几十年里,美联储并没有在上述五步框架内实施货币政策。不使用框架并非因为当时还没形成对工具、政策手段、模型和最终政策目标的分析框架。事实上，20 世纪 50 年代的经济学家已经很好地理解了分析框架。20 世纪 70 年代，由阿瑟·伯恩斯(1970—1978)作为主席领导的美联储，为了消弭公众对美联储缺少正式的经济模型这一指责，投入了大量资源用于建立一个计量经济学的经济模型。但据档案显示，美联储采取了一种相机抉择政策，非以正式框架为基础，而是显著受到政治压力的左右。这两个因素加起来，构成了导致大通胀的主要原因。当时有许多观察者指出，伯恩斯仅仅将模型作为公共关系手段，用来推脱当时对美联储引发了滞胀这一批评。

美联储和当时大部分央行一样，并没有一个类似于五步框架的正式框架。美联储执行政策时，并不参考此前会议中的决策，而是只依据当前的联邦公开市场委员会会议。不制定任何最终政策目标和长期前瞻性目标，而是关注于短期货币市场状况和有序金融市场。事实上，许多批判 20 世纪 60、70 年代美联储政策的人士认为，美联储在制定和实施货币政策时没有使用任何值得推敲的框架，过于受货币市场"气氛"和"基调"的影响，且执拗地认为有必要在财政部融资(当时美联储曾用该词来描述公开市场操作的特点)期间维持货币市场的"风平浪静"。尽管美联储在 20 世纪 60 年代开始研究制定一个复杂的计量经济学经济模型，并且该模型最终演变为当前的 FRB/US 模型，但是几乎无证据表明该模型在整个 20 世纪 70 年代的货币政策制定与实施中发挥过任何有意义的作用。

20 世纪 80 年代，美联储着手研究制定一套用于货币政策实施的正式战术与战略方法，这出于以下三方面因素考虑：第一，始于

20世纪60年代中期的大通胀表明美联储当前使用的流程失败了。美联储关注短期货币市场状况，而缺乏明确的最终政策目标，这从根本上使得美国货币政策成为波涛汹涌的大海上一艘无舵之船。第二，新的菲利普斯曲线取代了旧的菲利普斯曲线，将物价稳定提升至最终政策目标这一至高重要地位。强化了货币政策对经济影响力预期的作用，并体现了货币政策在实现就业目标方面的局限性。第三，在货币主义-凯恩斯主义大论战中，批评的火力集中攻击美联储在实施货币政策过程中毫无任何正式的框架。事实上，在这方面，美联储发现自己在涉及当时货币政策战术与战略的大量学术和公共争论中节节败退。

1979年，时值大通胀最严重的时期，美联储在新主席保罗·沃尔克(1979—1987)的领导下开始研究制定并使用一套用以实现最终战略性政策目标的正式战术框架，如今不仅美联储，世界上几乎所有央行都在使用这一框架。首先，货币政策的实施按照以工具、政策手段、模型和最终政策目标为顺序的框架。也就是说，这一央行决策制定的五步顺序如今已是标准运行框架。第二，建立了一套保持长期有效的目标，从而在每次联邦公开市场会议中都有一个基准来确定是否需要调整政策来适应状况变化以实现这些目标。第三，在充分研究了政策手段与最终政策目标的基础上选择政策手段。美联储政策或出版物中不再出现如前所述货币市场的"气氛"、"基调"以及"风平浪静"等说法。第四，美联储战术和战略决策实现了对公众的透明。第五，物价稳定成为首要的最终政策目标。

美联储在沃尔克的领导下，研究制定了正式的战术与战略，得以在1985年控制住了通货膨胀；并在格林斯潘主席(1987—2005

在任)的领导下延续了物价稳定政策,人们普遍认为这带来了近20年的物价、金融和经济稳定,直至2002/2003年出现的房价泡沫打破了稳定局面。1985年至21世纪伊始的头几年间的时期被称为央行政策的大缓和。

16.5　泰勒规则:相机抉择与规则之争介绍

1993年,斯坦福大学的经济学家约翰·泰勒(John Taylor)确立了一个战术框架,指导货币政策更好地帮助央行做出有关联邦基金利率目标的短期决策,从而实现物价稳定这一长期最终政策目标(Taylor,1993)。泰勒的目标是提出一个能围绕实现物价稳定这个长期最终政策目标,来确定联邦基金利率这个短期决策的战术框架。尽管该框架十分简单直接,但其建立的基础是一个复杂完整的宏观经济模型。该框架被称为"泰勒规则",被许多央行以多种形式使用。尽管央行鲜少按照泰勒提议的方式使用该规则,但泰勒规则常用做判断当前目标联邦基金利率是否过高或过低的基准。

使用泰勒规则确定联邦基金利率的表达式如下:

$$\text{nffr}^* = \text{rffr}^* + p + 0.5(p - p^*) + 0.5(\text{GDP 差值}) \qquad (16.3)$$

其中,nffr^*为名义目标联邦基金利率,rffr^*为均衡状态下的实际联邦基金利率,p为实际通胀率,p^*为目标通胀,GDP 差值为实际 GDP 和 PGDP 之间的差值占 PGDP 的百分比。如果不使用产出差值,表达式 16.3 也可以就业率差值(自然失业率减去实际失业率)来代替 GDP 差值。

实际与目标通胀率的差值可用通胀率差值来表示，GDP 差值可简单称为产出差值。假定均衡状态下的实际联邦基金利率为 2%。通胀率差值和 GDP 差值的系数 0.5 是泰勒得出的近似值。

以下为泰勒规则的运用过程。假设经济处于通胀率为 2%、产出差值为 0% 的长期平衡状态。在通胀率为 2% 的情况下，预期通胀率为 2%，名义联邦基金利率为 4%，通胀率差值与产出差值均为 0%。为维持这一均衡状态下的通胀率，按照泰勒规则，美联储需要将名义目标联邦基金利率定在 4%：

$$4\% = 2\% + 2\% + 0.5(2\% - 2\%) + 0.5(0) \quad (16.4)$$

理由是通胀率差值和产出差值为 0%。美联储应当将实际联邦基金利率的目标值设为 4%。换言之，如果实际联邦基金利率超过目标联邦基金利率，美联储将买入证券以增加基础货币，从而使联邦基金供应右移，使联邦基金利率降低至 4% 这一目标值。相反，如果实际联邦基金利率低于目标联邦基金利率，美联储将卖出证券以减少基础货币，从而使联邦基金供应左移，使实际联邦基金利率上升至 4% 这一目标值。

当经济不出现任何可能产生正向或负向的通胀率差值和产出差值时，美联储将实际联邦基金利率维持在 4%。在此类状况下，短期货币政策旨在维持物价稳定。如果通胀率差值或产出差值呈正值或负值，美联储应调整目标联邦基金利率。在泰勒规则的语境下，此举可使公众确信，将通胀率维持在 2% 是首要目标。4% 的联邦基金利率和 2% 的通胀率将产生 2% 的实际联邦基金利率，这与经济的长期平衡状态相一致。

假设一次正向的需求冲击使实际通胀率上升至 4%，并由此产生了 2% 的通胀率差值和 2% 的产出差值。根据泰勒规则，联邦基金利率需要被提高至 8%，计算依据如下：

$$8\% = 2\% + 4\% + 0.5(4.0\% - 2\%) + 0.5(2.0\%)$$

$$(16.5)$$

8% 的名义目标联邦基金利率会产生 4% 的实际联邦基金利率，4% 高于 2% 的均衡状态利率，因此将使通胀率差值和产出差值被弥合。随着这两个差值逐渐被弥合，当二者归零时，目标联邦基金利率应该被降低至 4%。

应注意到，目标联邦利率的上调幅度大于通胀率的上升幅度。换言之，目标联邦基金利率从 4% 增长了 4 个百分点至 8%，而通胀率则从 2% 增长了 2 个百分点至 4%。情况一定是如此，因为如果联邦基金利率的上调幅度等于或小于通胀率上升幅度，则货币政策分别为不发生改变或变得宽松。具体来说，如果目标联邦基金利率增长了 2 个百分点至 6%，增长幅度等于通胀率的增长幅度，实际联邦基金利率就等于 2%(6%—4%)，则货币政策不发生改变。如果目标联邦基金利率增长幅度小于通胀率增长幅度，实际联邦基金利率就降低至 2% 以下，则意味着应采取宽松而非紧缩的货币政策。假设目标联邦基金利率从 4% 增长了 1 个百分点至 5%。该情况下，实际联邦基金利率将是 1%。1% 的实际联邦基金利率低于均衡状态利率，而且尽管目标联邦基金利率增加了，货币政策却是宽松的，这有悖于物价稳定。只有当联邦基金利率的增长幅度大于通胀率的增长幅度时，货币政策将变为紧缩，并将使正向的通胀率差值和产出差值降低。

联邦基金利率的增长幅度必须大于实际通胀率的增长幅度，这是泰勒规则的重要启示，被称为泰勒原则——联邦基金利率的上调幅度需要大于通胀率增长幅度。只要上调幅度不足，即有悖于物价稳定，就无法使通胀率降回目标值。

泰勒规则也适用于对货币政策做宽松化调整的情况。在出现负向的通胀率差值时，即实际通胀率低于目标通胀率，需要以大于通胀率下降幅度，下调联邦基金利率，从而使货币政策符合物价稳定。假设一次负向的需求冲击使实际通胀率降低至 1％，并因此产生了 1％ 的负向通胀率差值和 2％ 的负向 GDP 差值。目标联邦基金利率需要从 4％ 下调至 1.5％，计算依据如下：

$$1.5\% = 2\% + 1\% + 1.5\% + 0.5(1\% - 2\%) + 0.5(-2\%)$$

$$(16.6)$$

应注意到，目标联邦基金利率的下调幅度大于通胀率的下降幅度。换言之，通胀率从 2％ 下降了 1 个百分点至 1％，但目标联邦基金利率从 4％ 下调 2.5 个百分点至 1.5％。依据泰勒规则，情况一定是如此。如果联邦基金利率的下调幅度等于通胀率下降幅度，则货币政策不发生改变，如果下调幅度低于通胀率下降幅度，实际联邦基金利率就会上升。具体来说，如果将目标联邦基金利率从 4％ 下调 1 个百分点至 3％，使下调幅度与通胀率下降幅度相等，则因为实际联邦基金利率将依然为 2％，所以货币政策不发生改变。如果目标联邦基金利率下调幅度小于 1 个百分点，如从 4％ 下调至 3.5％，则导致实际联邦基金利率高于 2％，换言之，实际联邦基金利率将为 2.5％（3.5％ - 1％）。只有当联邦基金利率下调幅度大于通胀率下降幅度时，才会带来足够宽松的货币政策来消除负向的通胀率差值和产出差值。

泰勒规则作为一个透明、直接的战术决策框架,用于在实现物价稳定这一战略性政策的框架下确定目标联邦基金利率,此为其优势。但是,泰勒规则也存在一些问题。

0.5 作为通胀率差值和产出差值的系数可能并不准确,而且即使在某一时点准确,可能随着时间也会发生变化;实际 GDP(尤其潜在 GDP)的估计值中可能包含测量误差,即使经过一段中等长度的时期也难以被校正;计算 GDP 所需的数据每季度才可获取一次;此外可能还有影响目标联邦基金利率的其他因素,如金融危机等。因此,泰勒规则绝非万灵药,但是泰勒原则和泰勒规则已经成为央行战术决策制定的标准组成部分。

在经济学家皮埃尔 · 弗朗切斯科 · 阿素(Pier Francesco Asso)、乔治 · 卡思(George A. Kahn)和罗伯特 · 利森(Robert Leesond)(2010)提供的一份泰勒规则在中央银行的作用反思研究中,得出了以下有关泰勒规则的结论:

泰勒规则变革了许多中央银行政策制定者看待货币政策的方式。在泰勒规则指导下,制定政策行动就变成根据收到的经济状况信息系统地做出回应的过程,而不是一个需要逐阶段优化的问题。泰勒规则强调了在随通胀率增加而对政策利率作出调整时,调整幅度大于通胀率增加幅度的重要性。此外,多种版本的泰勒规则已经被纳入央行用以理解和预测经济的宏观经济模型中。

泰勒规则为人们考虑货币政策战术与战略方面的一个更广泛问题——相机抉择与规则之争奠定了基础。这场争论最早由亨利 · 赛门斯(Henry Simons)于 20 世纪 30 年代提出,至今已过去近一个世纪,但它持续影响着中央银行实施货币政策的方式。

16.6　规则与相机抉择之争

在基于规则的货币政策下,政策战术由旨在实现物价稳定的规则确定。在如金本位等实物商品支持的体系中,货币政策根据维持固定汇率的规则来确定。事实上,任何固定汇率体系都是一个以维持物价稳定为目的的规则,并以此指导政策。

在采取法定货币体系的浮动汇率体系中,此类规则最为人熟知的例子为米尔顿·弗里德曼 k％规则和泰勒规则。K％规则要求美联储为实现物价稳定(最终政策目标),逐年以固定百分比增加货币供应(政策手段,可用基础货币或某货币总计数表示),而不对应经济状况变化做任何调整。该规则为一条不考虑经济状况反馈的规则,而且虽然曾一度得到考虑,却因多种原因并不被视为一条真正有效的规则。尽管如此,该规则还是代表了规则与相机抉择之争中重要的一步。

泰勒规则要求美联储依据这一旨在实现物价稳定(最终政策目标)的规则不断设定目标联邦基金利率(政策手段)。与 k％规则不同,泰勒规则将当前经济环境的变化纳入考虑范畴。换言之,泰勒规则是一条考虑经济状况反馈的规则。基于规则的方法视物价稳定为基础,物价稳定既是唯一合理的最终政策目标,也是可对央行问责的唯一一项宏观经济变量。在基于规则的方法下,中央银行独立性仅是一个相对而言微不足道的制度细节。

基于相机抉择的货币政策,央行可以在经济状况变化时,运用判断并改变货币政策战术,从而实现战略性最终政策目标。基于相机抉择的货币政策符合以物价稳定作为首要的最终政策目标,但实际上,基于相机抉择的方法与央行政策的多重目标有更大关联。在基于相机抉择的方法下,中央银行独立性被看作是中央银行的一项重要制度设计,使得中央银行可以在广泛的范围内进行相机抉择。当状况变化时,有必要向中央银行提供范围广泛而且不受外部影响的相机抉择权。

16.7　规则与相机抉择的支持论据

规则支持者强调以下几点:首先,尽管规则无法产生绝对的经济稳定,但其仍能产生比相机抉择更好的结果,在实现物价稳定方面尤其如此。规则支持者们称,中央银行,尤其是美联储,基于相机抉择的政策根据档案来看表现乏善可陈。中央银行对于其通过经济建模和运用判断来实施货币政策的能力过于自信。第二,规则提供了一个透明的框架,可据此判断物价稳定这一中央银行有能力实现最终政策目标的实施情况,并对中央银行问责。第三,规则避免了金融部门或经济的短期考虑过度影响中央银行政策,并使之偏移其首要目标——物价稳定。第四,规则是能够使中央银行从政治影响中"独立"出来的唯一方法。法定独立性极易被政府破坏,而且实际上,无法保证央行在规则缺位的情况下可以实现物价稳定。事实上,"政治经济周期"正是相机抉择和"独立的中央银行"这一迷团所带来的结果。采取相机抉择的中央银行更倾向于在大选前因受到来自执政党的压力而刺激经济,大选后则放缓经济。规则能有助于对抗政治经济周期和其他类型的政治因素对中央银行政策的影响。第五,管理中央银行的是人,人非圣贤,难免出错,且人往往盲目乐观地相信自己有能力理解一个复杂的经济体。不仅如此,央行和任何政府机构一样,都倾向于奉行一些被认为对中央银行很重要但可能与公共福祉背道而驰的政策。

相机抉择支持者强调以下几点:首先,中央银行政策过于复杂,而且短期供需冲击不计其数,货币政策难以以一条规则蔽之。状况会发生变化,基于规则的方法限制了中央银行根据状况与政策目标变化进行调整的能力。第二,规则过于简单,无法体现出判断的作用。例如,泰勒规则中的系数随着时间变化难以保持恒定,因此,即使是在泰勒规则的语境下,中央银行也需要通过相机抉择来调整系数。第三,规则过于简单,其无法考虑到经济结构的变化,也无法赋予央行应对一场金融危机或资产泡沫的灵活性。第四,中央银行在实施政策时是以维护公共福祉为使命的,规则恰恰体现了对政府机构相机抉择政策存在着根本性的、无端的不信任。诚然中央银行的管理者们非不会犯错的圣贤,但相机抉择使他们能够从过去的错误中汲取经验。

在这场争论中,有三个方面值得考虑。第一,所提到的规则分为哪些类型? 第二,哪种观点更为合理? 第三,这场对当今中央银行的货币实施产生了怎样的影响?

规则的类型:商品本位制规则,如金本位制和真实票据学说等,用于管理中央银行的行为,以确保维持一种带来物价稳定的货币增长。我们在前文中已讨论过金本位,真实票据学说则暂未涉及。真实票据学说是另一种要求银行仅出于支持生产或货物过程提供贷款的规则,这一要求的目的是使得货币变化与生产变化相匹配。但是,这些规则无法与世界上已存在了半个多世纪的金融和货币体系相适应。当前争论的关注点主要聚焦在弗里德曼规则和泰勒规则所代表的几种规则上。

　　规则与相机抉择之争于 20 世纪 50 年代后期正式拉开序幕，当时弗里德曼向凯恩斯主义者发起挑战，称如美联储将相机抉择换为一种旨在实现货币稳定的规定规则，在该规则下逐年以 k％ 的比例提升 M2 的货币供给量，美联储的货币政策会变得更好（弗里德曼，1959）。在这一观点下，弗里德曼还提出，如果中央银行在规则的管理下运转，而且相机抉择的独立央行更倾向于制造不稳定而非稳定物价水平，那么独立央行也没有存在的理由了。美联储的决策制定基本上而言将被一个指数函数取代。这一规则本身要比货币增长率的具体数值更为重要。因为弗里德曼 k％ 规则在经济活动变化中也始终保持不变，因此其为无反馈规则。弗里德曼 k％ 规则有几种变体，但现在鲜有拥趸。这倒不是因为基于规则的方法这一概念受到了经济学家的反对，而仅仅是因为无反馈规则过于僵化。就 k％ 规则而言，货币的合适数量很难确定，速度也无法足够稳定地确保以固定百分比改变货币供应将带来物价稳定。

　　尽管如此，泰勒型规则却受到了广泛支持。虽然中央银行不愿意用一个确定同业利率目标的代数函数来取代相机抉择，但泰勒型规则还是给中央银行活动带来了远比弗里德曼 k％ 规则更大的影响。因为泰勒型规则依赖于当前经济状况，而且允许判断发挥作用，因此是反馈规则。举例而言，泰勒型规则中通胀率差值与产出差值的系数是变动的；均衡状态下的联邦基金利率基于经济建模变动；目标通胀率也是变动的。从更基本层面来说，经济学家认为弗里德曼 k％ 规则几乎带有侮辱性质，泰勒型规则则好很多。

　　泰勒型规则，如弗里德曼 k％ 规则，对中央银行独立性有重要意义。中央银行独立性与其说是实际存在的，不如说是一种虚构的迷思，其中真正的问题在于：社会如何依据物价稳定情况对中央银行问责？一个泰勒型规则是一个具有合理概率可以产生物价稳定的透明战术框架。同时，从各种实际角度来说，与采取相机抉择实施政策且法定独立但却受政治影响的央行相比，泰勒型规则更有可能产生"独立"中央银行的结果。因此，在泰勒规则下，中央银行独立性是个相对不重要的问题，原因就在于该规则给中央银行提供了实现其首要最终政策目标——物价稳定的独立性。

规则与相机抉择——哪个更好？ 中央银行不愿意把货币政策交付于任何规则，而且坚持认为规则不是万灵药，没有任何规则可以替代基于广博知识的相机抉择。他们提出了中肯的论据反对规则，尤其诸如弗里德曼 k% 规则等无反馈规则。但是，这些论据在三个反驳论据面前败下阵来：第一，美联储的相机抉择货币政策历史并不为人称道；第二，根据卢卡斯批判，相机抉择会造成对货币政策和通胀率的预期波动；第三，相机抉择存在时间不一致问题。

中央银行，尤其是美联储，对此的回应是承认其所犯下的错误，但是同时指出只要正确理解了这些错误，就不会再犯。中央银行普遍认可卢卡斯批判和时间不一致性的逻辑，但尽管如此，中央银行认为"理性的相机抉择"和"受约束的相机抉择"仍是优选，因为任何类型的规则都太过简单和僵化，难以指导货币政策促进金融和货币体系的稳定性。

16.8　卢卡斯批判

现代宏观经济理论着重强调人们对关键经济变量的预期在决定经济活动中发挥的作用。举例而言，在前一章有关利率期限结构的讨论中提到，对短期利率的预期决定了长期利率。同理，公众对货币政策和其他经济因素的预期影响着公众对任何一个给定的货币政策如何回应。因此,公众任何一个给定货币政策的回应都是较难预测的。新的菲利普斯曲线很大程度上取决于公众对通胀率的预期。

诺贝尔奖得主罗伯特·卢卡斯(Robert Lucas)制定了一套模型,说明预期的作用,预期如何影响了经济学家建立诸如 FRB/US 模型等复杂计量经济学模型的能力,以及如何影响相机抉择政策对经济产生可预期效果的能力。对计量经济学模型与相机抉择政策的这一批评现在被称为卢卡斯批评。

卢卡斯批评具有重要意义:首先,任何基于以往宏观经济关系的计量经济学模型都不可用于预测任何给定的货币政策未来的影响——前面所讨论过的《绿皮书》不足以成为信息来源;还有第二点,在规则缺位的情况下,人们无法预测基于相机抉择的政策将如何变动,因此基于相机抉择的政策会增加预期的不稳定性,并因此增加经济的不稳定性。

第五章最后部分讨论了利率如何对货币政策做出反应,这可以作为阐明卢卡斯批评的一个例子。名义利率的反应被分解为流动性、收入和物价期望效应。当美联储增加货币供应量,若公众预期通胀率将保持不变,据此产生的流动性效果将使名义与实际利率下降,作为对货币供应量增加的回应。但是,一旦通胀率由于货币供应量增加(总需求曲线右移)而增加,预期通胀率就会增加,那么最终名义利率会以与预期通胀率增加幅度相等的幅度增加,实际利率会回归此前的平衡状态。因此,当经济收缩基于与实际通胀率相等的预期通胀率时,长期来看货币相对于实际利率是中性的。

随着时间推移,公众开始理解到,每次美联储试图以宽松的货币政策来降低利率时,名义利率最终会增加。在特定情况下,比如在 20 世纪 70 年代末"大通胀"时期的尾声阶段,货币供应量增加,但由于物价预期效应立即出现,因此名义利率不降反增。公众越发意识到这一点,因此当美联储为降低利率而扩增货币供应量时,人们立刻上调通胀率预期至可包含由扩增货币供应量将导致的更高的通胀率。

该例阐明了卢卡斯批判的两方面意义。首先,货币与利率间以往的统计学关系并不可靠,原因在于人们对经济如何回应货币政策的预期存在变动;第二,政策越是基于相机抉择,公众对任何一个货币政策影响的预期就越不稳定。卢卡斯批判的意义在于,基于规则的相机抉择政策优于仅基于相机抉择的货币政策。

16.9　时间不一致性

时间不一致性是卢卡斯批判的变体和延伸,其植根于预期的作用。时间不一致性是一个直观的概念——所实施的短期内最优政策长期而言会变为次优选择。每个学生都经历过时间不一致性问题。学生的长期目标是在班里取得好的名次,这需要考试前紧张复习,周末也不休息。但总有一些比学习更有吸引力的事情出现打扰学习进度。学生通常会屈服,放弃学习,和朋友们去参加派对或音乐会。这在当下似乎是最优选择,但不学习的这一决定降低了其长期而言实现考取高分这一战略目标的概率,导致了次优结果。这就是时间不一致性。

中央银行提供物价稳定:$p = 0$

中央银行提供物价通胀：p = 1

公众预期物价稳定：$p_e = 0$

公众预期通胀：Pe = 1

表 16.1　中央银行政策结果与公众预期通胀率矩阵

	公众预期物价稳定：$p_e = 0$	公众预期通胀：$p_e = 1$
中央银行提供物价稳定：p = 0	(1，1) $p_e = p = 0$ 和 $y = y^* = 5$ SW $= -0^2 + 2(5-5) = 0$	(2，1) $p_e = 1$；$p = 0$；$y^* = 5$；和 $y = 4$ SW $= -0^2 + 2(4-5) = -2$
中央银行提供物价通胀：p = 1	(1，2) $p_e = 0$；$p = 1$；$y^* = 5$；和 $y = 6$ SW $= -1^2 + 2(6-5) = 1$	(2，2) $p_e = p = 1$ 和 $y = y^* = 5$ SW $= -1^2 + 2(5-5) = -1$

　　相机抉择的中央银行尤其容易受到时间不一致性问题的困扰，原因在于其倾向于利用短期菲利普斯曲线中通胀率与失业率此消彼长的权衡取舍关系，尽管长期而言，中央银行是无法影响失业率和产出水平的。换言之，实施基于相机抉择政策的中央银行存在通胀偏差。

　　卢卡斯批判与时间不一致性问题都可以通过由亚历克斯·库基尔曼（Alex Cukierman）提出的一个框架阐明。假设中央银行和公众符合一个社会福利函数，根据下式，在该函数中，社会福利（以 SW 表示）与通胀率负相关，与产出差值正相关：

$$SW = -p^2 + 2(y - y^*) \tag{16.7}$$

其中，p 为实际通胀率，y 为实际产出值，y^* 为潜在产出值。

图 16.1 展示了中央银行政策结果与公众预期通胀率 p 之间的

矩阵图。假设有两种中央银行政策结果,分别为 p＝0 和 p＝1;有两种公众通胀率预期,分别为 Pe＝0 或 Pe＝1。另假设 y^*＝5。y 相对于 y^* 的值取决于通胀率是否等于公众的预期通胀率。可能的短期结果有四种。

(1) 如果 p＝0, Pe＝0,经济将表现为结果(1,1)且 SW＝0。Pe＝0 的短期菲利普斯曲线与长期菲利普斯曲线纵轴相交于实际通胀率 p＝0 处。

(2) 如果 p＝1, Pe＝0,经济将表现为结果(1,2)且 SW＝1。经济在给定的 Pe＝0 的短期菲利普斯曲线上移,并产生实际产出 y ＝6。也就是说,实际失业率低于自然失业率,实际产出高于潜在产出。

(3) 如果 p＝0, Pe＝1,经济将表现为结果(2,1)且 SW＝－2。经济在给定的 Pe＝1 的短期菲利普斯曲线下移,并产生实际支出 y＝4。也就是说,实际失业率高于自然失业率,实际产出低于潜在产出。

(4) 如果 p＝1, Pe＝1,经济将表现为结果(2,2)且 SW＝－1。Pe＝1 的短期菲利普斯曲线与长期菲利普斯曲线纵轴相交于实际通胀率 p＝1 处。

这四种结果短期而言都是可能的,但长期而言只有结果(1,1)和(2,2)是可能的。如果中央银行进行相机抉择,这两种长期结果中哪一个更有可能出现?

在无规则的情况下,中央银行可以通过相机抉择产生物价稳定(p＝0),也可产生通胀(p＝1);也就是说,中央银行的短期决策不取决于围绕通胀目标决定短期政策手段的规则。可用社会福利的简单方程式体现出,如果不受到规则限制,那么由于时间不一致性,中央银行具有通胀偏差。

假设中央银行不知道公众的预期,而且在短期希望实行一项可将社会福利最大化的政策。也就是说,不论 Pe = 0 还是 Pe = 1,中央银行都将实行一项获得 SW 最大值的短期政策。如果公众预期物价稳定(Pe = 0),那么中央银行的短期最优政策将是通胀(p = 1),因为此时社会福利更高。也就是说,如果 p = 0 且 Pe = 0 则 SW = 0,但如果 p = 1 且 pe = 0 则 SW = 1。如果公众预期物价通胀(pe = 1),那么中央银行的短期最优政策还是通胀(p = 1),因为此时社会福利更高。也就是说,如果 p = 0 且 pe = 1 则 SW = -2,但如果 p = 1 且 pe = 1 则 SW = -1。因此,当不知道公众预期时,如囚徒困境,中央银行因缺少对公众预期的具体判断,将采取视它为最优的政策。在这一情况下,从中央银行的角度来说,最优政策是通胀,也就是说,实施一项短期最优而长期次优的政策。

如卢卡斯批判中所强调的,公众将考虑到中央银行政策并据此调整预期。如果公众预期中央银行会稳定物价,则中央银行倾向于通胀,因为这样一来中央银行可以在短期产生正向产出差值并使社会福利最大化。公众将理解到这一通胀偏差,并在其经济合同中包括通胀预期。经济会表现为如图 16.1 所示的政策结果(2,2)。如果公众预期通胀,则中央银行倾向于通胀,因为价格稳定会产生负向产出差值。公众会知道其预期得到了实现,并继续在其经济合同中包括通胀预期。经济会表现为政策结果(2,2)。

长期而言,结果(1,2)和(2,1)不可能出现,因为在这两种情况下,正向或负向产出差值将产生经济变动,使得实际产出与潜在产出相等。只有(1,1)和(2,2)是长期可持续的结果,但这二者中哪一种更有可能出现呢?公众会逐渐明白中央银行为利用短期菲利普斯曲线会存在通胀偏差,因此产生通胀预期。也就是说,随时间推移 pe = 1,经济会表现为结果(2,2)而非(1,1)。但是,这一长期结果产生了较低水平的社会福利(SW = －1),原因是在该情况下的实际和预期通胀率均高于当中央银行实现物价稳定且公众预期物价稳定时的实际和预期通胀率(SW = 0)。

16.10　卢卡斯批判和时间不一致性的解决办法

文献中共提出过四种卢卡斯批判和时间不一致性的解决办法。第一种是采用使中央银行实现物价稳定的规则,包括设定通胀目标,也包括以泰勒规则调整政策。中央银行已一定程度上向该方向靠拢,在其政策中同时包含了显性和隐性通胀率目标,但却不愿意仅依赖于泰勒型规则。第二种解决办法是,中央银行长期建立起稳定物价的口碑,让公众明白中央银行希望维持这一口碑,并因此预期中央银行会致力于稳定物价,使经济表现为结果(1,1)。这里的问题在于,口碑是很脆弱的,在向中央银行施压使其实施通胀政策的政治环境下尤其如此。第三种解决办法是与中央银行的管理层简单地建立起一个合同框架,规定其实现价格稳定,如果表现与合同条件不符,则对其作降薪或停职处理。建立合同尽管是解决时间不一致性的一种理论办法,但可能存在许多实际问题。第四种解决办法是任命一个保守的中央银行管理层。也就是说,所任命的人员应有支持实现物价稳定的口碑,并不太可能利用短期菲利普斯曲线。与建立合同的办法一样,该办法也存在诸多实际问题。

在这四种解决办法中,某些基于规则的政策是最为实际的解决办法。尽管中央银行已经以不同形式采用了通胀目标,但仍倾向于相机抉择,对基于规则的政策则因其限制更多而较为抵触。

16.11 中央银行对于卢卡斯批判和时间不一致性的回应

卢卡斯批判和时间不一致性具有很强的逻辑和重要的政策意义。这些政策意义强调了规则相对相机抉择所具有的好处,但规则本身便是存在问题的。在过去几十年中,中央银行通过以下形式在其政策中包括了一系列政策意义:

(1)中央银行的战术与战略更具透明性;

(2)物价稳定作为首要的金融领域宏观经济政策目标;

(3)显性与隐性通胀目标;

(4)利用泰勒规则或泰勒规则变体指导短期战术。

然而,中央银行依然不愿意全然接纳基于规则的方法。尽管中央银行无法否认卢卡斯批判和时间不一致性的逻辑,却认为理论框架距中央银行的实际操作太过遥远,因此无法加以认真考虑。中央银行当然还是向基于规则的方法靠拢了,但却不肯被规则限制,继续使用复杂的经济计量学模型分析经济以指导政策。

美联储以及其他中央银行,都认为自己比以前更清楚激进主义货币政策所存在的问题;认为自己已从此前的政策失误中汲取了教训;并认为自己对于货币政策生效的时差和由卢卡斯批判与时间不一致性带来的问题相应地调整了战术和战略。尽管如此,相机抉择依然是中央银行实施政策时更青睐的方法。事实上,美联储已将相机抉择的传统概念调整为今天所说的"强制的相机抉择"(Bernanke，2003)，后者成为传统意义上基于规则和基于相机抉择方法的折中办法。这听起来与"趋利避害"有异曲同工之妙，每个人都同意这么做，但问题在于必须要定义"利"与"害"，而且从实际角度出发，在本书所讨论的五步框架语境下，"强制的相机抉择"(也被另一位前美联储官员称为"理智的相机抉择"：艾伦·布林德，1999，p. 49)是一个更为复杂的基于相机抉择的方法，但其仍然是相机抉择。在下一章，亦即最后一章中，我们会在结尾评论中讨论美联储政策的记录，并回归规则与相机抉择之争这一问题。

参考文献

Asso，Pier Francesco，George A. Kahn and Robert Leeson (2010)．"The Taylor Rule and the Practice of Central Banking"，Research Working Paper no. 10 - 05．Kansas City，MO：Federal Reserve Bank of Kansas City.

Bemanke，Ben S. (2003)．"'Constrained' Discretion and Monetary Policy"．Remarks at New York University，New York，February 3，www. federalreserve. gov/boarddocs/Speeches/2003/20030203/default. htrn.

Blinder，Alan S. (1999)．*Central Banking in Theory and Practice*．Cambridge，MA：MIT Press.

Cukierman，Alex (1986)．"Central Bank Behavior and Credibility：Some Recent Theoretical Developments"．Federal Reserve Bank of St. *Louis Review*，68：5 - 17.

Friedman，Milton (1959)．*A Program for Monetary Stability*．New York：Fordham University Press.

Lucas，Robert (1976)．"Econometric Policy Evaluation：A Critique"．*Carnegie-Rochester Conference Series on Public Policy*，1：19 - 46.

Simons，Henry C. (1936)．"Rules versus Authorities in Monetary Policy"．*Journal of Political Economy*，44：1 - 30.

Taylor，John B. (1993)．"Discretion versus Policy Rules in Practice"．*Carnegie-Rochester Conference Series on Public Policy*，39：195 - 214.

第五部分

美国金融货币体系的表现

第 17 章
美国金融货币体系的五个重要时期

17.1 引言

最后一章将回顾,在美国经济的五个重要金融与经济变化时期,国家金融货币体系分别表现如何,即:大萧条时期(1929 年至 1941 年);大通胀时期(1965 年至 1985 年);金融自由化时期(20世纪 70 年代至);大缓和时期(1985 年至 2000 年);大衰退时期(2006 年—)。需注意,金融自由化时期和大萧条时期暂无结束日期。金融自由化在 21 世纪已放缓了步伐,但仍继续改变着全球的金融货币体系。据美国国家经济研究局的口径,大衰退时期于 2009 年 6 月正式结束。然而,经济复苏进展乏力,在 2016 年末本书写作期间,经济运行仍低于其潜力。

本章和第 10 章是历史性回顾,即使省略不谈,对理解国家金融货币体制也无不利影响,但了解美国政权的历史演变却实在具有价值,可以弄清楚有关政府总体作用和国家金融货币体系具体作用的经济政治争论。这五个时期体现出美联储政策的重要教训。

下面关于五个时期的讨论基于经济和历史研究,其中有一些为作者的研究结果。就大萧条、大通胀、金融自由化和大缓和而言,基本脉络已被普遍接受,诸多具体细节仍存在争论。大衰退的情况则与此不同。大萧条的成因究竟是市场失灵还是政府失灵,抑或是两者的结合,仍然存在着争论。

以下将逐一讨论这五个时期。

17.2　大萧条的序曲

大萧条给美国与世界造成的经济冲击之强,怎样夸张都不为过。图 17.1 显示了美国在 1875 年至 2007 年期间的 GDP 缺口,图 17.2 显示了 1890 年至 2007 年期间的实际和自然失业率。产出及就业率差值及其在 20 年代 30 年代所造成的经济困境十分显著。第 10 章中记录下了银行体系的崩溃。

为了更好地理解这一时期,本节讨论将首先回顾在 1913 年美联储成立至 1929 年出现大萧条期间,美联储是如何演变的;接着将转而讨论大萧条本身、美联储的角色以及美联储政策的后果,该后果一直持续至 1951 年 3 月。

美联储成立于 1913 年 12 月,时值金融部门受到以今天标准来看最少的监督管理,货币体系以金本位为基础。美联储在成立后的头几年中,面临着多方面的挑战。

首先,具有独特分权结构(委员会和 12 家联邦储备银行)的新中央银行这一基础设施本身就构成一项艰巨的任务。

第二,对于如何分权,委员会(时称美联储委员会)、纽约联邦

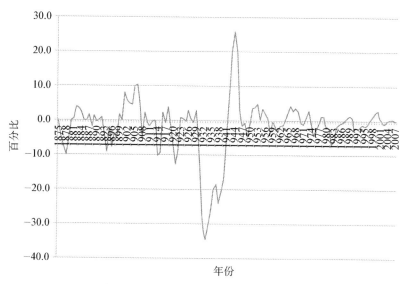

图 17.1　1875—2007 年期间的 GDP 差值

资料来源：依据 Robert J. Gordon 所提供的数据。

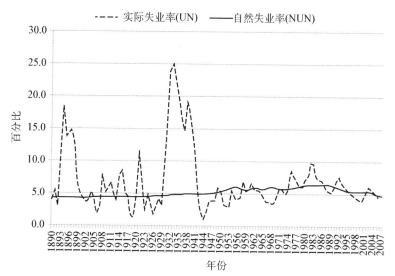

图 17.2　1890—2007 年期间的实际失业率和自然失业率

资料来源：依据 Robert J. Gordon 所提供数据。

储备银行以及其他 11 家联邦储备银行间产生了巨大的争论。直
到 20 世纪 20 年代后期,新联邦储备银行主导决策。实际上,纽约
联邦储备银行总裁曾经表示,联储 12 个银行体系是一个有 11 个
储备银行太多的体系!

　　第三,美联储在成立后的头一年中,要处理来自欧洲的大量黄
金流入,这些流入增加了基础货币。而且,美联储在头几年中还被
要求保持低利率,以支持美国财政部门为第二次世界大战期间军
事开支进行贷款融资。这导致了 1915 年以后通货膨胀率迅速上
升。以 CPI 计算,在 1916 年至 1920 年期间,平均通胀率达到
14.7%。

　　第四,美联储在 1920 年取消了对美国国债的支持,并开始执
行紧缩的货币政策,大幅提高了贴现率。此举现被视为一项成功
的价格稳定政策,通货膨胀很快得到了控制,但同时却伴随着价格
和产量急剧下降。1921 年至 1923 年期间的平均通胀率为 8.6%,
但截至 1923 年,通胀率为 1.8%。在 20 世纪 20 年代剩下的时间
里,通胀率保持在稳定低位,为这十年的繁荣做出了贡献。然而,
对于美联储积极的贴现政策,政治界产生了负面回应,后来一直力
图缓和美联储利率政策,该影响一直延续至今。美联储则依旧更
愿意降息,而非加息。

　　20 世纪 20 年代剩下的时间是美联储政策大获成功的时期。
受无线电和汽车等创新产物的直接和间接影响,经济快速增长。
商业周期几不可见,就业率高,平均通胀率低。1923 年至 1930 年
期间,平均通胀率为 0.3%。不过,在大萧条前夕,美联储的决策制
定机构支离破碎,委员会软弱无力,决策过程直到 1928 年前都由
纽约联邦储备银行主导。1928 年,纽约联邦储备银行行长本杰

明·斯特朗（Benjamin Strong）去世，其接任者远不及其强势。因此，大萧条前夕，美联储的决策层就由软弱的委员会，加上 12 个意见各异且为各自在美联储的权力与影响力较劲的地区银行组成。

17.3　大萧条时期

大萧条实际上包括四个时期，时间跨度十年：大紧缩，自 1929 年延续至 1933 年，见证了美国金融和实体部门的崩溃；"复苏"，自 1933 年延续至 1937 年，严格意义上说，经济是在 1933 年以后才开始扩张的；1937 年的急剧衰退；以及 1938 年至 1941 年美国经济战备期间的持续复苏。1941 年 12 月 7 日，日本人袭击珍珠港时，大萧条结束。美国向日本宣战，德国和意大利向美国宣战，结果就是，美国成了历史上空前绝后的战争发动引擎。

根据美国国家经济研究局的口径，大萧条始于 1929 年 8 月，1929 年 10 月 29 日股市崩盘前两个月。股市崩盘已被广泛视为大萧条的起点和原因。然而，尽管崩盘仍被认为是重要的原因，证据却与这一假设不一致。关于 1929 年 8 月出现下跌的原因有不同的看法，其中美联储转向更紧缩的货币政策这一点尤为引起关注。当时的衰退是很严重，但与以往的经济下行并无太多二致。1930 年底，随着公众对存款失去信心，同时联邦政府出台了一系列不明智的政策来增加税收和限制进口，1930 年底出现了一波银行倒闭潮，下跌就此变为了大紧缩。在理解银行倒闭潮时，需记住的是，联邦存款保险直到 1934 年才建立起来。公众力图将存款转换成货币（基础货币）的行为具有三个直接后果：一是，通过提高货币乘数中的现金比率 k，M2 货币供应量自 1929 年至 1933 年下降了

25％；二是，传染效应造成了大范围的银行倒闭，所以截至 1933 年，银行体系已经从约 4 万家银行减少至到 3 万家银行；第三，幸存下来的银行变得厌恶风险，而且不愿意贷款。

公众希望持有流通货币而非存款，由此导致的银行体系崩溃，可贷资金供应的减少；胡佛政府对所得税的上调；以及胡佛政府对进口的限制（斯姆特-霍利关税）等因素使得总需求（AD）左移，导致 1929 年至 1933 年间产出下降 27％，价格水平下降 26％。

1933 年，大萧条迎来转折点，这得益于两方面因素。第一，罗斯福政府上台不久便宣布了一个银行假期，并随后进行了一系列令人称道的金融改革，其中就包括 1934 年建立的联邦存款保险。货币乘数中的比率 k 有所下降，货币供应量开始增加。第二，来自欧洲的资本流入导致流入美国的黄金大幅增加。美国财政部通过向美联储发行黄金证书对黄金流入变现，反过来增加了基础货币。

由于联邦存款保险建立、其他各项改革出台以及流动性增加，金融部门稳定了下来。1933 年，经济开始复苏。然而，"复苏"一词必须从严格意义上理解，因为直到 1937 年 5 月开始的急剧衰退前夕，经济都持续处于低迷中。1936 年，产出缺口仍然很大，为 －19.8％；失业率仍高企，为 17％。但是鉴于工人处于沮丧和边际状态，失业率却更高了。即使到了 1939 年，经济仍然处于困境中，产出缺口为 －20.9％，失业率为 17.2％。

1937 年 5 月，随着美国经历了短暂但急剧的衰退，并于 1938 年 6 月触底，技术复苏结束了。这次衰退很短暂。从 1938 年 6 月起，经济开始继续扩张，一直持续到 1941 年 12 月 7 日，此后开始了大幅度扩张（如图 17.1 和 17.2 所示）。然而，即使在 1941 年，经济运行仍远低于其潜力。1941 年的产出缺口是 －6.3％，失业率是 9.9%。

17.4　美联储的作用

截至 20 世纪 60 年代,有关大萧条及美联储作用的普遍观点可归纳为以下几点。

第一,大萧条的原因归根结底在于收入分配不均、股市投机、商业追逐利益的"动物精神"、银行过度竞争存款和贷款以及投资和商业银行之间关系紧密。换句话说,经济与金融部门结构薄弱,总需求的任何移动都会使整个纸牌屋倾塌。AD 的移动最初是私人投资放缓造成的。因此,大萧条是市场失灵的结果。

第二,罗斯福政府的新政助益了 1933 年开始的复苏,这表明了积极政府缓和市场失灵与稳定经济的能力。

第三,美联储实行了宽松的货币政策,但由于公众缺乏信心,不愿意花钱,使得提供资金和降低利率就像"推绳子"一样,因此经济陷入流动性陷阱之中。结构性问题压倒了美联储实行的任何宽松货币政策。因为缺少核心领导,美联储有其自身的结构性问题,但总的来说,美联储在扭转衰退上竭尽了全力。

第四,1941 年底,战争带来了复苏,这证明了凯恩斯主义模型的正确性。也就是说,政府开支的增加结束了大萧条。

这一观点强调货币政策是无效的,市场体系存在内在不稳定性,因此政府需要广泛扩大对总需求以及监管的管理。该观点在第二次世界大战结束后的最初几十年被广泛接受。

接着,在 1963 年,米尔顿·弗里德曼和安娜·雅各布森·施瓦茨出版了《美国货币史(1867—1960)》,逐一挑战了这些广为接受的观点。在接下来的 20 年中，挑战成为货币主义学派和凯恩斯学派之间论战的重要内容。弗里德曼和施瓦茨（1963）对于美联储在大萧条中的作用提供了另一种观点。

第一，美联储没能积极充当个人银行的最终贷款人，也没能通过公开市场操作增加基础货币，美联储的这些政策失误使得原本一次正常的衰退演变为大紧缩。之所以产生上述失误，是因为美联储的决策制定机制运行失常，错误理解了货币政策如何影响经济，以及缺乏领导。

第二，不论以何种标准判断，大紧缩时期实行的货币政策都是紧缩性的。基础货币萎缩，货币供应减少，同时，尽管名义利率较低，实际利率却因通货紧缩而高企。1930 年至 1933 年间的平均实际利率竟达到 11.7%！美联储辩称，对贴现政策的监管要求与相关规则使其无法采取积极的行动，但这一争辩理由站不住脚，是对事先不肯担任最终贷款人的事后借口。倘使美联储采取了更积极的政策，大萧条不会如此深重，时间也不会如此之久。

第三，1933 年 3 月开始的复苏，无关于美联储政策，亦无关于罗斯福新政支出，更多的是得益于联邦存款保险重塑了公众对存款的信心（增加 M2 货币乘数中的比率 k），也得益于美国财政部决定对来自欧洲的大量资本以黄金形式流入实现货币化，欧洲大量黄金资本流入则是战争局势逐渐明朗的结果。

第四，1937 年 5 月开始的急剧衰退，直接原因是美联储决定通过在 6 个月内将准备金要求翻番，从而清除银行持有的大量超额准备金（Cargill and Mayer, 2006）。美联储想当然地认为，产生超额准备金由于贷款需求不足，因此，准备金要求翻番不会影响银行贷款。这是因美联储混淆了实际和有意的超额准备金而导致的一项政策错误。事实上,情况却正好相反。银行因为厌恶风险,所以有意预留了这些超额准备金。随着准备金要求的增加,银行减少了贷款。

第五,大萧条的成因是政府政策失败,特别是美联储政策。大萧条因此构成反对积极政府政策的论据,而非支持政府在经济中发挥更大作用的证据。

第六,新政支出是无效的,而且用以调控经济的诸多新政策干扰了经济复苏。

弗里德曼和施瓦茨引起了激烈的争论。尽管他们分析的各要点中,有的受到了修改,其他的得到了强化,但证据有力表明了是美联储政策失误引发了大紧缩和 1937 年与 1938 年的急剧衰退这一观点成立。也就是说,倘若美联储奉行了更积极的宽松政策,那么大衰退本可以时间更短,也不会那么深重。罗伯特·惠普尔斯(Robert Whaples)在他对经济学家和历史学家的调查中阐明了这一点。惠普尔斯发现(Whaples,1995),仅不超过四分之一的历史和经济学家截然反对美联储是促成大萧条的因素之一这一观点。近些时候,本·伯南克强调了美联储对经济的负面影响:

> 弗里德曼和施瓦茨有关大萧条的著作,其杰出之处不仅仅在于讨论的结构或观点的连贯性……对于实践中的中央银行领导而言,现在我自己也属于这一行列,弗里德曼和施瓦茨的分析记录下了许多教训。我从他们的著作中得出的结论是,货币的力量,尤其是当朝着不稳定的方向上释放时,可能是极端强大的。中央银行领导能够为世界做的最好的事情就是,向经济提供米尔顿·弗里德曼所谓的"稳定的货币背景"——

如稳定的低通胀——来避免这类危机。

演讲结束之际,我谨稍微滥用一下我作为美联储官方代表的这一身份。我想对米尔顿和安娜说:关于大萧条,你们是对的。我们做错了。我们深感抱歉。但多亏了你们的工作,我们不会再错第二遍(Bernanke,2002)。

关于新政中的政府支出没有效果这一论点,除罗斯福总统的财政部长亨利·摩根索(Henry Morgenthau)之外,无任何其他权威证明。1939年5月9日,摩根索在日记中记录了当天他与美国财政部的另外四位官员会晤时指出(亨利·摩根索日记,1939年):

先生们,眼下我们已经尝试过花钱这个法子。我们的支出比以往任何时候都多,但这不起作用……我希望看到这个国家繁荣昌盛。我希望看到人们找到工作……我们从未兑现我们的承诺……

这段话直到几年前才公开发表。尽管大量经济证据显示新政对经济复苏的影响被夸大了,但对于那些把新政支出视为良好政府政策的人来说,这段话的观点还是令他们不安。

17.5　后果:重新设计美联储、政府金融监管和金融部门

数十年来,美联储并未因其在大萧条中的作用而被问责。人们认为,大萧条由非货币力量造成,因此无法用货币政策抵消。人

们认为美联储之所以当时没能起到太大效果，是因为决策制定过程中权力分散，货币政策工具不足，金融体系功能不健全。其中金融部门功能不健全又是因为允许过度竞争，允许投资和商业银行之间关系密切，而且基本没有相关的监督和管理。为解决上述问题，1933 年至 1935 年实施了一系列法律与行政措施，这些措施一是确立起美联储的结构，该结构延续至今；二是确立了金融部门的结构，该结构一直延续至 20 世纪 70 年代。

重新设计美联储：1935 年，美联储受到一系列范围广泛的体制改革。新成立的联邦公开市场委员会获得了公开市场操作的集中授权；美国联邦储备委员会集中管理货币政策的策略和战略，同时主导公开市场委员会；货币政策工具也受到了修改和扩展。尤其值得一提的是，委员会还获得了改变准备金要求的能力，和对股票及可转为股票的债券设定保证金要求的能力。

由于当时在凯恩斯主义模型的认知里，美联储及货币政策并不重要，因此，1941 年 12 月 7 日后不久，美联储政策就退居幕后，美联储也完全失去了实施货币政策的灵活性，当时美联储被要求将政府证券利率目标控制在较低水平，支持美国财政部出售债务，为对德、日、意开战所需的政府支出大幅增加提供资金。在国家紧急时期，中央银行来理应发挥这样的作用；然而，美联储被要求继续保持较低的政府证券利率水平，直到 1951 年 3 月。那时，人们已经越发担忧，认为美联储政策需要更灵活地处理通货膨胀问题，并且需要从支持政府证券利率的任务中解脱出来。1951 年 3 月，一纸《财政部和联邦储备系统协议》签署，约定美联储将不再支持政府债务利率，这些利率今后将由市场力量决定。

由于凯恩斯主义模型以及当时流行的非货币通货膨胀理论被

日益接受,1951 年协议后的美联储声誉下降,降格为稳定工具的次要角色。事实上,该事件说明,中央银行的法定独立性与其事实独立性相比并不那么重要。自 1942 年的利率支持项目启动以来,直到 1951 年 3 月,美联储都维持了其形式上的独立性,但它事实上完全依赖于政府。尽管在 1951 年协议之后,美联储由利率支持项目下完全依赖的中央银行转变为某种程度上的独立中央银行,其独立性仍然受限于 1946 年的《就业法》。美联储代表的是防止 20 世纪 30 年代高失业率重演这一政治共识,尽管其公开支持价格稳定,但却把就业率放在比价格稳定更高的位置;"灵活"地制定独立性的概念;并使货币政策与财政部债券配售相协调,被称为"平稳"政策。

1951 年,麦克切斯尼·马丁成为委员会主席,一直担任该职,直到 1971 年被阿瑟·伯恩斯(Arthur Burns)接任。马丁对外支持价格稳定,但在实践中更重视与财政部协调货币政策,并认为美联储独立性并非独立于政府,而是在政府体系内的独立。对于独立性的这一灵活观点等同于事实上依赖政府政策。

20 世纪 50 年代宏观经济稳定的表现和价格稳定常被归因于 1951 年协议发布后产生了独立美联储;然而,这种观点并不令人信服,原因有二。一是,细读这一期间的美联储文件,并无证据表明美联储了解货币与通货膨胀之间的关系,美联储对货币政策运作方式也只有一知半解。也就是说,档案与在此期间美联储独立并专注于价格稳定这一观点并不一致。二是,美联储发现自身处于一个有利环境中,几无脱离价格稳定的压力。事实上,20 世纪 50 年代与 20 年代一样,也是美联储政策的成功时期。这两个十年都紧随着战后,都经历了潜在产出的显著增长,公众信心提振,和低政府赤字。

20 世纪 60 年代政治环境发生了变化,尤其是在约翰逊政府领导时期,当时货币政策已经降低了其事实独立性,并为大通胀奠定了基础。

金融改革:金融部门也经历了制度方面重要的重新设计。随着 1934 年美国联邦存款保险公司成立,1935 年美国证券交易委员会成立,以及其他一些新的监管机构成立,对金融部门的不同方面进行监管,联邦政府的监督管理也随之扩大。金融改革数量很大,进行任何详细讨论都将超出本章范围。然而,重新设计工作的三个方面很重要。

第一,大萧条之前的金融部门被认为是不稳定的,因为其缺乏联邦监督管理来限制银行的不谨慎贷款。不谨慎贷款使银行在经济衰退时面临破产,并从而降低公众对存款的信心。因此,让联邦在监督管理上扮演更大的角色,并在各州进行匹配,目的正是限制不谨慎贷款并维持公众对存款的信心。

第二,大萧条之前的金融部门允许投资银行业务(承销债券和证券)与商业银行业务(接受存款和发放贷款)之间有重叠。这种做法在当时被广泛接受,导致了股市投机,银行与储户之间利益冲突,以及彻底的欺诈行为。改革的重点之一正是将商业银行与投资银行业务分开,以减少风险承担并保持公众对存款的信心。

第三,大萧条前的金融部门允许直接和间接金融市场的利率由市场决定。市场所决定的利率,特别是存款利率,在当时被认为刺激了人们不谨慎地承担了高风险。随着银行以更高利率争夺存款,资金成本增加了,这要求他们发放更高风险的贷款。解决的办法是设定存款利率上限。活期存款上限为零,而储蓄和定期存款受美联储设定的正上限的限制，这一规定称为 Q 条例。另外，为了限制高利贷，许多州政府对银行信贷实施了利率上限。直接货币和资本市场的利率曾经允许由市场决定，但这些市场现在都受到政府监管。

17.6　大通胀：美联储政策失误与金融监管缺陷的碰撞

大通胀时期是美国和许多国家所经历的财务与经济困境之一。通胀率和失业率高企，产量低且不断下降，这一宏观经济环境又伴随着资金流动中断和存贷行业的最终崩溃。宏观经济环境不稳和金融动荡的主要原因是政策失误，包括政府在限制金融部门竞争方面监管政策；"Q 条例"；通过保护存贷行业作为专门的抵押贷款机构，对房屋所有权进行补贴；以及美联储宽松的货币政策。

从 1952 年到 1965 年，通货膨胀率始终很低，平均只有 1.5％；但发生了四个事件，导致货币政策过度宽松，大通胀和美联储失去在 1951 年协议中所获得的任何事实上的独立性。宽松的货币政策及由此产生的通货膨胀，与旨在限制竞争并支持房屋所有权的不合理金融结构产生了冲突。

事件一，肯尼迪政府提升了激进凯恩斯主义需求管理政策的地位，将其作为 1968 年《总统经济报告》（肯尼迪，1962 年）中概述的"新经济政策"的一部分。事件二，美联储被要求将货币政策与政府的财政政策相协调。事件三，在 1946 年《就业法》的背景下，菲利普斯曲线中就业与通胀此消彼长的关系刺激了美联储用通胀买就业。事件四，约翰逊政府在 1963 年后开始实施积极的政府支出计划，经营着巨大而持续的赤字，且总体上不愿意增税。

一旦通货膨胀成为严重问题,菲利普斯曲线就被用作驳斥反通胀政策的一个论据,理由是从就业率降低方面看,积极的反通胀政策"成本太高"。事后来看,菲利普斯 1958 年的论文对公共政策产生的影响力之大是显而易见的。

马丁领导下的美联储很容易受到通货膨胀政策的影响,因为按他的理解,美联储独立性这一概念是在政府"内"独立而不是独立"于"政府。也就是说,马丁的独立性概念强调与政府的合作以及事实上的依赖,而不考虑美联储的法定独立性。这一概念仅表示单向关系。美联储支付政府支出,但随着通胀上升,政府不愿意采取行动来减少赤字,也不愿意允许美联储提高利率以消除通胀。1968 年,这一点体现得尤为清楚,当时约翰逊政府对公司和个人征收了 10％的暂时性附加税;然而,因为该税被宣传为仅为暂时性的,因此其暂时性的这一特征确保了其对支出只产生了最小的影响。事实上,当时对凯恩斯需求管理理论信仰如此根深蒂固,以至于美联储还担心暂时性附加税可能导致过犹不及的财政后果。因此,美联储继续实行宽松的货币政策。

马丁领导下的美联储于 1970 年 1 月结束,1970 年 2 月伯恩斯成为委员会主席。此前,伯恩斯已经确立了自己世界级顶尖学者的地位。人们非常期待这样一个有学术高度的人将会使美联储政策回归价格稳定。但相反,伯恩斯继续并加速了通货膨胀政策,以至于 20 世纪 70 年代后期,通货膨胀率最终达到了两位数,同时伴随着失业率上升。伯恩斯继续坚持马丁对独立性的立场,并希望以对美联储独立性和价格稳定的立场,换取在政府内部工作的机会;支持行政赤字支出和就业目标;并支持理查德·尼克松和后来的吉米·卡特的政治期望。伯恩斯认为,去通货膨胀的成本在政治上是不可接受的,结果是,他和美联储成为 1971 年给美国经济强加工资与价格控制的倡导者。这些管控在不久之后被撤销,但造成了巨大的损失。

在此期间,布雷顿森林体系固定汇率制度于 1971 年 8 月崩溃,当时尼克松宣布实施新经济政策,旨在处理国际和国内问题:结束美元对黄金的可兑换性;征收 10％的进口附加费,主要针对日本和德国,除非他们使其货币升值;并实行 90 天的工资/价格冻结来应对通货膨胀。固定汇率制度不可持续,原因是美国等赤字国家不愿意放慢经济增长,而日本和德国等盈余国家不愿意膨胀。金本位从来不是第二次世界大战后对美联储政策的有效制约因素;尽管如此,转向浮动汇率制度使得美联储可以比以前更大程度地忽视国际货币波动。在 1971 年至 1973 年之间的一段短暂时间里,各国升值了本国货币,努力维持固定汇率制度;然而,1973 年,固定汇率制度结束了。

很难理解美联储为何不愿意搞清楚货币与通货膨胀之间的关系;但美联储居然愿意提倡工资和价格管制,并以此作为解决通胀的办法,这就更难理解了。支持管制的决定进一步侵蚀了美联储的独立性,并加深了公众对于美联储既无力也无意控制住通胀的预期。所以,不仅通货膨胀率上升,预期通货膨胀率也上升。压倒性的证据表明,伯恩斯领导下的美联储认为其作用是支持政府。第 11 章中引用的伯恩斯日记节选也强调了这一点。伯恩斯为安抚白宫以及协助尼克松 1972 年重选所作的努力是众所周知的。这个时期是美联储的一段黑暗历史,整个大通胀事件使得一切基于法定视角的独立性概念都变得无关紧要。

美联储不但没能稳定美元的价值,还由于通货膨胀加剧了无管制货币和资本市场的利率与 Q 条例对银行及存贷行业存款利率上限规定值之间的差距,造成金融部门严重动荡。美联储对宏观政策与金融监管之间关联的理解十分有限。这一点对任何有关 Q 条例的讨论中都尤其明显。大多关于 Q 条例的讨论都没意识到,如果货币市场利率与 Q 条例上限规定值之间差距日益扩大,会如何扭曲金融部门。相反,讨论关注的是存款机构之间的竞争公平性和强加利率上限的合法性(Meltzer,2009,p. 385)。考虑到 Q 条例在 20 世纪 70 年代对金融部门稳定性所造成的不利影响,这一点非常显著。这一对 Q 条例资源扭曲作用的忽视得到托马斯·迈尔(Thomas Mayer)(1982)的证实,他引用了美联储于 1966 年通胀开始上升时,降低了 Q 条例的举动。美联储对金融部门中系统性缺陷的忽视,以及对宽松货币政策会如何导致财务困境的考虑不周,在 21 世纪的头几年重演,并导致了大衰退。

越来越多的外界批评者开始批评美联储政策,这受到了美联储的强烈抵制。美联储认为通货膨胀是由于其他因素造成的,如石油价格冲击,农业价格冲击和工会冲击;并认为货币政策是紧缩的,高利率便是证据。批评者反驳了这些论点,并指出,经济理论和历史都表明通货膨胀是货币现象;石油价格冲击或其他个别事件无法解释通胀为何在一段时期内始终持续;而由于费雪效应,高利率恰恰表明了货币政策是宽松而非紧缩的。

国会为控制美联储,于 1978 年颁布《充分就业与平衡增长法》,该法案要求美联储每年向国会报告两次;要求美联储关注价格稳定以及最大化就业;要求美联储制定货币总量目标以更好地控制通货膨胀率和经济。1978 年法案出发点是好的,但因对美联储提出了双目标,所以反而混淆了最终政策目标。尽管如此,这一双目标在 1979 年成为《联邦储备法》的一部分,并继续作为美联储的运作框架。

通货膨胀仍在继续,伴随着高企的失业率。到 1979 年,美联储已经失去了在维持价格稳定上的所有可信度。公众并不预期政府会实行财政限制,因此他们预期政府支出和赤字将被美联储所负担。通货膨胀预期继续增加,短期菲利普斯曲线向右移动,从而导致在当前通胀率下失业率增加。伯恩斯想继续担任主席,因此,他在 1977 年继续推行宽松政策来支持新的卡特政府。但是,他没有被重新任命。威廉·米勒(William Miller)于 1978 年 3 月被任命为主席,并很快于 1979 年 8 月被保罗·沃尔克取代。米勒的任期是美联储历史上最短也最不成功的,因为他就任时适逢大通胀的高潮,而他并不具有掌舵中央银行所需要的能力。

1979 年,经济处于经济和政治危机中:通货膨胀、高失业率、高利率、黄金价格上涨、美元贬值、从存款机构到货币市场过程中的资金脱媒、存贷行业破产、涉及两名得克萨斯银行家——亨特兄弟(Hunt Brothers)——企图操纵白银市场的金融丑闻以及需要大量的联邦贷款担保以使克莱斯勒汽车公司免于破产。在政治方面,伊朗人质危机进一步使人们觉得政府无法影响其环境。在大萧条结束 50 周年之际,许多政策制定者追问,类似的大萧条是否会再次发生。

17.7　金融自由化与大缓和

为应对危机,1979 年和 1980 年通过了三项政策,给二十年的经济增长和价格稳定奠定了基础。在金融部门方面,特点是金融自由化；在中央银行政策方面，特点是大缓和。

　　第一项政策涉及金融部门的重大监管改革，旨在消除 20 世纪 30 年代期间对金融部门施加的很多制约因素；第二项政策是任命沃尔克担任委员会主席，减负使经济恢复价格稳定这一政治任务；第三项政策是为美联储制定一套新的战术与战略，这些战术与战略比以往更加以规则为基础，也更侧重价格稳定。

　　金融自由化：大通胀与 Q 条例利率上限以及维持存贷机构作为专门抵押贷款机构的政策相冲突，而且大通胀也是导致自 20 世纪 60 年代初开始，二十年间存贷行业崩溃的主要原因。存贷行业受到监管，作为抵押贷款基金的专门贷款人，以支持鼓励住房所有这一社会契约。存贷行业的崩溃在 1989 年得到了正式承认，当时国会通过了立法以解决破产机构问题。这次崩溃是自大萧条以来美国金融部门最大的崩溃，截至 1999 年 12 月 31 日，给纳税人造成的名义成本达 1 240 亿美元（Curry and Shibut，2000）。假设 1990 年至 1999 年期间该数额均匀分布，则纳税人成本为以 2013 年的美元计算达 1 940 亿美元。

　　旨在支持房屋所有权的金融政策（Q 条例对利率上限的规定、向存贷行业提供抵押贷款的专门贷款人地位、房利美、房地美等）和通胀性货币政策，使存贷行业于 20 世纪 70 年代暴露于利率、流动性和非中介风险敞口下，这最终导致了 20 世纪 80 年代该行业的崩溃。这场危机是货币政策失灵，旨在支持房屋所有的金融部门缺陷，以及对不断增长的问题存贷机构政策反应失误等综合因素导致的。

　　对此，政策反应先是否认，当否认已不再可信时，才开始认识到问题的严重性。但凡当政策反应无法避免时，政策反应只会基于宽恕和宽容。宽恕意味着改变监管参数，让无清偿能力的存贷机构变为有偿付能力的存贷机构。宽容意味着延迟关闭问题机构，期待它能自行"走出"破产危机。该政策反应延长了困境，增加了最终解决成本，并且存在较大的道德风险成分。最后，当需要用重要纳税人资金救助存贷行业时，矛头转向了指责市场和"贪婪"的金融机构，以掩盖为鼓励住房所有的美联储失败和金融政策缺陷。这并不是说个体存贷机构层面不存在欺诈和严重叙述失实，但存贷行业崩溃的最重要原因在于其结构缺陷，以及宽松的货币政策在 Q 条例利率上限要求背景下，导致了通货膨胀。

存贷行业崩溃，金融部门陷入相关困境，迫使美国从态度和政策上做出了反应，扭转了大萧条期间施加的改革。美国开始了金融自由化进程，通过取消存贷款利率上限来重新设计金融部门；扩大金融机构在投资组合中进行多元化配置的权力；结束投资银行与商业银行之间的业务分离；总体上允许市场力量在分配信贷方面发挥比以前更重要的作用。

金融改革涉及一系列重要立法和行政行动，大大放开了美国的资金流动。

保罗·沃尔克及其屠杀通胀之龙的事迹：沃尔克是美联储历史上最成功的主席，他就任于危机期间，在解决危机方面发挥了重要作用，并带来了长达 15 年货币政策结果总体良好的"大缓和"时期。沃尔克作为危机中受任的主席，具有所需的声誉，正确地理解如何通过减少货币增长来降低通胀；正确地理解凯恩斯主义政策是如何引起了通胀；正确地理解公众的通胀预期在这一过程中的重要性；最重要的是，务实地理解降低公众通胀预期所需要的成本。沃尔克视美联储为"屠龙"的首要武器（Volcker，2000 年）。

　　不过,同样重要的是,沃尔克也受益于当时的政治环境允许美联储实现价格稳定,即使实现价格稳定可能会对经济施加一次严重但短暂的衰退。要扭转通胀预期,就必须这么做;之所以产生该预期,依据是美联储逾二十年中实施过度宽松的货币政策,而且其在实现价格稳定方面的声誉和可信度早已丧失殆尽。里根政府在美联储扭转通胀预期方面提供了协助,不仅总体上支持价格稳定,也维护沃尔克的威信,但体现里根政府支持的最显著事例是在 1981 年 8 月与代表全国机场交通管理员的美国空中交通管制员工会(Professional Air Traffic Controllers Organization,PATCO)之间的摊牌事件。

　　1981 年 8 月 3 日,该工会为要求提高工资,获得其他福利和每周只工作 32 小时,非法宣布进行了一次罢工。1981 年 8 月 3 日,里根在与记者的谈话中表示,如果罢工的管理员在 48 小时内不重返工作岗位,"就视作他们放弃工作并被解雇"(里根,1981 年)。1981 年 8 月 5 日,里根解雇了 11 300 名交通管理员,约占空中交通管理员工总数的 87%。几个月后,工会被吊销执照。这一事件的重要性不容低估,它在降低通胀预期方面发挥了重要作用。

　　价格稳定的新战术和新策略:正式更改货币政策是在 1979 年 10 月 6 日,联邦公开市场委员会会议上,沃尔克发表了国会证词,其他官员做了相关公开声明。美联储新政策的主要内容是:(1)必须控制通货膨胀,实现经济增长并结束金融部门和汇率的动荡;(2)降低通胀率会增加就业;(3)控制货币供应(正式被重新定义为 M2,以囊括十多年来的金融创新)是减少通胀的关键;(4)去通胀过程并不容易,需要时间;以及(5)降低公众的预期通胀率对于反通胀政策至关重要。

美联储于 1982 年秋季采取了一种"实际"货币主义方法,将货币控制作为政策手段,并重点关注;然而,美联储认为以货币控制为重点比较困难,并在几年内转向联邦基金利率目标。到 1982 年秋,反通胀过程取得成功,越来越多的证据表明公众的通胀预期正在迅速降低。美联储放弃了货币主义的方法,并在 1982 年后恢复了利率目标。到 1986 年,通胀率降至相对较低且稳定的比率,1981—1982 年大幅衰退的影响在消退,金融体系已经趋于稳定。许多研究者认为,美联储 1979 年至 1986 年的去通胀政策是其整个历史上最重要的政策成就之一。

17.8　大缓和

1985 年以后,通货膨胀仍然受到控制。沃尔克将价格稳定提升为美联储的主要政策目标,艾伦·格林斯潘(1987—2006)时期中大多数时间也延续了这一点。对价格稳定的关注产生时,宏观经济观念背景整体是反对凯恩斯需求管理政策,特别是菲利普斯曲线此消彼长的关系,并认为中央银行政策长期而言是中性的,因此,价格稳定应该是中央银行的主要目的。最重要的是,对价格稳定的关注得到了政治支持。许多中央银行采取了通货膨胀目标;然而美联储并没有这样做,而是继续强调价格稳定和最大化就业这一双目标。不过,在大缓和时期,美联储尝试使短期决策向价格稳定这一长期最终政策目标靠拢,同时抑制通胀力量。

事实上,大缓和时期的美联储政策与大通胀时期形成鲜明对照,可以用泰勒规则很好地解释,如图 17.3 和图 17.4 所示。在 1965—1980 年期间,美联储将联邦基金利率控制在远低于泰勒规

则所指向的利率。1965 年一季度至 1979 年四季度,联邦基金利率
比泰勒规则利率平均低 2.66 个百分点。在沃尔克时代,从 1980
年到 1985 年,随着美联储转向紧缩经济,实际联邦基金利率比泰
勒规则利率平均高 1.76 个百分点。在 1986 年至 2001 年的大缓
和期间,从 1980 年至 2000 年,联邦基金利率比泰勒规则利率高
1.12个百分点。

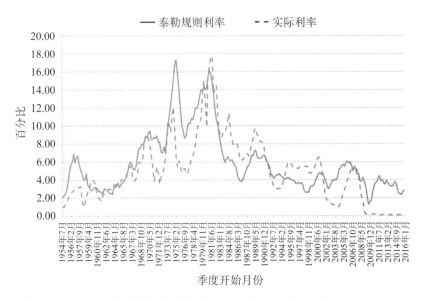

图 17.3　联邦基金实际利率和泰勒规则利率,1954 年 3 月—2016 年 1 月

资料来源:Federal funds rate-FRED, Federal Reserve Bank of St. Louis;Taylor rule,
federal funds rate-FRED Blog, Taylor rule, Federal Reserve Bank of St. Louis(https://
fredblog. stlouisfed. org/? s= taylor+rule).

泰勒规则不仅提供了与实际联邦基金利率十分接近的利率
值,更重要的是,体现了各个时期中货币政策宽松时期和紧缩抑制

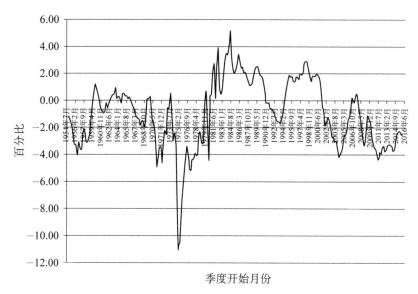

图 17.4 联邦基金实际利率—泰勒规则利率的百分比，1954 年 3 月—2016 年 1 月。

资料来源：依据图 17.3 中数据。

时期。美联储公开表示，其并没有遵循泰勒式规则，但人们的共识是，美联储确实从以 1951 年协议至 20 世纪 70 年代末期的货币政策为特点的完全相机抉择，转向了关注价格稳定的"理性相机抉择"。泰勒式规则尽管有其局限性，但却提供了货币政策的一种合理表现。

17.9 大缓和结束及对金融自由化的担忧

中央银行政策采取大缓和这一方式，背景是大通胀的动荡时期，以及货币主义-凯恩斯主义大辩论如火如荼进行。大通胀的动荡时期也为美国的金融自由化提供了催化剂,因为通货膨胀使市场利率高于监管利率,促使资金从非直接转向直接融资的脱媒,很大程度上引起了存贷行业崩溃。因此,大缓和和金融自由化是美国金融和货币框架的重大转型。

除了采取积极的中央银行政策外,也允许市场力量在从贷款人向借款人资金转移分配方面发挥更大的作用。允许利率反映市场力量而非由政府监管;金融机构被允许直接相互竞争,而不是被政府人为强加的异质性所隔离;货币和资本市场得到扩大并允许与金融机构,特别是银行更密切互动。因此,大缓和与金融自由化是相辅相成的。

在 21 世纪的头几年,大缓和结束,原因有三。一是,对美国的"9·11"恐怖袭击带来严重的负面供应冲击,货币政策试图对此加以缓和。二是,从 1995 年到 2000 年 3 月,美国经历了一场股市泡沫,当时美联储提高了利率。继而美联储积极地转向宽松政策,以确保泡沫破裂不会对经济造成严重的不利影响。三是,美联储采取了更激进的货币政策,这是受日本的影响,1990/1991 年日本房地产和股票泡沫破裂,日本银行没能更快速地对此作出反应,这在当时被认为是日本银行的失败,而且人们广泛认为这是 20 世纪 90 年代成为日本"失去的年代"的主要原因。(Cargill and Sakamoto,2008)。美联储不想犯同样的错误。从某种意义上说,在过去三十年乃至今天,美联储一直处于日本银行相关遭遇的阴影中(Cargill,Hutchison and Ito,1997,2000)。四是,美国经济已保持了近 15 年的价格稳定,但鉴于日本的经验,担忧通胀率低会导致通货紧缩。这一点再次体现了美联储处于日本银行的阴影之下,因为日本是世界上唯一一个在战后经历了通缩的工业化经济体。日本的价格水平在 1995 年开始下降，并持续到 2016 年，中间只有少数几次中断。因此，因担心重蹈日本覆辙，使经济陷入通缩，宽松货币政策变得合理化。

到了 20 世纪 90 年代，金融自由化已在世界大部分地区持续进行。但是对于以下事件的关注仍在不断增加：1995 年至 2000 年美国股市泡沫导致的所谓利益问题；1985 年至 1990 年日本房地产和股票价格的泡沫及其破裂；1997 年的亚洲金融危机，该危机使一些亚洲经济体的金融体系处于崩溃边缘；全球越来越大的范围内频发的大量银行业问题；以及在美国 21 世纪头几年发生的一系列金融丑闻中所揭露的欺诈和彻底的犯罪行为。

17.10　大衰退：两种观点

有关大衰退，存在两种相互竞争的观点。

第一种观点认为，大衰退主要是市场失灵的结果。市场失灵观点可能是最为广泛接受的观点，因为它已经被美联储，政府机构，许多政客和新闻媒体提倡。市场失灵观点认为，过度的金融自由化允许了不谨慎的房地产贷款；信用评级机构高估了低质量的抵押贷款支持证券；金融机构采取欺诈性借贷行为，用欺骗性的抵押贷款合同"说服人们"购买他们无法负担的房屋；抵押贷款经纪人也在其中发挥了作用，他们并无动力确保抵押贷款的质量，因为抵押贷款会立即成为抵押贷款支持证券，所以他们只赚取抵押贷款的佣金，却不承担抵押贷款的风险。这一观点认同美联储从 2001 年开始维持历史低点的利率，但认为抵押贷款的可借贷资金供应之所以向右移动，是由于资本流入，并认为低利率并非抵押贷款的重要决定因素。

第二种观点关注政府失灵。政府失败观点接受度不及市场失灵观点,但本书作者认为,通过仔细回顾导致大衰退的事件,会发现政府失灵至少是与市场失败同等重要的。同样,请记住,包括美联储在内的政府机构通过维护和扩大其权力及影响力来保护既得利益,因此并不总是能够对体现其表现不佳的潜在政策失败做客观的评估。本章篇幅有限,难以对美国历史上这一复杂经济金融危机时期中的所有问题——回顾。市场失灵的观点直截了当,在很多地方都被反复提及,因此不必像对政府失灵观点这样详细阐述。以下几点有助于我们了解导致大衰退的事件,并提供与广为阐述的市场失灵观点不同的视角:明斯基时刻的资产泡沫;房地产泡沫在导致大衰退中所发挥的核心作用;美联储政策;补贴房屋所有的金融与监管政策;直接导致大衰退的房地产泡沫破裂。

17.11　明斯基时刻的资产泡沫

历史上,资产泡沫不断发生。1841 年,查尔斯·麦基(Charles Mackey)在《异常大众错觉与群体狂热》首次记载了泡沫,并说明了"非理性繁荣"如何能够主导市场。资产泡沫具有市场失灵的因素,因为在泡沫期间,资产价格攀升至远高于其经济基本面,正如麦基(1841)所指出的,这会导致"大众错觉"和"群体狂热",人们相信,不论如何,明天的价格将高于今天的价格,并按照这一观点采取行动。最终,人们不得不面对现实,泡沫便会破灭。资产泡沫体现了市场结构中的一些缺陷,这些缺陷允许价格上涨至超过其基本面,但这些缺陷可能是政府政策以及私募市场结构所导致的。

换句话说,资产泡沫看似是市场失灵所导致的,理由是资产泡沫被广泛认为是贪婪和欺诈的结果,但细究下,泡沫出现通常可能由于在按政府规定建立的金融结构存在缺陷的情况下,中央银行政策失误所导致的。换言之,不考虑政府政策的作用,就无法理解资产泡沫。泡沫本身是市场失灵,但泡沫的产生可能是由于政府政策,而非市场失灵,或者两者兼而有之。

海曼·明斯基(Hyman Minsky,1982年)提出了一个实用的泡沫分类法,用以了解泡沫是如何产生及结束的。总体而言,资产泡沫有四个阶段:偏离、非理性繁荣、投机过剩和清偿。

偏离阶段代表经济表现发生变化,偏离其过去的表现,并塑造起对一个"新时期"的期望。偏离的表现形式可以是经济基本面的变化,如新技术,新市场,新产品,外国直接投资等。偏离起初也可以是货币性的,例如货币和信贷突然增加;然而,即使偏离最初是非货币的,在某个节点,信贷和货币也需相应宽松,使资产膨胀达到泡沫比例。本质上讲,偏离阶段代表了泡沫的开始,此时资产价格开始上涨超过其基本面。偏离阶段是基本面产生实际变化,大部分情况下并不会演变成完整泡沫。是下一个阶段将偏离至资产价格上的增长转化为泡沫。

非理性繁荣阶段是资产价格越来越偏离经济基本面的时期。人们相信价格会一直增长,而价格也变得依赖于市场对未来价格的这一预期。直截了当地说,这个阶段被称为资产定价中"更大的傻瓜"阶段。一个人明白自己以当前高昂的价格在日本股市购买索尼股票或拉斯维加斯的房子是很傻的;但不出六个月,会有一个更大的傻瓜支付更高价购买这只股票或这幢房子,只因为人们预期价格会继续上涨。心理学家可能比经济学家更能理解这一时期,因为在这一时期,个体一来受到提升经济状况的激励,二来倾向于受到群体"疯狂"的影响,不顾经济基本面,这两者相互作用。非理性繁荣阶段的关键因素是市场参与者失去客观判断力,其价格预期不再与经济基本面相关。非理性繁荣导致公众对资产支付的价格越来越高,远超过对于经济基本面合理的程度,但非理性繁荣同样被经济制度、政客和政府机构所接受。一旦泡沫心理学主导资产的价格确定,很少有人免受影响。即使那些不相信价格会继续上涨的人也会陷入"群体疯狂",愿意承担风险,购买和持有资产,然后在价格下跌之前将资产出售给下一个傻瓜。

这个阶段的一个特点是,那些接纳泡沫心理学的人在价格确定上愿意找到一个解释,说明为什么这一次情况是不一样的;即价格为什么一定将持续上涨。人们总会找到"新时代"这一论据来解释高股价和高房价。

投机过剩阶段相对较短,代表的是市场参与者购买资产的激烈狂热时期。这一阶段,人们购买股票和房产,完全不依靠对资产背后的经济基本面有任何理解,而是只是出于他们相信,他们必须尽快进入市场,不然就会失败。

清算阶段是泡沫破裂阶段。引发泡沫破裂的可能是欺诈行为被揭露,一家大公司破产,或一些人因认识到泡沫接近尾声而出售资产;但最通常的情况是,当继续购买资产的流动性干涸时,泡沫就会结束。在日本银行转向紧缩性货币政策后不久,日本的资产泡沫于1990/1991年结束;当美联储于2004年6月开始提高联邦基金利率目标后,美国的房地产泡沫于2005年底结束。

17.12　房地产泡沫在大衰退中的核心作用

住房价格的"泡沫"大约始于 2000/2001 年,于 2005 年末房价上涨放缓时结束,随后在 2006 年初开始了一场衰退,并持续到 2012 年(图 1.7)。然而,房地产泡沫并非在全国范围内均匀扩散,而是主要集中在国内主要的大都市地区,其中加利福尼亚州和内华达州是两个泡沫表现更强烈的州。一旦房价开始下跌,在 2006 年初,价格下跌的影响便在整个经济体系蔓延开来。房价下跌削弱了整个经济的资产负债表,并减少了支出和贷款。房地产业在美国扮演重要的经济和政策角色。房地产业带来的直接和间接就业占就业总量很大一部分。房产是个人资产负债表上最大的资产,是金融机构的一项重要资产,抵押贷款在货币及资本市场也是一项重要资产。根据美国国家经济研究局研究显示,房地产市场崩溃的影响在经济中蔓延,到了 2007 年 12 月,美国经济处于衰退之中。

2008 年末,随着雷曼兄弟公司倒闭和美联储实施最后贷款人政策,经济衰退转变为一场重大的经济金融危机。美国的经济金融危机蔓延到世界大部分其他地区。根据美国国家经济研究局的数据显示,世界大部分地区在几年内才从 2008/2009 年的金融危机中复苏过来;美国经济尽管于 2009 年 6 月正式开始复苏,但在一段相当长的时间里都以低于其潜力的水平运行。

房地产价格泡沫及其破裂是大衰退最重要也最直接的原因;因此,要了解大衰退的成因,就必须了解房地产泡沫的成因。鉴于房地产业在美国经济中所发挥的重要作用,房地产价格崩溃触发起一场经济与金融危机并不足为奇。需要解释的是泡沫如何产生的。

17.13　前所未有的宽松货币政策

美联储于 2001 年初开始实施前所未有的宽松货币政策,于 2004 年 6 月结束。但是因为损害已经造成,尽管美联储随后转向了更为紧缩的货币政策,这一转变也显得怯懦且姗姗来迟。在此期间,联邦基金利率从 2001 年 1 月的 5.98% 降至 2004 年 6 月的 1.00%。利率,尤其是抵押贷款利率,于 2004 年 6 月达到历史低点。2004 年 6 月以后货币政策收紧;但联邦基金利率却缓慢上升。21 世纪最初五十年中,通货膨胀预期相对较低,在 2% 至 3% 的范围内,因此实际利率处于历史低点,有时甚至是负值。事后看来,2001 年至 2005 年的宽松货币政策是一个政策失误。美联储为何奉行如此宽松的货币政策并低估其对经济的影响?

由于当时通胀率低且稳定,所以美联储认为推行宽松货币政策可实现其他目标。受 2000 年股市泡沫以及日本银行事件影响,美联储产生担忧,这一点也可以解释施行宽松货币政策的原因。当日本股价及房地产价格崩溃时,日本银行没有及时向经济中注入流动性,因此日本银行饱受批评,被认为反应太慢,且不够积极,没能避免经济与金融危机的爆发。美联储不想犯同样的错误。"9·11"恐怖袭击也构成一个原因。美联储政策旨在减轻该事件的负面作用。无论原因如何,美联储在 2001 年后采取了积极的宽松政策。如图 17.3 和 17.4 所示,联邦基金利率远低于泰勒规则利率。自 2002 年第一季度到 2006 年第二季度,联邦基金利率比泰勒规则利率低 2.46 个百分点。

影响房地产购买决定的因素有两个——利率和贷款资格条款。美联储政策无论以何种标准都大幅度降低了购买房地产的成本，进而引起了房地产泡沫。美联储宣称其政策在房价上涨中没有起任何作用；然而，这一辩解是难以接受的，因为利率是美联储政策的重点政策手段，而利率又是购房能力的主要决定因素。

其他条件——贷款标准——不受美联储的影响，但作为支持房地产业的社会契约中重要组成部分，贷款标准被大幅降低，次级抵押贷款成了支持住房拥有这一目标的一项重要金融工具。

17.14　支持住房拥有的社会契约大幅扩张

扩大住房拥有一直是美国的政策目标之一；从 20 世纪 90 年代开始，才得到了越来越多的政治和财政支持。政客和社区倡导团体不断向私人贷款机构施压，令这些机构将抵押贷款扩大到低至中等收入家庭。修订后的《社区再投资法》向银行和其他贷款机构施加压力，旨在将住房拥有扩大到低至中等收入群体；美国住房与城市发展部为房利美和房地美（F&F，两房）设定了支持低收入群体的目标；贷款机构提供次级抵押贷款作为一项标准抵押贷款工具，并得到两房的支持；主要政界人士给两房施压，要求其支持向低收入群体提供抵押贷款；1997 年的《纳税人援助法》加倍减免了资本利得税，对已婚夫妻减免最高可达 500 000 美元的资本利得税，对单身人士减免最高可达 250 000 美元的资本利得税。根据美国人口调查局的资料，1970 年至 1990 年间，美国的住房所有率基本无变动（1970 年为 64.2%，1980 年为 65.6%，1990 年为

64.0%）；然而，住房所有率随后显著增加，2005 年达到 68.9%。尽管各个收入阶层的住房所有率均有增加，但由于政府增加了补贴，中低收入阶层增加尤其明显。

政府允许大幅度降低贷款标准，以实现住房拥有目标，范围涵盖极低的首付或零首付和无证贷款申请（"骗子"贷款），在此类申请中几乎无收入声明及贷款历史的任何证明。两房迫不及待地接受了这些劣质抵押贷款，并打包放到资本市场上销售。由于两房在支持扩大住房所有的社会契约中发挥重要作用，其债务因而被隐含地等同于政府债务，所以两房在资本市场筹集资金时几乎没遇到任何困难。

许多人声称，产生低贷款标准问题，是由于抵押贷款经纪人在其中发挥了更大的作用，抵押贷款经纪人在每笔抵押贷款中赚取费用，却不受到任何施加标准的激励。抵押贷款经纪人的确对大部分次级或无标准抵押贷款负有责任，但如果不是有两房的支持，这些抵押贷款不会被批准。现在的研究表明，两房在次贷市场中所扮演的角色要比政府声称的要重要得多。

两房：两房在美国市场扮演重要角色，成立两房是为了通过对抵押贷款市场进行证券化，刺激抵押贷款增长。2005 年，两房负债3.7 万亿美元，占 GDP 的 30%；两房持有或承担了美国住房抵押贷款 50% 以上的信贷风险。尽管两房是私人机构，但却与政府有着"特殊的关系"，使其从政府那里得到了隐含的担保，这意味着两房可以政府债券利率进行借款。两房成了政客和政府官员的"养老"单位，他们还游说政客给予优惠和保护，相应地他们愿意向其提供财务支持和两房客户——低中收入借款人的支持作为交换。多年来许多经济学家都警告说，因为两房采用越来越不谨慎的条款（低至零首付的贷款和诸如只还息不还本贷款和无纪录或称"骗子"贷款等的"噱头"融资），因此其对金融体系构成了严重的系统性风险。

　　隐含的政府担保和与政客的密切关系给两房提供了支持高风险抵押贷款的道德风险。在抵押贷款市场，特别是次级抵押贷款行业，两房居于中心地位，在 2000 年至 2006 年的房价上涨过程中发挥了重要作用。2003 年，两房的会计丑闻被披露出来，因此相应措施出台，试图对两房进行更多监管，并限制其投资组合。但是该措施遭到国会阻挠。在 2003 年 9 月 25 日召开的众议院金融服务委员会听证会上，议员巴尼·弗兰克表示："我确实认为，我不希望我们在注重安全和稳健方面谨慎得像货币监理官办公室（Office of the Comptroller of the Currency，OCC）和储蓄机构管理局（Office of Thrift Supervision，OTS）一样。对于两房而言，我希望多冒点风险，来资助房屋……"（华尔街日报，2008 年）。

　　在泡沫破裂发生之后，许多人为两房辩护，称两房只不过购买了几笔次级抵押贷款，私人部门的抵押贷款远比两房购买的风险更大，而且次级抵押贷款的定义是灵活的。在这场辩论中，人们将过多的注意力放在传统高质量抵押贷款与次级抵押贷款之间的差异上；然而，更恰当的区分方式应该是不同程度低质量的传统抵押贷款和非传统抵押贷款之间的区别。此外，有证据显示，两房未能披露其非传统抵押贷款的范围。彼得·沃利森（Peter Wallison）（2014）最近对房地产价格上涨过程中非传统抵押贷款和政府政策的作用进行了详尽的研究。有观点称政府政策和政府机构并未鼓励非传统抵押贷款，这一观点与声称大萧条是市场失灵的显著例子如出一辙。对于房地产价格上涨，任何一个学术上客观中立的观点都应承认政府政策至少发挥了 50％的重要作用。即使私营部门发行的抵押贷款比两房所支持的风险更高,但在 2005—2007 年间,两房却成了 AAA 级次贷资产池的最大买家。没有两房的支持,这些资产池不可能形成,也不可能在世界范围销售。"政府支持企业(government-sponsored enterprises,GSEs)不仅因在 2005—2007 年的三年时间里过度购买次级贷款而破坏了自身的财务状况,而且也在削弱或破坏美国及世界上其他金融机构及投资者的偿付能力方面发挥了主要作用(Wallison 和 Calomiris,2008 年)。

对银行、存贷机构、抵押贷款经纪人和证券市场的监管松懈:人们早已广为了解"骗子"贷款、"噱头"贷款以及其他不谨慎贷款形式,但没有人想要结束这场狂欢。监管机构了解国会想要什么。与公开指出美国房地产政策将金融体系暴露于系统性风险中相比,更简单的方法是假定市场会调节风险,或,如果发生不利后果,就以缺乏监管权力来推脱。抵押贷款在缺少或没有资产净值的情况下被批准;保险公司的信用违约互换以最低储备额被出售;信用评级机构授予抵押贷款支持债券以高评级,其中底层抵押贷款的价值以房价会继续上涨这一预期为基础,不断上升;面对这些情况,监管部门保持了沉默,这十分令人费解。正如上述引用中代表弗兰克的话所体现出的,任何试图反对房地产泡沫的努力都会遭遇激烈的政治反对,因此监管松懈成了普遍现象。

三巨头的不当信用评级:《金融危机调查报告》显示,大量抵押贷款支持债券获得了高评级。三巨头无视自身受托责任的程度难以解释,但对三巨头主要攻击点无非是三大信用评级巨头机构受到了房价中"更大的傻瓜"理论影响,过度关注房地产行业所产生的高收益,以及不愿意得罪政府。信用评级机构明显地在房价上涨方面起了推动作用，但认为他们在房地产泡沫产生上扮演了充分必要的角色，也有些立场极端了。就已经讨论过的因素而言，信用评级机构的作用不那么显著。何况，美国证券交易委员会监督着三巨头，如发现其苗头不对，完全有机会上报政府。不可否认，三巨头作为国家认定的信用评级机构，为保护与美国证券交易委员会的特殊关系，有动机在政客扩大住房所有这项工作上进行配合，提供高评级。

总之：上述五个因素——宽松的货币政策；政府支持住房所有；两房；监管松懈；以及给抵押债券提供不切实际的高评级——综合起来，构成了房价泡沫产生的基础。这些因素解释了房地产泡沫的偏离阶段与非理性繁荣阶段。实施宽松货币政策的实施并在政府批准下采用低贷款标准（非传统抵押贷款），使住房需求移动，这形成并维持了房地产泡沫。房地产价格越来越与经济基本面脱节。投机过剩阶段发生在 2005 年，在这期间，基于"更大的傻瓜"资产定价理论的羊群行为变得流行起来。在这种情况下，资产购买者意识到价格已被膨胀，但坚信一个更大的傻瓜很快会提供更高的价格，因为这个傻瓜也预期价格上涨。所有的资产泡沫都有结束的一天。在 2005 年末和 2006 年初，随着信贷条件缩紧迫使房价上涨放缓，最后一个阶段——清偿——到来了。

为政府政策开脱的其他因素：将泡沫的主要原因归咎于自利与金融自由化相结合。两者都发挥了作用，但均是维持泡沫而不是引发泡沫的原因。自利一直是市场和政府的驱动力，自利的存在是无需赘言的，更不必指责。是经济结构使得自利成为问题，而经济结构出现根本性缺陷是因为政府对房地产行业的支持。尽管自利在金融危机产生中发挥了一定作用，如政治家们为他们的客户谋利益并追求他们的价值判断,政府官员决定对房地产泡沫视而不见,金融机构和市场试图从房地产泡沫中巩固利益,以及居民试图通过房地产增加财富……但是,自利本身并没有引起金融危机。

同样,金融部门在维持泡沫方面也发挥了作用。金融部门使住房融资更容易;引入越发复杂的衍生品,限制了金融体系的透明度;并提高了加杠杆能力。一些人声称1999年的《格雷姆-里奇-比利雷金融服务现代化法案》对金融危机负有责任,该法案消除了20世纪30年代在投资银行与商业银行之间建立起的界限;然而,这种观点在历史上是不正确的。1999年法案引入的变化与房价上涨,不谨慎借贷和监管标准松懈之间几乎或完全没有关系。

第9章对证券评级体系进行了讨论。尽管三巨头严重夸大了抵押担保证券的质量,但正如该章所解释的那样,以三大评级机构和政府之间的密切关系,称政府并不了解三巨头向政府隐瞒了其给予抵押贷款债券以高评级这一说法是存在疑点的。

17.15　房地产泡沫破灭后的美联储,大衰退及挑战

虽然大衰退一部分是由于货币政策失误造成的,但却提高了美联储的角色和责任。根据2010年《多德-弗兰克法案》,美联储获得了广泛的新权力,可进一步实现宏观审慎政策目标。美联储政策通过实施零利率政策和量化宽松政策,进入了史无前例的领域。图17.5说明了基础货币在历史背景下的近期增长情况,这代表了美联储历史上相当显著的时期。货币基数的历史分为两个阶段:1918年1月至2008年8月,和2008年9月至2016年5月。

自 2008 年 9 月开始,活动变得显著。2008 年 8 月,基数为 8 700
亿美元;2008 年 9 月,增加到 9 360 亿美元;截至 2008 年 12 月,已
增加到 16 690 亿美元。截至 2016 年 5 月,基数为 38 580 亿美元。
美联储将联邦基金利率保持在远低于泰勒规则利率以下(图 17. 3
和 17. 4),但经济继续以低于其潜力的水平运行。到了 2016 年,这
种非传统的货币政策已实施了接近十年,并产生了两个问题。

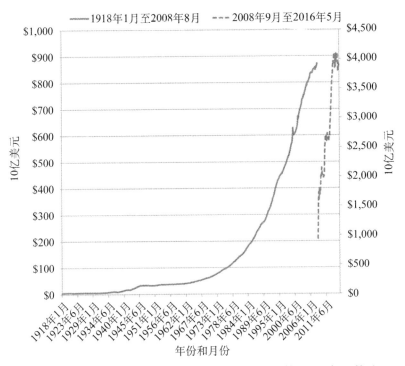

**图 17. 5　圣路易斯联邦储备银行对货币技术的估算,1918 年 1 月至
2016 年 5 月。**

资料来源:FRED,Federal Reserve Bank of St. Louis.

非传统货币政策是否起效? 毋庸置疑,在 2008 年底和 2009 年初最先注入的基础货币对于防止流动性危机是必要的。尽管事后诸葛亮地看来,美联储本可以更好地处理当时情况,但总体上美联储最初的反应是恰当的。真正的争论点在于零利率政策和量化宽松政策是否要继续。美联储声称需要实施这些政策以防止再发生一场大萧条,但这是一个智识上较弱的论点,因为真正的争论点存在于实际政策和替代政策之间。许多人提议,美联储早在 2012 年或 2013 年就应该开始转向更高的利率,并开始减少其资产组合(基础货币)规模。暂将这些问题搁置,美联储政策是否产生了显著的政策结果?

就经济表现而言,答案并不支持美联储的立场。自大衰退开始以来,GDP 缺口出现下降(图 17.6),但截至 2016 年初,产出缺口依然为负。更重要的是,经济自 2008 年以来持续增长,但远低于过去的长期趋势(图 17.7)。在图 17.7 中,实线代表了按 2007 年开始的 2.5％年增长率计算,真实 GDP 应该为多少,而虚线是实际的真实 GDP。自 1990 年至大衰退前,真实 GDP 的年均增长率为 2.8％。

不仅实际结果低于承诺值,美联储的零利率政策还带来了其他后果。对于退休后依赖利息获取收入的美国老年人来说,低利率尤其带来了困难。低利率促使资金向股市转移,加大了风险,尤其加大了养老基金的风险。低利率加剧了州和地方政府设定收益计划(Defined Benefit Plan)的严重资金不足问题,这些计划需继续以 7％和 8％的回报率评估其长期负债。低利率继续刺激储蓄和信贷向房地产业分配。为支持房地产业,美国经济付出了高昂的代价。存贷行业的崩溃和房地产泡沫及其破裂是政府为鼓励住房所

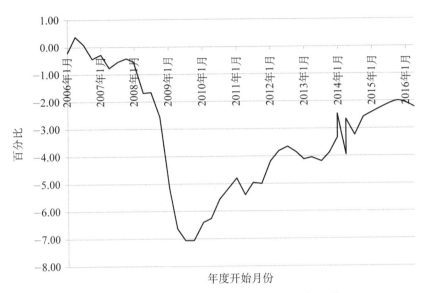

图 17.6　GDP 缺口，2006 年 1 月至 2016 年 1 月

资料来源：FRED, Federal Reserve Bank of St. Louis.

有而进行努力的结果。如果住房所有的目标的确已经实现了，那
么这种成本可能也是可以接受的；但现实是，美国的住房所有率在
42 个工业国家中仅排名第 24 位。这些国家中许多并没进行像美
国这样大力度的房屋补贴。

就支持房地产业而言，美联储的量化宽松政策已经将美联储
变成实施工业政策的手段。美联储资产急剧增长，其中近一半来
自抵押担保证券。在过去，除了少数例外，美联储将公开市场操作
仅限于政府证券；将公开市场操作扩展至大量购买私人机构发放
的抵押贷款，这是一个"美丽新世界"，相当于以中央银行实施产业
政策。

基础货币增加为何没引起通货膨胀？ M2 货币乘数框架表明，

图 17.7　实际 GDP 和 2.5% 年增长率下 GDP 预测值，2007 年 1 月至 2016 年 1 月。

资料来源：圣路易斯联邦储备银行美联储经济数据库提供的 GDP 数值。

基础货币增加将增加货币供应量和可贷资金，这将使总需求向右移动，从而增加通货膨胀和产出。产量增加却令人失望了。通胀不足，如几年前许多人预测的，是由于存款机构以空前规模持有超额准备金（例见图 13.3）；也就是说，由于 e 比率增加，M2 乘数下降了。持有这些准备金的原因目前还未完全明确，但有两个解释比较突出。2008 年 10 月，美联储开始支付超额准备金利息，刺激了准备金持有而非贷出；鉴于过去房地产业崩溃的经验，存款机构仍然厌恶风险。大多数人的共识是，不论哪一种原因，这种情形都不可持续。到了某个点，经济将会扩张，有这么多的潜在可使用贷款，通胀将一触即发。

美联储将如何回归正常货币政策？"正常货币政策"是指提高目标联邦基金利率，使之与泰勒型规则利率相一致。在本文撰写之时，美联储表示其并无计划使用公开市场销售来提高联邦基金利率；也就是说，美联储并无计划减持其规模较大的政府证券和抵押贷款。事实上，当这些证券到期时，美联储将使用收到的兑付资金购买重置资金（Replacement fund）。

美联储有多种选择，其中之一是增加超额准备金利息以提高联邦基金利率。通过增加超额准备金利息，存款机构将减少联邦基金的供应量，从而提高联邦基金利率。然而，此举等同于财政政策，因为准备金利息的任何增加都会减少转入财政部的收入。因此，增加对存款机构的支付接近于财政政策。

美联储政策的政治化程度提高：与美联储对外所声称的相反，美联储事实上依赖于政府，而且自大萧条开始以来，这种依赖性大幅增加。美联储持有的政府证券达到历史高位，这降低了美联储在价格上涨后抑制价格的灵活性。美联储以历史上前所未有的规模持有了抵押债券，这使得美联储成了政府住房政策的代理人。支付准备金利息这一新工具本质来说是财政政策，美联储对这一新工具的依赖前所未有地加强了美联储与美国财政部之间的联系。美联储作为宏观审慎管理机构的作用得到了扩大，这也引发了其是否有能力实现宏观审慎政策目标的质疑，尤其是美联储在房价泡沫中起到过促进作用之后。不过，美联储政策已经进一步政治化。

故事的结尾是,美联储和各大中央银行总体而言面临许多挑战。本书所阐述的基本原则应该有助于读者理解美国金融和货币体系是如何发展演变至今,其运作方式背后存在哪些政治经济学争论,以及政府的恰当角色是怎样的。

参考文献

Bemanke, Ben S. (2002). "On Milton Friedman's Ninetieth Birthday". Remarks at Chicago University, Chicago, November 8, www. federalreserve. gov/ boarddocs/ Speeches/2002/20021108/default. htm.

Cargill, Thomas F., Michael M. Hutchison and Takatoshi Ito (1997). *The Political Economy of Japanese Monetary Policy*. Cambridge, MA: MIT Press.

Cargill, Thomas F., Michael M. Hutchison and Takatoshi Ito (2000). *Financial Policy and Central Banking in Japan*. Cambridge, MA: MIT Press.

Cargill, Thomas F., and Thomas Mayer (1998). "The Great Depression and History Textbooks". *The History Teacher*, 31: 441–458.

Cargill, Thomas F., and Thomas Mayer (2006). "The Effect of Changes in Reserve Requirements during the 1930s: The Evidence from Nonmember Banks". *Journal of Economic History*, 66: 417–432.

Cargill, Thomas F., and Takayuki Sakamoto (2008). *Japan since 1980*. New York: Cambridge University Press.

Curry, Timothy, and Lynn Shibut (2000). "The Cost of the Savings and Loan Crisis: Truth and Consequences". *FDIC Banking Review*, 13: 26–35.

Financial Crisis Inquiry Commission (2011). *The Financial Crisis Inquiry Report*. Washington, D. C.: U. S. Government Printing Office.

Friedman, Milton, and Anna Jacobson Schwartz (1963). *A Monetary History of the United States: 1867 to 1960*. Princeton: Princeton University Press.

Henry Morgenthau Diary (1939). Transcript of May 9, 1939, meeting at the U. S. Treasury. Franklin D. Roosevelt Library, Henry Morgenthau Diary, Microfilm Roll no. 50.

Kennedy, John F. (1962). *Economic Report of the President*. Washington, D.

C. : U. S. Government Printing Office.

Mackey, Charles (1841). *Extraordinary Popular Delusions and the Madness of Crowds*. New York: Harmony Books.

Mayer, Thomas (1982). "A Case Study of Federal Reserve Policymaking: Regulation Q in 1966". *Journal of Monetary Economics*, 10: 259 - 271.

Meltzer, Allan H. (2009). *A History of the Federal Reserve*, vol. II, 1951 - 1986. Chicago: University of Chicago Press.

Minsky, Hyman P. (1982). "The Financial Instability Hypothesis: Capitalistic Processes and the Behavior of the Economy", in Charles P. Kindleberger and Jean-Pierre Laffargue (eds.), *Financial Crises: Theory, History and Policy*: 138 - 52. Cambridge: Cambridge University Press.

Reagan, Ronald (1981). "Remarks and a Question-and-Answer Session with Reporters on the Air Traffic Controllers Strike". Ronald Reagan Presidential Foundation and Institute, August 3, https://reaganlibrary. archives. gov/ archives/speeches/1981/80381a. htm.

Volcker, Paul (2000). "Commanding Heights". Interview with Paul Volcker. Public Broadcasting Service, September 26, www. pbs. org/wgbh/commandin gheights/ shared/rninitext/int_paulvolcker. html.

Wall Street Journal (2008). "What They Said about Fan and Fred". Wall Street Journal, October 2, www. wsj. com/articles/SB 122290574391296381.

Wallison, Peter J. (2014). *Hidden in Plain Sight: What Really Caused the World's Worst Financial Crisis and Why It Could Happen Again*. New York: Encounter Books.

Wallison, Peter J. , and Charles W. Calomiris (2008). "The Last Trillion-Dollar Commitment: The Destruction of Fannie Mae and Freddie Mac", *Financial Services Outlook*. Washington, D. C. : American Enterprise Institute.

Whaples, Robert (1995). "Where Is There Consensus among American Economic Historians?". *Journal of Economic History*, 55: 139 - 154.

译后记

本书系上海社会科学院创新译丛之一，由上海社会科学院"上海国际金融中心建设研究创新型智库"研究团队组织翻译。

翻译初稿完成后，由韩汉君、徐美芳对全书进行校阅。各位研究人员承担的翻译内容如下：

前言：齐懂懂、徐美芳；第 1 章：庞晓晨、徐美芳；第 2 章：陈鹏宇、徐美芳；第 3、7 章：滕 超、韩汉君；第 4、5、6 章：傅楚涵、韩汉君；第 8、9、10 章：金阳；第 11、12、13 章：王玉；第 14、15 章：孙欣欣；第 16、17 章：于欣荷、闫彦明。

2018 年 7 月 27 日

上海社会科学院创新译丛

图书在版编目(CIP)数据

金融部门、金融监管和中央银行政策 /（美）托马斯·F. 卡吉尔著；韩汉君等译. —上海：上海社会科学院出版社，2018
书名原文：The Financial System，Financial Regulation and Central Bank Policy
ISBN 978 - 7 - 5520 - 2444 - 9

Ⅰ.①金… Ⅱ.①托…②韩… Ⅲ.①金融机构-研究②金融监管-研究③中央银行-研究 Ⅳ.①F830.2②F830.3

中国版本图书馆 CIP 数据核字（2018）第 191546 号

金融部门、金融监管和中央银行政策

著　　者：托马斯·F. 卡吉尔
译　　者：韩汉君　徐美芳等
责任编辑：应韶荃
封面设计：李　廉
出版发行：上海社会科学院出版社
　　　　　上海顺昌路 622 号　邮编 200025
　　　　　电话总机 021 - 63315900　销售热线 021 - 53063735
　　　　　http://www.sassp.org.cn　E-mail：sassp@sass.org.cn
照　　排：南京前锦排版服务有限公司
印　　刷：上海展强印刷有限公司
开　　本：890×1240 毫米　1/32 开
印　　张：17.125
插　　页：4
字　　数：379 千字
版　　次：2019 年 3 月第 1 版　　2019 年 3 月第 1 次印刷

ISBN 978 - 7 - 5520 - 2444 - 9/F·541　　定价：88.00 元